南方传媒蓝皮书

传媒与城市形象传播

Media and City Image Communication

王玉玮　主编

暨南大学出版社
JINAN UNIVERSITY PRESS

中国·广州

图书在版编目（CIP）数据

传媒与城市形象传播/王玉玮主编. —广州：暨南大学出版社，2013. 10
（南方传媒蓝皮书）
ISBN 978 - 7 - 5668 - 0625 - 3

Ⅰ. ①传…　Ⅱ. ①王…　Ⅲ. ①传媒媒介—作用—城市—形象—传播—研究　Ⅳ. ①F290

中国版本图书馆 CIP 数据核字（2013）第 119463 号

传媒与城市形象传播
主　　编　王玉玮

出 版 人　徐义雄
策划编辑　杜小陆　史学英
责任编辑　陈月雄
责任校对　张　婧
出版发行　暨南大学出版社（广州暨南大学　邮编：510630）
网　　址　http：//www. jnupress. com　http：//press. jnu. edu. cn
电　　话　总编室（8620）85221601
　　　　　营销部（8620）85225284　85228291　85228292（邮购）
排　　版　广州市铧建商务服务有限公司
印　　刷　佛山市浩文彩色印刷有限公司
开　　本　787mm × 960mm　1/16
印　　张　20. 5
字　　数　335 千
版　　次　2013 年 10 月第 1 版
印　　次　2013 年 10 月第 1 次
定　　价　42. 00 元

作者简介

王玉玮，江西余干人，暨南大学新闻与传播学院广播电视系副教授，广播电视艺术学博士，新闻学博士后。曾供职天津电视台，期间创作的电视作品多次获省级以上奖励。出版专著《电视剧城市意象研究》与《民族主义话语与中国电视文化》。参与国家社会科学基金项目、国家广电总局部级社科项目以及教育部社科项目等研究。

目　录

第一部分　影视与城市形象传播 ／1

2012 年中国电视剧与城市形象传播 ／2

2012 年中国电影与城市形象传播 ／29

2012 年中国纪录片与城市形象传播 ／41

2012 年国际电影与城市形象传播 ／59

2012 年微电影与中国城市形象传播 ／72

2012 年中国城市形象宣传片与城市形象传播 ／91

第二部分　舆情与城市形象传播 ／116

2012 年政务微博与城市形象传播 ／117

2012 年三亚：海风椰林，还是“宰客”、“坑爹”？ ／137

2012 年深圳：法治诚信，走出“塔西佗陷阱” ／155

2012 年中国社会公益活动与城市形象传播 ／174

第三部分　城市传播个案研究 ／198

2012 年国际旅游岛品牌形象构建

——以“第一美差”形象大使选拔活动为例 ／199

2012 年农运会与南阳城市形象传播 ／214

2012 年中国传媒与贵阳城市形象传播 ／230

2012 年体育赛事与城市形象塑造策略分析 ／249

2012 年客家文化与城市形象传播

——以广东河源、江西赣州为例 ／271

2012 年社会化媒体时代的另类城市形象推广 / 286
电影，赋予城市符号与意义
——2012 年欧美电影中的城市形象研究 / 309

后 记 / 324

第一部分　影视与城市形象传播

2012 年中国电视剧与城市形象传播

电视剧是大众传媒的主要文化产品之一，是城市文化和形象传播的重要载体。近年来，随着中国电视文化事业的迅猛发展，荧屏上出现了大量具有鲜明城市特色的电视剧，这不仅提升了电视剧的品位，提高了观众的收视兴趣，也彰显出城市的地域特色，承载着城市文化内涵，扩大了城市的知名度，增强了城市文化的竞争力。

一、电视剧在城市形象传播过程中扮演着重要的角色

1. 电视剧在电视节目类型中占有绝对的比例优势

当今社会，大众的娱乐消遣离不开电视，人们通过电视这一窗口可以加深对所处环境以及自我的认知。常言道“人生如戏，戏如人生”，收看电视剧正好成为人们更加清晰地认识自己、品味生活的重要方式。CSM 媒介研究数据显示，2011 年全国市场各类节目的收视份额中，电视剧占到了 32%，以绝对优势超过了排名第二的新闻时事节目。城市形象需要宣传给大众，电视剧又成为吸引大众收看的最佳节目，这表明电视剧能够成为受众和城市形象品牌传播之间的有效桥梁。

2. 不同电视剧题材在城市形象宣传中的作用

电视剧的故事题材多样，其目标受众也各不相同，因此城市形象的品牌宣传效果也会出现不同程度的差异。首先，差异主要表现在电视剧不同题材的播出比重，每个电视台都会针对自身受众的定位选取不同题材的电视剧进行播放，从而提高电视台整体的收视率。下面是 CSM 媒介研究对 2011 年全年 18 点至 24 点各主要题材电视剧播出比重的统计，见表 1：

表1　2011 年各主要题材电视剧的播出比重（%）

题材	社会伦理	都市生活	近代传奇	反特/谍战	言情	军事斗争	警匪	悬疑	戏说演绎	神怪玄幻
播出比重	8.4	12.4	8.7	14.3	9.0	14.0	4.2	3.6	3.2	3.0

数据来源：CSM 媒介研究

从表格中可以看出，军事斗争、都市生活以及反特/谍战是电视剧的三大核心题材。这三大题材与社会生活紧密相关，生活的栖息地分布于城市的各个角落，将城市形象宣传着重投入到这三大题材中，进行城市形象塑造，可以有效地提高城市的知名度。有的放矢地进行电视剧的创作，选择最佳的宣传途径，对成功打造城市形象品牌有着极大的意义。

其次，电视剧的收视表现也直接影响着城市形象品牌宣传的效果。城市形象品牌宣传的好与坏，与受众的多与少有着直接的关系。选择收视率高的电视剧类型，对提高城市形象宣传的效率有着至关重要的作用。以下是 CSM 媒介研究对 2011 年 80 个城市进入当地电视台收视前 10 名的主要电视题材分布的统计，见表 2：

表2　2011 年 80 个城市收视率前 10 名的电视题材部数比重（%）

题材	社会伦理	近代传奇	都市生活	反特/谍战	言情	军事斗争	神怪玄幻	警匪	悬疑	公案
部数比重	15.5	15.3	10.7	9.2	8.2	8.0	4.1	2.9	2.9	2.9

数据来源：CSM 媒介研究

由表格可以看出，社会伦理、近代传奇与都市生活题材电视剧的收视率相对较高，城市将形象宣传寄托于题材收视较高的电视剧，不仅能够丰富电视剧本体的创造素材，展现更多的人物故事与镜头语言，而且可以更好地宣传城市的形象与文化。这是塑造城市形象的有效途径，可达到双方共赢。

二、2012 年中国电视剧城市形象传播现状分析

1. 2012 年新上映电视剧城市形象传播情况的相关统计

为了了解和掌握2012 年新上映电视剧的城市形象传播情况，我们对央视以及全国各大卫视的全年节目单进行了仔细的研读，按拍摄地进行划分，将2012 年新上映电视剧进行了分类规整与简要统计，见表3：

表3　2012 年新上映电视剧拍摄地区分类

序号	拍摄地区	电视剧	总片数
1	北京	金太狼的幸福生活、要过好日子、老爸的心愿、老爸的爱情（北京、青岛）、前妻的车站、夫妻那些事、北京爱情故事、我和老妈一起嫁、情与缘、媳妇的美好宣言、岳母的幸福生活、北京青年、房战、谁来伺候妈、远远的爱、经营婚姻、风和日丽（北京、上海、浙江）、AA 制生活、宝贝妈妈宝贝女、你是我爱人、迷失的情、感动生命、蚁族的奋斗、不乐活家庭、你好丘比特、媳妇是怎样炼成的、离婚前规则、一日夫妻百日恩、丈母娘来了、你是我的幸福、大家庭、大男当婚、新女婿时代、微博达人、浪漫向左婚姻往右、时尚女编辑	36 部
2	上海	生死迷局、悬崖、那样芬芳、谍战深海、新都市人、新女婿时代、爱情公寓 3、我的经济适用男、儿女情更长、一触即发、毒刺、媳妇是怎样炼成的、爱情是从告白开始的、黑色名单、心术、亲爱的回家、浮沉（上海、南通、三亚）、艾米加油（上海、苏州）、胜女的代价、风和日丽（北京、上海、浙江）、孤岛飞鹰 、幸福三颗星、上海王	23 部
3	重庆	三进山城、我的孩子我的家、独刺、刘伯承元帅、母亲母亲	5 部
4	天津	血战长空（安徽六安、南京、天津）、顾乐家的幸福生活、九河入海、人到四十	4 部

（续上表）

序号	拍摄地区	电视剧	总片数
5	辽宁	知青（黑河、旅顺）、乡村爱情小夜曲（沈阳）、不是钱的事（铁岭）、宝乐婶的烦心事（大连）、我和丈母娘的十年“战争”、再婚进行、樱桃（沈阳）、掌门女婿、知足常乐（大连）、温柔的谎言（大连）	10 部
6	吉林	长白山下我的家、阳光路上、好歹一家人、我的土地我的家	4 部
7	黑龙江	悬崖（哈尔滨、上海）、知青（黑河、旅顺）、浴火危城、在那白雪皑皑的季节、我的土地我的家、晒幸福（哈尔滨）	6 部
8	河北	终极任务、网商、民兵葛二蛋、杨光的夏天、一生只爱你、营盘镇警事	6 部
9	河南	暗线、兵法乡村	2 部
10	山东	老爸的爱情（北京、青岛）、守望的天空（青岛）、油菜花开、婆媳拼图（瞧这两家子）、爱情有点蓝之爱的交响乐、爱情有点蓝之蓝色爱情海、火流星（鲁南）	7 部
11	江苏	我是特种兵之利刃出鞘（南京）、浮沉（上海、南通、三亚）、新上门女婿（苏州）、艾米加油（上海、苏州）、只要你过得比我好（盐城）、血战长空（安徽六安、南京、天津）、独家披露、十五的月亮（江苏、连云港）	8 部
12	浙江	宝贝战争（宁波）、风和日丽（北京、上海、浙江）、如意（安吉）、前妻来了、向东是大海 、聪明小空空、偏偏爱上你、温州一家人、独立纵队（浙江东阳横店影视城）	9 部
13	福建	女人的抉择（厦门）、囧人的幸福生活（厦门）、五湖四海（福州、连江）、非常有喜（厦门）、小夫妻时代（厦门）、我家有喜、妈祖	7 部
14	广东	后厨（广州）、爱情闯进门（深圳、三亚）、幸福妈妈（深圳）、加油妈妈（深圳）、小菊的秋天（深圳）、我的非常闺蜜（深圳）、便衣支队、高第街、微博达人（北京、深圳）	9 部
15	广西	致命筹码	1 部

（续上表）

序号	拍摄地区	电视剧	总片数
16	甘肃	光荣大地（甘肃、凉州、青风峡）	1部
17	宁夏		0部
18	山西	水落石出、母子情仇	2部
19	陕西	老爹的非诚勿扰（西安）、小麦进城（西安、曲江）、米脂婆姨（陕北米脂县）	3部
20	湖北	给你生命给我爱（武汉）、鹰巢之预备警官、汉口码头	3部
21	湖南		0部
22	安徽	无法伤悲（合肥）、血战长空（安徽六安、南京、天津）	2部
23	江西		0部
24	四川	女人的颜色（成都）、女人的抉择（成都）、林师傅在首尔（成都、首尔）、十指连心（四川自贡）	4部
25	云南	麻辣女兵（昆明）、笑红颜、杨善洲、香格里拉	4部
26	海南	爱情闯进门（深圳、三亚）、浮沉（上海、南通、三亚）、火蓝刀锋	3部
27	新疆	雪浴昆仑（新疆、西藏）	1部
28	内蒙古	我叫王土地（巴彦淖尔）、深度秘密、摔跤手、情暖谊长	4部
29	西藏	雪浴昆仑（新疆、西藏）、先遣连、雪域情、热巴情	4部
30	青海	青海花儿	1部

从表3我们可以简单地归纳出：选取北京和上海作为拍摄基地的电视剧分别以36部和23部位居全国各省市的前2名，第三名辽宁省虽有10部电视剧将其作为外拍基地，但是与北京、上海相比较，仍具有较大的差距。选取广东、福建、江苏、浙江、山东等东部沿海地区作为拍摄地的电视剧均在8部左右，大约是以西部和内陆地区作为拍摄地的电视剧的2倍。根据表3，2012年新上映电视剧的城市形象传播发展趋势一目了然。

2. 2012年中国电视剧城市形象传播的发展趋势

目前，中国各城市主要通过宣传自然以及人文景观、拍摄城市主题的电视剧、建设影视基地、举办影视节庆活动等进行城市形象传播，以展现城市特色，传承城市精神。2012 年新上映的中国电视剧对城市形象的传播主要表现出以下三大发展趋势。

趋势一，电视剧题材方面，都市生活剧占绝对优势。统计新上映的电视剧后可发现，都市情感生活题材的电视剧占到了约 80% 的比重，而革命、战争等题材的电视剧屈指可数。这一趋势与 CSM 媒介研究在 2011 年对 80 个城市进行收视率统计的结果相一致，都市生活题材的电视剧位居收视榜的第三名。由此我们可以进一步确认，都市生活题材已成为城市形象传播最为理想的电视剧题材，利用都市的自然、人文景观，运用高潮起伏的情感故事，赋予城市内在品质与人文气息，使城市形象在景、情、人的交融中成功地塑造并传播出去。

趋势二，电视剧拍摄地分布方面，北京、上海两地占绝对优势，西部内陆与东部沿海地区差距较大。北京、上海是电视剧拍摄的主要集中地，其次是东部沿海一带，西部内陆较少，主要有两方面原因：首先是与区域经济发展相关，北京、上海以及东部沿海地区经济发达，影视产业繁荣，城市建设与基础设施完备，物质基础雄厚，这些是它们成为首选拍摄地的决定性因素；其次是电视题材选取的要求，都市情感生活成为城市形象传播的首选题材，这是由于此类题材多以反映当代年轻人工作、生活和情感为主，电视剧城市背景的选择在当中便显得尤为重要。城市的生活节奏，自然与人文景观的特殊性成为拍摄都市生活剧的重要考虑因素，选择的城市应该与电视剧主题、旋律保持一致。

趋势三，电视剧拍摄地呈现出跨区域性，由原来的单一取景地拍摄逐步向跨区域取景地拍摄方向发展。在早期电视剧选取拍摄地时，由于拍摄成本的限制，往往以一个城市为主要拍摄地，很难做到跨地域拍摄。随着经济的发展和交通的日益便利，跨区域拍摄成为当下电视剧选取场景的一大趋势。例如，2012 年新上映的电视剧《北京爱情故事》和《北京青年》，分别以北京作为故事主要发生地，同时在云南丽江进行跨区域取景，不仅宣传了北京的城市形象，云南丽江也进一步给受众留下了深刻的印象，其城市形象得到了有效的传播。所以，在目前电视剧跨区域拍摄的趋势之下，城市与城市之间联手进行城市形象宣传，不仅可以节省经济投入，而且可以丰富电视剧拍摄的场景，使电视剧本身和城市之间达到双赢。

以上是对2012年新上映电视剧选取拍摄地三大趋势的简要阐述。具有城市形象传播功能的电视剧在题材和场景选择方面都有着明显的特征，把握好电视剧城市形象宣传的主要趋势，对进行高效的城市形象传播有着重要的意义。

三、关于利用电视剧进行城市形象传播的路径分析

下面我们将从北京、上海两地选取具有城市形象传播代表性的电视剧进行个案分析，着重关注电视剧在展现城市形象时运用的表现技巧和方式，进而对城市形象传播的路径进行梳理和探讨。

（一）北京：2012年电视剧《北京爱情故事》城市形象传播路径个案分析

1. 剧情简介

《北京爱情故事》讲述的是几个青年男女面对爱情、事业时的人生态度和抉择：程峰是个富二代，典型的花花公子，自从遇见沈冰之后洗心革面，从此坠入爱河。但是很不巧，沈冰恰恰是石小猛的女朋友。石小猛是程峰和吴狄的大学同学，和沈冰青梅竹马，是北漂一族，他努力拼搏，但是依旧屈服于现实，最终被迫将爱情与金钱交换。吴狄，杨紫曦的前男友，在大学的时候两人就确立了恋爱关系。吴狄有一个异父异母的哥哥吴魏，吴魏有钱有势，但是吴狄不依赖吴魏，一直自己努力拼搏，脚踏实地地走着人生的道路，在感情和金钱面前，吴狄的选择是感情。林夏，典型的北京大妞，一直爱着程峰，是个活泼可爱单纯的姑娘，但是最后却受到了伤害，随后一步步地成长起来。杨紫曦是一个北漂姑娘，她长相漂亮，但爱慕虚荣，为了所谓的物质生活放弃了与吴狄的感情，并且一次又一次地伤害吴狄，在最后意识到了感情的重要性，重新脚踏实地地开始生活。沈冰，一个幼师，从云南来北京找石小猛，本以为可以爱石小猛一

生一世，但最终还是没能在一起。伍媚，一个成功人士、女强人、吴狄的上司，在工作中渐渐对吴狄产生好感，但是最后没能与吴狄在一起，独自一人离开。这是一场没有硝烟的战争，没有胜利者，没有失败者，但所有人都在人生的一次次考验中不断成长。

2. 电视剧《北京爱情故事》城市形象传播主要路径

在电视剧产业整体泛娱乐化的大背景下，社会伦理、都市生活等人文爱情题材借助情感要素使观众产生共鸣，构筑了一个个浪漫的成人童话，吸引了无数眼球。电视剧《北京爱情故事》可称得上是人文爱情剧中的典型作品，电视剧的热播不仅改变了电视剧的传统故事演绎方式，也使电视剧与旅游产生了一种新的嫁接形式，推动了旅游景区的发展。拍摄环节是一部电视剧由抽象转向具象的重要步骤，也是将一座城市搬上荧屏，展现给观众的关键所在。电视剧《北京爱情故事》的城市形象传播路径主要表现在以下几个方面：

首先，电视剧选取城市的某处景观。一些电视剧为了反映特定的生活环境和历史面貌，会选取城市中某种有代表性的景观作为拍摄外景地。在电视剧《北京爱情故事》中，高楼林立的建筑物以及川流不息的城市交通，是展现北京现代化最好的方式。再就是老北京的标志——四合院，电视剧在讲述程峰和沈冰的爱情故事时，从感情的萌芽到碰撞再到稳定，这一系列的故事都发生在一个小小的四合院中，通过外景拍摄，赋予了四合院感情的气息，将景观与人紧紧地交织在一起。所以，城市管理者应该抓住契机，宣传到位，这将有助于扩大城市旅游景点的知名度，带动城市旅游业的发展。

另外《北京爱情故事》中云南丽江小镇的拍摄，使小镇景观映入观众眼帘，运用镜头语言展现丽江风光。电视剧让许多观众与丽江小镇再次结缘，在讲述程峰追随沈冰来到云南丽江时，镜头语言将丽江小镇的美展现得淋漓尽致。潺潺的流水，古朴的石桥，枕水的人家，永远湿漉漉的青石板路，狭窄而幽深的小巷，这一系列自然景观

一次又一次地出现在电视画面中，再加上程峰和沈冰即将勃发出的爱情，一下就深深触动了普通人的心，令观众再次对丽江小镇充满神往。将景观赋予情感，用讲故事的方式展现城市独特的地域形象。在对看过《北京爱情故事》的观众进行深访时，有将近五成的观众表示看了电视剧后认为丽江小镇比其他小镇更吸引人，另有近四成的观众表示看了电视剧后有想去云南丽江游玩的想法。可见电视剧对城市景区形象的塑造会在人们记忆中留下痕迹并激发旅游欲望，为城市形象宣传埋下伏笔。

其次，电视剧以某城市为故事发生地，并直接标明城市名称。作为承载着整个故事发展的背景城市，其形象客观上会随着电视剧的播出而得到广泛传播。例如，《北京爱情故事》这一电视剧的名字，在无意中将北京这个城市加以强调，进而引起观众的注意。与此同时，《北京爱情故事》将北京作为故事发生地，并将人们熟知的现实中的北京与屏幕上的北京相联系，以此为大背景，在介绍北漂青年艰苦奋斗、追逐梦想的同时，也极力将北京城市景观与文化介绍给观众。将城市搬上荧屏，把人物、故事、城市有机地结合起来，使城市形象有血有肉，进而打造出拥有自己特色的城市形象品牌。

最后，电视剧主题歌及台词对城市名称的再强调。电视剧往往以主题曲、插曲、台词以及字幕等多种方式强调故事的发生地。这在一定程度上不仅推动了故事情节的发展，也加大了城市形象传播的力度，达到传播的有效性。例如《北京爱情故事》的主题曲《北京 北京》，运用叠词强调城市名称，让观众加深其印象。同时，台词中也多次提到“北京”这一关键词，激起观众对北京这座城市的兴趣，为当前北京进行城市形象宣传起到了很好的促进作用。

以上是对电视剧《北京爱情故事》进行城市形象传播路径的简要分析，电视剧在城市形象传播时，要注重场景、台词等多方面的综合运用，从视觉、听觉等多方位刺激观众，从而促进城市形象的有效传播。

（二）上海：2012 年电视剧《媳妇是怎样炼成的》城市形象传播路径个案分析

1. 剧情简介

《媳妇是怎样炼成的》主要是围绕着彭俏俏和范亮两家人之间展开的，讲述了一些时而温馨、时而琐屑、时而让人啼笑皆非的寻常百姓生活。彭俏俏和范亮是一对准备步入婚姻殿堂的情侣，无奈未来的婆婆战红缨泼辣挑剔，让彭俏俏望而却步。两人虽然克服了双方家庭的障碍，最终结为夫妇，但小两口的计划总是被婆婆的过时观念和做法打乱。彭俏俏的大姑子范婉和她所在游乐场的员工图丁的恋情一直不被婆婆认可，让彭俏俏夹在这母女两人中间里外难做人；公公范建国则一直对老伴的做法颇有微词，老两口之间的矛盾也同样让彭俏俏左右为难。婚后，在小两口是否搬出去单住、是否要孩子等决定上，彭俏俏虽一直与婆婆的理念发生冲突，但却不乏温馨收场，体现了一个普通老百姓家庭的生活常态。

2. 电视剧《媳妇是怎样炼成的》城市形象传播主要路径

提起上海这座城市，人们首先会想到这是一座国际化的大都市，高楼大厦、川流不息的人群与车辆充斥着整座城市。在表现繁华的现代都市时，人们往往会忽略城市最为本质的东西。城市再大，也是由寻常百姓集合而成，讲述老百姓在现代都市里的生活故事，从老百姓的家庭、人际关系与对话出发，展现城市变迁与文化传承，用寻常人与不寻常事讲述城市的发展、人类的发展。

首先，方言是进行城市形象传播时不可忽略的元素。每个城市都有属于自己的方言，一方水土养育一方人，方言作为城市独特性的重要组成部分，通过电视剧演绎故事的方式，将城市文化传播出去，让观众不仅能看到城市的外在风光，也能感受和体会到城市的内涵。电视剧《媳妇是怎样炼成的》并没有全部用上海话，但是方言的偶尔出现，反而激起了观众对上海话的兴趣。通过电视剧对上海方言的展现，间接地引导观众认知上海不仅仅是一座繁华的大都市，它还拥有深厚的文化底蕴。

其次，城市包容性也成为城市形象传播的主要内容。像上海、北京这样的大都市，其现代化建设和基础设施的配备，没有必要再在电视剧上进行大肆渲染和宣传，而更应关注城市本身的人文精神和内涵。电视剧《媳妇是怎样炼成的》虽然把上海作为故事的发生地，但是主人翁们的身份，在一定程度上展现了上海这座城市的包容性。例如，范亮一家并不是土生土长的上海人，但是他们凭借着自己的努力，能够很好地扎根上海，过上富裕美满的生活。再一个就是只身一人在上海的图丁，虽然离了婚，但乐观开朗、积极向上的他依旧在这片土地上追逐着属于自己的爱情。电视剧从这一系列小人物的身上，不同程度地展现了上海这座城市的包容性，并且告诉观众，它不再是一个排他的城市，只要你敢于拼搏、乐观进取，这座城市就会给予你快乐。

最后，展现百姓的娱乐文化生活也是进行城市形象传播的重要手段。每一座城市都是一个多元素集合体，不仅有外在的风光，人文内涵也是展现城市形象不可忽略的重要因素。反映一座城市的文化精神，往往要通过大众百姓的娱乐活动来体现。电视剧《媳妇是怎样炼成的》通过彭俏俏的公公和婆婆的日常文化活动来展现整个大上海百姓悠闲自娱、丰富多彩的文化生活状态。愉悦的生活状态为上海又增添了几分魅力，它不仅能满足你疯涨的物质欲望，同时也能让你在精神世界获得快乐。电视剧在不经意间将上海这座城市塑造成一个立体的魔方，充满幻想、刺激，但不失乐趣。

总之，在利用电视剧进行城市形象传播时，表现的路径和内容是多种多样的。通过两个个案的分析，关于电视剧进行城市形象传播的路径主要表现在以下几个方面：第一，以城市的自然人文景观为主题，推广城市旅游形象；第二，以城市故事为主题，将城市形象传播给大众；第三，将城市精神融入电视剧中，突出城市人文风貌，传播城市精神形象；第四，通过一系列的电视语言，如镜头画面、台词、对白、配乐等来展现城市生活。一句不经意的台词，一个一闪而过的镜头，都可能成为一个城市形象的媒介。依据所表现的城市特色，恰如其分地将亮点融合到电视剧中，通过可感、可听、可视的电视语言，将立体的城市形象传播出去。

除了上面所涉及的传播路径之外，还有一种经常采用的城市形象传播路径，那就是电视剧产业。电视剧产业作为一种文化产业，包括电视剧的拍摄基地、电视剧生产以及电视剧文化产业服务链。城市应充分利用各种资本和本地文化资源，大力发展电视剧产业。首先，城市可以从电视剧市场中获得利润。一部电视剧从制作到结束，包括多个环节，城市将资本资源投入其中，不仅可以提高城市知名度，也能从中获取经济利益。其次，由拍摄活动引出的影视基地建设、影视文化旅游、影视文化产品等，可以拉动地方旅游和经济的发展，丰富和传播城市的旅游形象和文化形象，从而为城市形象品牌的塑造提供有力的保障。例如，威海的影视城和银川的华夏西部影视城，不仅成为电视剧制作者们的理想拍摄点，也成为吸引旅游者前来观光的亮点。

合理利用电视剧进行城市形象的宣传，选择合适的路径与表现内容，对展现城市特色，提高电视剧本体质量有着重要的意义。

四、利用电视剧进行城市形象传播的效果分析

城市在人们的记忆或者印象中始终是部分的、片断的，城市的发展则是由一系列连续的片断组成的，将这一系列的片断在观众的大脑中进行有机的整合，就构成了观众心中的“城市形象”。① 电视剧传播作为一种信息传播形式，具有声像并茂、形象生动、通俗易懂等特点，是信息时代最为强势、有效的传播工具之一。因此，借用电视剧来传播和推广城市形象，其传播效果具有许多优势。谈到电视剧中的城市形象传播效果，首先要考虑到电视受众这一重要因素。本部分将从受众角度、电视剧个案影像细读角度、电视剧传播城市形象功效等多个方面，多方位剖析利用电视剧进行城市形象传播的有效性。

（一）电视观众的特点

城市形象宣传要想较好地达到预期效果，探究电视观众的特点是重要的一环，掌握电视观众的收视规律与习惯，可以提高城市形象宣传的效

---

① 朱鸿军，王玉玮．电视剧的城市形象传播与文化软实力竞争．江苏大学学报，2010，12（1）：11～15.

果，更好地树立城市形象品牌。同时，也能对电视剧的拍摄和制作提供建设性意见，使电视剧更容易被观众接受与喜爱。

1. 电视观众的性别因素

不同性别的受众对电视剧的收视习惯与收视风格是有所差别的，在进行电视剧创作时，要考虑到主要的观众群体。所以，依托电视剧进行城市形象宣传，就必须考虑不同观众群的收视偏好。2011 年，CSM 媒介研究对样本城市进行了性别收视调查，中央级频道在男性观众中市场份额明显高于在女性观众中的市场份额，而省级卫视则有更多的女性选择收看，但性别结构与往年相比继续保持稳定，与人口性别构成基本保持一致。由数据可以得出，在进行电视剧创作和城市形象宣传时，具有宣传城市形象效应的电视剧作品要顾及受众性别的平均量，避免出现严重失衡。下面是关于男女观众收视时间的简要统计，见表 4：

表 4 2001—2010 年全国样本市县男女观众平均每日收视时间（单位：分钟）

性别	2001 年	2002 年	2003 年	2004 年	2005 年	2006 年	2007 年	2008 年	2009 年	2010 年
男	182	177	176	171	172	173	168	172	171	167
女	183	180	181	175	177	179	176	179	180	176

数据来源：CSM 媒介研究

由上表可以看出：女性观众人均收视时间多于男性观众。收视时间是影响关注度的重要因素，收看的时间越长，接收到的信息越多。城市在进行城市形象传播时，可以轻度侧重对易于吸引女性观众的电视剧作品进行投资，进一步提高宣传的效果，但是不能忽略男性观众这一收视群体，他们也是重要的信息接收源。

2. 电视观众的年龄构成

每一部电视剧都有属于自己的收视群体，同样，城市在进行城市形象品牌宣传时，也应该考虑到受众定位的问题。什么样的城市风光与文化适合何种收视群体，进而选取何种类型的电视题材进行投资、创作与宣传，是成功进行城市形象品牌传播的重要保障。下面是对 2011 年各年龄段收视群体的比重及收视时长的统计，见表 5：

表5　2011 年电视观众的年龄构成（%）及每日收视时长（单位：分钟）

年龄段	4～14 岁	15～24 岁	25～34 岁	35～44 岁	45～54 岁	55～64 岁	65 岁
比重	9.5%	9.2%	15.2%	16.8%	21.2%	15.5%	12.7%
收视时长	140	102	125	152	212	247	259

数据来源：CSM 媒介研究

从表中可以清晰地看到：中青年观众比重较大，青少年观众比重较小。尽管老年观众相对年轻观众收视时间更长、忠实度更高，但受到整体人口总结构的影响，占据观众结构主体的仍然是 25～64 岁人群，其中尤以 45～54 岁观众比例最大。不同年龄段的观众有着不同的生活背景与生活环境，因此会选择收看不同题材类型的电视剧。在进行城市形象传播时，首先要考虑城市形象文化类型，例如现代都市和革命老区，两者在受众选择方面存在较大差异，选择合适的年龄段，尽最大可能提高宣传效果。其次就是年龄段的特点与城市特色的结合。中青年作为社会建设的主要力量，在观看电视剧时大都选择与城市节奏相一致的都市泡沫剧，故事简单又与自己的生活紧密相关，很少关注历史、战争等题材的电视剧。所以将目光投放到主要收视群体的主要收视类型，是成功进行城市形象传播的关键所在。

3. 电视观众的不同文化程度

电视剧作为一种大众消费产品，传递信息的方式直接影响着城市形象品牌宣传的效果。接收信息的能力与电视观众的文化素养密切相关。下面是 CSM 媒介研究对 2011 年各级频道电视观众文化程度的简单统计，如图所示：

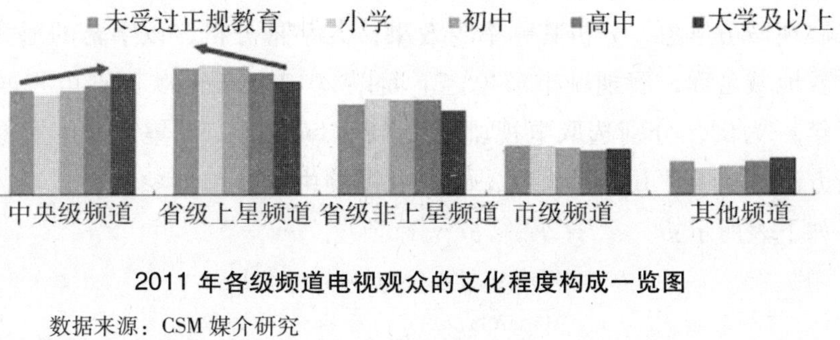

2011 年各级频道电视观众的文化程度构成一览图

数据来源：CSM 媒介研究

上图显示：不同级别的电视频道，其电视观众的文化程度构成有显著差异，但总体来看，中等学历观众占绝对优势。所以，城市在利用电视剧进行城市形象传播时，首先要确定好电视剧的投放平台，其次要捕捉观众的收视喜好，了解观众的特点。正如上图所示，电视剧面对的主要受众群体的文化程度普遍不高，因此，选择简单朴素但不失个性的宣传方式尤为重要。这一特点对宣传者在进行信息传递时提出了要求：其一是故事的简练。只有简单的故事才能在短时间里吸引观众，提高收视率。其二是镜头语言的直白。把主要宣传的城市形象直接明了地展现在观众面前，多视角多方位拍摄。其三是对白的清晰指引。避免含糊的表现，将城市地域的名称、特色直接融入台词和字幕中，减少观众思考的环节，使观众在无意识状态中留存下城市的痕迹。

以上分别从电视观众的性别、年龄、文化程度三个层面进行了分析，针对不同观众的收视风格和习惯，对城市形象与电视剧类型合理搭配，对提高城市形象传播有着重要的意义。

（二）关于利用电视剧进行城市形象传播有效性的个案分析

要对电视剧作城市形象传播有效性的评估，首先要对电视剧进行影像细读，通过对电视剧城市形象传播路径的归纳和探讨，逐步分析每一个路径的城市形象传播效果。

1. 对电视剧《北京青年》城市形象的影像细读分析

此次研究采用的影像细读包括：①频率分析，所有与城市有关的内容在电视剧中的出现频率；②镜头分析，以画面的形式展现城市形象，研究其出现频率与效果；③语言分析，分析电视剧中出现的与城市或地方有关的语言，探究其频率、效果；④音乐分析，运用具有地域特色的配乐、歌曲来展现城市形象，分析其频率与效果；⑤字幕分析，以字幕的形式标明城市或地域名称，展现城市形象。下面以 2012 年新上映国产电视剧《北京青年》为例，分别选取电视剧第 1、8、17、25、31 集，采用影像细读分析方法，从上述几方面入手，研究电视剧中的城市形象传播技巧，统计结果如下表所示：

表6　电视剧《北京青年》中城市形象的影像细读记录

影像细读项目	第1集	第8集	第17集	第25集	第31集
出现时间分/秒	01：38 影像 02：06 影像 02：20 语言 02：32 语言 05：14 音乐 08：58 音乐 10：45 音乐 11：26 影像 20：16 影像 34：22 语言	01：19 影像 02：50 影像 10：34 音乐 10：55 语言 11：16 字幕 11：33 语言 11：54 语言 12：46 影像 16：00 语言 26：10 影像 27：32 影像 34：26 影像	06：20 语言 07：29 语言 08：16 影像 12：08 影像 14：03 影像 18：14 影像 24：14 音乐 28：39 音乐 30：51 影像 31：28 影像 33：04 影像 38：43 字幕	01：37 影像 07：58 影像 09：35 影像 14：21 语言 18：21 影像 19：26 音乐 24：14 音乐 25：30 影像 26：51 影像 26：56 语言 28：27 影像 33：06 影像 35：13 影像 36：33 语言 41：05 音乐	01：31 影像 01：38 影像 03：11 语言 03：58 语言 04：12 语言 04：36 音乐 04：44 影像 04：55 字幕 05：04 影像 07：51 音乐 08：42 影像 10：34 音乐 15：14 影像 15：46 影像 20：31 影像 28：13 影像
频率	10 次	12 次	12 次	15 次	16 次
位置分析	前五分 4 次 中间 6 次 后五分 0 次	前五分 2 次 中间 10 次 后五分 0 次	前五分 0 次 中间 11 次 后五分 1 次	前五分 1 次 中间 12 次 后五分 2 次	前五分 8 次 中间 8 次 后五分 0 次

由上表可以清晰地看出：在选择的5集电视剧中，影像成为城市形象宣传的主要方式，占所有出现项目的53.8%，可见在塑造城市形象品牌时，电视剧更擅长将城市的地域特色直接地展现在观众面前，让观众不假思索地接受城市发出的形象宣传信息，为城市形象宣传打下了良好的基础。仅次于影像因素的宣传路径是语言，占到了总比重的23%，通过语言的方式强调城市名称，进而宣传城市形象。虽然音乐和字幕分别以18%与4.6%的比重位居所有出现项目的第3、4位，但依旧不能忽视，因为在影

像展现城市形象的同时，配上与之相符的音乐曲风，在景与声的交织中，更能让观众体验到当地独特的地域文化。字幕是让观众知道城市与地域名称最直接的方法，对观众体验与思索要求偏低，也是利用电视剧进行城市形象宣传不可或缺的一部分。由影像细读项目出现的位置统计显示，在片头和片尾对城市形象进行宣传有很大的必要性，在分析的5集电视剧中，在前段时间进行城市宣传，占到了所有比重的96.9%，符合观众前紧后松的收视习惯，是进行城市形象宣传的绝好机会。由此可得，在利用电视剧对城市进行城市形象宣传时，选择合适的宣传路径，找到恰当的宣传时间对提高传播效果至关重要。

2. 电视剧《北京青年》城市形象传播的效果分析

当前，电视剧中的城市形象构建不管是在剧本撰写、实际拍摄，还是在宣传环节上都存在一定问题，提升城市形象的效果欠佳。以往的研究很少会形成对电视剧中城市形象传播效果的评价体系，因此，在一定程度上影响了传播效果的分析和进一步的优化。一个完整的评价体系应包括以下几个重要因素：①电视剧展现城市形象时，表达方式的合理度；②电视剧向观众传递城市形象信息时，受众接收信息的难易程度；③故事情节与城市形象宣传的吻合程度。此次我们采用了深度访谈的形式，以打分方式来进行效果评价，将分数定于1至5分之间，分数越高则表明城市形象的宣传效果越好。下面是对《北京青年》的宣传路径效果的简要统计：

表7　电视剧《北京青年》宣传路径效果统计表（单位：分钟）

项目评价	第1集	第8集	第17集	第25集	第31集
表达方式的合理度（1~5）	01：38 影像5	02：50 影像4	06：20 语言5	01：37 影像5	01：38 影像4
	02：20 语言4	10：34 音乐5	12：08 影像5	14：21 语言5	03：11 语言4
	08：58 音乐4	11：16 字幕5	18：14 影像3	24：14 音乐4	04：36 音乐5
	10：45 音乐5	16：00 语言4	24：14 音乐4	26：56 语言5	04：44 影像5
	20：16 影像5	27：32 影像3	31：28 影像4	28：27 影像5	15：14 影像5
	34：22 语言4	34：26 影像5	38：43 字幕5	35：13 影像4	28：13 影像4
受众的接受程度（1~5）	01：38 影像4	02：50 影像4	06：20 语言5	01：37 影像4	01：38 影像4
	02：20 语言5	10：34 音乐4	12：08 影像4	14：21 语言5	03：11 语言5
	08：58 音乐3	11：16 字幕5	18：14 影像4	24：14 音乐4	04：36 音乐3
	10：45 音乐3	16：00 语言5	24：14 音乐3	26：56 语言5	04：44 影像5
	20：16 影像4	27：32 影像4	31：28 影像5	28：27 影像5	15：14 影像5
	34：22 语言5	34：26 影像5	38：43 字幕5	35：13 影像4	28：13 影像4
情节的吻合程度（1~5）	01：38 影像5	02：50 影像5	06：20 语言5	01：37 影像5	01：38 影像4
	02：20 语言4	10：34 音乐4	12：08 影像5	14：21 语言5	03：11 语言5
	08：58 音乐5	11：16 字幕5	18：14 影像3	24：14 音乐4	04：36 音乐5
	10：45 音乐4	16：00 语言5	24：14 音乐4	26：56 语言5	04：44 影像5
	20：16 影像5	27：32 影像3	31：28 影像5	28：27 影像5	15：14 影像5
	34：22 语言5	34：26 影像5	38：43 字幕5	35：13 影像3	28：13 影像4

由表7可以得出，字幕、音乐、语言以及影像等路径的传播效果有较大差异。首先是字幕，字幕出现频率最低，当电视屏幕中出现所展现的城市名称时，虽然以字幕的形式出现显得过于生硬，但是易于被观众接受，与电视剧情节的吻合程度高。

其次是语言，通过演员的对白，向观众传达城市信息。在电视剧《北京青年》中，大量的城市名称是以对白的方式向观众展现的，例如北京、烟台、深圳、丽江等城市名称不

断在对白中出现。运用合理的表达方式，将语言融于场景之中，观众在观赏城市风光的同时，可在无意识中加深对城市的印象，进而使电视剧间接达到了传播城市形象的目的。再次是音乐，每个城市都拥有属于自己的艺术风格，每一部电视剧也都拥有符合自己主题的音乐，音乐元素不仅能丰富电视画面，推动故事发展，同时它也是最能体现城市文化特色的因素。电视剧《北京青年》讲述的是一群年轻人重走青春的故事，活力、激情与对未来的憧憬是此部电视剧的主题，同时，拍摄组在选取城市场景时，年轻活力的城市成为拍摄地首选，所以，音乐风格多偏向现代、激情系列。然而，通过分数统计我们可以清晰地看到，虽然音乐能够展现一个城市独有的韵律，但是它的传递是非直接的，只有与影像结合，观众才会发觉音乐正在进行信息的传递。所以，在城市形象宣传方面，音乐更多的是起到了推动、强调的作用。最后是影像，电视剧是由一个个画面组接而成的，镜头语言是它最基本的语言形态。高频率决定了影像因素的重要性，它不仅可以直接展现城市形象，而且可以用画面的方式展现城市内涵与风貌，进一步打造城市文化形象，树立城市品牌。但不能忽视的是其频繁出现带来的一系列问题，例如与情节的不吻合以及呈现方式的不合理性等。要防止镜头的硬植入，避免城市形象的盲目宣传，合理地利用影像元素，这样才能让观众在欣赏电视剧的同时，领悟到城市形象文化的精华。

电视剧是创作者与观众双向交流、共同参与的一个开放式结构，对观众的价值取向和意识构成具有较强的潜移默化的作用。可以说，电视剧对城市形象的选择与传播是与一定时期“受众需要”联系在一起的。[①] 城市形象传播的动力是市民和观众对城市认知意境的追求，这是一种精神需求。观众可以根据自己的要求、价值观以及生活方式选择与自己相适应的城市意象进行认知。这种需求是城市与观众的内在需求，它存在于人本身的生理特点和自身的状态中，当物质需求得到满足后，精神文化需求自然上升为市民和观众的主要激励因素，而城市生活就是市民和观众满足精神需求的一种重要方式。所以，城市在进行形象传播时，要把观众放在重要的位置，不仅要拍摄大众喜欢的电视剧，还要提高城市形象传播的有效性，最终达到城市形象的传播目的。

---

① 王玉玮．当代电视剧中的城市意象．中国传媒大学博士学位论文，2008.

（三）关于电视剧传播城市形象的功效

城市形象在电视剧中的植入式传播，摒弃了传统的单向度的传播方式，采用生动、自然的方式，全方位地向观众展示一个城市的形象。利用电视剧进行城市形象传播，其传播功效主要集中在以下几个方面：

第一，有效地彰显地域特色。每一座城市都拥有自己的历史，积淀下来的文化底蕴，即使是发生了巨大变化的现代化都市，人们也能感受到它的独特之处。在电视剧创作领域里涌现了各种不同的创作流派，如“京派”、“海派”、“津派”，多种不同的创作风格，如“东北风”、“西北风”、“齐鲁风”，这些流派与风格的形成，说明电视剧具有鲜明的地域特色。故利用有地域特色的电视剧能够有效地传播城市形象的独特之处。

第二，有效的聚媒效应。影视文化作为当代大众娱乐消费的主要文化产品，其自身包含着大量的“注意力资源”，是能够吸引众多大众传媒聚焦报道的信息源点。媒体的聚集大大增加了城市信息的传播量，有利于扩大城市形象的知名度。

第三，扩大城市形象的知名度。一部优秀的电视剧会使观众对特定的景点有生动的认识，围绕着城市的自然和人文景观进行故事的讲述，令人回味无穷。在2012年新上映的国产电视剧中，有多部电视剧充满了浓烈的地域特色，例如表现西藏雪域高原场景的电视剧《雪浴昆仑》，展现温州这一城市民风民俗的电视剧《温州一家人》等。电视剧不仅有耐人寻味的故事情节，更有吸人眼球的自然人文景观，它们都在不同程度上扩大了城市的知名度。

第四，提高城市自身竞争力。通过城市形象的传播，不仅提升了城市的知名度，获得了客观的经济效应，而且提高了城市的文化软实力与整个城市的竞争力。例如，2012年山西省持续不断地挖掘本省历史文化资源宣传城市风光，在山西晋中榆次老城、常家庄园、山西太谷三多堂等多地拍摄了电视剧《母子情仇》，赢得了广大观众的喜爱。之后，山西省进一步拓展“文化强省”的发展之路。通过电视剧的城市形象传播，不仅获得可观的经济效益，而且提升了城市知名度，同时也增强了城市自身的竞争实力。

从整个电视市场来看，电视剧不仅在电视节目中占有绝对的优势，同时也拥有庞大的收视群体。面对有着不同收视需求的电视观众，不同故事题材的电视剧对城市形象品牌的宣传也会产生不同程度的效果。并且，从电视剧宣传的角度审视，电视剧传播城市形象的路径多种多样，成效不一。选择合适的传播途径，对提高城市形象的传播效果有着重要的意义。同时，对于城市形象来说，在影视作品中出现，不仅能够通过大众传媒进行广泛的传播，在人际、网络等多方面渠道中也能获得良好的传播效果。

五、利用电视剧进行城市形象传播时的常见弊端

1. 忽略城市地域特色

随着当代社会经济的快速发展，高楼大厦似乎在一夜之间拔地而起，城市越来越现代化，也越来越喧闹。人们生活在繁杂的都市中，最直观的外在表现是高楼、商业区、小区、繁华的大街、广场、公园、博物馆、地铁轻轨、大学、工业区、夜总会、度假村、游乐场等，这些城市物象在电视剧里频频出现，但是却缺乏对所在城市的形象特色以及文化内涵的关注与体味。这是在许多电视剧拍摄以及利用它们进行城市形象传播时，共同存在的问题。

电视画面多以繁华都市中的高楼为背景，其次就是川流不息的车辆，而反映城市核心形象与文化的元素少之又少，造成电视剧画面单一，缺乏城市地域特色。从北京、上海到东北、西南全国各个城市，在进行城市形象宣传时，大都以繁华都市为背景，只有极个别的电视剧会将城市的地域特色放在城市形象传播的首要位置。例如电视剧《林师傅在首尔》，该电视剧是在成都、首尔两座城市拍摄的，既是一部当代都市剧，更是一场美食视觉盛宴。它不仅讲述了一段来之不易的异国恋情，与此同时，也将川渝大地的饮食文化展现给了观众。在伴随着每一集电视剧剧情进展的同时，一道道精致的川菜也会依次向观众呈现，如四川泡菜。每道菜的每一个工序，选取的每一味原料都是精挑细选、精益求精，让观众在观看电视剧剧情的同时，了解和认识了川渝的饮食文化，这在一定程度上开拓了川菜市场，让大家再次关注成都，关注川菜。

电视剧《林师傅在首尔》通过饮食文化的发展展现城市的进步、人民生活水平的提高，没有过多地强调高楼大厦，而是将注意力转移到饮食文化上来，与一般电视剧相比，找到了新的城市形象宣传点，是一部值得借鉴的电视剧。不过，在2012年新上映的电视剧中，虽不乏反映城市地域特色的电视剧，但所展示的城市形象千篇一律，毫无独特性，难以在电视观众的脑海里留下印象，城市形象的传播效果极为低下。正如中国文化部原部长孙家正所说："丢弃传统、割断文脉的发展，往往使城市成为日益增加的、毫无个性的建筑物的堆砌"，"如果这样，这座城市的风格和灵魂将随之消失，城市记忆也将荡然无存。而一旦失去记忆，我们便难以找到回家的道路。"①

2. 电视剧题材相对单一

在对2012年新上映的电视剧进行统计时，我们不难发现当代都市剧已成为电视题材的主流，其原因是多方面的。首先，从电视剧故事的创作本身看，电视剧想要获得高收视率，故事很重要。生活琐事与情感是大众生活的调味剂，为使故事贴近生活、贴近群众、喜闻乐见，选取题材时能够更加关注普通百姓的平凡生活，都市生活题材的电视剧随之成为了电视剧的创作潮流。其次，观众的需求。生活的压力让每一个社会个体都感到沉重，尤其是80后这一群体，他们渴望借助电视这一渠道来倾泻自己的情绪，希望得到社会的关注和体谅。都市生活电视剧恰恰是反映80后当下生活状态的最好题材，在一定程度上呼应了他们的需求。最后，一定城市形象传播的要求。随着社会的发展，城市建设初具规模，许多城市希望通过电视这一平台将城市建设成果展现给大众，再加上以前一些城市地域的成功宣传，城市建设者逐渐意识到城市形象传播的重要性。与当下城市景观相呼应的电视剧题材是当代都市剧，且备受推崇，因为它能以影像的方式将近年来的城市建设成果毫无保留地展现出来，而这一特点在一定程度上也加剧了这一题材电视剧的泛滥。

每个城市根据自己已有的城市特色，选取不同的电视题材进行城市形象传播，而不是盲目从众，缺乏个性。例如，老革命基地应该突出自身的革命精神，而文化圣地应将注意力转向精神领域。在大众趋同的形势下，

---

① 孙家正．文化是城市生长的灵魂和生命力．决策探索，2007（10）：51～52.

需瞄准自身定位，运用不同题材的电视剧展现城市形象。

3. 忽略电视受众

城市为了达到自己的宣传目的，盲目地进行场景硬植入，忽略观众的感受。主要表现在以下几个方面：首先是电视剧画面粗糙。在众多的电视剧中，为了进行城市形象的传播，大量缺乏代表性的空镜头画面被插入故事当中，时常出现场景与故事年代不相符，场景跟故事情节不搭调等现象。这让观众处于被动接受的状态，观众的感受被忽略。其次是电视剧的背景音乐缺乏代表性。为了突出城市地域文化特色，一些电视剧多采用本区域的音乐曲风，出现与影像之间缺乏协调以及与故事题材不相符等问题，没有充分地考虑到受众的听觉与视觉感受。最后是选取的电视题材缺乏观众定位。不同类型的电视剧有不同的受众群体，在进行城市形象传播时，要充分考虑电视剧的收看群体，在不同的年龄段，他们的兴趣点和关注点有很大的差异。年轻群体偏向于当代都市生活情感类题材，适合宣传都市文化与都市风光，而年长群体多对革命、怀旧题材的电视剧感兴趣。所以，在利用电视剧进行城市形象传播时，要将观众的感受放在重要的位置，做好观众定位。

4. 过多描摹景观以致城市精神的缺失

城市是一种人类聚居形式，法国地理学家潘什梅尔说："城市既是一个景观、一片经济空间、一种人口密度，也是一个生活中心或劳动中心，也可能是一种气氛、一种特征或者一个灵魂。"① 电视剧是融视听为一体的综合艺术，观众对于城市形象的理解不单只是表面简单的风光描摹，城市的功能性也是其中的一部分元素，重要的是城市内在精神的展现。城市精神是一个城市的内在气质和根本价值追求，正如西方学者宾格勒索所认为："将一个城市和一座乡村区别开来的不是它的范围和尺度，而是它与生俱来的城市精神。"城市精神反映城市独特的民俗民风，讲述当地群众的平凡故事，它是市民日常生活的内化，是人与自然、社会和谐的法则。因此，从本质上来讲，城市精神的本质就是城市的文化精神。城市精神植根于城市的历史、体现于城市的现实、昭示着城市未来的精神风貌，引导城

---

① 朱华．城市发展人文价值不可忽视．经济参考报，2001－12－19（A4）．

市发展的价值取向，是城市形象建设的导向与核心。①

然而，当下的电视剧过于追捧城市景观的描摹，忽略城市精神的展现。以2012年热播电视剧《北京青年》为例，该剧在多个城市取景拍摄，包括烟台、深圳、北京、丽江等多处景点。随着剧情的发展，剧中反复出现高楼、大桥、繁华街道等场景，对于城市本身的文化地域特色，却很少在故事中展现。由于剧作偏于追求现代都市爱情叙事，所以观众很难从电视剧中体会到丽江等“人与自然”、“人与社会”的和谐精神。

5. 缺乏建立文化产业链意识

当前的电视剧城市形象传播普遍缺乏文化产业链意识，达不到城市形象宣传的长久性。一部好的电视剧，其生命力是长久的，播完之后还会影响到受众的审美情趣。城市形象是城市重要的无形资产，对城市的发展有着相当大的影响力。然而，现在大多数电视剧忽略了从前期到后期宣传的整个文化产业链的构建，缺乏大局意识，过度重视电视剧本身带来的经济收入，忽视相关产业的开发与文化的建设，在一定程度上阻碍了城市形象的长久塑造。因此，城市在城市形象的建设过程中，可以建立与之相配套的文化产业链条，从旅游、产品等方面来不断加深、完善城市形象。

六、关于利用电视剧进行城市形象传播的合理化建议

近年来，电视剧的拍摄数量日趋上涨，利用电视剧进行城市形象传播的现象也日益频繁，选择恰当的传播方式，对原有传播观点进行适度调整，对提高城市形象传播效果有着重要意义。下面是针对利用电视剧传播城市形象提出的几点合理化建议：

1. 城市自身要有主动的宣传意识

电视剧在某个城市拍摄或取景城市的某个景观时，往往只是出于剧情或外景的需要对城市景观进行节选。电视剧中的场景，有时并不标明城市名或景点名，有时即使标明也不是电视剧传播的重点。城市如果不主动地借势自我宣传，传播资源就会被白白地浪费掉。

① 朱鸿军，王玉玮．电视剧的城市形象传播与文化软实力竞争．江苏大学学报，2010，12(1)：11~15.

以广东省为例，广州、深圳、珠海三大城市无论是在城市建设，还是在文化宣传方面，每个城市都有着明显的自身优势和地域特色。然而在对2012年新上映电视剧进行统计时，拍摄地主要围绕广州、深圳两市，而以漂亮干净著称的珠海市却不曾在电视剧场景中出现。其实，珠海在影视方面有着得天独厚的资源，据统计每年在珠海拍片的电视剧组达到三四十个，国内以珠海作为外景地的电视剧至少超过200部。但是由于缺乏主动宣传意识，珠海的这些影视资源至今仍然是“藏在深闺无人识”。

城市在进行主动传播时，要注重方法与技巧。其一，政府与文化宣传部门要主动做好与电视剧剧组的公关和联系工作；其二，为了做好城市形象的进一步宣传，当地媒体应与政府机构做好配合工作，积极报道电视剧拍摄活动，通过一定数量的新闻报道，增大城市形象传播力度；其三，积极参与电视剧的宣传活动，使城市和电视剧一起成为众多媒体的信源，在宣传电视剧的同时，积极扩大城市本身的知名度。总之，城市在利用电视剧进行自身城市形象传播时，要主动挖掘出影视文化和城市的结合点，抓住机遇，提高城市形象传播效果。

2. 要和城市形象自身的发展定位相结合

在利用电视剧进行城市形象传播时，要和城市形象自身的发展定位相结合。城市形象的定位是指在分析和调查城市发展历史和现状的基础上，结合城市静态的、动态的比较优势，结合未来发展态势和区域分工，确定出最具生机的城市个性特征，即确定城市在国内或国际范围内独有的发展优势位置。①

城市形象在电视剧中展现，首先故事要与城市特色相匹配，在故事中展现城市特色文化、城市典型人物。其次场景选择要与城市风格相协调，在场景中表现城市独有风貌。城市形象如同人的形象，包括容貌、气质和内涵多个方面，通过场景清楚地勾画出独特的城市形象。利用电视剧传播城市形象，要充分考虑到城市的个性特征，将电视剧传播与城市发展紧密结合在一起，才能达到预期的效果。在结合的过程中，要特别重视城市的旅游发展和文化发展，通过城市主题电视剧和相关文化产业链，深层次地进行城市形象的传播。

---

① 李宗诚，薛媛．影视文化与城市形象传播．电影评介，2006（20）：19～21.

城市形象传播与城市发展相联系，主要举措表现在以下几方面：其一是电视剧创作方面，组织和引导电视剧剧本的创作者创作有影响的、反映时代主旋律的作品和独具风格的城市故事，通过典型故事和人物来展现城市主题，彰显城市形象。其二是定期举办影视庆典，并将其延续下去。例如长春电影节确立了长春“电影城”的城市文化形象定位。其三是建立影视基地，拉长影视文化产业链。例如，2012 年新上映的电视剧《独立纵队》就是在浙江东阳横店影视城拍摄完成的。通过电视剧的拍摄，不仅将电视剧拍摄和旅游景点建设结合起来，同时也进一步开发了城市的文化资源，全方位地将城市形象传播给大众，提高了城市形象的宣传效果。

3. 要把受众放在重要的位置

电视剧好不好看，城市形象有没有达到宣传目的，这一切都取决于电视剧在电视观众这一群体中所产生的影响。当城市试图利用电视剧进行城市形象传播时，首先要结合城市自身特色和发展，依据表现的城市主题，选择合适的故事题材，从而能够瞄准电视受众，进行准确的定位。所以，在城市形象传播的过程中，城市形象的接受者——电视观众，扮演着重要的角色。

有些电视剧在进行城市形象传播时，过于追求正面信息的传递，背离了现实的正常轨迹，脱离了观众的日常生活，在一定程度上忽略了观众的真实感受。一部电视剧想要获得观众缘，必须贴近百姓、贴近生活；一座城市想要引起观众的注意，就必须要让观众体会到它的人性化与舒适感。当对城市形象过分渲染时，往往会出现远离生活、远离百姓的迹象。所以，在利用电视剧进行城市形象传播时，要充分考虑到观众的感受，将其放在重要的位置。

七、小结

电视剧作为一种大众传播媒介，它记录了城市的成长，展现不同时代的城市形象特色，而城市的多变与斑斓的空间，恰好符合电视剧在时空艺术上的本质需求。电视剧记录了城市、人口的同化过程，影像促成人们对其生活城市的重新认识，在某种意义上，城市是经电视剧塑造而成的环境，在环境里面的现代与传统、外来文化与本土文化水乳交融。[①] 电视剧是以城市为故事的发源地，以在城市中生活的人们为故事的素材，以城市特有的文化风貌为表现内容，除了展现本身艺术目的外，还担当着打造城市名片的宣传重任。利用电视剧进行城市形象的传播，相较于其他传播方式，有着明显而独特的表现亮点，城市形象传播者要积极发挥电视剧传播的优势，力争最佳的传播效果。

19 世纪俄国著名美学家车尔尼雪夫斯基曾说："生活就是美。"生活是朴素真实的，而具有城市形象宣传功效的电视剧正是城市朴素真实生活的高度浓缩，是城市形象美的本质体现，利用电视剧进行城市形象传播后所带来的经济、文化效应是城市形象产业效应的延伸。可见，城市形象宣传带来的不仅仅是品牌效益、经济效益和文化效益，更重要的是传承了人们的生活品质，使城市精神魅力与人的心灵美能够完美结合。

（撰稿人　尹吉洁）

① 邓丽．文化传播中的电视剧与城市意象．辽宁经济干部管理学院学报，2011（5）：45～46.

2012 年中国电影与城市形象传播

和其他传统传播方式相比，电影具有视觉效果强烈、表现形式新颖、表达效果多样、受众层面广泛等突出特点。电影中的场景设置和视觉可感的光影艺术手法，可以突出城市外在的地域特点和自然风情，通过与电影情节和故事发展相契合，能够展现一座城市内在的文化底蕴与精神气质。自 2009 年《非诚勿扰》开始，人们开始注意到电影对城市形象传播的推动作用。《成都我爱你》、《唐山大地震》等影片的再度成功更让我们进一步感受到电影对城市形象宣传的巨大作用。这种将城市形象融入电影的方式，能够彰显城市地域特色，承载城市文化内涵，扩大城市形象知名度，增强城市文化竞争力。2009 年《非诚勿扰》让静谧怡人的杭州西溪湿地成为当年的旅游热点，成功带动了当地旅游业和房地产业的发展；《非诚勿扰 2》中对亚龙湾热带天堂森林公园、潭柘寺、慕田峪长城和鸟巢度假村小木屋等北京、海南特有旅游资源的展现，其中风光旖旎的海南成为当年冬季旅游的又一热点。据《潇湘晨报》的报道，“受《非诚勿扰 2》影响，海南游价格强势上扬，最高涨幅达 120%”①。

一、2012 年利用电影传播城市形象新趋势

1. 现状综述

在城市化高速发展的过程中，我国城市的面积迅速扩大，发展进程也逐步加快，一座座现代化建筑的崛起与高楼的耸立，带来的是城市文化形象与自身特征的迅速消弭。现代化发展的背后，是城市形象的同质化危机。

面对发展的同质化危机和城市之间竞争的加剧，城市的规划者并不仅

① 邓蓉．海南游最高涨 120%．潇湘晨报，2011-01-13．

仅满足于对当地经济发展水平的提高，而开始看重城市自身形象的塑造与影响力的扩大，增强文化软实力。由此，城市之间的竞争也上升为经济实力、文化实力、影响力等多方面的竞争。这样，单纯依靠传统传播方式已经无法全面地展现城市形象，突出城市的独有特征。因此，利用电影这种既具有声画效果，又包含情节渲染的传播平台，便成为城市形象宣传的重要手段。

2. 宣传城市形象的电影数量有所增加

面对繁荣的电影产业发展，城市形象的推广者并没有忽视这一巨大市场。随着前几年《非诚勿扰》、《成都我爱你》等电影对拉动城市旅游的巨大成功，在2012年的电影市场上，我们看到越来越多的电影开始具备宣传城市形象的功能。这些电影在场景选择、情节铺陈等方面选择与某一城市的风景或者人文相结合，在拍摄电影的同时，宣传城市的独特形象。

2009年，我国的电影市场开始试水城市形象植入，在过去的几年中，《非诚勿扰》、《庐山恋》、《成都我爱你》等电影在提高城市知名度、拉动地方旅游等方面取得了有目共睹的成绩。到了2012年，越来越多的城市选择电影这个平台进行自身形象的推介。

在2012年的电影市场上，这类肩负城市形象宣传的影片数量开始增多。无论是票房过亿的《画皮2》、《搜索》，还是小成本电影《阿佤山》、《喜酒》，都对某一城市进行了独特的描述。与2011年的电影市场相比，这类带有城市形象宣传的电影在数量上有了一定的增加，这从侧面反映出随着城市竞争的加剧，以电影为主的影视宣传成为城市推广自身形象、增强文化软实力的重要手段。山东省广电局副局长吉保邦就表示，山东省高度重视影视剧的创作和发展，创造有利条件推出个性鲜明、品质优秀、文化内涵丰富、地域文化色彩突出的影视作品，让“鲁剧”成为山东经济文化强省建设的一张靓丽名片。海南省影视家协会秘书长林青也表示：“我们一直在努力组织剧作家创作海南题材的剧本并组织拍摄，让观众在银幕上认识到海南影视有自己独特的魅力。”

3. 城市形象在电影中的表现形式增多

我国城市宣传与电影的合作初始于影视城的建立，城市通过投资建设影视基地，吸引电影制片商来此取景，接着开始以协助拍摄的方式出现在电影字幕的鸣谢部分。到了2012年，随着城市与电影的合作程度越来越深，城市形象在电影中的表现形式也越来越多。官方形象宣传片的发行、广电局和旅游局与电影的合作发行、宣传部的主导摄制等，各种新的合作形式层出不穷；使用方言、刻画典型人物、表现典型事件、拍摄微电影等新的表现方式也逐渐增多。表现形式的增多，一方面能够加深城市与电影的合作，另一方面能让城市选择最适合自身形象的方式进行宣传。下文将对城市形象电影的呈现形式、传播方式、传播效果等方面进行详细阐述。

二、城市形象电影的呈现类型

对于观众来说，想要记住一座城市，就需要一个能够引发共鸣和情感的“记忆点”，传播学中称之为传播“兴奋点”。由这个“兴奋点”带动并提升整个城市的传播力，才能加深观众对这座城市的记忆，并且在遇到类似的“兴奋点”（如同样的情感触动、同样的风景呈现）的时候，能够回想起这座城市，从而形成对城市形象的二次记忆。对于不同的传播需求，不同的城市推广者采用了不同的呈现形式来构建这个“兴奋点”，以期加深观众对影片中所展现的城市形象的记忆。

1. 片名直接点明

电影的片名最能直接反映影片与城市关系，如《大武当之天地密码》、《爱在廊桥》、《泰囧》、《阿佤山》等，它们的片名就直接点明了影片所发生的地点和背景。这样直白的呈现形式，能够提高该城市在电影拍摄和宣传中的出现率，不断刺激观众的听觉和视觉，让观众在接受影片的同时也接受了与影片相关的城市信息。以《爱在廊桥》为例，将影片想要表现的“北路戏”放置在福建寿宁县特有的廊桥古道上，让人们一听到悠扬婉转的戏曲声，就想到剧中伊妹和福坤、长天繁复纠葛的爱情，脑海中就不由得浮现出寿宁县古朴的村落宅院、高耸入云的廊桥九层塔和纯朴迷人的风情。武当山作为十堰市著名的旅游景点，其道教发源地的头衔已经声名远扬。由湖北省宣传部、武当山特区参与联合摄制的动作片《大武当之天地密码》特意冠上“武当”的头衔，并在电影中对武当山金顶、南岩、太子坡、五龙宫等景点做了实景展示，让观众在看到影片之初就对武当山的美景产生了浓重的期待。每次提到这部影片的名字，就会相应地回忆起片中武当山巍峨大气的形象，获得良好的传播效果。

2. 台词、道具点明

电影情节的推动需要依靠演员的台词和道具的使用，台词和道具的使用常可直接点明或显示影片拍摄地点。在电影《HOLD住爱》中，就有“这里是尖峰岭国家森林公园”、“欢迎来到三亚”这样直接点明拍摄地点的台词。除此之外，影片中的女主角让司机带她“去三亚最好的酒吧”，在接下来的酒吧场景中，镜头中不断出现带有明显酒吧标志“NO. 88”字样的酒杯和吧台。电影《高海拔之恋2》中也有“这儿是香格里拉”、“这里海拔有三千多米”的介绍性台词，并且在影片的重要道具——女主角的货车上可以明显看到“云R”的车牌标志，代表云南迪庆藏族自治州，也就是香格里拉。片中的旅馆内摆放着各种具有典型藏区风格的披肩、茶具、煮酥油茶的器皿等，也展现了香格里拉地区特殊的民俗文化。

3. 风景植入

风景展示是城市形象宣传中最常见的呈现形式。虽然城市形象包括外在景观和人文内涵两个方面，但是电影拥有的极佳视觉呈现效果能够更好地展现城市的外在景观形象。对于城市而言，电影独有的光影艺术和镜头语言能够让观众们沉浸于电影所营造的美景之中，从而对该城市形成良好的印象。对于电影而言，优美的城市景观能够增强电影的表现力，营造优美迷人的观影氛围，提高观众对电影的观感和评价。除此之外，风景植入还能间接推动当地旅游业和房地产业的发展。因此，风景植入这种呈现方式已经成为电影和城市的双赢之举。

正是基于这种考虑，电影《画皮2》就选择了在北京门头沟、河北易县、内蒙古克什克腾旗草原和西藏羊卓雍错四个风景迥异的地方取景，分别展示了古村建筑群、皇家陵墓群、易水湖、克什克腾旗、羊卓雍错湖等景色，让观众在感慨影片中梦幻景致的同时，对这些景点所在的城市也留下了印象，甚至产生了亲自前去一探究竟的想法。电影《HOLD住爱》的主要取景地点是海南省三亚市，影片不仅植入了拥有海岛特色的椰树绿水风情，还植入了三亚呀诺达热带雨林的风景、尖峰岭国家森林公园的风景。除了自然风景，影片还对三亚某度假酒店的绿地、某楼盘广场等景致做了多角度展示。这种自然风景和人文风光的共同植入不仅能够起到提高城市知名度的作用，而且能够带动城市旅游、房地产等相关产业的发展。

4. 鸣谢

鸣谢主要出现在正片结束后的字幕部分。当城市参与影片的联合摄制或者协助影片拍摄的时候，协助单位就会出现在“鸣谢”之中。比如《太极2英雄崛起》的片尾鸣谢中就点明了“鸣谢：陈家沟村委会”。

鸣谢内容除了对城市政府表示致谢之外，还会出现对风景区、房地产公司，甚至酒吧的鸣谢，这些都是城市形象中重要的组成部分。比如，《大魔术师》片尾的鸣谢中就出现了“北京龙云山自然风景区”和“北京老爷车博物馆”的名字，《HOLD住爱》在片尾对“三亚美高梅度假酒店”、“三亚NO. 88酒吧”致谢。由于宁波市对影片《搜索》的大力支持，在影片鸣谢部分罗列了中共宁波市委宣传部、宁波南部商务区、宁波市教育局、宁波博物馆、宁波杭州湾国家湿地公园等多个部门和地点的名字。宁波广电集团是这部电影的投资方之一，因此“宁波广播电视集团”的名字也出现在“特别鸣谢”中。这种文字上的多次强调，一方面显现出电影与城市的密切关系，另一方面也成为城市宣传的一种方式。

5. 方言、戏剧等特殊形式展示

一座城市的形象不仅包括外在景观，还包括内在的文化底蕴和风俗习惯。如何在电影中表现一座城市特有的文化、风俗，一直是让城市推广者感到为难的地方。语言是城市形象中的重要组成部分，处于不同区域的城市拥有不同的发音、逻辑和反映地方历史风俗的俗语和俚语。2012年年初的首部方言电影《喜酒》就利用“方言”这种特殊的语言表现形式来展示成都、河南、东北地区的特殊文化。利用具有地方特色的措辞和口音，影片刻画出了代表成都、河南和东北人的三种典型形象。使用成都方言的演员在观众心目中形成的伶俐机智、幽默宽容的形象，就会被推及成为观众对于成都城市的形象认识。电影《西藏的天空》则坚持让演员用藏语完成影片中的对白，让人们从语言上对神秘的西藏有了初步的认识。

《爱在廊桥》则利用福建省寿宁县特殊的非物质文化遗产——“北路戏”作为城市形象的切入点，将剧目《香蝴蝶》作为贯穿整部剧的线索。利用戏剧这种特殊形式作为媒介，让观众在观影之余，对这凄美深情的戏剧留下深刻印象，从而加深了对寿宁县的记忆。

三、城市形象电影的新传播方式

1. 用独特风光感染观众

虽然城市形象包含了多个方面，但是城市风光是最容易被观众记住，也最方便利用影片进行渲染的。由此，以风光感染观众成为最常见的传播方式。以影片《搜索》为例，当影片中的女主角叶蓝秋开车带着男主角在夜色中穿梭的时候，观众可以从镜头中看到“宁波外滩”——三江口繁华区的街景。这里自唐宋以来就是我国最繁华的港口之一，曾经是“五口通商”中最早的对外开埠区。影片中绚烂的夜景和古朴的街道，能够让观众感受到宁波古老而又充满现代化的商业氛围。剧中多处冲突的发生地——电视台外面的平台，是宁波最具特色的宁波博物馆墙面所在地，这个墙面是由上百万块明清乃至汉晋时期的陶片和砖瓦砌成的。叶蓝秋在找保姆时被认出的地方是宁波的月湖茶博院，这些具有古朴风格的建筑体现了宁波厚重而悠久的历史和人文底蕴。随风摇曳的芦苇，悠然飞翔的白鸟，清澈明净的湖水，在这个充满梦幻和诗意的地方，叶蓝秋以最动人的姿态与爱人度过了生命最后的美好时光，这个情节的发生地点就是宁波的杭州湾湿地。每一位观众都被那动人的美景和凄美的故事所感动，也因此对宁波优美的自然风情产生了深刻的印象。除此之外，剧中沈流舒的办公室设在宁波 CBD 商业核心区的标志性建筑——宁波商会—国贸大厦上。叶蓝秋上班的地方则是宁波重要的南部商务区所在地，镜头中的这片商务区楼宇耸立，街道整洁而亮丽，这些极具现代感的商业区与之前所展示的自然景观、人文建筑一起，共同展现了一个底蕴深厚、风景优美、经济发达的宁波城市形象。宁波市旅游局副局长陈民宪表示，《搜索》是一次宁波全景的展示，影片中出现的景区、商业区和宁波重要标志性建筑，展现了宁波的人文之美、自然之美。①

2. *用典型人物打动观众*

城市形象不仅仅是现实中城市景观的简单再现，还是自然景观和人文景观的综合体。传统电影对于城市风景的展示，只是利用景观风光来感染观众，缺乏对城市的文化内涵、生存状态的描述，而这种展示是不全面的。许多城市加大了对于城市精神文化和典型人物塑造的宣传力度，将城市的典型人物与电影叙事结合起来，利用人物的内心情感和动人事迹来塑造城市积极向上的正面形象。

① 宁波旅游局. 宁波旅游启动影视营销新推手. http://www. cnta. gov. cn/html/2012－7－17－16－26－3338. html，2012－07－17.

电影《吴仁宝》就是利用人物打动观众的典型之作。江阴市华西村“天下第一村”的名声虽然大部分人都听说过，但是人们对于华西村的了解仅限于集体致富，对其他方面并没有感性的认识。电影《吴仁宝》以华西村的典型代表人物——吴仁宝老书记为主人公，讲述了吴仁宝书记带领华西人民艰苦创业的过程。影片中吴仁宝带领华西人民“顶风”开小五金厂，克服困难带领村民致富的情节，反映了华西人团结勤劳、艰苦奋斗的精神。而吴仁宝背着相亲的儿子连夜去医院治病的情节，含泪将自己的小儿子过继给带头支持自己实施计划生育的老友的情节，则塑造出了华西人重情重义的形象。这些感人情节的设置，容易在情感上打动观众，并有助于塑造有血有肉的城市形象，展现当地人民的生存状态和精神内涵。电影《孝女彩金》也是根据广东梅州的孝女彭彩金的真人真事改编而成。影片将梅州独有的山水风光、客家风情与彩金的感人故事完美结合，让观众在被故事情节感动的同时，记住了梅州的客家风情，也记住了这个自强、孝顺的梅州女孩，从而对梅州这个城市留下良好的印象。

3. 用特殊事件吸引观众

一座城市之所以能够被人们喜爱和尊重，除了优美的景观和可敬的市民之外，还有城市的精神风采。以往电影中的城市形象对城市精神的描述并不多，而在 2012 年，广州市首次将电影与城市精神结合，利用 2008 年一起影响全国的特殊事件为叙事背景，再现事件发生的全过程，吸引观众到影院观看，从而起到宣传的作用。

2008 年的春节，广州火车站有数百万旅客因雨雪天气滞留，随时可能出现严重的起哄、推挤，甚至爆发大规模群死群伤事件。广州出动了公安民警、解放军、武警官兵和志愿者近两万人，用血肉之躯安全化解了这场严峻的危机。《风雪 11 天》就是以广州市的这次特殊事件为背景，塑造了无私奉献、认真负责的广州公安形象，展现了广州市政府应对重大公共安全危机的能力。影片利用纪实影像和拍摄影像结合的方式，真实还原了当时广州火车站、汽车站数十万旅客聚集的危机场面，并通过粤语新闻播报背景声和广州火车站等典型广州标志性建筑，营造了具有浓郁广式元素的观影氛围。观看影片的观众无一不为影片中公安民警的精神所感动，为广州市市政府克服如此大的困难而喝彩。市长陈建华在影片首映式上表示，“没有哪座城市、哪个地方能像广州这样，称得上是一个英雄的城市，这次《冰雪11天》的拍摄再次展示了广州这座英雄城市的风采”。

由于这一事件的影响力较大，事件内容与观众也有较高的接近性，因此电影在上映之前就受到了观众的关注，在11月1日上映后10天之内就取得了705万元的票房成绩，极大地宣传了广州“英雄城市”的风采。

四、城市形象电影的传播效果

1. 植入式的传播“润物细无声”，不易造成观众的反感

与生硬的广告形式的宣传相比，在电影作品中植入有关城市形象的内容，能够降低人们对于广告的警惕性和免疫力。传统的广告宣传方式具有较强的目的性，由于长期接触各类广告，观众对广告有一定的警惕性，对传统的电视广告不会给予太多的注意力和关注度，而且过于直白生硬的广告容易造成观众的反感。

然而，将城市形象融入电影中，首先在形式上就具有较高的隐蔽性，不容易在一开始就引起观众的反感。其次，利用观众观看电影时高度集中的注意力，能够借势提高观众对于电影中所植入内容的关注度。除此之外，观众容易被影片角色的态度所“同化”，当影片中出现对于某城市的肯定和赞美时，观众常会不自觉地认同。由此看来，相比于广告，这种“润物细无声”的方式能够达到更良好的传播效果。

2. 结合故事情节，使记忆持续期更长

影片的故事情节是观众对电影记忆的一个兴奋点，通常人们的记忆都是伴随观影时感动、欢愉、诧异、惊吓等情感而产生的，因此，城市形象只有与故事情节相结合才能使观众在形成记忆的同时加深对城市的印象。

电影《冰雪11天》就是将大雪封路、春运被阻的情节与广州的城市形象相结合，让观众在一提到广州这座城市的时候，就想到《冰雪11天》中无私奉献、胸怀大爱的广州公安。同样，当人们一提到香格里拉时，看过《高海拔之恋2》的观众就会回忆起影片中让男主角迷失的大片原始森林以及常年积雪的高原、湛蓝澄净的天空和女主角所住旅店内淳朴的当地人。利用故事情节的记忆，能对电影中的城市形成感性认识，并在遇到相同记忆兴奋点的时候让观众再度回忆起电影中的场景，从而使记忆的持续时间更长，获得良好的传播效果。

3. 方言的运用和代表人物的塑造让城市形象更加立体化

电影作为一种充满魅力的艺术表现形式，其光影的展示、剧情的渲染、语言的运用对于城市形象的推广有着天然的优势。城市对于人们而言，不只意味着单纯的居住地，还包含了自然环境、人文景观、历史底蕴、文化风俗、语言习惯等多方面的含义。相应地，对于城市形象的宣传也应该从全方位的立体角度进行。

除了风景的展示和故事情节的渗透之外，电影对方言的运用可以让观众在观影过程中感受到城市的文化风俗和语言习惯。电影中的角色经过艺术加工和渲染之后，作为城市居民的代表人物，其人物形象常被观众与该城市形象联系起来，从而扩展为观众对城市形象的认识。《喜酒》中说着四川方言的电影角色被观众扩展为成都人的形象，《吴仁宝》中对心怀集体、无私奉献的吴仁宝书记的塑造，会让观众在感慨华西村获得巨大成功之余，也会对华西村村民团结奋斗的精神有更深一步的认识，从而使得华西村的形象更加立体。看过影片之后，华西村对于观众而言，不仅仅是“天下第一村”这样一个简单的认知符号，而是有血有肉、活生生的人物和精神形象的一个特殊的地方，能够让观众产生情感共鸣。这种具有情感共鸣的城市形象更加立体，也更加容易让人忆起。

4. 线上线下全方位营销，实现精准传播

电影与城市形象的传播链条在今年有了更深入、更长远的发展。电影营销方面做得最好的就是电影《搜索》。宁波利用电影全方位展现了该城市的风貌，对推介宁波城市旅游、宣传宁波城市形象、展现宁波城市魅力采取了一系列线上线下的宣传手段。

在《搜索》拍摄之初，宁波市政府就将该影片定位为“宣传宁波城市形象的新渠道、新平台、新载体”。宁波市专门为此片拍摄了一部长达30秒、名为《相约宁波》的形象宣传片，作为贴片广告在各大院线放映《搜索》前播放，针对影片时尚、年轻的观众群进行精准营销。同时，针对电影的网络播放，宁波市政府在搜狐、新浪、迅雷的电影网络视频网页中还设置了介绍宁波城市形象的专题页面，进一步对观影网友宣传宁波的城市形象。在线下宣传中，在《搜索》上映期间，宁波市旅游局将城市形象推介与电影相结合，开展了“跟着《搜索》游宁波”等主题旅游活动。[①] 这

① 陈朝霞.《搜索》与宁波的特殊缘分. 宁波日报，2012 - 07 - 03.

些活动将线上线下相结合，利用电影放映契机，极大地宣传了宁波的良好城市形象，让更多的人对宁波有了更深的认识。从初期的电影拍摄到后期的电影资源开发，《搜索》开启了电影与城市宣传相结合的新方式，并对特定人群进行精准传播，成为今年在城市形象宣传方面最有创意的案例。

五、城市形象电影的不足之处

1. 电影类型相对单一

纵观《搜索》、《HOLD 住爱》、《冰雪 11 天》、《吴仁宝》等一系列城市形象电影，我们会发现，这些电影虽然在呈现上有了更多的形式，但是电影的类型仍然相对单一，多半为商业大片或者是政府主导拍摄制作的地方性影片。

商业大片和城市形象结合之后，能够利用其传播范围广、通俗易懂的优势，促进城市形象的推广。然而商业大片的商业性和快节奏的叙事方式会降低观众对城市本身的关注，削弱电影中对于城市形象的塑造，影片中过于直白的城市形象广告植入则可能造成观众的反感，反而不利于城市形象的宣传。

由于当地政府对于城市的熟悉，因此由政府主导拍摄制作的影片能够在内容接近性和真实性上有良好的表现，然而影片的宣传目的过于明显，容易降低影片本身的叙事水平和故事感染力，从而削弱了影片整体对观众的影响力。另外，这类地方性影片往往通过集体购票、派票的方式对特定人群进行传播，传播范围相对狭窄，弱化了传播效果。

2. 多为风景描述，典型人物描述相对刻板

城市的风景是城市形象中最容易表现的部分，也是容易带来旅游、房地产收益的部分。因此，在城市和电影的结合中，大多数的电影都把对城市的自然风光、标志性建筑等的描述作为首选。一旦将重点放在风景描述之后，对与风景相关的人物刻画则会相应减弱，造成人物描述相对刻板。

作为城市宣传推广的重要平台，电影的制作商应该在展示风景的基础上，将重点刻画对象放在电影角色塑造上，毕竟再迷人的城市也是因为城市中生活的人才变得精彩。只有电影对城市不同阶层的不同民众进行生存状态、思想情感方面的深入刻画和把握，才能避免人物形象的同质化、简

单化，让人物形象与风景描述相得益彰，才能获得更好的传播效果。

3. 过于重视外在形象，缺乏城市内在文化的传达

外在形象是城市包装和展示的最直接部分，也是观众在观影时最先形成的感性认识。良好的外在形象，如优美的风景、古朴的街道、高耸入云的建筑群等，都能够让电影在宣传和播出的时候作为影片卖点进行重点推广，而且能够让观众对电影产生良好的第一印象。然而这种对于外在形象的过分追求，会让城市在宣传中忽略了城市内在文化这一核心内容，从而削弱了城市形象的宣传深度。

有些城市在选择电影作为其宣传平台的时候，为了追求拍摄画面的美观，加强城市形象的塑造，会将拍摄地点转移到其他风景区，将他地风光嫁接到本地，而忽略了城市内在文化的传达。电影《喜酒》虽然是成都电视台投拍，使用四川方言，但是为了让电影拥有更优美的风景，却在广东台山取景拍摄。剧中女主角刘灵买票出游的时候，影片中多次出现了茂名、下川、赤溪等地名，并利用全景镜头展现台山全貌，用特写镜头和场景空镜头展现了下川岛的海湾、沙滩、椰林等海岸小岛风情。这种四川方言与海岛风情的搭配显得不伦不类，容易让观众产生观影困惑，并形成与成都形象不符的城市印象。

除了景色展示与城市本身形象不符之外，景色的同质性也越来越严重。大部分的自然景观都离不开山水，城市建筑都离不开高楼大厦。这种千篇一律的风景展示缺乏文化底蕴和地区特色，并不能让观众对其产生深刻印象，严重影响了观影者对于该地形象的认知。

4. 过于依赖影片票房，传播效果不可预测

电影只是城市形象推广的平台之一，其合作效果具有不可预测性。如果想要城市形象宣传有良好的传播效果，首先要看电影本身是否成功，只有电影成功，城市推广的利益才能实现最大化。即使前期投入大量资本，城市与电影也紧密结合了，但是一旦电影不成功，这一切宣传推广的努力就无法获得应有的回报。因此，目前市场上出现的成功案例只能作为借鉴，不具有可复制性。

影片《爱在廊桥》就是一个典型的例子。这部电影是福建省寿宁县县委和县政府大力支持的，是全国首部以非物质文化遗产为主题的电影，耗资千万，邀请了大陆、台湾、香港多位演技派演员。影片获得第28届中国

电影金鸡奖四项提名，导演陈力最终获得金鸡奖最佳导演奖。虽然电影获得诸多殊荣，电影本身也对福建寿宁县的独特民俗和优美风光做了大篇幅的渲染和宣传，然而票房的不如意直接导致了这样一部具有典型传播意义的影片没有太多的观众，因此并没有为寿宁县带来与之相应的宣传效果。

5. 利益主体不明确

城市形象的推广涉及政府、宣传部、旅游局、当地企业主等各方主体的努力，其中，市政府是城市形象推广的主导者和组织者，宣传部是城市推广的促成者和参与者。这两个部门首先确定城市形象的定位，挖掘城市特点和内涵。在确定与电影商的合作之后，进一步通过颁布优惠政策、提供拍摄便利等方式吸引制片人，创造有力的推广平台，并达成对己方形象宣传有利的合作条件，增加电影中城市的曝光率。旅游局则是形象推广的合作者和参与者，主要为城市场景拍摄提出参考意见，使当地旅游资源获利最大化，并利用电影上映的票房效应进一步挖掘影片与当地旅游的深度结合和发展。比如宁波旅游局开展的“跟着《搜索》游宁波”活动。

虽然政府是整个城市推广的主导，然而，受益者往往是当地的旅游部门。让更多的人对城市形成良好印象，是政府作为城市主导者的主要任务，因此，城市推广的受益人应该是政府。从长期的城市发展和招商引资便利来看，政府的确是城市推广的利益主体。但是，观众对于电影中城市风光的喜爱往往会导致观众成为游客，亲自到影片拍摄地实地体验电影中的美景，这样便极大地带动了当地旅游业的发展，而对于影片中所展现出的城市精神和文化底蕴，只是反映在思想认知方面，很难转换成为行动。因此，城市推广的利益就出现了主体不明确的问题。

除了政府和旅游局会涉及利益分配，其他部门也可能会牵涉其中。在电影《搜索》上映之后，宁波的广电局也参与了影片的收益分成，让原本就不甚明了的政府部门利益分配更加复杂。

如果涉及方不能在影片拍摄之初达成对于电影收益的共识，就有可能在影片上映之后，由于相关负责部门缺乏宣传动力，造成城市宣传与电影的脱节，这样不仅会削弱电影对于城市形象的推广效果，而且可能影响到以后类似的合作。

（撰稿人　胡抗抗）

2012 年中国纪录片与城市形象传播

2012 年，一部《舌尖上的中国》让中国人对纪录片有了新的认识和热情，而近年来，随着城市宣传工作的需要，纪录片开始越来越多地用于传播城市品牌与形象。2012 年 12 月初，中国（广州）国际纪录片节在广州举行，“优秀城市形象片”第一次作为获奖单元在纪录片节崭露头角。由广东省佛山市委宣传部筹拍的佛山系列城市形象片《看佛山》夺得今年的“优秀城市形象片”一等奖。从这个奖项的设置，我们可以看出城市纪录片不仅开始在纪录片中占据一席之地，也在城市形象的传播中发挥巨大的作用。比起络绎不绝的城市旅游宣传片，城市纪录片虽然总体数量还不算很多，但它作为城市形象传播的一种途径，则越来越受到重视，城市纪录片也开始在城市形象的传播中大放异彩。

一、2012 年城市纪录片发展现状

城市作为一个独立的空间，它的形象涉及诸多方面，包括内形象与外形象、软形象与硬形象等。城市形象是一个城市政治、经济、文化等综合实力的表征，同时也是一个城市软实力强弱与否的标志。在城市形象的类别中，城市的视觉形象是城市形象最直观的展示，而通过媒介的影像文本表现出来的城市缩影，必须包含大量的符号才能够支撑一个城市的外在形态。纪录片作为一种影像传播的方式，可以用最真实的镜头语言向观众展示一个城市的历史和现在。

智利纪录片导演顾兹曼曾说过这样一句话：“一个国家没有纪录片，就像一个家庭没有相册。”由此可见纪录片对刻画时代精神、保存群体记忆具有非常重要的意义。从此种意义上说，纪录片与电影、电视剧等其他影像作品一样，也是塑造城市形象的重要手段。但与其他形式的影视传播相比，纪录片最大的优势就是它有着不可比拟的真实性与可信性，从某种

意义上来讲，城市纪录片是城市形象的忠实影视档案。

中央电视台副台长、中央新影集团董事长兼总裁高峰说："对纪录片的尊重，实际上就是对自己这座城市文化的尊重。"他表示，对一个城市文化的总结和宣传，通过纪录片这样的形式展现才是最完美的。同时，他还指出，纪录片不仅是一个国家的相册，而且"它是有思想、有精神追求和艺术追求，并通过风格各异的多种手段表现的相册"。记录城市的发展，也就是记录人类社会的历史。

纪录片在拍摄过程中排斥虚构与造假，所以它能最大程度地再现事物的原貌，真实地记录客观事物的自然形象，有效降低人为主观色彩带来的种种影响。对于城市纪录片而言，与一些过度美化和过多经过人工雕饰的其他艺术形式（如城市旅游宣传片）相比，纪录片能最大限度地满足人们了解城市的求知心理，同时也能最大程度地记录一个城市的真实状态。

中国的城市纪录片并非始于2012年，在上个世纪的中国早期纪录片中就有意无意地在记录城市的印迹。如作为姊妹专题纪录片的《话说长江》和《再说长江》，其中对"古都"南京的影像表达给观众留下了深刻的印象。它对能够标示南京拥有2 400多年悠久历史的历朝历代的代表性景观或建筑作出重点展示和解说，譬如石头城、六朝石雕、南唐舍利塔、明代城墙明孝陵、鼓楼、总统府、中山陵、雨花台、渡江胜利纪念碑等，纪录片用镜头展示了十朝都会的厚重历史遗存。此后，一批优秀的记录城市发展的纪录片如雨后春笋般地开始出现在电视荧屏上，我们所熟知的有《一个人和一座城市》、《打造新上海》、《敦煌》、《正在消失的羊城》、《三元里》、《海上传奇》、《沧海桑田——深圳村庄30年》、《边疆行》、《沿海行》等一系列见证城市印迹的纪录片。

回首2012年，中国的城市纪录片也有了更长远的发展。一方面，城市纪录片越来越受到重视，越来越多的知名导演投身到城市纪录片的拍摄中。以《看佛山》为例，时间、周兵、张以庆、孙增田、梁碧波、陈真、李汝建、王韧、干超、张元十位中国著名纪录片导演拍了10部风格各异的短片，分别从不同角度进行拍摄，展示了一个立体化的佛山。另一方面，优秀的城市纪录片成批涌现。像以西安为样本、以2020年为时间坐标、以世界古都名城为参照系，探讨西安未来城市发展路径的纪录片《西安2020》，中央电视台播出的以中国各地美食为主要内容的美食纪录片《舌尖上的中国》，向世界展示了中国北纬30度地带上包括自然风光、历史文化、民俗风情和社会发展在内的全景式图画的《北纬30度中国行》等，它们不仅是2012年优秀的纪录片，更是对城市发展的真实记录。

二、城市纪录片的传播内容

构筑城市形象的要素有很多，从宏观上来说，城市的建筑、景观、企业、街道、交通等，都可以影响人们对城市的印象和感受；从微观角度来说，城市的历史文化、城市精神、城市名人、风俗习惯等，也是形成城市特色形象的关键组成部分，甚至当地的方言、小吃、特色服饰等，都可以成为构筑城市形象的要素。

“对纪录片而言，一方面它有意义代码，具有显性特征，可以明确地表达出事件内容；另一方面，它具有文化代码，在这个层次上，它显现为隐性。一般都隐藏在事件内容的背后。”[①] 对于城市纪录片而言，观众直观接收到的是关于这个城市的某一特定历史事件，或是某个名人，或是普通百姓的日常生活，或是城市的历史变迁，但蕴含在其中、隐而不彰的是对城市文化和城市历史情感的颂扬。城市纪录片以特色的内容、本土的风貌、人文的精神体现出真实视角与鲜明的美学特征。城市纪录片以真实的视角，艺术化地呈现城市形象的内涵和灵魂。它对城市形象传播起着生动的、深度的、令人过目不忘的名片效果。纵观中国城市纪录片的发展，其内容构成主要有以下五个方面。

1. 城市风光

城市的街道、古建筑或者现代建筑、街头的公园、雕塑、交通等犹如城市的外衣，向人们展示着城市的外貌。城市风光作为城市环境中最有特色的部分，是一个城市的标签和名片，因此，也成为城市纪录片的主要记录对象。

如城市纪录片《神韵泸州》，片长17分钟30秒，主要通过恬静雅致的村舍、视野开阔的露台以及保护良好的古镇来介绍泸州的悠久历史和旖旎风光。《春城昆明》则介绍了昆明冬无严寒、夏无酷暑、四季长春的特

---

① 张雅欣．电视纪录片是文化的反映——浅谈电视纪录片主持人．电视研究，1997（5）．

点，并且拥有“花之都”、“天然花园”之美誉。影像展现了悠久的历史为昆明留下的众多文物古迹和风景名胜，如滇池、石林、翠湖公园、世界园艺博览园等。纪录片《中国历史文化名城：泉州》介绍了泉州作为中国历史上对外通商的重要港口，是古代“海上丝绸之路”的起点。同时，世界各大宗教随着经济和文化的交流传入泉州，使之成为一座具有世界性宗教文化特征的城市。泉州境内山川秀丽，人文荟萃，文物古迹星罗棋布，充分体现了泉州独特的城市风光。

2. 城市变迁

纪录片可以最大程度真实地记录一个城市的发展进程和历史变迁。《西安2020》这部纪录片用镜头穿梭十年的光阴，向观众展示了未来西安的美好前景。它立足于改革开放以来西安的沧桑变化，回望了长安古城历史深厚的文明，展望了西安新城未来宏伟的图景。纪录片共6集，其中第4集《筑基长安》从现实入手，以一篇美国《时代周刊》的文章切入，展现古城西安的经济活力；而后回顾农耕文明时代和新中国建立后两大时期，西安城市之基的演变，引出城市化过程中，经济转型与产业升级的必然性；继而从旅游产业的升级、高新技术产业的落户、商贸物流业的发展、人才孕育机制的完善等方面，全面展现出西安是如何打造具有特色的优势产业集群，探寻未来的西安将如何以市场化为手段，以城市产业化支撑为基础促进国际化大都市的建设。

3. 城市历史文化

文化是一个城市所拥有的独特记忆，从历史街区到现代社区，从传统技能到风俗习惯，物质和非物质的各种文化形态组成了一座城市的记忆；文化是城市的精神，城市的外观面貌可以被复制、模仿，但是城市的精神是无法被复制、模仿的，因为城市精神的形成需要经过时间和空间的凝集，反映的是该市市民特有的思想道德风貌，是城市文化的结晶。

现代化的城市在发展过程中，越来越雷同，而在差异化越来越被忽视的今天，城市与城市间渐渐失去了个性。城市文化可以为城市增添一些多样化的符号要素，弥补视觉上的雷同所带来的审美疲劳，同时通过诉说该城市的历史与文化，来表达其独特的民俗文化和精神意境。如北京的故宫、上海的城隍庙和“东方明珠”电视塔、成都的武侯祠、郑州的“二七”纪念塔、丽江古城、苏州园林等都成为所在城市的主要文化标志。

中国有着五千年的文明史，中国的城市也有着深厚的历史文化底蕴。获得第六届“纪录·中国”年度大奖的纪录片《看佛山》，就是一部描述城市历史文化的优秀纪录片。《看佛山》共10部，由10名导演分别从历史人物、风俗习惯、民间艺术、城市精神、市民生活等角度进行采访拍摄，展示了一个可视、可听、可感的真实佛山。10部作品分别是张以庆导演的《佛山听禅》、孙增田导演的《康有为变》、时间导演的《他乡故乡》、周兵导演的《食色声香》、梁碧波导演的《潘玉书》、张元导演的《师傅》、陈真导演的《根叔》、王韧导演的《自梳女》、干超导演的《有时想起》和李汝建导演的《上学路上》。

其中，张以庆的《佛山听禅》，涉及宗教、历史、陶瓷、冶炼、粤剧、粤菜、功夫、山水、市井、民俗、现代制造和高科产业等领域。选取以上可视、可听、可感的特有元素，诠释一个“佛在佛山，禅在人心”的想法。这不仅仅是一种对佛山历史文化的赞美，也是一种鉴戒，进而将一个理想社会的憧憬寄托在佛山这个美好的地方。

孙增田导演的《康有为变》则以康有为在佛山的活动作为主要内容，重点表现1913年11月13日，康有为返回佛山南海银塘乡，迁葬母亲和弟弟于家族墓地的故事。此片以今天的视角，审视这段历史和康有为这个历史人物，形式新颖、风格独特。

全面反映石家庄历史文化的大型电视纪录片《璀璨时空——石家庄历史文化影像志》，用现代化的影像方式描述了石家庄从远古到当代的发展过程，涵盖了历史名人、重大事件、文物古迹、自然风光等众多领域，直观准确地展现了石家庄历史文化的全貌。它是一部城市历史的影像志，国内并不多见，通过精美的画面、探秘寻幽的引人故事、高超的拍摄艺术，系统地记录了从古至今石家庄的历史人文大事。在这部长达300分钟的纪录片中，详细介绍了石家庄流传已久的地域文化和风俗，这些文化很多已经被列入国家文化遗产目录，并且几千年来深受当地群众喜爱。比如常山战鼓、井陉拉花、耿村故事、藁城宫灯、丝弦戏曲、皇杠表演等。

《璀璨时空》共10集，每集30分钟，都是选择从普通当代人物或事件开始讲述，切入点是每一集主体叙事部分的开始。总编导郭西昌说：“每一个主体故事展开叙述时，尽可能从某位普通的当代人物或最近发生的具体事件切入，表达对历史人物、文化的热爱。”比如三国赵子龙的故事，由生活在赵子龙塑像边的一个剪纸艺人赵向荣说起；秦汉时期南越王赵佗的故事，从一个年轻人张兰亭创作出了《南越王》的传记小说讲起；建于隋代的赵州桥从一位在桥边长大的老人吴静波开始研究赵州桥提起等。有了这些当代人物的切入，遥远的历史就多了几分鲜活和灵气，就会让观众感受到一种真实和亲切。

《璀璨时空》的另一个特点就是在片中采取今人与古人对话的方式进行深入讲述。为了让遥远的历史鲜活生动起来，导演在有些主体故事结束前特意增加了一个“与古人对话”环节。比如毕业于天津南开大学的申建国、宗琳夫妇组建了魏征研究会，研究魏征文化已经30多年。按照老家的习惯，他们一直尊称魏征为相爷。申建国对话魏征：“魏老相爷，天下第一名相，当之无愧呀！”他的夫人宗琳对话魏征：“魏相爷，我们没有辜负您的希望，我们在晋州您的故居，正把您的思想、您的精神、您的文化发扬光大。”

《璀璨时空》最大的亮点和看点是融入了石家庄许多新的考古发掘资料。第一个新的考古资料是滺滺水水帘洞，它是旧石器时代遗址；第二个是先商遗址的定位；第三个是赞皇西高一带新近发掘的九座北朝大墓。这些考古资料在以往的电视片、专题片中从来没有发布过。郭西昌导演引用进去后，使《璀璨时空》的内容更加充实，让人们感受到石家庄厚重的历史文化。

图1 《璀璨时空》摄制组拍摄美穗子获救纪念碑

诸暨电视台的《话说西施》，围绕“中国古代四大美女”之一西施的出生成长、卧薪尝胆、别越入吴、身吴心越、西施的归宿和永远的西施等六大篇章展开。将史实和传说有机结合，全方位地介绍、传承和弘扬了西施文化。城市的魅力在于特色和文化，诸暨作为一座千年古城、吴越文化的发祥地，具有丰富的魅力和内涵。该片让观众了解、认知诸暨的传统文化与发展进步，使我国第一批非物质文化遗产之一的西施文化在世人眼中更加形象、丰满，也扩大了西施故里诸暨对外的知名度和影响力。

4. 城市美食

民以食为天，食物自然成为记录城市的上佳素材。《舌尖上的中国》是中国中央电视台播出的美食类纪录片，主要内容为中国各地美食生态。《舌尖上的中国》于2012年5月14日至5月22日晚间22:30在CCTV综合频道播出，共包括《自然的馈赠》、《主食的故事》、《转化的灵感》、《时间的味道》、《厨房的秘密》、《五味的调和》以及《我们的田野》7集。在央视首播后，引起了广泛的关注。该片通过不同地区美食的多个侧面，来展现中华饮食文化的精致和源远流长。

总导演陈晓卿介绍该片时说道："《舌尖上的中国》实际上分为两个部分，一部分是舌尖上的感动，另外一个是正在变化中的中国，这是两个密不可分的部分。我们希望观众从中国人对美食的热爱里读到中国人对生活的热爱，从中国人对生活的热爱里看到中国社会经济的飞速进步和发展。"如在《时间的味道》一集中介绍金华火腿："金华火腿正在与金华这座小城一起，在时代中演变、迈进。"以金华火腿为切入点，讲述了火腿制作保存方法的改进与金华这座城市现代化的并行发展，是传统文化与现代城市发展相互交融的结果。

第二集《主食的故事》中，有对兰州拉面和西安羊肉泡馍的描述。下面是部分旁白：

兰州人都说：自己的早晨是从一碗牛肉拉面开始的，这个有着一千多家拉面馆的城市，每天要消耗一百万碗拉面，是兰州人心目中当之无愧的主食王者。一碗面从拉制到煮熟上桌，看似不到两分钟时间，但其背后却有着很深的门道。

土生土长的西安人曹石，计算机系硕士毕业后，利用业余时间和朋友组了一个用西安方言演唱的说唱乐队。身兼大学教师、乐队的主唱、作词多种角色的他，在这首最广为流传、描写三秦大地平民美食的说唱里，一连串列举了陕西几十种诱人的美食，在曹石的歌里，被冠以经典传统的是牛羊肉泡馍。泡馍是最土生土长的西安主食，吃泡馍最讲究的是掰馍，对西安人来说，这不但是个进食的过程，还是个享受的过程，每个人根据自己喜好的口感，掰出大小、形状不一的馍块，再配以熬煮了十几个小时的老汤，一碗看似豪爽简单的羊肉泡馍，其实内在精致复杂。

图2 《舌尖上的中国》

兰州拉面是兰州的一个符号，人们只要一提到兰州，就会想到美味的兰州拉面，提到羊肉泡馍就会想到西安的泡馍最正宗。这些美食已与城市捆绑在一起，是城市形象的一部分。

《舌尖上的中国》的热播，引爆了无数舌尖上的文化，由一群本土草根电影人拍摄的微纪录片《舌尖上的重庆》也在网上火热出炉。这部纪录片分为小面、火锅、家常菜、江湖菜、下饭菜和小吃6大类，每个大类1集，总共6集，每集6分钟。溯源三千年重庆壮丽文明史，每个重庆人舌尖上的味道，就构成了重庆这座城市的麻辣鲜香，见证了这座城市的成长。所以，一种舌尖上的味蕾就代表着一座城市的味道。

5. 普通百姓的日常生活

城市纪录片往往把镜头对准一个城市的宏大历史和名人名景，似乎这样才有记录的意义。但除去历史的光环和名人的荣耀，一座城市仍然具有打动人心的城市魂，那就是这座城市容易被忽略的当下，当下普通百姓的日常生活。

2012年8月，一部名为《郑州印记》的纪录片在央视科教频道播出，一位85后央视女导演张晴从一个异乡人的角度全新解读了这个城市。鉴于央视已有多部涉及考古、发掘的纪录片从历史的角度多次解读过郑州，所以剧组把拍摄主题定在郑州的当下。张晴在作品中加入了一些朴实的细节，如开篇时，用河南人耳熟能详的豫剧《朝阳沟》作为背景音乐。讲述中，大背景下匆忙的行人、悠闲地打着扑克牌的老人、忙着卖完灯笼回家过年的小贩，甚至是坐在花坛边，漫无目的打着哈欠的老大爷……片尾里，老中青三代郑州人，用一个字“家”对这个城市作了终极的总结。

《佛山听禅》片长15分钟，大量的镜头剪辑，画面一幅一幅地切换，只有一些朴实、平淡的镜头：一群村里孩童背诵康有为的《公车上书》，在街头茶馆喝早茶的老人、浣洗云香纱的工人、美的集团的生产工人、宝峰寺的敲钟僧……每一组画面看似独立，但在佛山民众的日常生活中，都昭示了禅学的要义。“佛山”一城，就是“禅”，这也是此片的主线。有一个穿着旗袍的女子频繁在片中出现，她目光澄净、体态温雅，在康有为故居中，或静坐，或注目窗外，或双手合十祈祷……引领我们在现实与历史的时空交错中，更为真实、清楚地看到一个城市的今生前世。这部片子既没有视觉上的华丽，也没有城市的繁荣画面。但是，正是这些平凡的日常生活，才与我们休戚相关。

时间导演的《他乡故乡》以两条线索的交织和互衬为主体设计，拍摄一位农民工人大代表和一对舞坛夫妻在佛山用他们的乐观、勤奋和对生活的执着，改变着自己的人生，同时也改变着他人、改变着佛山。镜头捕捉了他们生活在佛山、梦想在佛山的感人瞬间，记录了他们的信念、观念以及这座城市所赋予他们的舞台。

李汝建导演的《上学路上》也是选取普通人的日常生活作为题材，以老人带着孙儿走在上学路上为拍摄主线，通过多个有意味的情节和细节，串联起佛山街头有特色的景、物、人、事。通过一景、一物、一人、一事的相互连缀和作用，诠释今日佛山人之文明、幸福、美好。

2012年10月，范立欣执导的《归途列车》获第33届新闻及纪录片艾美奖最佳纪录片和最佳长篇商业报道两项大奖。这部片子就取材于广州的农民工生活。广州地处东西方文化交汇处和中国对外开放的前沿，历来是农民工聚集的城市，纪录片辗转在广州三元里城中村、制衣工厂以及2008年40万人滞留的广州火车站等地进行拍摄，在展现一对来自四川的农民工夫妇打工经历的同时，也对广州这座城市投射了一缕微光。虽然广州只是作为故事发展的布景，但广州繁华背后的生存现实却给观众留下了深刻的印象。

三、城市纪录片的叙事形态

1. 个人感受

城市纪录片中个人化的叙述，使城市具有了非常明显的个人色彩，城市也从中展现出更大的魅力。中央电视台 2003 年播出的电视纪录片《一个人和一座城市》是一部以作家为主述人、以城市为叙述对象的纪录片，该片共分 17 集，采用个人化的叙事视角，展现个人化的城市故事。片中，作家的回忆折射了城市的历史，作家的经历也反映了城市的变迁。纪录片《一个人和一座城市》强调个人色彩，强调将城市经验和观察转向内心深处，采用观察与回忆结合、体验与想象交织、反思与批判融合的叙述方式。如作家孙甘露眼中的上海，就不再是高楼林立、灯红酒绿的时尚大都市，而是一个充满了破败、孤寂气息的老城邦。这与世人眼中对上海时尚都市的印象截然不同，造成了心理和视觉上的反差。镜头回避了喧嚣的都市场景和引人注目的标志性建筑，呈现的是一番潮湿、阴沉的景象。这种强烈的反差，虽然展现了上海的另一面，没有浓妆艳抹、华丽霓裳，但观众能从叙述中感受到作家对上海这座城市的另一种感情。这种叙述虽然个人色彩较浓，但是依托于真挚的感情，平凡的叙述中也夹杂着对人生的思考，所以它并不直白显露，但于无声处却能打动受众。

介绍成都的城市纪录片《找乐——成都》的侧重点并没有放在“正面”塑造成都市的形象上，而是通过成都方言笑星李伯清的评书，从侧面揭示成都的形象。这是通过个人感受来打造城市形象的典型案例。李伯清是成都“散打评书”的创造者，他的表演舞台设在成都的茶馆里，他的观众就是成都市民。片中成都的软形象通过两个方面展现出来：一方面是李伯清的评书内容，另一方面是茶馆听众的百态。片中没有高楼大厦和时尚生活，而是在茶馆中将成都这座城市娓娓道来。李伯清和他的“散打评书”是成都市民生活的民间象征，象征着成都人享受生活的闲适姿态。方言也是该纪录片的一个很明显的标志，大量的成都方言可以展现出语言的力量，再加上成都话中独特的俚语，更是显示了成都这座城市几千年传承下来的文化与文明。

2. 宏大叙事

城市纪录片以宏观的方式叙述城市的大历史，挖掘城市悠久的历史文化遗产，展现城市恢弘的历史图景。如中央电视台拍摄的6集纪录片《山水长安》，片中介绍长安位于中国版图的中心，地处中国的大西北，在华夏5 000年的文明史里，有13个王朝（历时1 200多年），都把这里作为首都，它是中国历史上建都时间最长的城市，片中展现了古都西安千年的历史文化。

作为十三朝古都的长安，依托悠久的历史沉淀，自然就成为了城市纪录片的重要拍摄题材，而《望长安》就是另一部用优美影像探索属于长安特有的城市文化的大型纪录片，它全面地再现了长安的历史文化和生活风貌。这部纪录片总共包括十个部分：《秦砖汉瓦》、《盛世之光》、《中国原点》、《长治久安》、《有容乃大》、《雁塔题名》、《古调独弹》、《鼓舞风神》、《圣地延安》和《西望长安》。每一部分都从全新的角度，用时空转换的镜头和交错的画面诉说着长安的历史盛况，展现着这座千年古城独特深厚的魅力。无论是破败残存的古遗迹的展示，还是浓厚的民族风情的叙述，或是对远古记忆的追溯，长安在人们眼前的画面渐渐清晰，让人仿佛置身于历史长河中细数远古的记载。

3. 时间定格

纪录片用定格时间来记录城市发展与崛起的足迹。中央电视台拍摄的电视纪录片《香港十年》和《澳门十年》都把时间定格在香港、澳门回归祖国之后的十年。十年，不只是一个时间点，也是一段新旧回忆的交织，不仅见证了一种制度的实施，也见证了两地人民十年生活的过往。这两部纪录片都是对一个城市和一段历史的记录。创作者尝试以尊重的态度，以开放和全面的城市观，在新和旧的回眸中，寻找日常生活的烟火传承，精致雕刻了属于这座城市的气质和情感。《香港十年》更多关注的是香港回归十年的不变，如法律制度、生活方式，变的部分则是香港和内地日益紧密的往来关系和情感；《澳门十年》更多地呈现了澳门城市面貌沧海桑田的巨变和经济的飞速发展，不变的是它对中华文化的传承和情感的相连。片中多处记录了许多内地已经丢失的中华文化传统在澳门依旧传承着，从家里供着的祖宗灵牌到学包元宵的小孩子，都让我们真切地感受到澳门与我们同在。

四、城市纪录片的影像表达——以《佛山听禅》为例

作为《看佛山》系列纪录片之一，《佛山听禅》通过对佛山市的宗教、历史、陶瓷、冶炼、粤剧、粤菜、功夫、山水、市井、民俗、现代制造等的影像表达，诠释了“其实，用心什么都是禅”的想法。该纪录片虽然以城市为题材，却没有陷入城市宣传片的禁锢之中，留给观影者的是无尽的诗意和思考。

1. 镜头多变，转场自然

影片第一段落开始，画面中出现的是南海丹灶镇中心小学的学生正在背诵《公车上书》的场景。背诵结束，声音转为静寂，镜头切到康有为故居，以清朝汉人女子打扮的陈家欣出场。

图3 《佛山听禅》截图

陈家欣出场的第一个画面是逆光的，她安静地靠在康有为故居的窗前向外眺望。第二个镜头是面部特写，神情恬静，眼神清澈，正向窗外望去。背景音乐渐入粤曲《渔舟唱晚》，画面转为黄昏江面上渔船划过的场景。陈家欣出现的画面取景于康有为故居，上承小学生们背诵康有为作品《公车上书》的场景，而她望向窗外的动作又顺畅地开启了室外渔舟唱晚的画面与音乐。

陈家欣第二次出场开启了影片的第二个段落。第一个镜头是她坐在古式椅子上，字幕为“康有为成立全国第一个不缠足会”，第二个镜头是她的手

部特写，第三个镜头转入“自梳女”晃脚的脚部特写，形成自然转场。

陈家欣第三次出场依然是在康有为故居的窗前，通过扶着窗棂思考的样子承接“浮生若茶”的画面，随后望向屋内，画面转入太极拳的表演，引出下一段落。可以说，陈家欣的出场使影片更流畅，也使情感表达和主题得到了升华。

张以庆对于禅的理解多表现在对镜头的运用中。他在前期拍摄了寺院、佛像、菩萨等约一个多小时的素材，可是在剪辑时，这些符号性的元素被全部摒弃，最终选取的是经过虚焦处理后的僧人诵经走进寺庙的三个镜头：高低不同的僧人依次诵着经走过画面，光线将他们的身影拉伸、变形，如同宗教给我们的缥缈而慈悲的背影。你会发现：哦，原来宗教可以通过这样一种方式来表现。宗教的魅力正是在可说与不可说之间，然而这样的虚虚实实，似乎还没有哪位导演用如此的方式表现过。佛山是黄飞鸿、叶问、李小龙这些武林宗师的故乡，也是咏春拳的发祥地，对于功夫，张以庆选择的表现方式同样是虚焦拍摄。对于这些已经形成概念、特别容易落入俗套的内容，“虚”的确要比“实”更有表现力。

2. 字画组合，意境深远

《佛山听禅》的影像内涵丰富，例如，影片中多次出现的黄昏中渔船划过江面的镜头，张以庆在这些画面上配以“渡”和“同船不同路，渡人亦度己”的字幕，意境深远。

除了自身表达清晰的影像与精练的字幕，导演还对画面的呈现方式做了特殊处理，即每一个字幕画面出现时，均采用定格，同时配一声击磬声。如此使影像与影像之间形成统一的风格，节奏舒适平稳。随着这些内涵丰富的画面组合，片中所表达的意境也得到升华。

下面是《佛山听禅》部分画面和字幕解说词：

《佛山听禅》部分画面和解说词

画面	字幕
黄昏，渔船划过江面；东平大桥；寺庙僧人念经	渡
孩子们背诵《公车上书》	普度
清晖园屋顶落花	一花一世界，一叶一春秋
厨师烹调鱼汤	五色五味，人生亦然

（续上表）

画面	字幕
谦伯在饭店喝茶	浮生若茶
谦伯关掉收音机	有声听音，无声听自己
十六岁的刘家伟一边卖肉一边看书	有空用功，没空用心
小狗平静地看着风吹倒杆子上晾着的香云纱	不是风动，也不是纱动
东华里部分被拆除的废墟，背后竖立的高楼	广厦万间，夜眠八尺
东华里老街，在这里守了七代的骆筠郿老人看着门外	已失去，未得到，正拥有，轻重孰知
罗列村村民松哥坐在船上饮了一口酒，江边渔船停靠	若水三千，只取一瓢
黄昏渔船划过江面	同船不同路，渡人亦度己
陈家欣合掌拜佛	其实 用心什么都是 禅

无论是画面还是解说词，《佛山听禅》在短短15分钟内无时无刻不在阐释禅的含义。《佛山听禅》中出现了大量的人，他们在影片中的角色并不是符号化的人，而是具体的个体化的人，如影片以积累蒙太奇的手法讲述的冯氏木版年画冯炳棠、陶艺大师刘炳、民间剪纸艺术家饶宝莲、开脸师覃明英等。同样是积累蒙太奇结构，在后面展示的佛山各行各业的工作人群，有操作工晚金芳、媒体人韩茜薇、交警王桂德、香云纱印染工匠李活生等。这两处均以较轻快的节奏表现他们的工作状态，在每个人短暂的镜头累积中产生新的审美效果。这些个体是与真实生活紧密联系的，具有真实感。他们工作的状态、行走的身影表现的是具体、真实的生活，正是由于这些真实的生活状态，才能够引发人们情感的共鸣，产生亲切感，使观众获得禅学的艺术体验，符合全片最后总观点，“其实 用心什么都是禅”。

3. 音乐创新，锦上添花

《佛山听禅》的音乐张力十足，片中用了五段音乐，分别是粤曲《渔舟唱晚》、京剧《贵妃醉酒》和《苏三起解》、西洋歌剧咏叹调《蝴蝶夫人》以及广东音乐《旱天雷》，尤其是片中多次出现的由刘桂娟演唱的《渔舟唱晚》给观众留下了深刻的印象。

图4　《佛山听禅》截图

在影片中，《渔舟唱晚》被张以庆按照原曲的先后顺序截为四部分，先后穿插片中。第一次出现是陈家欣安静地靠在康有为故居的窗前，望向窗外，音乐响起，画面切到黄昏江上渔船划过水面的镜头，此处歌词为“船儿悠悠，顺风满载渔歌唱，鱼儿沉游，云儿远落咿呦”。金色的夕阳，金色的水面，船儿慢慢划走，音乐与画面完美地融合在一起。歌曲第四次出现是在结尾，一老一少坐在门槛儿上，望着天空中的月亮，云彩轻轻飘过，歌词为“月儿悠悠，顺风送，船儿走，船儿走”。顿时，一种时空的沧桑与传承涌现出来。在人们回味歌声与禅意的时候，张以庆恰到好处地点出结尾字幕：“佛山，简称禅。”

声音在《佛山听禅》中举足轻重。导演收录了市井中的各种声音，如钟声、锣声、雨声、脚步声、卖菜的喧嚣声、交警的口哨声、工厂的嘈杂声、汽车的鸣笛声，这些平时被我们所忽略的声音经过导演的选择和放大，一下子变得光芒万丈。这些被放大的声音，本身也融合在音乐里，成为旋律中的一个音符、一段和弦。可以这么说，如果没有声音，《听禅》会失去一半的美，如果关上画面，只听声音，也是一种享受。

影片的音乐从引子开始就特色鲜明。引子由寺庙钟声带出，接下来是钟声配古老的佛山画面，京剧配现代佛山日常生活画面。其中京剧的旋律是递进式的，最后到达高潮时，出现影片名——佛山听禅。安静的钟声和激昂的京剧带来的反差正好符合片头所要表达的佛山既古老又现代，既安静又嘈杂的意境。而另一处使用精妙的音乐位于影片的第三段落，太极拳师马建超打太极拳时的配乐不是太极旋律，而是与之拳法节奏相吻合的京剧鼓点。之后的粤剧表演、武术表演的配乐竟是意大利歌剧咏叹调《蝴蝶夫人》。前所未有的混搭给人带来耳目一新的感官冲击，而且再次营造了佛山既中国化又国际化的贯通之感。张以庆在这部影片里巧妙地将熟悉的事物变得陌生，而陌生带来的则是震撼。

五、城市纪录片的不足及未来发展方向

由于纪录片的真实性、思辨性、艺术性等传播特点，使得城市纪录片在深刻反映城市文化、传播城市文化、记录城市文化环境的载体和本体的变化历程方面，具有特殊的优势，但是也有其在传播城市品牌上的困境。

不同于其他片种，制作纪录片收回成本所需要的时间比较长，这是因为纪录片拍摄周期长、拍摄条件艰苦，投入很高，但产出比较低。按照麦克卢汉的冷热媒介理论，纪录片应属于冷媒介，它对受众的文化程度、岁月的积淀有着较高的要求，喜爱纪录片的受众并不是很多，所以难免有着“曲高和寡”的尴尬。在收视率和产业赢利两方面的制约压力下，一些城市纪录片的发展前景并不令人乐观。由于技术和资金的限制，一些大型的选题无法由独立投资主体承担。另外，由于纪录片在创意、拍摄、制作等环节对人员素质要求很高，非固定的制作模式必然面临人员流失的困境。因此，多方面的因素使得城市纪录片的生存发展面临很大困境，特别是在前文所提到的收视率和产业赢利的双重压力下，城市纪录片的处境更为尴尬。

1. 关注城市化进程

世界著名的经济学家斯蒂格利茨曾说过，21 世纪影响世界发展的两大事件，其中之一就是中国的城市化。中国城市化将给世界发展注入强大的动力，城市化将为未来 30 年中国的发展提供持续的强大动力①。中国现在正进入城市化发展最快的时期，同样也是城市纪录片发展的黄金时期。一座座地标性建筑拔地而起，充分见证了中国的城市化进程，体现出所在城市的外在风貌及内在气质。

纪录片《打造新上海》充分挖掘建筑中蕴含的历史细节，在表现建筑

---

① 金震茅．纪录，让城市更精彩——城市纪录片的内容构成、特点及发展对策．电视研究，2012（7）．

奇观的同时，也用具有震撼力的画面讲述了上海的时代变迁，体现了上海作为未来国际大都市的品格。近年来，中国城市的天际线正以前所未有的刷新速度追逐着时代的脚步，古老文化在城市化建筑中逐渐消失。纪录片《正在消失的羊城》给受众带来了关于城市现代化建筑取代古老文化的深切思考。该片一开始，便通过一位“80 后”的眼睛，遥望 2012 年的广州。住在 106 层的他，映入眼帘的皆是摩天大楼，这时“00 后”的孩子问他，以前的广州是怎样的？“80 后”发现自己无法回答，心中怅然若失。纪录片便从“一栋老房”、“一条老街”、“一座旧城”三个章节展开了这座拥有2 200年历史的古城曾有过的充满味道与情怀的一街一巷、一砖一瓦、一物一景，从另外一个角度充分关注中国的城市化进程。

2. 深刻解读城市精神

城市精神不只体现在宏大的历史题材上，对城市形象的传播也不应流于表面的镜头语言。城市精神是裹在城市钢筋水泥外衣下的内核，需要我们用镜头去发现和挖掘。历史文化是纪录片导演们喜爱拍摄的题材，而关于城市纪录片的题材过于陈旧，多是“新瓶装旧酒”、“换汤不换药”，难以有新的突破。内容上的重复再现使得受众逐渐失去观看的兴趣，内容上的缺陷则成为城市纪录片发展的硬伤。如今众多的电视频道中并没有为城市纪录片的展播提供一个专门播出的平台，它的播放并没有一个确切的栏目或固定的时间，多是作为节目空档间的补充，或仅仅在纪录片初拍摄完之时播出。由于播出时间与时长均无固定性，且在播出之前没有相关的预告，片子的收视率很低，播出效果较差。

城市精神是一座城市从表面到内在显示出的地域性群体精神，而这也是民族精神的重要内涵。纪录片《打造新上海》围绕金茂大厦、卢浦大桥、环球金融中心、东方明珠塔等上海标志性建筑来进行实地拍摄，以全新的视角展示每座建筑的特色。通常人们习惯于将这些地标性建筑当成一道道亮丽的风景线，却很少想到这些建筑在修建的过程中面临过多少困难。上海的金茂大厦要克服浦东地区软土地基的致命弱点；环球金融中心要解决台风可能造成建筑被吹倒的问题，并在 1997 年因亚洲金融危机而停工，直到 2003 年才复工；上海世博会场的空地需要通过大量拆迁而获得。可以毫不夸张地说，所有这些建筑从设计到施工，再到最终完成，是一首由包括了设计师、工程师、施工人员在内的所有人谱写的史诗。而坐落在不同城市的所有建筑又间接构成了中国城市的发展史，并能够深刻反映出顽强不息的城市精神。

3. 理性审视城市中的社会现象，避免宣传意味过浓

城市纪录片应理性审视城市发展中的现实问题，关注城市本土中的各种社会现象，反映人民群众的生活现状，表现出城市最真实的一面，让人能更好地了解一座城市。大连电视台拍摄的纪录片《工地》是一部反映农民工进城打工的纪录片，取材于建筑工地上一群农民工的日常生活。透过农民工的生活状态和生活理想，表现了农民工朴实的品质，揭示了当今中国社会的发展现状，呈现出现实生活的精彩和质感。

影像化的传播手段并不是万能的，在传播的过程中也会存在一些负面效果。比如“影像化的放大”，在影像化的传播过程中，某些具体细节和个体性事情会被放大，从而扭曲传播效果。再如“标签化的影像”，由于传播信息量和艺术加工的原因，很多全面、真实、发展变化着的实际情形，会在影像传播的过程中被简单定性，加之影像传播的线性特点，容易导致把城市形象中内涵丰富、意蕴深厚的城市文化和城市底蕴“简单化”、“符号化”①。

另外，悖谬于纪录片的真实客观特色，很多城市纪录片在政府投资授意下拍摄，具有较强的目的性，宣传味儿突出，不能很好地体现受众中心原则。许多作品存在着说教味有余，生活化、亲近感不足的毛病。根据传播学原理，面对一味的“说教”与“颂扬”，受众易产生抵触情绪，其传播劝服效果必定会受到影响，故一些纪录片播出效果欠佳。

城市是文化的融合之地，城市里的很多东西都值得记录，值得进入摄像师的镜头之中。这几年各个城市日新月异的变化，更是给纪录片人带来了丰富多彩的拍摄视角。纪录片导演及主创人员要勤于思考、用心观察，记录这个时代，记录身边的这座城市。若纪录片能更多地争取文化层次高、品位高的高端受众，那么它的影响力是不可小觑。在城市形象的传播过程中，要利用好城市纪录片的传播优势，以争取更好的传播效果。如何扬长避短，成为我们需要思考的问题。

（撰稿人　张亚平）

① 朱晓彧．城市形象影像化传播的类型、原则及策略．青年记者，2012（3）．

2012 年国际电影与城市形象传播

电影和城市互为镜像，城市作为电影叙事的背景，其自然风光、建筑景观、历史文化和人文精神赋予了电影鲜明的风格特征；电影在光影声色的流转里描绘城市的神韵和气质，剖析都市的文化结构和城市人的情感结构，通过对空间和文化的塑形让人们认识、感知进而爱上城市。电影犹如明镜，映照着想象之城，被影像赋予幢幢幻影的城市也成了镜中之城，上演着一出出虚实交映的城中故事。

一、电影与城市形象传播

1. 电影的传播力

电影是世界七大艺术之一，同时也是最受欢迎的大众娱乐活动之一，受众广泛。电影在信息传播上因其媒介特性有着与生俱来的优势：封闭的放映空间，使信息到达率接近 100%；震撼的声画效果，让观众感受到巨大的视听冲击。此外，著名导演、知名影星等参与制作，更能产生极佳的话题效果。

电影在其发展进程中留下了大量的城市影像，不仅记录着城市的变迁和发展，也通过光影对城市进行想象和塑造。有不少人对于一个陌生城市的了解和印象的形成在一定程度上源于电影。电影中的故事情节往往是编剧的艺术构思，而作为背景发生的城市大多是真实存在的。很多时候，观众感动于故事本身的缠绵悱恻，感慨于角色自身的喜怒哀乐，但都知道这些是光影的梦幻，自己或许穷尽一生都无法经历主人公的曲折离奇，而故事的发生地——电影影像中的城市风情，却可以真实体会。

2. 影像的城市

因为一部电影，而让公众知道一些城市的例子有很多，比如《雾都孤儿》之于伦敦，《卡萨布兰卡》之于卡萨布兰卡，《罗马假日》之于罗马……

因为一些影人而让公众熟知某座城市的例子也可以找出，比如伍迪·艾伦的电影《曼哈顿》、《汉娜姐妹》、《人人都说我爱你》让我们记住了纽约；小津安二郎的电影《东京之女》、《东京物语》、《东京暮色》让我们记住了东京；基耶斯洛夫斯基的《工人的七一年》、《初恋》、《十诫》让我们记住了华沙……这些人和他们的电影以特有的视角去描述城市，展现城市不同的形象，正像我们不能忘记这些电影一样，我们也无法忘记这些电影所勾勒出来的城市。

一座城市有很多风景，地理的、物理的、人文的，当然，还有影像的。所以，电影是传播城市形象的重要媒介，影视营销作为城市营销的具体方式之一也越来越重要。城市特质与电影元素巧妙结合，电影传递出城市的风貌和内涵，为观众勾勒出一个独特的城市形象，展现城市特有的风采。

二、城市形象在电影中的表达

在众多和城市有关的电影里，能给观众留下深刻印象并使之记住这个城市的，不仅是商业繁华的表象，还包括深度反映城市的地理风貌、风土人情、人文积淀以及历史文化的城市本质。下文将从地标建筑、气候环境、风土人情、历史文化四个方面看2012年国内引进的外国电影是如何传播城市形象的。

1. 地标建筑

通常所说的城市形象，主要是城市中的硬质景观形象，是以建筑构造物为主体的现代人工环境，其外在形象具有较高的辨识度和不可复制性，易于唤起观众对某一城市的表层认识。

年初，国内引进美国好莱坞商业大片《碟中谍》系列的第四部——《碟中谍：幽灵协议》，在片名中去掉了数字4，但该片依然由汤姆·克鲁斯担任主角，继续扮演特工伊森·亨特，同时故事发生的地点仍分布世界各地。圣彼得堡的典雅浪漫、迪拜的异域魅力、孟买的古典神秘在电影中展现得淋漓尽致，让观众陶醉于世界各国的风景之中。

影片的情节叙事虽然没有突破：下达一个看似不可能完成的任务，从潜入克里姆林宫档案室到徒手攀爬迪拜第一高楼、沙尘暴中的追逐，再到没有任何支援摧毁核弹发射……任务期间依旧运用各种高科技设备。其中在世界第一高楼迪拜塔上的那段戏，更是全片高潮。以汤姆·克鲁斯亲身上演大做噱头，货真价实的高空悬吊拍摄，极力渲染紧张气氛。通过全景镜头俯瞰整个迪拜市，“迎风飘扬”的帆船酒店、壮观的亚特兰蒂斯建筑、华丽的阿联酋双楼……迪拜的所有美景尽收眼底，让观众感同身受地体验了一次另类的视觉奇观之旅。

美国的超级英雄电影当中大部分是以纽约为背景的，2012 年暑假档“双侠”——《超凡蜘蛛侠》和《蝙蝠侠：黑暗骑士崛起》就在大银幕上展现了纽约的摩天楼。纽约是摩天楼群最早的城市之一，纽约的摩天楼不同于过去欧洲的建筑形态，而是钢铁、玻璃和混凝土等新的材料和建筑技术革新发展的结果。摩天楼是艺术家眼中最为城市化的和最为美国化的拍摄背景。纽约摩天楼成为电影打斗追击中的主要舞台，主要是因为垂直摩天楼有着几何学的创意和韵律感，不仅反映着纽约都市生活的紧迫，更反映了他们想超越现实的想象力空间。

《超凡蜘蛛侠》利用纽约摩天楼的宏伟空间，其中一段以蜘蛛侠主视角为 3D 版本的“飞檐走壁”，让观众体会到一种在楼层间疾驰穿越的快感。华尔道夫大厦、世界金融中心、现代美术馆、大通曼哈顿广场、克莱斯勒大楼、纽约证券交易所等纽约多样的高楼大厦让电影的核心看点——空战变得更加丰富。再加上运用 3D 拍摄技术，使观众犹如身临其境。在北美公映时就有影迷激动地表示：“仿佛看蜘蛛侠在摩天楼中间飞来飞去，真担心他要撞到我身上，而且一伸手好像就能摸到他的蜘蛛丝。”华丽的特效动作配上劲爆的音效，使观众认知作为背景的纽约摩天楼时更形象深刻，同时也满足了观众的审美需求以及对大都市的幻想和期待。

2. 气候环境

电影中的城市形象，较多的是单纯作为风景和故事背景而存在的，但是有些电影会利用城市的某种特质，作为情感倾诉、寄托的对象，自然气候就是该类特质之一。

于 1966 年首次登上大银幕的韩国电影《晚秋》，曾感动过无数男女，在韩、日影史上共重拍过五次。2012 年 3 月 23 日上映由当红女星汤唯搭档韩国人气男星玄彬的新版《晚秋》，更是吸人眼球。该片讲述的是一个韩国帅气牛郎和一个中国假释女囚在陌生的异国他乡跨越国界、文化和语言障碍的爱情故事。

影片以美国西雅图为背景，缘于“西雅图的雨和雾”。诚如导演金泰勇所说，在雨雾迷蒙的《晚秋》里，西雅图无疑是不可替代的“第三角色”。在这个一年有300天以上都在下雨的湿润太平洋城市，弥漫着一种特别的氛围，灰色的画面下没有太多起伏，看似轻缓，却有着一股无法言状的暗涌。正如获得短暂假释的女杀人犯安娜和依靠天资与小聪明取悦富婆而获得滋润却不安生活的男公关勋，两人的人生总是逃不出阴霾，或被浓稠得化不开的雾围绕，他们也渴望邂逅生命的阳光。于是在这个仅剩一天一夜的共度时空中，彼此都心照不宣，将烦恼抛诸脑后，互相取暖，浅浅的对白、深情的相拥、难舍的深吻……从巧遇，到熟悉，直到相爱，一起偷得浮生。

也许影迷对西雅图的记忆还停留在好莱坞经典影片《西雅图夜未眠》里那缘分的天空，跟随《晚秋》再次走进西雅图，才体会到这座城市的雾大、雨多。城市这个叙事空间展示了女主角安娜的灰色内心世界，迷雾隐喻其人生的迷失，多雨寓意命运的多舛。同时，影片在布景细节的选择上也是有所指向的。长途客车、路边咖啡店、站台、宾馆等公共场合构成了人物的主要活动场景，其共同的特点是流动性、不稳定性，暗合着安娜与勋彷徨、缺少安全感的内心。影片刻意营造的外部空间，牢牢地服务于人物内心，不露声色地将角色心境铺陈开来，将景与人和谐统一在一起。

当肩负命运沉重枷锁的男女相遇，他们成为彼此的救赎。于是，木吉他声穿透迷雾，小提琴在灿烂的阳光下演奏，轻松、优美的配乐，与男女主角共谱了一曲婉转、深情的恋歌。

3. 风土人情

城市印象是城市文化和城市自然的融合呈现，城市除外在风貌之外，更应展现人居的魅力。当一座城市居民的语言、心态、日常生活、宗教信仰等一系列充满人情味的特征呈现出来时，人们才会真正了解、欣赏甚至喜欢生活在这座城市。

伊朗影片《一次别离》继获得第61届柏林电影节金熊奖后，又拿下第84届奥斯卡最佳外语片奖，期间横扫全球大大小小43项奖项。反观同届斥资近一亿美金的国产大片《金陵十三钗》，意欲“冲奥”最终却连最佳外语片的提名资格都没有获得。《金陵十三钗》的背景是过于沉重的南京大屠杀，讲述了金陵城（南京）的妓女们为拯救女学生慷慨就义的故事，不过整部影片深度也就停留在故事层面，而这个故事的可信度还值得商榷，人物众生相不够形象、真实。反观《一次别离》，阿斯哈·法哈蒂导演用冷静、客观又充满关切的手持镜头，简洁、质朴、细腻的艺术手法，讲述了一个质朴无华而又撼动人心的故事，剖析了伊朗现实社会各阶层之间的矛盾，敏锐地表现了伊朗人的道德心态、宗教意识，充满人性关爱。

《一次别离》讲述的是德黑兰一个中产家庭因一场离婚纠纷引发同另一个生活在社会底层家庭间的矛盾。在某些层面上，这是在任何一个国家都可能上演的故事，但通过对两个德黑兰家庭内部和相互之间的纠纷叙述，涵盖家庭、婚姻、教育、道德、伦理、人性、法律等诸多元素，更提出了关于文化和宗教的多重禁忌问题，可谓当代伊朗社会的一出浮世绘。

提起伊朗，大多数人首先会想到的是美国给其贴上的“邪恶轴心”的标签，那么这个神秘面纱遮蔽下的古老国度，伊朗人镜头下的首都究竟是一幅怎么样的景象？

纳德和西敏所组成的中产阶级家庭，两人都受过良好的教育，有体面的工作，有房有车，家庭和睦。离婚的缘由是西敏拿到了出国的签证，她不愿女儿在当下这种环境中成长，纳德不愿撇下患有老年痴呆的父亲而要留下。国家失序，社会精英是逃离还是留守？这从价值观层面直接拷问人心。

精英阶层内部有分歧，普通民众与之则是巨大贫富差距。平时，普通民众就处于一种失语的状态，试图抗争时，又力不从心。而吊诡的是，纳德的父亲——伊朗国家的象征——患病之后，西敏选择离开；有工作有女儿的纳德无暇顾及，只好雇护工帮忙；沉默而弱势的底层妇女瑞茨担负起了最脏最累的活，这样组成了一幅多么精确的社会速写。

纳德孝顺父亲、关爱女儿，妻子西敏深爱纳德，对女儿同样关爱；瑞茨同情丈夫的困境，希望能够帮助他摆脱消沉，瑞茨的丈夫则饱受不幸，除了一点儿自尊外别无他求。卷入这场纠纷后，诸多谎言之下没有一个无辜者，人人都背负着各自道德范畴内的罪孽，也因他们各有所守护而让观众理解那些令人心酸的谎言。于是，以规则为游戏前提，道德失去制约而肆意妄为，法律却无能为力。然而为影片把守最后一道关卡的恰恰是片中众人共同认同的信仰。纳德终于妥协并同意支付赔偿金给女佣，但他只要求女佣拿着《可兰经》对真主发誓她的流产确因纳德推搡所致。女佣最终畏惧了，毫无意外地被自己笃信的教条击溃。不管人性与社会多么复杂，但是伊朗有着信仰的底线。

在接过第 84 届奥斯卡最佳外语片奖的小金人时，《一次别离》的导演阿斯哈·法哈蒂这样说道："此时此刻，全世界有很多伊朗人正在看着我们，我猜想他们一定非常开心。让他们开心的绝不仅是一部电影或者一个电影人得到了一项重要的大奖，而是在这个时刻，当他们的祖国在政客口中正背负着战争、恐吓、侵犯等一系列的非议时，我们在这里跃过了政治上沉重的阴影来讲述她那隐藏在下面的辉煌的、丰富的、古老的文化。我骄傲地把这个奖项献给我祖国的人民，献给那些所有尊重我们文化和文明、鄙视敌意和怨恨的人们。"

仅花费成本 30 万美元，《一次别离》就对德黑兰甚至是整个伊朗进行了最真实的影像宣传。伊朗文化部部长赛义德·默罕默德·侯赛因曾经表示："近年来，西方国家无时不刻在通过各种手段歪曲和丑化伊朗民众的面目和他们的生活，然而伊朗的艺术家们从来没有放弃用电影、音乐、戏剧和各式各样的艺术途径来还原伊朗人民的真实面貌，向世界弘扬伊朗民族伟大而深厚的传统文明。"

4. 历史文化

高楼大厦、车站、街道、角落等这类空间虽然宽泛，有时在影片中却不仅仅是布景，城市的历史镌刻在建筑上，迷散在街头巷尾中，时间以空间的方式在城市中呈现。这些建筑成为参与叙事的力量，渲染情绪、营造氛围，成为城市记忆的重要载体。无论哪个时代，火车站永远都是时代社会各阶层的缩影，从中我们可以窥见一个时代关于城市的想象。

《雨果》获得了第 84 届奥斯卡最佳摄影、最佳艺术指导、最佳视觉效果等在内的 5 个奖项，也是著名导演马丁·斯科塞斯的首部 3D 力作。国内引进档期安排在了儿童节前后，将其作为儿童节的礼物，希望小朋友们能像电影中的雨果一样，在银幕营造的世界中无限畅游，欢快度过"六一"儿童节。但是儿童 3D 冒险片的宣传明显有误，这是一部厚重迷人的早期电影史，是马丁·斯科塞斯写给电影、更是写给影迷的情书。剧组在伦敦郊外 Shepperton 摄影棚搭景，搭出高度仿真的 20 世纪 30 年代法国蒙帕纳斯（Montparnasse）车站，高大空阔，细节精心设计，一丝不苟。

影片片头机器零件切换出美若星辰的巴黎夜景，开篇长镜头俯瞰 20 世纪 30 年代末的巴黎全景，然后镜头下降，钻入车站，与火车并排前进，在人群中穿行，最后来到大钟面前，对准躲在后边的男主角，快速移动的画面融合卢米埃尔兄弟的早期叠加颜色摄影效果，使影片有种复古的暖色神秘感。在某个冬日车站的早晨，人们匆匆出行而并未发现巨大的时钟背后还有一双观察着这个世界的眼睛。耳畔回响着嘀嗒作响的齿轮声与火车进站的汽笛声，看着漫天的雪花，镜头飞速穿越两列火车之间的站台，在蒸汽弥漫中看到匆匆的旅客身影相互交织。旅客中有平民、工人、淑女、绅士、贵妇、士兵、商人、朋友、情侣、夫妻、流浪汉……各色人等纷纷登场亮相，在这里作短暂停留后再怀揣各自的梦想各奔东西。

铺垫很久的悬念原来是为了致敬无声电影，致敬“戏剧电影之父”乔治·梅里埃。1895 年 12 月 28 日卢米埃尔兄弟在巴黎公开放映了电影，1896 年“叙事电影之父”乔治·梅里埃开始摄制“幻术”（特技）电影，在其后来的电影生涯中，他不断对这一想象的王国进行探索。在影片《雨果》中，近一半的故事是根据这位梅里埃的生平事迹改编的，穿插包括《火车进站》、《月球旅行记》等经典黑白影像，还再现了梅里埃的“造梦”玻璃屋蒙特勒伊摄影棚（世界上第一个摄影棚）及他拍摄《月球旅行记》的场景。

影片勾勒了 20 世纪 30 年代的巴黎即景，充满了致敬与怀旧。魔术师与电影导演有着某种共性，精密协作，制造梦境。电影可令时间停止，而时间却也可以使胶片电影衰落。手工作坊式的艺术抵不过大工业的滚滚洪流，乔治·梅里埃及其胶片电影退出了历史舞台，但是人们对电影的热爱却没有减少，在电影史上乔治·梅里埃留下了浓墨重彩的一笔。影片末尾依旧是冬日的街道，透过窗户能看到房间内挤满了人，镜头穿越玻璃窗户，在每一位参加聚会的角色面前停留，梅里埃先生正准备向学生介绍电影史，书店老板亦在侃侃而谈，系着鲜艳围巾的胖先生再也不用担心被狗咬到，车站警察拥有了不再咔咔作响的新支架，花店女老板终于可以与心爱的男人肩并肩、手挽手共舞，车站乐队在演奏着动听的音乐，小男孩向宾客们展示着新奇的魔术，善良的姑娘开始记录一个带有冒险色彩的故事……伴随着欢乐的音乐每一个参加聚会的人的脸上都带着欣喜的微笑，镜头在人群中穿梭，最后穿过走廊停留在机器人平静的面容之上。

此刻的巴黎，虽然寒冷，但因其浓厚的文化记忆变得十分温暖。

三、城市主题电影

有些城市仿佛天生就具备电影影像的特质和潜能，如美国的纽约、英国的伦敦、意大利的罗马、法国的巴黎，而它们也确实成为各自国家传统电影的发祥地。光影的映现与凝视凸显出城市的某种气质与魂魄，积淀为人们对这些城市的共同文化记忆。“电影以城市为主题，以城市人的生活为素材，表现城市特有的风土人情、地理风貌和文化积淀，成为宣传城市形象的一张名片。电影见证、记录了城市的成长，城市独有的多变、斑斓的空间，恰好也符合电影作为时空艺术的本质需求。”①

“他仰慕纽约。他极尽所能地将它浪漫化。对于他来说，无论什么季节，纽约总是展现出黑白的色调，并和着乔治·格什温的曲调而律动。”这是伍迪·艾伦电影《曼哈顿》的开篇旁白，仿佛又是他自己的独白。伍迪·艾伦在纽约出生、在纽约成长，拍电影、拍纽约的人和纽约的生活，纽约是他永远的城市。伊莲餐厅、中央公园、西村的独立电影院、卡内基三明治店、街头的黄色出租车和布鲁克林大桥等影像让人透过银幕了解纽约，纽约在伍迪·艾伦的电影里穿梭自如，从某种意义上说，伍迪·艾伦的电影成了纽约的标志。

2005年，伍迪·艾伦离开了纽约，到欧洲开始了他的“欧洲文化名城巡礼”之旅，以特有的“布鲁克林式”视角解读这些城市。伦敦潮湿、阴郁的天气让伦敦三部曲《赛末点》、《独家新闻》、《卡珊德拉之梦》颇具黑色电影气质，于是伦敦只充当了背景板，落点是探讨欲望与犯罪。从《午夜巴塞罗那》、《午夜巴黎》到2012年的《爱在罗马》，城市逐渐到了前台，由背景成为主角，完成了一个城市的外来者对这座城市的影像书写。不同于单纯的风光片，在那些迷人的风景之下，伍迪·艾伦对那些城市进行了透彻的了解和深入的剖析，对它们典型特质的把握精准展现，在

① 路春艳．城市电影：关于城市的想象与记忆．北京社会科学，2008（2）．

电影中奠定城市历史文化底蕴的基调，投入他自己的浓郁情结，融入了城市的情感和文化情谊。

《午夜巴塞罗那》里透露出伍迪·艾伦眼中巴塞罗那的城市情感：狂野、迷茫、疯狂、热情奔放。奥维耶多的古老青石小巷、诗意的田园小镇、深情款款的西班牙吉他、建筑大师高迪的加泰隆现代主义杰作……呈现在镜头上的巴塞罗那唯美浪漫，是一座色彩斑斓、充满了妙趣横生的浪漫意外的城市。影片风格浓郁的巴塞罗那景观令观众看得如痴如醉，赞叹当年巴塞罗那的“申奥”片都未必拍得这么好看，更对这座热情似火的城市充满了向往。

《午夜巴黎》开篇用近四分钟的胶片来一点点捕捉晨光下、雨幕中、夜色里的巴黎街头，公园、小巷、街头咖啡馆、塞纳河与石板路，现代巴黎不禁让人迷醉，令人觉得能生活在这样一座城市是多么幸福。但是那个文萃汇集、百家争鸣，在轰轰烈烈中诞生了超现实主义和立体主义的《黄金年代》，才是伍迪·艾伦的最爱。《黄金年代》的午夜巴黎，就是一场流动的盛宴。男主角吉尔跻身让·考克托之夜宴，成为格特鲁德·斯泰因的座上宾，与海明威、菲茨杰拉德讨论文学，与达利、布努埃尔、雷曼讨论超现实主义……回归现实，与恋人分手，却能在午夜钟声敲响的时候，在雨夜的巴黎街头有一场美好的邂逅，浪漫大抵也就如此。

2012 年《爱在罗马》上映，虽然口碑不如《午夜巴塞罗那》、《午夜巴黎》，但不失为一部质量上乘的小品之作。如果仅作为旅游宣传片和城市明信片，那肯定属于精品。

罗马，承载了非常多的历史、文化、艺术价值。无论从什么方面来说，左手历史、右手现代的罗马，都是一个电影故事发生的最佳之地。从神话到现实生活、从远古到现代，无论什么样的内容，都能在罗马找到，伍迪·艾伦说：“在罗马的大街小巷，永远在发生故事，无论是咖啡厅还是小餐馆。这是一座令人迷失的城市，只要步入其中，你就能觉得自己走进了一个艺术品之中。”

1. 致敬意大利电影

1962 年，意大利导演费里尼、德·西卡、维斯康提、莫尼切利诠释薄伽丘的现代可能性，拍了四段式影片《三艳嬉春》，但国际版大都删剪了莫尼切利那段，因此成了“三”艳而非“四”艳。《爱在罗马》由四个喜剧故事组成，旨在致敬知名意大利电影《三艳嬉春》，这些故事错综复杂，但是有两个共同点：首先，它们都是喜剧；其次，故事都发生在罗马这个充满奇遇的城市。

其中一个故事由1999年以《美丽人生》成为第一个以非英语角色跃上奥斯卡影帝宝座的罗贝托·贝尼尼为主角，扮演一个莫名其妙成为媒体追逐焦点的上班族。从习惯穿哪种内裤到早餐吃烤土司配拿铁，都成为可笑的报道题材。值得一提的是，“狗仔队”（Paparazzo）这个名词也是由费里尼的经典名片《甜蜜的生活》创造的，而且影片里的狗仔队也完全是《甜蜜的生活》的做派。

不过，四个故事中最“费里尼式”的是安东尼奥和米莉的故事。这对外地新婚夫妇来到罗马度蜜月，离开旅馆去做头发的妻子米莉在星罗棋布的大街上迷了路，在房里焦急等候的丈夫安东尼奥却碰到搞错对象而投怀送抱的妓女，碰巧势利的亲戚们到访，为了面子他只好央求妓女假扮妻子，而妻子却在街上巧遇心仪的电影明星，差点乐不思蜀忘了丈夫。这段都会奇遇，活脱就是翻拍费里尼的《白酋长》。

2. 展现罗马迷人风光

罗马是个充满阳光的地方，片中的场景几乎都采用了暖色调。每座建筑都像洒上了明朗却不刺目的温和阳光，呈现出美妙的暖橘色，令人在视觉上有一种妥帖到骨子里的舒服感。

影片开篇就是维克多·埃曼纽尔二世纪念堂，位于罗马中心地带，人们看到的很多罗马游记线路都是以此为起点的，影片也从此拉开序幕。镜头摇移，展现出罗马最漂亮的广场威尼斯广场。

纽约女孩海莉邂逅罗马律师米开朗基罗的地方是天坛圣母院的台阶上，而接下来就是著名的特拉维喷泉许愿池。浪漫的邂逅使两人迅速坠入爱河，镜头叠化处理更显甜蜜浓郁。夜晚，红色调的烛光映在海莉甜蜜的双颊上，幸福溢于言表。白天，在遍洒阳光的绿花园中，逆光下，两人亲昵的身影显得通透而又朦胧，被光线衍射的发丝，散发出金灿灿的光晕，在观众心中泛起温暖的涟漪，符合人物内心关于爱情的美好憧憬。而背景中在暖阳下喷洒而出的泉水，一方面代表了罗马之城，另一方面也是两人爱的象征。

莫妮卡初到罗马，杰克带领莫妮卡游览罗马，影片在40分钟50秒开始有个持续 10 秒的固定长镜头，画面是卡比托利欧博物馆前的广场，莫妮卡和杰克只有声音出镜。卡比托利欧广场是由米开朗基罗设计，是文艺复兴时期对空间的设计最为得当的广场，透露着浓厚的文化和怀旧气息。

由于特殊的地下水位构造，天然喷泉和浴场成了罗马广场的一道风景线。西班牙台阶、西班牙广场、古罗马斗兽场、帝国广场古舫喷泉……作为故事的背景出现，给整部电影贴上了浪漫的标签。

3. 当地居民本色出演

伴随着多梅尼克·莫度尼奥的歌曲《我要飞翔》，影片开始了罗马之旅，这样轻松浪漫的音乐奠定了该片的基调。影片开头，在罗马著名的威尼斯广场中央岛上，一位交警指挥交通时手舞足蹈，似乎将来往的车流当做乐队，自己则是指挥家。这位交警不是由演员扮演的，而是由一名叫马尔基翁内的当地交警本色出演，他用一口意大利英语揭开影片序幕："我来自罗马。如你所见，我的工作就是保持交通畅通。我站在这里，可以看到所有的事情、所有的人。我看到的是生活。在这座城市，一切皆是故事。"

导演也诚恳地邀请了很多当地的群众演员，正是由于这些人的本色表演，才使得这部《爱在罗马》更具感染力和生活气息，艺术地再现了意大利人的幽默诙谐。

4. 巧用歌剧元素

意大利是歌剧的诞生地，作为意大利的首都罗马，歌剧尤为引人瞩目。伍迪·艾伦也巧妙地在电影中运用了歌剧这一元素。

米开朗基罗的父亲吉安卡罗是一名葬礼师，同时也是"浴室歌手"，他在浴室洗澡即兴唱出的《今夜星光灿烂》，是来自普契尼的歌剧《托斯卡》。这一天他被亲家，也就是伍迪·艾伦扮演的退休歌剧导演杰瑞发现，惊讶后开始喋喋不休地劝说亲家，愿意把他包装成意大利最出名的歌剧演员。被说服的吉安卡罗，在正儿八经的录音棚却无法发挥。失望之时，杰瑞这个异想天开的导演，知道吉安卡罗需要在自己熟悉的环境里才能放开歌喉，于是在舞台上设计了淋浴室，这样吉安卡罗在洗澡时歌唱便有淋漓尽致的发挥。接着，杰瑞又让亲家去演歌剧《丑角》，赢得更大的轰动。这出戏充满荒诞感，把电影的想象力和观赏性推向高处。

5. 书写城市的性格

"城市是灰尘、玻璃、钢铁、混凝土构成的几何体，但这一粗糙的结构下还有另一个城市：看不见的，想象的，由梦想与渴望构成，是它引发了所有的变化。”① 伍迪·艾伦在采访中说：“如果你在罗马，拦住一个罗马人，他们会告诉你，自己出生在这里，对这座城市很了解，你要有时间的话，我能告诉你一万个故事。对我来说，罗马就是一个巨大的容器，容纳着各种各样的故事——从天赋异禀的名人，到普普通通的人，他们的故事塑造了整个城市的性格。”

罗德威在《感官地理》中将认识空间的方式分为两种：认知绘图和感官地理。对一座城市来说，认知绘图是其街道、建筑、名胜古迹等地标的外在呈现，是城市历史、文化的内在底蕴，这些都需要理性的认知。而感官地理，则是感性的漫游，是游客的个人感知与情感体验。

伍迪·艾伦镜头下的罗马有着明媚的阳光、一望无尽的石板路、熙攘的喷泉广场，还有演员嘴里探讨着的古代建筑、绘画和历史名人，以及悠扬的歌剧。但更有他的独特体验——故事，影片通过对谈和街巷呈现出罗马的百态，把四个故事交织在一起，将罗马之城的魅力展现出来，它是古迹更是当代，它是宏大更是细节，它是混搭也是饱满。

四、结语

在电影热映的同时，富有特色的外景地随之被广泛传播，吸引观众来此处游玩，直接促进了当地旅游业的发展，城市的知名度也得到提升。然而，通过影像传播一个城市的形象，只停留在展现城市建筑、人文景观、自然风光等，缺少真切的城市生活体验，缺乏对城市历史的深刻认知，拍出来的城市电影注定是浮光掠影，对城市文明的表现也只能是皮毛而已。

城市不仅是人类的一种聚居方式，也是一种文化空间、一种群体人格、一种精神氛围。正如别林斯基所说：“每个民族都有两种哲理：一类是学究式的、书本的、郑重其事的、节庆才有的；另一类是日常的、家庭的、习见的，这两种哲理通常在某种程度上彼此接近，只要谁想描写一个社会，他就必须认识这两种哲理，尤其是研究后一种。”② 要挖掘城市的内

① 张英进，秦立彦．中国现代文学与电影中的城市．南京：江苏人民出版社，2007.

② ［俄］别林斯基．别林斯基文学．查良铮译．上海：新文艺出版社，1958. 86～87.

在感知，包括城市人、城市精神和城市文化等。宣传城市形象，电影需要更深层次地捕捉这个城市独特的人文精神和文化气息，叙事讲述的只能是发生在这个城市的神话和传奇。

（撰稿人　贺　纯）

2012 年微电影与中国城市形象传播

微电影因其技术简易、情节紧凑、结构简单和拍摄周期较短等特点，在城市形象的传播上具备较多优势。2012 年，国内不少省份不约而同地选择了微电影这一新媒体进行城市形象宣传。“草根”、视频网站、地方政府、准政府组织和各类行业协会不断推出地方性微电影作品或举办微电影大赛，在此基础上，微电影的制作水准和播放平台都得到了提高及完善，但微电影的同质化和故事性不强依旧为观众所诟病。

一、2012 年微电影发展概述

微电影是指专门在各种新媒体平台上播放，适合在移动状态和短时休闲状态下观看，具有完整策划和系统制作体系支持的，具有完整故事情节的“微（超短）时”（30～300 秒）放映，“微（超短）周期制作（1～7天或数周）”、“微（超小）规模投资（数千/万元每部）”的视频（类电影）短片，既可以单独成篇，也可系列成剧。[①] 由于传统的影视作品原则上要实现上院线、实行版权收入，且一定要经过国家广电总局等的审批，故耗时较长。微电影因其自身特性而巧妙地规避了这一环节，这也是和传统电影相比，微电影最大的不同之处。近年来微电影横空出世，并被运用到了很多领域。

1.“草根”微电影制作者趋向合作

2006 年初《一个馒头引发的血案》让胡戈成为网络视频发端时代的旗帜人物。虽然当时还没有“微电影”一词，但它的叙事风格——恶搞，已经成为大众娱乐的风向标，之后的微电影制作开始长时期坚持幽默讽刺风格，如胡鹭拍摄的《三枪前传》、《杨梅树之恋》等，而凭借《大学生同

---

① http：//baike. baidu. com/view/4342291. htm.

居的事儿》红遍互联网的李洪绸以气贯长虹之势继续拍摄的《同居》第二季、第三季，颇有中国版《老友记》的架势。当微电影的集体参与性体现出来时，地区性微电影制作者的联合也成为一种潮流，在娱人娱己的同时，探求本地区独特的城市形象也成为草根们的首要着力点。

以大连和义乌为例，目前活跃于两地的带有自发性质的“草根”微电影团队就有数十支，年产微电影数量近百部。大连的爱迪生团队、海大团队，义乌的穷开心电影公社、城市微电影工作室等创作团体的作品在网络上的发端，在一定程度上助推了民间的微电影创作。不过草根微电影创作机构的缺点也显而易见：缺乏专业型的团队、制作理念、制作设备，缺乏资金支持，没有优质、畅通的推广渠道，仅仅以自娱自乐为创作源泉和招募要求，导致微电影的内涵、故事性、指导性参差不齐，这在一定程度上影响了微电影在各地区的发展。

2012 年由大连本地媒体天健网、大连晚报社、大连广播电视台影视频道、汽车广播联合主办，大连天健网独家承办的“意向城市@大连——首届大连‘城市文化’微电影艺术节”在大连举办。这次活动的主办方聚集了大连民间草根创作团队，首先在活跃于大连地区的“草根”微电影团队及其创作的作品中征集并确定有资格入围的创作团队及剧本，为其提供专业的师资培训和拍摄资金，凭借这个全媒体平台将大连的城市风貌、人文地理、风土人情、城市特质进行一个全方位的总结、归纳、提升和推广。此类活动体现出地方政府为繁荣文化产业、建构城市形象所做的努力，这对于官方和民间都是极为有利的。

2. 视频网站开始推出或总结城市微电影系列

（1）爱奇艺“城市映像”系列微电影。

2011—2012 年各大视频网站充分利用自身的平台传播优势，不断推出自制剧和自制综艺节目。爱奇艺网也借机推出了国内首部以城市为主题的微电影集——“城市映像”系列微电影。这个系列目前有 9 部影片，是国内首部以城市与人为题材的微电影集，观众在欣赏影片的同时也能领略到不同城市的美丽风光与风土人情。每部影片时长在 20 到 30 分钟左右，通过描述发生在城市中的事来探讨城市与人的关系。从 2011 年到 2012 年，“城市映像”系列微电影开始刻意淡化城市视觉形象，转而更为关注城市行为形象和城市理念形象，从城市生活中人的个性发展与对心灵自由的追求提炼出都市人群关注的城市生活态度，将城市与个人紧密联系在一起，从中获得价值观的认同与情感的回归。这种创作理念相比国内“地方政府投资+‘草根’团队拍摄”的模式而言更为专业，从而也会使观众对城市形象的体会更加深刻。

◆北京篇《旁边的陌生人》

《旁边的陌生人》讲述了一个生活在北京的小白领，因为不堪生活压力而决意自杀，在自杀的过程中阴差阳错地结识了一位身份神秘的女孩，他的生活也从此展开了新的一页。导演在本片中主要想表现的就是对人生的积极态度。

◆上海篇《你不知道我的秘密》

吴鹰翔导演的《你不知道我的秘密》是对1995年“上海吸血鬼”传闻的改编，讲述了一个在上海潜伏百年的女吸血鬼和一个知道她的秘密、紧紧尾随她的男记者之间发生的曲折离奇的故事。

◆**广州篇《微软》**

生活在城中村的陈反应和小美是一对打工夫妻，因生活不和谐，妻子小美红杏出墙。男主人公陈反应在偶然的机会下结识了一位年轻的富家太太与一个卖假药的小贩，三人各诉衷肠，最后竟不谋而合地研制出了一种防止男人出轨的药物，并且一发不可收拾。从此富有的陈反应不再是失意的市井男子，小美也回到了他的身边，广大迫切希望能制止老公出轨的贵妇们更是纷纷上门高价求药。片中生活在城中村的社会底层人群是城市形象中不可或缺的部分。

◆**成都篇《火锅》**

郝蕾的处女作《火锅》讲述的是“红汤女”与已婚“白汤男”之间发生的一段感情出轨故事，情节纠结在一个“情”字上。生活随性的酒吧女歌手在得知自己的初恋男友将要结婚的消息之后，唱起了那首《孤独的人是可耻的》，在繁华拥挤的都市中，寂寞男女的感情生活是本片关注的重点。

◆青岛篇《人人都爱李小曼》

混迹市井的孤儿李小曼因为她的警察父亲在多年前的一场火灾中牺牲，而被突然认作英雄的女儿。突如其来的身份转换让李小曼从无人问津、住在废旧大巴上的孤儿变成了全城皆知的英雄的女儿。导演将悬念设置在最后，原来李小曼是牺牲的警察当时所追捕的罪犯的孩子，而警察的同事默认了小曼“英雄女儿”的身份。

◆台北篇《快递》

酷爱街舞的快递员结识了一个失恋的女孩，女孩安静的身影与疾驰的台北形成了鲜明的对比，使他愿意花时间用心去开导她、陪伴她。剧中男孩在雨中为女孩跳舞的画面透露着浓浓的温情。《快递》的导演在剧中通过男孩与女孩的相处，探讨了“失”与“得”这两者间的关系。

◆西安篇《神医》

一位失去味觉的美食家在遍访名医无果后，来到求医的最后一站——西安，"神医"让他融入市井街坊，在经历了一些繁杂琐事后美食家意外痊愈了。美食和诙谐幽默的市井"神医"都是本片的亮点。

◆丽江篇《夜曳》

影片《夜曳》利用夸张的手法将丽江古城的旷世美景与三个宅男在大学毕业前到丽江寻找艳遇的过程巧妙结合在一起，观众可以从三个愣头青啼笑皆非的趣事中发现城市中美景与人的关系，而这也是城市题材微电影的最终目的。

◆云南西盟县篇《阿布》

《阿布》作为爱奇艺“城市映像2012”的开山之作，力求探讨都市人对自然的态度和对自我价值的认同问题。故事讲述了一位大学毕业后，为继承母亲遗愿从事热带雨林保护工作而隐居云南西盟县的儿子，与大城市中事业有成却亲情淡漠的父亲之间，由误会到重拾亲情的故事。

（2）新浪城市频道——跟着微电影去旅行。

新浪城市频道主要关注城市建设、旅游文化资源传播、招商引资以及区域经济发展，记录着中国蓬勃发展的城市历史轨迹。同时，它也整合了新浪网北京、香港、北美的传播资源及Web2.0技术优势，以互动传播策略打造了全球化的“新浪·中国城市外宣平台”，从而促进城市品牌的提升。

2012年新浪城市频道推出了“跟着微电影去旅行”的专题，其中包括2012年四川省旅游局与中国国家旅游杂志联合出品的《爱，在四川》系列微电影，绍兴市旅游集团推出的三部旅游微电影《樱为爱情》、《樱为爱情·五月之恋》和《爱在绍兴》，全国首部城市旅游微电影《我与南京有个约会》，取景自武夷山景区的微电影《武夷源·武夷缘》，以及首部以圆明园为背景的微电影《黑天鹅》等。另外还有以贵州西江千户苗寨为元素的微电影《缘分西江》、江西首部旅游微电影《恋恋庐山》、安徽黄山首部微电影《因为爱情》，以及山东首部旅游微电影《心的仙境》等。

3．地方政府和视频网站开始举办地方性微电影大赛

从全国范围来看，旨在推动本地微电影发展的大赛或电影节越来越多，例如2012首届中国（成都）微电影节、“大@湖北”微电影大赛、2012年度“文化湖北”微电影创作大赛、首届吉林省暨长春市青年微电影（DV）大赛、“俪人杯”南通首届全民微电影大赛、“爱·重庆——诗仙太白年份原浆杯”首届感动重庆微电影大赛、海峡两岸微电影大赛、河南省首届青年微视频微电影节、首届中国（浙江）青年微电影大赛、意向城市@大连——首届大连“城市文化”微电影艺术节、2012（第五届）山东青年微电影大赛、“我的色彩，我的电影梦”联想Idea达人微电影制造——暨九分钟电影锦标赛大众赛、“幸福社区，邻里如亲”微电影大赛、东莞市首届公益创投项目“蓝天”行动：东莞重点青少年群体成长促进计划项目——预防青少年犯罪微电影大赛、第一届沂蒙青年微电影大赛、成都青少年法治微电影大赛、香港M21青年微电影大赛、2012海西首届微电影节等，这无疑给地方性微电影的发展注入了强大的活力。此类活动也将会通过影像传播的力量对城市形象进行更全面的构建。

4．地区性微电影（大赛）主题多元化

（1）旨在对青少年进行法制教育。

为了鼓励全社会从不同的视角记录鲜活、生动的青少年法治素材，中共成都市委宣传部、中共成都市委政法委员会等单位联合举办了主题为“汇聚微力量 守护新生代”的成都青少年法治微电影大赛。活动面向社会征集具有青少年法制教育意义和反映成都青少年权益维护的微电影作品，活动的特殊要求在于参赛作品必须贴近青少年生活实际，

体现成都特色，具有法制教育意义。

（2）旨在倡导新型婚恋文化。

为了繁荣临沂的微电影文化，倡导新型的婚恋文化，加速当地微电影的发展，由共青团临沂市委、临沂市青年联合会主办，临沂市新闻文化出版局、临沂市文化执法局评审监督，共青团兰山区委、临沂保利国际影城、通灵珠宝（百丽广场店）、临沂521婚庆文化广场联合承办了主题为“青春微电影 幸福婚恋情”的“第一届沂蒙青年微电影大赛”。

（3）旨在预防青少年犯罪。

为促进青少年群体健康成长，东莞推出了预防青少年犯罪微电影大赛的“蓝天行动”。“蓝天行动”的主要服务对象为6～25周岁有过不良行为或严重不良行为的青少年。项目共有12个计划，涵盖预防性、治疗性、发展性三个方面的内容，由4名社工和4名社工助理分为监所（市拘留所、市戒毒所、市收容教育所）服务组和社会服务组共同实施。“蓝天行动”项目开拓了三大特色服务：监所“社工驻所帮教”项目、社区“阳光观护”项目和“阳光护航进企业”项目。“蓝天行动”最终评选出部分聚焦青少年犯罪的微电影作品：《白》（聚焦青少年吸毒问题）、《青春的选择》、《踏上阳光青春路》、《谁》等。

（4）旨在创建国家环境保护模范城市。

重庆市为创建国家环境保护模范城市而推出了《雾都蝶变》、《碧水情深》、《绿色畅想》、《宁静夜曲》和《希望之歌》5部微电影。其主旨是为观众提供环保知识，树立环保理念。其中《碧水情深》讲述了重庆实施的旨在综合整治河流、保障饮用水源和实行国家水污染防治规划等工程项目和措施的“碧水行动”；《雾都蝶变》围绕重庆实施的“蓝天行动”计划，讲述了昔日雾都重庆实现蓝天梦想的故事；《绿色畅想》围绕重庆市民以切身行动珍惜绿地、爱护绿地的故事，讲述了重庆实施的“绿地行动”；《宁静夜曲》讲述的是重庆整治噪音污染的工作；《希望之歌》则为观众普及了环保科学知识。

（5）旨在阐释官德主题。

2012 年河南南阳市旅游局投资拍摄了一部官德主题的微电影——《官德启示录之魂游南阳》。故事以当下备受关注的食品安全问题为线索，以南阳为背景地，讲述了一个误入歧途的局级干部在旅游中通过一次奇妙的“魂游之旅”，迷途知返而重获新生的官德启示故事。导演张志斌介绍，影片结合了当下的流行元素和热门事件，以黑色幽默的方式解释官德主题和为官之道，据悉，南阳市旅游局的三位副局长还在片中充当了“龙套”角色。

5. 进行城市形象宣传的地域更加基层化

（1）市辖区。

四川成都市温江区推出的《作画温江》是一部音乐类型的微电影。故事以时下流行的穿越剧形式讲述了一个喜欢画画的邮递员心仪自己的老顾客，因为自己身份低微，而一直未敢开口表白。邮递员在温江碧落湖用心上人送的一支画笔画画后，时空穿越，拥有了特异功能。但因其特异功能过度使用，导致了城市的毁灭。邮递员见此再次穿越，却有未能预料的结局。

（2）街坊。

2012 年，重庆市渝中区委、渝中区人民政府主办了主题为“幸福社区，邻里如亲”的微电影大赛，参赛作品要求体现邻里和睦友好关系，涉及“邻里学”、“邻里情”、“邻里帮”、“邻里乐”、“邻里安”、“邻里颂”等方面的内容，以渝中区创建文明城区，打造和睦邻里情，记录各社区丰富多彩的活动为主题。

（3）村庄。

2012 年，来自周村的 2007 届大学毕业生耿庆淼以一部作品《三月》荣获中央美术学院电影与影像艺术系毕业作品一等奖。整部影片一直持续着灰暗的主色调，通过拍摄手工制鞋店、残旧的旗幌等场景体现出周村厚重的历史感、沧桑感以及民众的质朴、闲适。本片就地取材，拍摄场景就是周村大街，影片中的演员也大都是周村人。现在，周村古商城已成为中国微电影创作基地，许多微电影制作者开始在周村创作自己的作品。

6. 制作人员及水准呈现明星化、专业化趋势

随着微电影的快速发展，越来越多的明星、专业人士也加入这一新型电影创作行列，著名电影导演陆川就曾为南通旅游微电影《南通记忆》担任监制。故事通过摄影师小东和他的心上人小婉两个人的视角，将两人在这座美丽的江海城市中所见到的蕴含地方特色的美景串联起来，彰显南通所蕴含的旅游魅力。2012 年由导演张扬执导并出演的“大理苍山小院”项目微电影《生活在别处》，通过唯美的叙事方式，展开了一场关于“灵魂居者”的精彩对话。本片延续了张扬散文化的叙事笔调和拍摄风格，以大理自然风光和文化生活为主，结合当地特有的生活元素进行融合创作，用自述的方式讲述了自在生活于苍山洱海间的人们的生活。张扬说：“大理是个很小却又特别具有国际性、包容性的城市。”

7. 房地产项目依托城市微电影进行推介

房地产作为城市视觉形象的一部分，近年来随着行业的快速发展而持续壮大，越来越多的房地产宣传机构开始青睐微电影这种独特的传播方式。地产商不同于草根制作者，他们不会受到资金或技术的限制，他们主要的需求点就是增加自身楼盘的知名度以期获得更大的销售量。2012 年首部以黄山房地产为诉求对象的微电影《城市内参之黄山碧桂园》，以一名女画家为了创作一幅以“家”为主题的作品为主线，讲述了这位美术系毕业的女画家，在快节奏的北上广闯荡，在充斥着钢筋水泥的城市中，渐渐失去自我，因而失去了绘画的感觉。她因无法创作出满意的作品而开始陷入对生活的一系列思考中，什么是城市、什么是家、什么是幸福？当女主角在本片的主要诉求点——黄山碧桂园观赏时，她慢慢领会到如何淡定从容地面对每一天，开始思索从未思索过的人生可能，探求出一种更适合自己的生活方式——在黄山碧桂园安家，最后，她在家和幸福的伴随下画出了作品《我的画就是你的家》。

2012 中国（成都）微电影“聚焦幸福，大美成都”嘉年华活动是由雅居乐集团和星河湾集团联袂推出的房地产项目“铂雅苑·幸福成都”系

列主题活动的一部分。这表明房地产企业不仅投资拍摄为自身楼盘宣传的微电影，而且还以其充足的资金实力联合官方一同举办微电影大赛，此举首开房地产企业投资微电影大赛的先河，也将会在中国房地产行业中引领一股潮流。

二、城市形象的传播元素和方法

1. 片名直接点明被宣传地

片名直接点明被宣传地是对特定城市进行形象宣传最直接的方法。2012 年福州、绍兴、庐山等地接连推出了此类型影片，让受众更直观清晰地对微电影所宣传的城市进行准确定位。比如由绍兴市旅游集团策划推出的旅游微电影《爱在绍兴》，福州半城电影为庆祝福州“913”汽车调频 8 周年台庆而制作的微电影《福州，我爱你》，海南琼海微电影《每个人的琼海》，福建莆田市委宣传部联手央视新影集团拍摄的系列微电影《莆田·故事》，河南南阳市旅游局投资拍摄的微电影《官德启示录之魂游南阳》等。

2. 民俗、戏曲

民俗，即民间风俗，指一个国家或民族中广大民众所创造、享用和传承的生活文化。它起源于人类社会群体生活的需要，在特定的民族、时代和地域中不断形成、扩大和演变，为民众的日常生活服务。随着社会的发展，民俗文化的保护和传承工作日益受到人们的重视，各地也开始采取各种方式调查、搜集、整理、研究我国各民族的民俗。金华民间一直流传着一个说法，《聊斋志异》中的兰若寺正是现在的金华西峰寺，而导演顺势将微电影《故·事》的发生地限定在了婺剧戏班里。微电影《在见·最美的时光》则聚焦非物质文化遗产金华花灯制作技艺的传承和保护问题。影片讲述一名设计师从传统手工花灯中寻找创作灵感的故事，揭示了花灯技艺传承的困难，并提示将现代技艺与传统手工相结合，以延续传统的花灯制作技艺。微电影《行走》则阐述了主创者对金华黄大仙传说的理解，灵验与否并不重要，关键是人们要有一颗虔诚的心。

3. 方言

方言是一种独特的民族文化，它所体现的地方特色是普通话无法比拟的。而方言作为一种文化艺术，蕴含着浓厚的民族特色，在代表各地域文化的地方性微电影蓬勃发展之际，微电影创作者也通过本地各具特色的方言文化，较好地诠释了地方特色。2012 年有代表性的方言微电影作品很多，例如巴中方言微电影《巴中旧事·榜样》、《巴中旧事·铁环》和《巴中旧事·龙耳山》，大连方言微电影《斗地主》等。又如《围屋里的老人和孩子》，该片主要讲述了在广西贵港的一个客家小村，朴实的客家人日出而作，日落而息。村里大部分客家男人外出打工，客家妇女留守家园，照顾孩子，赡养老人。随着社会不断变化，很多客家习俗都慢慢被简化、被淡漠，尤其是推行普通话的政策使客家话受到巨大冲击。很多年轻一代的客家小孩在家更喜欢讲普通话，而很少讲客家话，使得"宁卖祖宗田，不忘祖宗言"的客家祖训面临着巨大的冲击。客家阿婆教唱客家童谣《月光光》、儿童游戏"打章新"（玩打仗）、祭祖、拜月光和阿婆的日常劳作等事件贯穿全剧，通过一个普通客家家庭的日常生活状态来展现客家民俗风情以及关于文化传承和孝道的问题，是一部客家乡土味浓郁的、真正意义上的客家微电影。

4. 风景

风景包括自然景观和人文景观，是人对自然环境感知、认知和实践过程的显现。所谓风景实质上是在一定的条件之中，以山水景色以及某些自然和人文景观所构成的足以引起人们审美与欣赏的景象。国内的微电影制作者经常将风景定位为自然风景和因城市建设的同质化而体现出的千篇一律的人文景观，所以观众在观看时可以清晰地分辨出自然景观和人文景观。比如成都微电影《大城小爱》中的宽窄巷子、东区音乐公园、春熙路、廊桥、都江堰等；如皋微电影《"神"探如皋》中的水绘园、定慧寺、东方大寿星园、顾庄生态园等；嘉兴微电影《禾去禾从》中的南湖、月河历史街区、梅湾街、梅花洲景区等。

5. 鸣谢

随着地方各级政府和准政府组织不遗余力地以微电影这种形式带动旅游和宣传政绩，影片的结尾处和微电影大赛的特别鸣谢上也越来越基层化，职能覆盖面也越来越广。例如，"我的色彩，我的电影梦"联想 Idea 达人微电影制造——暨九分钟电影锦标赛大众赛的鸣谢单位是中共象山县委宣传部，"大@湖北"微电影大赛的鸣谢单位是湖北省网络文化协会，

《我的城管女友》的鸣谢单位是共青团武汉市江岸区委员会。与以上情况同时出现的是赞助商的多元化，“聚焦幸福，大美成都”2012 中国（成都）微电影嘉年华活动的赞助单位是房地产公司雅居乐集团和星河湾集团，第一届沂蒙青年微电影大赛的赞助单位是沂蒙保利国际影城、灵通珠宝、521 婚庆文化广场等。

6. 限定拍摄地点

影视城的区域化发展可以为剧组提供丰富、设施齐全的拍摄场景和各类配套服务，包括专业制景、设备车辆租赁、道具服装化装等方面的服务，又有庞大的群众演员队伍。以横店影视城为例，现已运作的演员工会拥有 7 500 余名来自全国各地被称为“横漂一族”的特约演员。横店现已成为国家 AAAAA 级旅游区，拥有众多高档酒店、基地宾馆、游乐园、书店、网吧、饭馆等，而在这种设施齐备的影视城拍摄能为剧组节省大量资金。由北京电影学院、中国电影评论学会、宁波市委宣传部、象山县人民政府主办的九分钟电影锦标赛至 2012 年已成功举办 3 届，活动通过锦标赛模式，最大程度地展现青年电影爱好者在电影艺术上的优秀才华，并且每个入选的团队都将获得一定程度的资金和技术支持，拍摄完成一个时长为 9 分钟、题材不限的微电影。入选团队将拥有目前世界上最先进的数字电影的全套设备，并获得最专业人士的技术协助；将一个面积为 1 175 平方公里，总人口为 53. 2 万的沿海县城——象山作为指定的摄影棚；参与一次全球首创锦标赛模式的电影比赛——在指定的区域范围、制作周期、制作经费内，完成指定长度的故事短片。2012 年台湾三立电视台举办的“戏，游白河说台湾”微电影大赛活动期间，台南白河台湾电影文化城免费开放，活动参赛团队可以在复古场景中进行拍摄，主办方免费提供露营区住宿与古装戏服。

7. 借助流行文化对城市形象进行包装

河南作为五千年华夏文明的发源地之一，近年来不断加强以旅游为目的的文化产业建设，河南省旅游局推出的《让心回家》星座系列微电影，是由 12 部彼此独立的微电影短片组成，每一部短片以一个星座为灵感和角色定位，从旅行者的视角，讲述在河南遇见的行旅故事。影片按照不同星座的个性，串联起河南各地各具特色的 12 条星座旅行路线，融河南的历史文化、山水风光、民风民情以及饮食文化于一体。以独辟蹊径的视角，从射手座的乐活之旅、摩羯座的功夫之旅、水瓶座的猎奇之旅、双鱼座的浪漫之旅、白羊座的冒险之旅、金牛座的慢享之旅、双子座的多彩之旅、巨蟹座的美食之旅、狮子座的高尔夫之旅、处女座的心灵之旅、天秤座的戏曲之旅和天蝎座的寻古之旅中领略焦作云台山、商丘古城、开封大相国寺、嵩山少林、新乡万仙山，触摸龙门石窟、殷墟古迹，感受信阳毛尖的清香、后凹村社戏的热闹、河南烩面的浓郁。该片以流行文化的包装搭配复古文艺的色调，非常契合新媒体时代游客的喜好，因此也得到了网友的广泛关注和追捧。在《让心回家》星座系列微电影引发第一波网络关注后，河南省旅游局趁势在其官网上推出了以该系列微电影为基础的“心灵故乡，老家河南”的河南旅游个性攻略互动专区。观众在欣赏微电影的同时，还可以参考每张星座路线旅游图，对感兴趣的城市信息进行查询和制定。河南旅游官网微博每天还与专区内的旅游粉丝互动，发送最新的河南旅游服务和优惠资讯。《让心回家》星座系列微电影作为河南省旅游局策划的一系列数字营销计划的切入点，突破了传统的“宣传片 + 电视台投放”的模式，以互联网为平台，整合推介了一个全新的城市形象。

三、城市形象的传播方式

1. 用独特的城市风光感染观众

独特的风光是城市留给人们最深刻的记忆，例如公共建筑、雕塑、精致或粗放的街道以及城市的各种视觉定位等共同构成了城市的形象和特色。提及昆明，人们会毫不犹豫地想起春城的四季常青；说到成都，以火锅、麻将为代表的休闲生活就是最大的特色。现代城市发展的一个明显特征就是城市特色风光的涌现，富有文化特色和良好视觉形象的城市是具有魅力的，能让外地人产生最直观的印象，因此通过影像塑造城市特色形象是对城市无形资产的开发与利用。富有特色风光的城市，能够提升城市的品位和影响力，增强凝聚力和向心力，创造出城市良好的投资环境和经济秩序，使资金、人才、技术等各种资源良性循环，从而对城市的现代化建设产生强大的推动力。

2. 用典型人物打动观众

成都市新都区流传着这样一句话：骑白马的不一定是王子，他可能是村支书，是带领大家致富的。微电影《关于我爸》正是以成都市新都区斑竹园镇回南社区党支部书记黄崇福为原型改编的，并由村支书本人出演。故事以真实的典型人物为拍摄原型，通过实景拍摄的手段，一方面希望凭借此举向附近居民展示当地特有的生态环境、农作物和便利的交通，借此推广当地的特色旅游，另一方面也希望吸引更多的“草根”微电影爱好者把拍摄场地选在斑竹园镇。

3. 用特殊事件吸引观众

2012 年 5 月 11 日，由四川省旅游局与《中国国家旅游》杂志联合出品的以纪念汶川地震、展示汶川四年巨变、感恩全球大爱的四川旅游系列微电影《爱，在四川》第四部“汶川篇”，在网络上正式上映。《爱，在四川》第四部“汶川篇”作为一部以“爱”为主题的微电影，不同于之前的“美食篇”、“熊猫篇”，故事主要取景于汶川、北川两地，涉及汶川县水磨古镇、映秀漩口中学地址遗址、东门寨羌人谷、北川新县城、北川中学、九皇山景区、北川老县城地震遗址等，观众在影片中会看到在各界爱心汇集下涅槃重生的新汶川、新北川。该片最大的新意在于摒弃了之前策划拍摄关于纪念“5·12”汶川大地震题材的微电影时所着重体现的天灾带来的创伤或救援的艰难，而是关注在地震发生 4 年以后，当地人的每一张笑脸和如今幸福的生活环境，这也是当地民众最想表达的旅游诉求。

四、城市形象的传播效果

1. 引发怀旧和乡愁

怀旧是人类的一种原始情感。从人类诞生之日起，渴望肉体和精神的美好、舒适、幸福与自由，是人类最根本、最原始的天性。然而生活并不尽如人意，各种各样的挫折、失败总是不断阻碍、毁灭着人的这种与生俱来的愿望，为了摆脱痛苦寻求解脱，人往往采用两种方式进行精神的救赎，一种是继续幻想美好并试图付诸行动去追求未来的乌托邦，另一种就是反复地咀嚼品味往昔留下的美好记忆，即抚平痛苦聊以自慰的“怀旧”。《马格回家》就是这样一部“乡愁怀旧”题材的典型代表作品。影片是由合润传媒与新浪网联合出品的以北漂为题材的微电影，女主角马格作为一名 30 岁的北漂者，经历着如潜规则等的各种挫折。打拼多年的她终于鼓起勇气回家，但父母早已搬家，马格过家门而不能入，这使她得不到家的温暖，而昔日的爱人也早已和她分离。因此，马格这一次已经洗净了内心的沉重包袱，重回北京的理由也不再是为了家人的希望，而是要对得起自己的努力。全片用纪录性的长镜头讲述着北漂女演员马格春节回家一天内的情绪转变与内心独白，其中穿插了大量的回忆镜头：与昔日恋人大凡的点点滴滴、踌躇满志踏上北漂之旅、遭遇潜规则、大战包租婆。面对现实与梦想的落差，马格开始在理想和现实、都市和故乡之间挣扎徘徊。制片方将拍摄外景地特别选在葫芦岛兴城——一座方圆不过 7 公里却拥有 500 年历史的海边小城，将马格与父母的亲情和她与大凡的爱情都包裹在浓浓的历史感与乡愁中。

2. 塑造独特的城市形象，进行准确的城市定位

城市特色是在一定的时空条件下，城市社会为了自身的生存和发展，以当时所达到的文明手段，利用自然、改造自然所创造的有别于其他城市的物质和精神成果的外在表现形式。① 建筑史学家吉迪翁（S. Giedion）说，只有城市的形态才能确实地表现出一个时代的建筑成就以及在那个时期人们组织自己生活能力所达到的水平。三十多年来地毯式的建筑“轰炸”过后，我们看到的是大同小异的城市和千篇一律的街景，人们走在相似的街道和城市中，很难分辨这座城市究竟是在南方，还是在北方。许多新兴的中小城市开始急功近利地模仿大城市高楼大厦的模式，在城市的部分地区建设仿古一条街，这种不中不西的城市设计显得十分滑稽，城市的设计者们似乎已经忘记了中国传统建筑的样式。

微电影创作者在进行拍摄之前应该长时间地深入了解一座城市的内涵和底蕴，深入到民众日常生活当中去。在这点上，长期专注于本土电影创作的“草根”电影人最能准确地剖析出所在城市的精髓，从不同地域的本土微电影中观众可以发现不同的生活气息，悠闲之都、浪漫之都、花城等。不一样的城市会体现出不一样的城市底蕴，这也是爱奇艺、乐视网推出的城市系列微电影最吸引人的地方。

---

① 沈益人. 城市特色与城市意象. 城市问题，2004（3）.

五、微电影对于城市形象传播的优势

1. 拍摄周期短，能及时抓住城市热点事件进行营销

由于制作周期很短，微电影可以关注到社会热点，从而形成更大的话题性以提升品牌传播的时效性，扩大传播的影响范围。2011 年 10 月 13 日，2 岁的小悦悦在佛山南海黄岐广佛五金城相继被两车碾压，7 分钟内，18 名路人路过但都视而不见，最后一名拾荒阿姨陈贤妹上前施以援手，这件事引发了网友的广泛热议。佛山小悦悦被碾压，路人冷漠视而不见的事件首先在网上发酵，“冷漠”一词也不断地刺痛着人们的内心。时隔不久，广东高校的大学生们集体发声，通过微电影反映自己的关注和思考。11 月 4 日，广州大学城 10 所高校的学生分别推出 10 部公益微电影，用迥异不同的故事和镜头作出同样的呼吁：“拆掉心中的墙，拒绝冷漠。”11 月 4 日晚，《JUMP》、《印迹》、《暖暖的》、《小明上学记》等 10 部公益微电影正式在各大视频网站推出，一时间，“拒绝冷漠”的话题再度引发热议。这 10 部微电影分别在各高校中拍摄制作，用时两周，每部电影全长 5 ~ 10 分钟，讲述的都是完整的故事。内容上，则是从不同的角度对小悦悦事件中人与人之间的关系进行反思。同一时期的微电影《让人间充满爱》也获得了千万网友的微博转发，一时间成为网络最热的微电影。这部长度为 6 分 45 秒以佛山女童小悦悦事件为蓝本的微电影，描述了在当前社会道德信任危机背景下，小悦悦事件发生的全过程，影片最后以小悦悦的口吻告诉大家不要错怪唯一伸出援手的拾荒阿姨，不要责怪自己父母没有尽到看护的责任，不要责备当初一旁漠视的 18 个路人。最后随着钟声的响起，屏幕出现了“拒绝冷漠，传递温暖，让世界充满爱”这 14 个字，给当下的社会道德现状敲响了警钟。

2. 适应快餐时代受众的需求

年轻人背负着生活的压力居住在一个快节奏的城市，难免会为生活疲于奔命。大工业时代延续至今的“快文化”，使全世界 40% 的人患上了“时间疾病”。这当然不是说我们没有时间来休闲，而是休闲时间片段化、琐碎化。例如在高层工作的人，由于电梯升降速度缓慢、停靠楼层数量多、电梯载重量小等问题，每天等电梯的时间就将占用他们一天中部分的

空闲时间，管理学上将类似的等待时间称之为“碎片时间”。即使高效的管理者对工作内容进行异常精确的统筹安排，也会在所难免地陷入到等车、等人的“碎片时间”中。当手机、平板电脑等移动终端设备逐渐普及，人们随走随拍、随走随发，已经成为了一种生活状态。此时数码爱好者或许可以利用这段“碎片时间”对周遭发生的事件进行捕捉，汇集成片，这也是微电影持续激增的另一重要原因。

3. 消除了网络时代的技术壁垒

2005 年，中国首家以视频分享为主的网站——56 网开始运营。随后的时间里，优酷、土豆（两家现已合并）、酷六、乐视、爱奇艺等视频网站也开始了长达数年的“近身肉搏”，争抢“天下第一”的名头。视频网站在中国的井喷已经为微电影的传播提供了方便快捷的传输平台，网络信息技术高速发展也逐渐打破了传输的瓶颈，在当前的微电影制作中，设备已经不是主要问题。虽然业余爱好者还达不到运用同期声等专业影视制作的水平，但 5D Mark II 等普及度很高的设备已经能够接近新媒体的要求，进入网络播放平台或直接跻身电视台节目中。目前专业设备所需的租赁成本并不算高，能够包含在微电影数万至数十万元的预算中。不过，在线视频需要较高的带宽才能流畅地播放，所以网速就成为了制约视频播放的主要因素之一，但随着 3G 移动网络的普及和即将运营的 4G 无线传输技术，网速将会变得越来越迅捷，从而完善微电影的传播平台。

（撰稿人　孙逾文）

2012 年中国城市形象宣传片与城市形象传播

城市形象宣传片即城市形象广告片，是城市通过电视传媒形式和手段进行对外宣传的声画综合造型叙事作品。其特点是简短精美、信息量大，对树立城市的良好形象、展示城市的独特魅力具有重要作用。随着中国经济的飞速发展和城市建设呈现的新面貌，各个地区和城市越来越重视自己的形象宣传与推介，制作一部高质量的城市形象宣传片，不仅能提升城市的品位和影响力，还能吸引投资者的目光，促进城市经济的高速发展。

一、城市形象宣传片在中国的流变

在中国，为城市形象做广告始于 1999 年，威海城市形象宣传片是中国第一条城市形象广告。当时，山东省威海市为发展当地旅游业，做出了以广告传播吸引八方游客的决策。为形成差异化竞争，广告采用了“一个新的创作思路，那就是从单纯的宣传个别旅游景点转到推介一座城市；从宣传景点形象转到宣传城市形象；从发掘景点特色转到发现城市之魂，从而把一条旅游广告做成一条城市形象广告”。城市广告不再把焦点对准城市中的某一个别事物，而是综合考察城市整体，通过组合城市中各部分资源，从而产生一种整体冲击力，表现和展示城市形象。威海的独特地理位置、著名历史事件、和谐的城市景观、宜居的城市条件被组合到一起，威海市的整体形象得到这样的展现：“这里弥漫过甲午战争的硝烟，这里被秦始皇称为天之尽头，如今，这里是世界上最适合人类居住的范例城市之一——威海，CHINA！”①

从 1999 年发展至今，中国城市形象广告的数量急剧增多。当前，我们

---

① 周怡，黄伟. 城市发展中的城市形象广告——中国首家城市形象电视广告的诞生及其影响分析. 新闻界，2007（2）.

所看到的城市形象宣传片大体可分为以下几类：

第一类是城市宣传资料片。一般由市政府主导，对城市的政治、经济、文化、历史、人文及城市建设等做全方位的陈述，广告时间较长，有的甚至可达到30分钟以上。该类宣传片从一座城市的综合实力出发，涵盖面广，旨在提升这座城市在公众心中的综合形象。比如《重庆市直辖10年》宣传片（21分52秒），围绕重庆市的地理位置、历史文化、政治优势、经济发展、人民生活以及中央交代的大事件完成情况等，综合介绍重庆直辖10年后的新面貌，使用了大量真实的历史资料和数据统计分析。这类城市宣传片带有较浓的理性色彩，对城市的整体形象进行推广，适用于招商引资。《重庆市直辖10年》宣传片牢牢抓住重庆市是“中西部唯一一个直辖市”和“长江上游的经济中心”这两个优势展开描述，发挥城市优势，让全国乃至全世界人民认识并记住重庆。

第二类是城市旅游形象宣传片。由城市政府或城市旅游主管部门牵头，通过唯美精致的画面、流畅炫目的剪辑，对城市的自然风光、人文历史、风土人情、城市建设等城市风貌做游历性扫描，吸引广大游客前来观瞻，刺激当地旅游经济的发展，以旅游带动城市发展为目的。此类城市宣传片较多，也是目前大多数城市摄制宣传片的主要类型。它通过人物的视野行踪将整部宣传片串联起来，例如，“香港旅游城市形象宣传片”是由几组来自世界各地的游客在香港的旅游行程连接起来的，突出了香港的国际化都市形象。片中展示了年轻情侣、老年夫妇、一家三口在旅游行程中的衣食住行，将游客关心的旅游细节包含其中，以真实的人物游历感染观众。

第三类是城市招商形象宣传片。侧重于介绍城市经贸发展，展现城市优势资源和良好的投资环境。这类城市形象宣传片是近年来宣传片摄制的一大热点，也是未来发展的趋势。如《草原天堂 活力之都》，以宏大的画面、浑厚的配音、快节奏的剪辑来介绍呼和浩特的地理位置、自然资源、优势产业以及城市基础设施建设等软硬件设施，达到吸引外商投资的目的。

第四类是与大型活动相配合的城市形象宣传片。如2008北京奥运会前后北京的城市形象宣传片、2010上海世博会之前的上海城市形象广告，它们都以城市的形象和人物的精神面貌来间接展示城市的精神内涵。

尽管以上各类城市形象宣传片都在不同层面、不同角度展示了城市的优势，但城市的主体性特征不明显，缺乏独特的城市主张，难以形成特定城市的品牌识别。据国家统计局2007年底的统计，对国内38个城市的形象广告进行搜集，共有157部城市广告片。其中结合大型活动进行城市形象传播的，如奥运会北京形象广告、世博会上海形象广告等，数量约为40部，占城市形象广告总量的25%；旅游类城市广告占总量的33%。此外，还有一部分城市形象广告体现出明显的招商色彩，所占比例约为18%。因而，真正具有城市品牌建构意义的城市形象广告仅占样本总量的5%！毋庸置疑，城市形象宣传片具有招商引资、吸引旅游等功能，但这些功能实现的基础是城市形象的可识别性。

二、2012年中国城市形象宣传片现状综述

一直以来，城市形象宣传片都是中国城市进行形象宣传的重要手段之一。纵观2012年中国大小城市的形象宣传片，摄制主体集中于市政府新闻办公室、市旅游局、市招商局，主要以吸引旅游和招商引资为宣传目的。其中省会城市形象宣传片侧重于某一主题的表现，定位清晰；而一些中小城市由于首次拍摄形象宣传片，试图大而全地展示城市面貌，风格趋向于风光风情艺术片。尽管全国大中小城市拍摄的形象宣传片的水平参差不齐，但经过十几年的发展，中国城市形象宣传片逐渐形成了一定的发展态势，并通过不断探索创新，出现了一些值得关注的变化。这些变化对未来城市形象宣传片的摄制思路具有很大的启发作用。

（一）2012年中国城市形象宣传片发展态势

1. 传统影像仍是主流表现形式

一直以来，中国城市形象宣传片的表现形式主要有MV形式、“解说+画面”形式、“音乐+画面”形式，而“解说+画面”和“音乐+画面”是两种最为常见的形象宣传片的表现形式。从1999年中国摄制第一部城市形象宣传片至今，通过城市影像画面的展示，配以解说或音乐来介绍城市的政治、经济、文化、历史等方面，仍然是国内大多数城市摄制城市形象宣传片的主要表现形式。在2012年摄制的城市形象宣传片中，像《上海，灵感之城》、《穿越五千年 今朝更好看》（西安）、《草原天堂 活力之都》（呼和浩特）、《中国银川》、《大湖名城 创新高地》（合肥）、《鄱湖明珠·

中国水都》（南昌）等直辖市或省会城市形象宣传片，以及《美在宜宾》、《新潍坊》、《福鼎映像》、襄阳城市形象宣传片、紫阳城市形象宣传片、都昌城市形象宣传片等中小城市形象宣传片，皆以传统影像表现形式为基础，通过“解说＋画面”或“音乐＋画面”来展现城市的自然风光、人文历史、城市建设等内容。

《这就是河北》截图

《大美西藏 心灵之旅》截图

图1

作为中国第一大城市，上海在对外宣传自身城市形象上作了不少努力，其中城市形象宣传片是最为直观、形象的宣传手段之一。从上海历年的城市形象宣传片来看，传统影像仍然是使用最为频繁的表现手法。它所体现的画面唯美、镜头震撼、剪辑流畅等制作要求，不仅给观众带来一场和谐完美的视听盛宴，而且更能形象生动地展现一座城市的独特魅力。利用“画面＋解说/音乐”来展示一座城市的全貌是一种传统的、相对保险的表现形式，因此一直以来得到很多城市形象宣传片制作者的青睐。2012年上海形象宣传片——《上海，灵感之城》仍旧使用传统影像表现形式，但与以往不同的是，它首次采用国际招标方式筹拍，由总部在伦敦的国际视觉传播协会主席提供创意脚本，邀请澳大利亚导演拍摄制作，给人带来了不一样的视觉享受。（见图2）

图2 《上海，灵感之城》截图

此外，像《新潍坊》、《福鼎映像》等也是2012年以传统影像为表现形式的城市形象宣传片，但在此基础上，影片根据城市定位和宣传诉求进行了创新。《新潍坊》给人的第一印象是制作精良、结构完整、画面清新。该片分“上善若水”、“长风古韵”、“仁者乐山”、“田园交响”和“霓裳风情”五个部分，诠释了生态、文化、创新、幸福的潍坊，向世人展示了潍坊市的崭新形象，以更加丰富的城市内涵重塑了潍坊在人们心中的美好形象。而《福鼎映像》的形式则偏向于风光风情艺术片，但又不失故事性。它以游记的形式将福鼎市的自然风光（太姥山、九鲤溪）、民俗文化（畲族文化）、特色美食（福鼎小吃）、优势产业（白茶、海鲜产业）等城市符号串联起来叙事。从吸引游客的定位出发，《福鼎影像》注重画面表现形式和镜头感，给观众以轻松、悠闲之感。

2. 旅游“微电影时代”兴起

2012年5月30日，中国首部城市旅游微电影《我与南京有个约会》上映，开启了中国城市形象宣传片的“微电影时代”。随后，盐城首部旅游宣传微电影《盐城之恋》、浙江南北湖景区微电影《你是唯一》以及《爱，在四川》旅游系列微电影等城市形象宣传片也陆续摄制上映。

《我与南京有个约会》讲述了一个法国男孩在南京邂逅美丽的南京姑娘，并勇敢表达心中之爱的浪漫故事。与以往普通旅游推广宣传片不同，《我与南京有个约会》以一段在南京的跨国恋情为主线，将旅游景点和故事情节巧妙地结合起来。在6分多钟的影片中，中山陵、总统府、夫子庙、秦淮河、玄武湖、鸡鸣寺、先锋书店、南京师范大学随园老校区等南京众多知名景点和城市地标一一入镜，古典而富有活力的城市形象与影片中唯美的爱情故事相互映衬，为影片增添了亮色。该片在网络“上线”公映后，播放达35万次，评论2 000余条，不少网友盛赞“南京是座古典美与现代时尚感交融的城市”，并表示“一定要来南京看一看”。（见图3）

图3 《我与南京有个约会》截图

2013年1月9日，由中国旅游协会、中国旅游报社共同主办的第二届中国旅游产业发展年会发布了“2012

中国旅游风云榜”。在公布的“2012 中国旅游宣传片 TOP10”获奖名单中，微电影形式的城市形象宣传片占了 4 部。微电影这一形式在城市形象宣传片中的应用及获得的肯定，象征着旅游“微电影时代”的兴起和城市形象宣传片发展的新趋势。

3. 内容展示趋向以“人”为本，凸显人与城的互动

中国城市形象宣传片发展十几年来，由最初单纯地展示城市地标性建筑渐渐过渡到专注城市中的人来体现城市的精神风貌。由“物”到“人”，从高大壮观转向平凡亲切，是近年来城市形象宣传片差异化竞争的结果，也是未来发展的方向。以“人”为本，不仅体现在城市形象符号的表现上，还体现在城市形象叙事的表达上。2012 年全国城市形象宣传片中，以人物游历为主线串联城市景点的宣传片较为多见，比如《多彩贵阳》中一对情侣的探寻式游玩、《我与南京有个约会》中法国男孩追寻爱情的游历、《福鼎映像》中“我”的“一天”游历等。还有，像以《大美西藏 心灵之旅》为典型的人与城市的心灵对话类城市形象宣传片，利用城市的具象画面表现人物的抽象心理，以更高、更细腻的视角体察人物内心，以此体现人与城的互动。《上海，灵感之城》中通过表现城市的细节，寻找片中各个行业人物代表创造和创新的灵感来源，体现了城市赋予市民灵感，而市民利用灵感创造生活、改变城市的互动内涵。

（二）2012 年中国城市形象宣传片新变化

2012 年城市形象宣传片较之以往变化不大，但总体而言，体现出了以下几个新变化：

1. 主题突出

2012 年城市形象宣传片较之以往最大的不同在于主题的突出。为城市设定主题，赋予城市人性，更能体现城市不仅是建筑之城，更是人们生活之城的内涵。“爱在烟台 难以离开”是 2012 年山东烟台城市形象宣传片的主题。“爱”一语双关，不仅体现片中人物的爱慕对象在烟台，难以离开，也表达了片中人物对烟台的喜爱与不舍。2012 年上海形象宣传片的主题被设定为“灵感之城”，相比以往上海城市形象宣传片如“海纳百川，尽在上海”、“无数个姚明，好一个上海”的宏观主题，“灵感”一词则从另一个角度为上海塑造了“灵感之城”的形象，丰富了上海包容、大气、卓越的城市内涵。西藏地处中国海拔最高地，靠近蓝天，纯净、自然，象征着

人们的心灵归处，其城市宣传片《大美西藏 心灵之旅》将西藏之旅上升至心灵之旅，行走西藏，就像踏上自己的心灵之旅一般，神圣而庄重。

2. 纪实手法介入

纪实手法介入城市形象宣传片的拍摄，在此前较为少见。镜头讲究、画面唯美、剪辑成熟是以往城市形象宣传片的一贯风格，而2012年城市形象宣传片出现了纪实手法，以朴实、原生态反映城市的真实面貌。《中国名片》之“杭州篇”大量使用抓拍图片，让观众从日常影像所呈现的点滴生活中感受杭州这座历史文化名城的真实面貌。夏雨倾盆的西湖边，一对情侣在荷叶下深情对望；新年鞭炮的烟雾里，老板娘蒙着耳朵开心地又跑又跳；人潮拥挤的苏堤上，一位老人在秀轮滑……这些都是活生生的杭州，温情、闲适、浪漫而富有情趣。

图4 《中国名片》之“杭州篇”截图

3. 以“我”为主讲述

传统城市形象宣传片以综合介绍城市的地理位置、生态环境、经济发展、人民生活等为主要叙述特点。2012年以“我”的游历为主线，采用第一人称讲述城市景观故事的形象宣传片较为多见，如《福鼎映像》、《人间仙境·醉美烟台》、福建“市长带你游”系列宣传片之《我的厦门》等。《人间仙境·醉美烟台》的开头是这样的：“我是一个喜欢流浪的人/对所有的美景 我欣赏 但从不留恋/我又是一个相信直觉的人/这已经是我第二次梦到海市蜃楼了/于是结束了撒哈拉的漫长旅程之后/我来到了烟台。”影片将主人公到烟台的游记以影像的形式呈现出来，将其遇到的故事以真实的画面表现出来。这种以个人游记的形式推介城市、展示城市形象的方式较解说宣传而言，可看可听可想，故事性强，并且宣传效果较好，能在观众听故事的过程中产生潜移默化的作用。

4. 投放平台转向国际

随着中国经济的发展、国家综合实力的提高，中国在国际经济市场中占据越来越重要的地位。同时，国内越来越多的经济活动正走出国门，走向世界。中国城市形象宣传片作为中国城市的营销手段之一，其宣传视野也从国内走向国际，不仅要对内宣传，更要对外广而告之。近年来，尤其是2012年，中国城市形象宣传片除了在地方电视台、中央电视台播出外，还将播出平台转向国际。《中国名片》之“杭州篇”于美国当地时间2012年10月1日正式亮相新华社纽约时报广场大屏。继上海之后，杭州成为《中国名片》国家形象宣传片系列第二个亮相时报广场的城市。2014年青奥会将在南京举办，为了向全世界展现城市形象，南京市特别摄制了2012南京城市形象宣传片，继2011年11月在美国CNN电视台播出之后再度投播。除此之外，甘肃城市形象宣传片也将亮相欧洲。

三、2012年城市形象宣传片个案分析

2012年城市形象宣传片具有拍摄主体范围扩大（由省会城市到县级城市）、多集多视角宣传、微电影元素的加入等明显特征。根据宣传诉求的不同，可将这些城市形象宣传片大致分成三类：一是省会城市历年已拍摄多集，至今仍坚持在传统表现手法上继续创新的城市宣传片；二是作为“中国名片”对外宣传的城市形象宣传片；三是中小城市首次拍摄的城市形象宣传片。由于这三类城市形象宣传片的宣传诉求和定位不尽相同，因而呈现出各自不同的特点，以下分别选取上海、杭州、潍坊的城市形象宣传片作为各类城市形象宣传片的代表进行分析。

（一）《上海，灵感之城》

2012年5月7日，新版上海城市形象宣传片《上海，灵感之城》正式首映，美国芝加哥市、休斯敦市的街头和电视台与上海同步播放新版形象宣传片。《上海，灵感之城》首次采用国际招标方式筹拍，由总部在伦敦的国际视觉传播协会主席提供创意脚本，邀请澳大利亚导演执导，历时半年完成拍摄制作。该片时长5分12秒，以在姚明带领下参观中华艺术宫的小女孩、复旦大学解答数学难题的大学生、朱家角接送游客的船娘、穿梭于时尚场所的现代女性、建设上海中心的建筑工人等十余名普通上海人为代表，讲述了他们在城市中获取灵感创造、创新生活的故事。（见图5、6、7）

1. “灵感之城”的表现符号

新版上海城市形象宣传片的主题是“灵感”，影片通过城市的灵感来源展现城市全貌。片中囊括了上海市的主要地标性建筑：东方明珠、外

图5　《上海，灵感之城》截图

滩、石库门、中华艺术馆、复旦大学、上海新天地等。片头出现的陆家嘴、外滩、石库门等上海经典符号在片中主要起城市识别作用，而主体部分——表现“灵感之城”符号的中华艺术馆、上海世博会构成了小女孩对上海印象的灵感来源；上海光源等符号是复旦大学生解答数学难题的灵感来源；穿梭于时尚场所的现代女性成了年轻画家构思20世纪三四十年代上海女性形象的灵感来源；发达的经贸交易是商务男士贸易谈判的灵感来源；为城市现代化建设作出贡献的建筑工人及其劳动成了女设计师设计新型汽车的灵感来源……

图6　《上海，灵感之城》截图

《上海，灵感之城》基于上海市的地标性建筑和独特的城市符号展现，讲述了普通上海人从中获得灵感并赢得成功的历程，这是新版上海城市形象要表达的“灵感”主题。相比历年上海城市形象宣传片“世界篇”、“梦想篇”、“印象篇”所传达的“海纳百川，尽在上海”和“姚明篇”表达的“无数个姚明，好一个上海”的浪漫、活力、创意、时尚和韵味的上海形象而言，此次新形象宣传片要表现的是普通人从“创新驱动、转型发展”的上海精神中获得灵感并赢得成功的“灵感之城”的形象。

2. “灵感之城”的表达方式

美丽的白玉兰在晨曦中顺流而下，陆家嘴金融建筑群从黄浦江的水波中一跃而出，在孩子充满希望的目光中，由著名书法家周慧珺题写的片名《上海，灵感之城》闪烁着水晶般的光芒，拉开了新版上海城市形象宣传片的序幕。影片采用纵向与横向相结合的方式讲述普通上海人如何获得灵感并创造生活的故事。从霞光普照陆家嘴到外滩钟楼指向傍晚时分，夜幕降临，华灯初上，告知人们上海一天的流淌，通过展现各个行业的普通人在一天中如何获得灵感将故事串起来。影片巧妙地运用符号联想来实现各行各业不同场景间的转换：复旦大学生在黑板上写出数学难题时，由粉笔的划痕过渡到船娘划桨的画面；由现代女性自信的笑脸过渡到旧上海女性的笑靥；从建筑工人的羊角锤变成新型汽车的车型……此外，片中使用了淡出、模糊的特效来表现抽象灵感的启发与获得，使整部短片的衔接自然流畅。

图7 《上海，灵感之城》截图

3. 空间意象丰富，但人文意象不突出

纵观全片，虽然影片各个场景间衔接流畅、巧妙，但由于片中展示的城市符号较之以往差别不大，观后难以给人留下特别的印象。城市意象集中于城市地标性建筑的展示，如中华艺术馆、复旦大学、上海新天地、上海大剧院、东方体育中心、上海中心等，而凸显城市气质的人文意象却没有过多着墨。城市的人文意象是对城市人文积淀的所有联想和想象，它将城市的历史文化精粹渗入人们的心灵，相比空间意象，更能体现城市的差异化，更能代表这座城市与众不同的精神气质。此外，尽管《上海，灵感之城》以人为本，选用了十余个普通上海人为代表展现不同行业的生活故事，但在短短的5分钟内，由于人物表现过多，重点不突出，反而给人眼花缭乱、浮光掠影的感觉。同时，在5分钟的短片中没能将人物的精气灵魂塑造出来，也没能体现城市的精神气质。而旧版上海城市形象宣传片“姚明篇”，以知名度颇高的篮球明星姚明作为主要人物形象，演绎各行业的上海人的生活故事，表现“无数个姚明，好一个上海”的形象，通过姚明的个人精神气质展现上海人的精神气质，令人印象深刻。

（二）《中国名片》之“杭州篇”

美国当地时间2012年10月1日，《中国名片》之“杭州篇”正式亮相新华社纽约时报广场大屏。继上海之后，杭州成为《中国名片》国家形象宣传片系列第二个亮相纽约时报广场的城市。《中国名片》属于“国家传播力工程”，是新华社制作的投放于纽约时报广场大屏幕的中国城市、自然遗产等系列国家形象宣传片，以100个城市为独立篇章，以“民族民俗”为根本，强调纪实，彰显文化，用于传播代表中国形象的中心城市形象。

1. 杭州，一个活着的中国古典文化载体

浙江省会杭州，中国七大古都之一，是一座拥有约2 300年建城史的文化名城，历史上曾是五代吴越西府和南宋行都。自古以来，杭州的经济和文化都比较发达，素有“东南第一州”之称。杭州又是全国重点风景旅游城市，2006年被国家旅游局与世界旅游组织联合授予当年“中国最佳旅游城市”称号。西子湖、钱塘江、千岛湖等风景名胜构成了杭州的山水美景。众人皆知的诗句“欲把西湖比西子，淡妆浓抹总相宜”赞美的正是西湖之美。

杭州既是知名的旅游城市，也是一座颇具底蕴的历史文化名城。古典、优雅的杭州城是中国五千多年古典文化的载体，也是代表中国形象的一张名片。影片开篇：“一滴雨，轻灵地滴落在石雕少女的鼻尖上；一片雨，淅淅沥沥地染开了一幅水墨山水。开卷的横移镜头犹如中国画的横轴。杭州，徐徐展开。”西湖水、龙井茶、灵隐寺、画舫、古琴，构筑了如诗如画的杭州，散发出中国古典温婉的气质。（见图8）

图8 《中国名片》之“杭州篇”截图

2. “图片电影”，动静结合，杭州形象跃然纸上

《中国名片》之“杭州篇”，以“图片电影”的手法和纪录片式的语言展示具有代表性的中国中心城市形象。摄制组从专业摄影师、摄影爱好者、普通市民以及即时拍摄的上万幅有关杭州的照片中精心挑选，以动静结合的方式演绎了一个影像杭州。全篇分“晴”、“雨”、“雪”、“夜”四个篇章，内含自然、人文、宗教三个方面。随着镜头的推进，西湖中莲花清丽淡雅地绽放，转眼之间盛开在雨巷里撑伞少女的裙裾上。少女撑着油纸伞在雨巷漫步，不一会儿这漫步的少女又定格在拾阶而上的画面中。雨中西湖，行人匆匆，有的以斗笠遮雨，有的以荷叶避雨，有的却推窗赏雨……以静态图片将下雨的动态场景表现得干净、活泼、富有情趣。

此外，影片还利用相同场景不同时间的图片更替来表现时光变幻的美感。比如，西湖边一棵与世无争的桃树和两张悠闲的座椅，春来是满树粉红和湖面氤氲的浪漫，夏季是满树葱茏的生机活力，秋时则是红叶游人的惬意……春夏秋冬四张图片更替，表现西湖一年四季优美恬静的景色。（见图9）影片还大量使用了今昔对比、动静结合的表现手法：场景不变，人物更换，以时光穿梭的手法带领人们回顾历史，品味杭州的悠久历史与文化积淀。影片的点睛之笔是全篇的背景音乐——童声《送别》——“长亭外，古道边，芳草碧连天”，随着图片电影的缓缓播放一直萦绕在耳边，悠扬又不失童趣。

图9 《中国名片》之“杭州篇”截图

（三）《新潍坊》

《新潍坊》是山东省潍坊市2012年摄制的新版城市形象宣传片，时长20分钟，由“上善若水”、“长风古韵”、“仁者乐山”、“田园交响”和“霓裳风情”五个部分构成，内容涵盖工业、农业、服务业、文教、体育、旅游、生活、建筑及特色小吃等方面，分别从创新、文化、生态、幸福四个角度诠释新潍坊。该片在第26届中国电视金鹰奖全国参评的87部电视形象宣传片作品中脱颖而出，获得该类别一等奖。

1．创新潍坊

建设“创新潍坊”，核心内容是增强自主创新能力，关键环节是体制机制创新，重要支撑是创新人才。建设“创新潍坊”，也离不开创新文化的孕育和引领。“创新潍坊”的理念体现在《新潍坊》中的每一个部分：“上善若水”中借人与自然、建筑与自然的和谐相处来展现潍坊生态环境的创新；“长风古韵”中由舞者轻柔且富有韵律的舞步来演绎文化古韵，体现传统文化氛围的创造；“仁者乐山”中通过中国传统武术传递的“仁”、“中庸”的思想展示了潍坊人独特的人格魅力；“田园交响”中利用生态食品生产基地的画面，体现生态食品的创新以及最后“霓裳风情”中创新产业（如风筝、服装、模特行业）的发展。纵观《新潍坊》，可以感受到创新、创造、创业、创优的活力在潍坊的各行各业中竞相迸发。

“创新潍坊”的创新氛围在“霓裳风情”部分体现得更加淋漓尽致，背景音乐节奏紧凑、曲调轻快，人物多使用仰拍镜头，体现潍坊人拼搏、进取、昂扬的精神风貌。（见图10）少儿群体溜旱冰、青年街头秀舞、女性广场瑜伽、老年人群舞以及龙舟赛、环城单车赛、模特秀等画面符号，传递出潍坊充满活力的现代都市氛围。

图10　《新潍坊》截图

2．文化潍坊

潍坊是一座历史文化名城。早在7 000多年前的新石器时代，境内就有氏族部落生活。夏代、商代境内分别建有封国，春秋、战国时期，分属刘、鲁等国。潍坊管辖下的青州还是中国历史上的军事重镇。同时，潍坊作为历史古州名郡，人才荟萃，英杰辈出。文化名人灿若星辰，生于潍坊市域或曾活动于此的高层次文化名人就有100多人，如“建安七子”中的徐干、孔融，北魏农学家贾思勰，北宋画家张择端，北宋著名的金石学家赵明诚与夫人李清照等。他们对潍坊的政治、经济、文化、科学的发展都产生了深远的影响。

久远的历史在潍坊境内留下了不同时期的文化群带，至今仍保留着众多古遗址、古建筑、古石刻和遗像等文物，如范仲淹为政青州时修建的范公亭、素有“北国江南”之称的老龙湾、被称为“天下第一卷”的至今唯一一份状元卷等。《新潍坊》第二部分“长风古韵”展现的便是潍坊的历史文化古韵。影片有意避开传统城市形象宣传片中对历史文化古迹的拍摄手法，除了在古筝伴奏下展示临朐老龙湾、青州范公亭、归真园绿荫堂、寒亭杨家埠、青州博物馆、青州衡王府石坊等具有代表性的文化符号外，还独创性地由舞蹈演员轻柔且富有韵律的舞步表现潍坊的“长风古韵”，让文化潍坊在舞蹈的韵律中缓缓展开。（见图11）

图11 《新潍坊》截图

3. 生态潍坊

生态潍坊由生态环境和生态食品组成。在“上善若水”部分中，整座城从临朐沂山的晨曦中慢慢苏醒，新的一天就这样开始了。航拍镜头掠过白浪绿洲湿地公园，湿地植被的绿意迎面扑来，镜头由近及远展示白浪绿洲湿地公园鲁台会馆晨练太极的人们，航拍画面中鲁台会馆与状元阁被白浪绿洲湿地公园紧紧包围。此外，安丘青云湖上的游船、诸城潍河风景区的泛舟、潍坊鸢都湖上的画舫等诸多人与自然和谐相处的符号，传达了新潍坊以自然、社会和人的和谐统一为主题的生态理念。镜头从俯拍的角度、旁观的姿态展现了青山绿水中晨练的人们，静态安然的庙宇、会馆，体现了潍坊人与自然、建筑与自然合而为一、和谐相处的生态宜居环境。

“田园交响”部分展现了新潍坊的生态食品。满山翠绿的诸城桃林茶园、橙红的中国柿子之乡——临朐五井、天然无污染的国际蔬菜科技博览园……影片再现了茶叶、柿子、蔬菜的种植、采摘、加工过程，间接展现了纯天然、无公害的食品标准。“田园交响”部分的色调明丽、节奏轻快，

有助于画面传达绿色、健康、无污染的生态和安全食品理念。(见图12)

图12 《新潍坊》截图

4. 幸福潍坊

任何一部城市形象宣传片的诉求，无论是招商、旅游还是自我宣传，最终都归结于传达这座城市的宜居和人民生活的幸福。比如2012年襄阳市形象宣传片《人文篇》的定位是“智者乐居地，传奇襄阳城”，咸阳市形象宣传片传播的是“民生双创，幸福咸阳”的理念。而“幸福潍坊”的理念流淌在“田园交响”和“霓裳风情”两个部分中。“幸福”是一个抽象的词，但我们从人们的生活状态中可以感受到幸福。在“田园交响”部分，通过采茶女、浣衣女、剪纸老人、小孩的笑脸以及蔬菜博览园中采摘女的笑声和打趣场景的展现，观众能够深刻体会到潍坊人闲适、幸福的生活状态。而镜头对粉红鲜花和橙红柿子的特写，也强化了影片明艳亮丽的色调，间接传达了欢乐、喜庆的气氛，幸福潍坊之感自然浸润人心。(见图13)

图13 《新潍坊》截图

结构完整、制作精良是《新潍坊》的显著特征。影片运用独立片头将各部分间隔开来，结构分布有序、明晰；利用从潍坊走出去的著名运动员和演员演绎新潍坊，用名人符号宣传城市形象。此外，具有识别功能的宣传片标识（图片+文字）始终位于画面右下端，不断提示片名，加深印象。但美中不足的是，《新潍坊》展现的内容多而满，导致片时过长，容易使观众产生重点不突出、叙述冗长之感。同时，在一些城市理念的诠释上，影片陷入传统的套路，如对“幸福潍坊”片段的展示。以往的城市形象宣传片对“幸福”的诠释无非来自城市广场晨练的场景、城市基础设施完善（如道路宽敞、高楼林立等）的画面。《新潍坊》在“霓裳风情”部分的展现大同小异，缺少城市的独特性和对“幸福”表现的创新性。

四、2012 年中国城市形象宣传片存在的问题

“浮光掠影”是很多目标受众在看完大部分中国城市形象宣传片后的普遍感触。场景雷同、缺乏个性、浮于表面、主旨不清、创意平庸……这些仍是目前中国城市形象宣传片普遍存在的问题。城市形象宣传片的制作目的在于展示城市特色，区别于其他城市，形成差异化竞争，最终达到宣传形象、树立品牌的效果。到目前为止，虽然城市形象宣传片在表现手法、表达方式、内容侧重等方面已经开始探索创新，但还存在着一些较为典型的问题。

（一）强调品牌建设，但缺乏个性定位

在经济全球化和区域一体化的背景下，挖掘和建设城市品牌，已经成为当今所有中国城市相互竞争的重要内容。“城市品牌是人们对一座城市的整体认识，是城市性质、名称、历史、声誉以及承诺的无形综合，同时也使目标受众对城市产生清晰、明确的印象和美好的联想”，它是“代表城市精神和内涵的标志”①，也是城市形象的一部分。城市品牌的建设是城市形象宣传片摄制的重要目标。由此，中国城市形象宣传片的差异化竞争主要是城市品牌的竞争。事实上，国内大中小城市在挖掘和提炼本城市的品牌时，往往相互参照，缺乏个性。从片名来看，2012 年的形象宣传片中，与《草原天堂 活力之都》类似结构的片名比比皆是，如《太湖明珠 魅力无锡》、《人间仙境 醉美烟台》、《大湖名城 创新高地》、《鄱湖明珠·中国水都》等。这些宣传片片名直接点明城市品牌，让人一目了然。由于“××××·××××”八字结构的标题，对仗工整、朗朗上口、便于记

① 靳小青. 城市形象宣传片中的“首因效应”——以上海、成都城市形象宣传片为例. 新闻窗，2012（5）.

忆，所以一直以来深受城市形象宣传片制作者的青睐。然而这类片名使用得越频繁，观众就越容易混淆。

一座城市的品牌建设，与这座城市的定位密切相关。“正确的城市定位是城市品牌战略的核心和灵魂。准确的城市定位既是建立城市品牌的基础，也是对城市核心价值的发现。”① 因此，独特鲜明的城市定位有助于城市的发展与品牌的塑造。意大利的米兰把自己定位为时装城，美国底特律的定位是汽车城，印度尼西亚的巴厘岛被定位为旅游度假胜地，香港的定位是亚洲地区的金融中心。这些城市的定位成功塑造出了城市的特有品牌。而在中国，很多专家认为，我国的城市在品牌化过程中“同质化”现象异常严重。全国600多座大中小城市，建筑一样、广场一样、绿化一样，根本看不出个性。“城市品牌建设的表面化、同质化，不仅造成大量人力、物力、财力的浪费，而且破坏了城市的风格与传统。”② 最常见的城市定位有“魅力之都”、“活力之都”，如《草原天堂 活力之都》、《活力之都 中国沈阳》，仅在片名中，呼和浩特市和沈阳市都重复使用了“活力之都”这一词汇。

（二）影像浮于表面，缺乏持久生命力

影像表面化，追求宏大气势，一直是国内城市形象宣传片存在的通病。航拍城市全貌、山河壮丽；仰拍高楼大厦、都市风尚；全景的城市夜色、广场晨练……这些符号几乎在任何一部城市形象宣传片中都能见到。网民对城市宣传片也不乏议论之声：“目前，中国大城市的宣传片大都雷同，都是‘古典＋现代’，‘吃喝玩乐＋城市风光片’，缺少独特的主题和创意。”著名形象宣传片导演范冬阳也提到，“目前，大部分城市的片子，还基于一种简单的物质层面展现，更像一个旅游风光片：我们有标志性建筑，我们有风土人情。而真正去把城市的气质和特色表现出来的，比较少”。由于很多城市形象宣传片过于追求视觉的宏大，而对具有本土代表性的细节符号关注不足，使得在影像内容上见物不见人，刚性有余而柔性不足。长此以往，许多城市形象宣传片就会出现雷同的场景和画面。

城市景点的平铺直叙是宣传片的惯常拍法，北京是故宫、天坛、颐和

---

① 刘湖北．我国城市品牌塑造的误区及对策．南昌大学学报（人文社会科学版），2005（5）．

② 王志纲工作室．城市中国．成都：四川人民出版社，2003．82～83．

园、十三陵、北海等，上海是东方明珠、外滩、白渡桥等，这种浮光掠影的景点堆砌在其他二线、三线城市宣传片中，更是时常出现。但景点堆砌越多，就越显得单薄而缺乏底气。从2012年各大中小城市摄制的形象宣传片之间比较来看，在影像拍摄手法、结构安排、解说语调语式、符号细节设计、音乐音响造型等方面，存在着大量的雷同。例如，在城市内涵的诠释上，符号设计的意义大同小异：广场晨练代表“生态、健康、宜居”；商场购物表示“时尚、幸福”；青年轮滑、街舞说明“青春活力”；小孩嬉戏打闹的笑脸意味着城市的“生机勃勃”；飞机腾飞象征着城市的发展“蒸蒸日上”……

展示独特性、表现差异化是城市形象宣传片摄制的原则和基础。“城市的独特个性是塑造城市差异化的战略资产，它不容易因为激烈的市场竞争和时间流逝而造成损失，反而能够在竞争白热化的情况下脱颖而出，并随着时间的积累而愈发凸显城市的个性。”[①] 时间久了，城市的独特性便会使目标受众形成强烈的认同感，提高目标受众对城市品牌的忠诚度，能够进一步形成竞争壁垒，以保持城市长久的竞争优势。如果一部形象宣传片一味地追求宏大气势，浮于表面，不关注城市的独特个性，忽略本土化的细节符号，势必会出现许多在受众看来“似曾相识”的元素。如果只是通过风景名胜、城市建筑、风味小吃等城市的表面符号来展现城市形象，而不见城市文化、精神风貌的载体——人，那么这样的城市形象宣传片始终是缺乏持久生命力的。城市建筑只是城市形象的躯壳，生活在城市中的人才是城市形象的血肉，才是表现一座城市精神面貌的实体和灵魂。无论是影像形象，还是声音形象，只有通过人物来表现，城市形象才能深入人心。

（三）叙事贪大求全，主旨不清

2012年中的不少城市形象宣传片在叙事上仍贪大求全，以致叙事杂乱、主旨不清。例如，呼和浩特城市形象宣传片《草原天堂 活力之都》，这部宣传片时长约9分钟，介绍了呼和浩特的文化历史、地理位置、交通设施、产业结构、教育资源、经济发展以及自然环境等方面。宣传片面面俱到的叙事结果就造成了什么都想说，但什么都没说清的毛病。这种贪大

---

① 寇非．传播战略与城市形象传播．新闻战线，2012（5）．

求全、总体概述、用词笼统、主旨不清的叙事如走马观花、蜻蜓点水般空泛、形式化，以致影片留给观众最多的印象也只是“中国乳都”、“民族特色”。而一直以来，人们对呼和浩特的认识也仅停留在这两个印象上。如此一来，新版城市形象宣传片由于主旨不清、叙事不集中而不能使观众产生特别的印象，就达不到影片丰富呼和浩特城市形象内涵的目的了。(见图 14)

图 14　《草原天堂 活力之都》截图

类似的城市形象宣传片还有《中国银川》、广西来宾市形象宣传片。《中国银川》的解说是这样开始的：“从贺兰山向东眺望/由广袤的黄河冲积平原和贺兰山东麓洪积平原组成的银川平原尽收眼底/一座具有‘塞上湖城’、‘回族之乡’、‘西夏古都’独特风韵的城市——宁夏回族自治区首府银川就坐落在这里……”接着，影片从银川的地理位置、行政区划、地形地貌、历史沿革、文化融合、旅游产业、生活环境、教育资源及医疗设施等方面作了概述。《中国银川》属于城市宣传资料片，采用传统的叙事顺序，即总—分—总来全面介绍银川市的资源优势和发展现状。但由于介绍不深入，重点不突出，主旨不清晰，很容易使目标受众过目即忘，或者与其他城市相混淆。(见图 15) 广西来宾市形象宣传片给人清新恬静的感官享受，但影片所表现的符号如云海、茶园、田野、荷塘、青山、绿水

图 15　《中国银川》截图

等，与国内其他任何一个山清水秀的城市形象宣传片相差无几，并没有将来宾市的特色展示出来。此外，该片还依次展现了来宾的自然山水、民族特色、城市建筑、市民笑脸、教育资源等方面，试图向世人展示一个全面完整的来宾城市发展形象。

以上这些城市形象宣传片多使用航拍镜头，远景、全景画面较多。这种镜头具有强烈的视觉冲击力和影像震撼力，能够概括性地展现一座城市的全貌，因此在中国城市形象宣传片中很受欢迎。但航拍镜头的缺点也显而易见，全知视角、宏观叙事，容易使人产生走马观花、蜻蜓点水般的感觉。这些镜头看似信息量大，但能够记住的画面和符号却很少。

（四）忽视声音形象，音像不协调

近年来一个比较流行的观点——“城市形象宣传片是城市的一张名片”，这种说法是极不妥当的。名片没有声音，只是视觉影像。而今天的城市形象宣传片绝不是默片，它不仅包括城市的影像形象，还包括音乐形象。“形象宣传片与其他电视作品一样，是声画综合造型叙事作品。在电视作品创作中，声音造型、叙事、表意的作用，与影像同等重要，甚至更为重要……从传播的持久力和可被语言复述的能力来看，声音高于影像。”① 尽管声音在影视作品中的作用大于影像，但从2012年全国大中小城市摄制的形象宣传片来看，除了像《美在广西》利用电影《刘三姐》中的插曲《山歌好比春江水》和《中国名片》之“杭州篇”采用李叔同的《送别》等极少数形象宣传片利用本土化的声音形象外，大部分城市形象宣传片仍持上述观点，认为城市形象宣传片是城市的一张视觉名片，只需呈现具有城市特色的影像就够了，而淡化了背景音乐的重要性。事实上，能够被简单复述的符号更有利于人际传播，如音乐、歌曲、语言等。因此，如果一个城市的形象宣传片要让观众记住，那就需要在其中建构起能被大众简单、随意进行人际传播的，具有本土特色的符号体系。

中国幅员辽阔，不仅地形地貌多样，而且方言众多，尤其是南方，素有“十里不同音，百里不同俗”的说法。但在城市形象宣传片制作中，制作者大都对本地地标性建筑、山水十分关注，对本地声音系统的关注度却不够。由此，在很多城市形象宣传片中，城市的影像都是能够代表城市的

---

① 赵彤．首届全国县（市）形象电视宣传片观摩印象．当代电视，2012（4）．

"属地化"特色符号，但音乐却没有"属地化"特征。民歌、民族音乐、方言等具有地域特色的声音系统，如果运用得当，能很好地充实本土形象，把本土独特性呈现出来。例如，《美在广西》中使用的民歌《山歌好比春江水》——"唱山歌来……这边唱来那边和……山歌好比春江水……不怕滩险弯又多"，民族特色鲜明。《美在广西》将民歌贯穿始终，不仅丰富了形象宣传片的声音系统，而且很好地将广西的地域特色呈现出来，巧妙实现了利用本地音乐形象为城市塑造形象的宣传效果。（见图16）

图16　《美在广西》截图

另外，一些城市形象宣传片的音乐运用未能很好地与影像节奏相配合，影像处理与叙事风格不协调。长期以来，受到"大而全"的传统摄制观念的影响，城市形象宣传片的影像多涵盖自然、历史、现代、建筑、经济、文化以及市井等方面，而在背景音乐上，也根据不同方面适时更换。但有些城市形象宣传片安排的两个部分节奏相差较大，比如历史文化与现代都市，前者舒缓沉重，节奏稍慢；后者时尚活力，节奏稍快。这样一来，背景音乐承接略显突兀，让观众感觉整体音像配合不协调。

五、中国城市品牌建设策略

城市品牌在兴起，中国已然被卷入城市营销的洪流之中。各个城市都在为塑造城市形象、建设城市品牌积极营销。要做好城市品牌建设工作，就需要制定好品牌建设策略，从定位、识别和传播三个方面着手。

（一）USP 理论，精确定位

USP 理论常见于广告业中，它是由美国人罗瑟·里夫斯于 20 世纪 50 年代初提出的，要求向消费者说一个"独特的销售主张"（Unique Selling Proposition）：强调消费者购买本产品将得到的明确利益；这个主张是该品牌独具的，是竞争品牌不能提出或不曾提出的；必须具有强劲的销售力，有足够力量吸引、感动广大消费者，招徕新顾客购买。简单地说，USP 理论就是给产品一个卖点或者恰当的定位。

USP 理论运用于城市品牌建设中，就是把城市当作产品，利用广告即城市形象宣传片，向目标受众提出一个"独特的销售主张"，也就是城市的独特定位。比如，在人们心目中，哈尔滨是"冰雪之都"、大连是"浪漫之都"、青岛是"帆船之都"、杭州是"休闲之都"、厦门是"婚侣之都"……这些定位就是城市形象宣传片向受众提出的"独特销售主张"。一旦城市形象宣传片的定位确定，再经媒体传播进入大众视野，受众记住后就很难更改。因此，在城市品牌建设过程中，精确定位是第一步，也是最为关键的一步。

城市形象宣传片的定位要抓住城市的独特性。城市的独特性是丰富多彩的，"有历史的、传统的；有民族的、地方的；有时代的、新兴的；有景观的、环境的；也有产业的、功能的等"①。它是城市过去和现在的浓缩，是物质表现与文化内涵的提炼，是城市形象的核心和实质。抓住城市的独特性，准确定位，对城市的形象塑造具有十分重要的意义。深圳市将自己定位为"精彩"和"欢乐"之城，形象宣传片以"精彩深圳，欢乐之都"为口号，由一位魔术师引领观众去体验在深圳游玩、购物、美食与时尚等内容，并使用绚丽的画面、缤纷的特效、有趣的情节对这个口号进行演绎。所有的元素都紧紧围绕"精彩"和"欢乐"这两个主题展开，最终表达出"深圳因精彩而带给你欢乐"的主旨。全片只有这样一个简单、明确、清晰的主张，这使受众在短时间内能够轻松地记住这座南方新城。

（二）利用首因效应，建构形象识别系统

在城市形象宣传片的制作中，能够第一时间抓住人们的眼球，博得"第一印象"，往往是宣传片成功的关键。这里的"第一印象"在美国心理学家洛钦斯的传播理论研究上也被称为"首因效应"。2010 年，在素有"世界十字路口"之称的美国纽约曼哈顿时报广场的电子荧幕墙上，先后播放了中国上海、成都两地城市形象宣传片。这次宣传，使得上海、成都

---

① 董枫，徐逸天. 城市形象宣传片的定位和演绎——以电视外宣片《秀山丽水》为例. 视听纵横，2011（5）.

在海外的营销取得巨大成功。上海，以一部60秒的“姚明篇”，借助“本城市民、外界公众”的NBA球星姚明，扮演司机、交警、搬运工、鼓手等，聚焦演绎了平凡上海百姓的生活画面，让观众真切触摸到一个真实的上海，展现了上海这座国际化大都市独有的文化魅力。形象宣传片通过姚明在片中演绎多个角色带给人们的“第一印象”，传递了上海“海纳百川、追求卓越、开明睿智、大气谦和”的城市精神。而成都，则以“典型中国，熊猫故乡”为主题，以大熊猫这个具有国际符号的元素为代表，融进了成都的宽窄巷子、武侯祠、廊桥、茶馆等画面，诠释了成都“东方传统与现代时尚水乳交融”的城市特质。这两部城市形象宣传片在定位创意上无疑都抓住了洛钦斯的“首因效应”，又融进具有城市形象识别特点的符号，因此，给人以鲜明、强烈、过目难忘的“第一印象”。

1999年重庆的第一部城市形象宣传片，在对外宣传重庆、塑造重庆形象上也取得了成功。它第一次塑造了重庆在世人面前的“山城”形象。从此，重庆以“山城”的形象被外界所知。“渔船顺江而下，过江索道在江面划出美丽的线条。朝天门码头，几个力哥正忙着将满筐红红的辣椒运上码头。滴水的青瓦屋檐意境悠远，依山而建的吊脚楼层层叠叠。大桥上川剧演员表演着变脸、小巷内少年踢着足球追逐梦想、人民大礼堂前市民正跳着扇子舞……”这些画面让人看到了山城的历史与现代完美地融合在了一起。片中一直重复“力哥挑着满筐红红的辣椒拾阶而上”的画面，强调了重庆的两个特征：山多和辣椒多。还有“一位市民推着自行车前行”的画面至今仍令人津津乐道。重庆有句俗话：“在重庆骑自行车，不知道是谁骑谁。”这一画面的呈现，形象地表现出重庆的“山城”形象。1999年，重庆市通过这一部城市形象宣传片，建构了重庆市的形象识别符号，包括朝天门码头、力哥、红辣椒、吊脚楼、变脸等，表现了集山的雄浑与水的秀美于一体的城市魅力，也传达了兼有山的稳健和水的柔情的重庆人的品质，并使其深入人心。

“首因效应”的获得，是通过展示城市形象识别系统的建构来实现的。城市形象识别系统包括能够代表城市的物质符号和城市独具的精神特质。每一座优秀的城市，必有它独特的精神和气质。这种精神气质在一方水土的滋养中获得基质，在城市人文氛围的熏陶里生长，在世代人民的传承间得到沿袭。城市精神是城市品位的标志，是城市形象的精髓，代表着城市的品质、智慧和魅力。从城市精神里，我们可以看到一座城市的过去、现在和未来。因此，在形象宣传片有限的时间内，如何通过表现城市的物质符号，准确表述城市特有的灵魂与气质，实现城市形象识别系统的建构而获得“首因效应”，是城市形象宣传片成功与否的关键。

（三）整合传播渠道

“城市品牌形象是构成城市各种要素之总和在城市公众心目中的总体印象和实际评价”①，而公众对城市的印象和评价来源于自己对城市相关要素信息的接收状况及认知反应，其中仅有一小部分来自于切身体验，更多的是来自于第三方的信息渠道，包括传统大众媒体、新兴媒体及各种活动、人际传播。所以，建设城市品牌、提升城市形象，必须做好城市品牌的传播工作。目前，我国城市形象宣传片的传播渠道利用单一、传播面窄、传播效果差。尽管很多城市花费巨资摄制精良的形象宣传片，却苦于不重视传播策略，最终的传播效果往往无法达到预期值。城市形象宣传片是声画综合的叙事作品，应充分运用好电视、网络、户外电子墙等媒体，以电视为主打媒体，辅之微博、政府门户网站、旅游门户网站、主要搜索引擎、户外电子屏幕等传播手段，实现整合传播。

中央电视台凭借其强势媒体地位，成为众多城市投放形象宣传片、塑造品牌的重要平台。尤其是 CCTV－4，它以海外华侨华人和港、澳、台为主要服务对象，全天 24 小时播出，频道覆盖了亚洲、非洲、拉丁美洲、北美洲、欧洲和大洋洲的许多国家和地区，成为城市形象宣传片投放最集中的地方。除了在央视播放，地方电视台或卫视也是国内城市形象宣传片的主要播出平台。近几年，一些城市已经开始将目光转向国际，通过国际具有影响力的传播平台传播形象，如纽约时报广场、CNN 等。此外还利用正在兴起的微博来传播城市形象，借助微博裂变式的传播路径，以小成本实现大传播，可以在一段时间内聚集网友的注意力，然后以口碑传播方式扩大目标受众。

2001 年，大连市开始在央视大力推广“浪漫之都”的城市形象。2002 年以后，不少城市陆续在央视投放形象宣传片，大连市政府立刻加大宣传力度，利用央视国际频道的海外传播影响力，宣传周期由 2001 年的几个月

---

① 樊传果．有效提升城市品牌形象的传播手段．传媒观察，2006（9）．

延长为全年投放，投放量居各城市之首。此外，大连还成为国内第一个在全国 14 个城市电视台旅游节目联播中宣传旅游的城市。而在北京火车站、西客站的 12 个电子大屏幕上，也可以经常看到大连的旅游宣传片。2004 年，大连还在上海火车站大屏幕滚动播出城市宣传片。同时，大连还是第一个在日本东京银座区、东京 11 个地铁站和韩国等多个国家、城市进行广告宣传的中国城市。一项调查数据表明，20% 的人表示要来大连旅游，当问到去大连看什么时，58% 的人选择去大连看“浪漫之都”。大连的宣传片虽然不算特别出众，但“浪漫之都”的品牌却迅速传播开来。

（撰稿人　陈欢欢）

第二部分　舆情与城市形象传播

2012年政务微博与城市形象传播

当今世界已进入全球化的城市发展时代，城市不仅变得更加重要，而且城市间的竞争也变得更加激烈，从某种程度上说，城市竞争力决定着国家竞争力。

进入城市社会的中国，城市正越来越主宰着国家的未来，城市整体竞争力及其变化往往还决定着国家竞争力及其变化①。在城市整体竞争力中，城市形象是一个不容忽视的环节，它不仅代表着城市软实力的强弱，而且在某种程度上还决定着城市得到发展机会的多少。另外，城市形象还是国家形象的子系统，成功的城市形象传播会促进国家的形象传播进程。所以，在全球化的城市时代中，城市形象传播显得尤为必要。

城市形象具体包含哪些内容呢？

"城市形象"一词最早由美国的城市学家凯文·林奇在《城市意象》（*The Image of the City*，1960）中提出，他认为城市形象作为一种"公众意象"，是公众对城市的总体评价和认知，包括理念形象、行为形象、视觉形象等。"城市形象"正是把城市精神、城市文化以及政府行为、市民素质等纳入一个整体印象体系中，由此形成的综合性定义，即"城市形象是指公众对一个城市的内在综合实力、外显表象活力和未来发展前景的具体感知、总体看法和综合评价，反映了城市总体的特征和风格"。由此我们看出"城市形象"这一概念是多维的，通常认为，城市形象由精神形象（信念、理念等）、行为形象和视觉表象（形象与识别系统等）三个层次组成②。

如何才能更好地传播城市形象呢？

在全球贸易合作常态化的当下，面对有限的资源和少数的机会，城市

---

① 倪鹏飞，陈飞，卜鹏飞．"中国城市竞争力"十年研究新发现．光明日报，2012-11-23.

② 罗子欣．走进四季人居——论城市形象的微博构建．资源与人居环境，2012（8）.

必须积极应对其发展所面临的挑战并不断完善自身形象。只有这样，城市才能获得利益攸关者（城市居民、已有投资者）的认同，从而促使其对城市形象进行自发的口碑传播。同样，城市也应该了解当今传媒生态的新变化，努力开拓城市形象传播的新阵地。只有做到以上两点，城市形象传播才能始终走在前沿，城市才能够广泛地传播其阳光的政府形象、产业发展形象、生活居住形象和旅游文化形象，才能够吸引更多的投资者入驻，吸引更多的旅游者前来旅游以刺激本地消费，最终以形象传播的联动效应促进本城市的持续发展。

我们看到当今城市的竞争意识确实在逐步加强，同时城市也逐步认识到了形象传播的重要性，在完善自身形象方面也有了长足的进步。另外，在寻找城市形象传播的新渠道时，各大城市纷纷将自己的步伐迈向了城市形象传播的新阵地——政务微博。越来越多的城市开通了政务微博，积极与网民沟通、互动并策划一些活动吸引网民参与。

据中国互联网络信息中心（CNNIC）发布的《第 31 次中国互联网络发展状况统计报告》显示，截至 2012 年年底，中国网民总数已达到了 5.64 亿，普及率超过四成，其中，微博个人用户规模超过 3 亿。这些数据说明了网络平台在信息传播中的地位越发不可撼动。因此，进行城市形象传播时，网络平台不容忽视。而开通政务微博并以此作为城市形象传播的平台正是城市注重网络舆论的一种表现，只有这样，城市在进行形象传播时才能够在“草根”的舆论场里发声，才能够引导舆论并关注其走向，从而传播良好的城市形象。

一、政务微博与城市形象传播的关系

1. 政务微博与城市形象传播的关系

政务微博即政府部门推出的官方微博账户，因其经过实名认证并由官方开通，所以具有一定的权威性。作为微博领域中的权威代表，某些情况下在信息传播的洪流中它还充当着意见领袖的作用。这一特殊的地位决定了其与城市形象传播之间非同一般的关系。

第一，它是城市形象的优秀展示员。鉴于网络平台为多媒体传播平台的缘故，在政务微博中，信息可以通过多种形式呈现并被传达，多样化的信息传播形式将使得受众更加乐于接受信息，从而增加了信息的说服效果。例如，不少城市在其政务微博主页中都插入了城市形象宣传片，另外还以图片、文字形式传播城市形象。此外，城市的理念形象及行为形象往往也通过政务微博对一些热点事件的反应而得到一定程度的传播。由此可以看出，政务微博可以通过多元形式传播城市形象，从而使得相关信息在传播的过程中更为深入人心。

第二，它是城市形象传播过程中的积极互动者。城市形象传播的对象是大众群体，而群体在心理表现方面有一个特殊之处，便是其无法理性思考，只接受形象思维，只接受简单的概念，喜欢暗示多过说理，喜欢联想①。而政务微博在进行城市形象传播时能做到及时互动，这极大地消除了群体心理的负面效应，发挥了城市形象传播的正面效应，从而更好地传播城市多元形象。

第三，它是城市形象传播过程中的权威发声者。政务微博无疑是网络世界的权威信源，它可以及时发布没有经过其他媒介解读过的关于城市形象的权威的“一手信息”，并直接地将这些信息“推送”到受众面前。这大大缩短了信息的传播距离，可以在一定程度上消除经由其他媒介传播过程中的信息延迟和失真现象，使得公众可以更好地解读城市形象。另外在应对影响城市形象的突发危机事件时它也能够做到迅速发声，促使网络世界信息传播趋向于有序化，从而有力地引导舆论走向，维护甚至重塑城市形象。

第四，政务微博与城市形象传播相互促进，共同发展。政务微博在城市形象传播上的优势体现在它不仅降低了单个城市进行形象传播的成本，也降低了城市间联合进行城市形象传播的成本，城市间可以充分利用政务微博平台实现彼此间的合作，联合互动。这些都间接地增加了城市形象传播的效力。另外，政务微博在传播美好城市形象、引导受众关注特定城市的同时，受众同样也会关注政务微博本身，这样便增加了政务微博平台发布信息的传播影响力。

2. 微博的传播特点与传播策略

越来越多的城市选择政务微博作为其传播城市形象的渠道，这与微博

① ［法］古斯塔夫·勒庞. 乌合之众：大众心理研究. 戴光年译. 北京：新世界出版社，2010.

自身的传播特点密不可分。首先，微博的发布和接收平台移动化使得信息发布摆脱了地域和时间的限制。智能手机、平板电脑等移动设备都可以作为发布和接收微博信息的平台，这样信息的接收和传播便具有了即时性的特点。其次，微博用户覆盖面广。微博简短的叙事特点大大降低了其用户的准入门槛，从而使得微博用户草根化，大大增加了微博信息覆盖面的广度。再次，微博几何式的传播特点使得信息发布的潜在渠道有所增加，扩大了信息传播的影响力。另外，微博用户可以通过评论、发私信等方式就信息进行即时互动，这种对信息接收者"赋权"的方式增加了被传播者的参与感及其对微博的认同感，使其可以作为构建信息的参与者更好地解读信息，并增加其传递信息的积极性。

城市形象传播的具体策略包括利益相关者策略、大众传媒策略、城市营销策略和文化策略。其中，利益相关者策略最能调动起利益相关人的自为传播。倘若信息发布者设置好议程后进行有指向性的传播，通过不断满足信息接收者的需求发布信息并不断赢得信息接收者的好感，那么在这种信息发布的良性互动中便能培养一批与传播信息密切相关的受众，继而培养受众与微博间的利益相关关系。这样，在利用城市形象方面的相关信息服务利益相关人时，利益相关人才会较容易地和城市的集体人格相关联，从而激发利益相关人的自豪感和认同感，继而使得利益相关群体在城市形象传播中有所作为，信息接收者便会自为地进行口碑传播。在微博几何式传播的特点中，其传播渠道具有易得性和辐射面广的特点，口碑传播往往能起到良好的效果，这样便能促进良好城市形象的传播。另外，城市形象传播的营销策略也能够在微博平台上"大显身手"。城市营销的目标群体主要有旅游者、居民、工作人员、商务活动者与各类组织，微博因其准入门槛低而吸纳了最广泛的社会群体，集纳了城市形象传播的目标受众。利用微博平台施展城市形象传播的营销策略可以使"城市的信息传达至目标市场、目标群体，最后达到促进城市经济、提升城市生活质量、实现城市可持续发展的目的"①。

---

① 何国平．城市形象传播：框架与策略．现代传播，2010（8）．

二、城市政务微博的发展状况

《2011年中国政务微博客评估报告》显示：2011年的中国政务微博总数为50 561个，较2011年年初增长776.58%，政务微博已全面覆盖全国34个省级行政区；《2012年新浪政务微博报告》显示，至2012年10月底，仅在新浪微博认证的政务微博总数就达到60 064个，其中包括外交部、公安部、卫生部、铁道部等20个国家部委的官方微博，以及22个省级政府的政务微博。

从以上数据可以看出，城市开通的政务微博数量呈现递增态势。如果说2011年城市开通政务微博还停留在“小试牛刀”的阶段，那么2012年城市开通政务微博已开始“大显身手”。那么，城市开通的政务微博总体质量又如何呢？

有论者总结，政务微博形形色色，大致有四种类型：第一种，化石体。开“官微”，开成了空置的“电子衙门”，下级部门开微博，仿佛是在完成上级部门布置的一道命题作文。只管有没有，不管好不好，缺乏目的，缺少更新，也几乎无沟通效能，这种缺少生命迹象的政务微博比比皆是。第二种，皇榜体。在这种风格里，微博是一台领导讲话的“功放”，善发上谕和敕令，起着类似古代榜文的作用，号称是政务微博，却一向自弹自唱、自说自话。第三种，优伶体。这类大约是把自己当作了演员，把网民当作了凑趣的看客，于是，官微常作悦人之态，常出惊人之语，常卖雷人之萌。借微博沟通之名，行美化自我之实，最终，政务微博成为娱人娱己、兼顾自我吹嘘的语言戏法。第四种，敬业体。敬业的政务微博大约有“四到”：眼到，懂得收集公众反映的意见和不满，能看到自身不足，听到有价值的治理建言；口到，说该说的话，公开该公开的政务信息，利用微博的对话功能，对网民积极回应；心到，字里行间，展现政府的沟通诚意，有执政创新的想象力，切切实实让网民感到政府在微博为民；手到，口惠而实至，有知亦有行，重然诺，有担当，看见问题，更能解决问题。①

通过以上总结可以看出，城市在开通政务微博时无法达到“标配化生

---

① 杜骏飞．2012成政务微博“普及年”需要好微博更需政府善治．广州日报，2012－10－23．

产”，因此造成了政务微博质量参差不齐的状况。

三、2012 年政务微博传播城市形象情况概述

回顾2012 政务微博的运转情况，其在进行城市形象传播时大抵采取了以下策略：①对发布的微博进行议程设置，有目的地进行城市形象传播。②运用微博营销策略进行城市形象传播，优化城市形象传播效果。

1. 微博议程设置与城市形象传播

早在1972 年，麦库姆斯和肖就在《大众传播的议程设置功能》里提出了“议程设置功能”，认为传媒的“新闻报道和信息传达活动以赋予各种议题不同程度的显要性的方式，影响着人们对周围世界的大事及其重要程度的判断”，议程设置功能会让受众改变对事情重要性的认识，并对重要的事情首先进行认知和行动。

所以，在利用微博进行城市形象传播时，首先应意识到传统的信息接收者在微博的世界里已不复存在。信息的接收者既是评论者又是再传者，所以要充分调动起微博用户的积极性，使得他们在接收信息后能够在互动中成为信息的二次传播者，从而扩大议题的影响范围，继而达到城市形象传播的良好效果。回顾2012 年的政务微博我们发现，在进行微博发布的议程设置时，相关部门采取了以下具体策略：

第一，采用信息置顶的方式来改变发布信息的时间排列顺序，强化置顶信息对受众的影响力。比如最近打开“中国广州发布”的页面时可以看到其主页上的第一条信息便为一条置顶信息：“#这一年，一路有你#转眼间，@中国广州发布 与您相识已一周年！一路走来，感谢您始终相伴，让我们不断进步……”此条信息的转发次数接近400 次，收到评论100 多条，与下面按照发布时间顺序滚动显示的信息相比，其转发评论数是下者的几十倍，受到的关注度较高。因此，通过置顶处理信息的方式，既强化了受众对置顶信息重要性的认识，也调动起了用户认知和行动的积极性。

第二，通过设立奖项的方式增加微博粉丝量并调动粉丝传播信息的积极性，从而在更大范围内增强微博用户对信息的认知，增加信息的覆盖面，扩大议程设置的效果。如“中国广州发布”的微博“……为感谢粉友们的支持，我们携手@广州大剧院 邀您一起欣赏2013 年新年音乐会，并

送上精美纪念品！成为@中国广州发布 @广州大剧院 的粉丝，转发此微博，写下祝福和建言并@ 5 个好友，就有机会哦!”这条微博通过给予转发微博的用户一定奖励的方式，促使信息接收者成为二次传播者，拓宽了信息的潜在覆盖面。此外，这条微博与广州大剧院合作并由其提供奖品，这种与文化单位的合作从某种程度上讲也是对广州城市文化的一种宣传。所以在意欲创作有高转发量的微博时，倘若对细节之处有一个周密的思考，那么随着信息的被转发及被评论，最后取得的城市形象传播效果便可能事半功倍。

第三，通过设置能充分引起受众参与其感兴趣的活动或话题，使得受众参与并“晒”感受，不断丰富原有议题并促其传播。如“广州公安”的微博：“#微友进警营#各位亲，万众期待的【体验“学警出更”】即将登场！本周日，小编将带领200名粉丝走进新警摇篮——市公安局警察训练部。想知道警察是怎么炼成的？想与新警们第一次亲密接触？想亲身体验模拟影像实战射击的刺激？那就请关注我们，转发并@上5名好友，同时发私信报名吧!”这条微博所涉及的活动从某种程度上讲是公安系统的创新之举，它充分调动了网民的参与热情。同时@功能也使得信息被层级式地广泛传播，“广州公安”因而为自己提高了人气。同时，该微博设置的“#微友进警营#”版块还不断集合不同用户的活动照片及同步微博用户的体验感受，在丰富原有议题的同时，起到了良好的形象传播效果。再如“中国广州发布”的微博：“【一起晒晒您家幸福的餐桌吧】最近网友@黄曦 neo 在微博中用组图的形式晒出自家饭桌上的惊喜，并感叹‘对于吃货来说，找了一个会做饭的媳妇，简直像小白兔掉进胡萝卜堆里’。图片中丰富特别的菜式让网友表示无比羡慕。街坊们，您家的‘大厨’有没有更给力的作品呢？赶紧也放上来晒晒吧～”通过对微博中的@进行追索我们发现，这条微博的原始信息源于网友“黄曦 neo”，其微博得到了较大的转发和评论量。“中国广州发布”借着网友的这条微博发起话题讨论，调动起了微博用户的参与热情。这与“中国广州发布”对时下热点微博的关注是分不开的，只有对热点微博持续关注，才能做到从普通微博用户中取材，设置讨论话题并发布微博。这样做往往能够引起微博用户普遍的情感共鸣，在取得良好传播效果的同时拉近微博用户和该政务微博的心理距离，从而使得用户更好地理解微博背后所传达的理念，进而在日常的互动和接收相关微博信息的过程中理解微博主体发布信息的整体理念，从而了解微博发布主体所想要传达的特定城市形象。

2. 微博营销策略与城市形象传播

在进行城市形象传播时，利用微博进行城市形象营销的例子也不在少数。微博营销的优势有以下几点：①信息传播速度快，一手信息可以以最快速度传达给粉丝。②微博中信息往往呈现几何式传播的特点，信息影响面广。③信息传播过程互动性强，传受双方能即时沟通，降低了原有信息被误读的几率。不论获得的是第几手信息，信息接收者都能够通过信息中的“@”标识找到信息传达过程中不同层级的传播者，查到最原始信息的内容及发布时间，并通过互动了解信息意旨。④营销成本低。只需经过前期策划，做好信息发布的议程设置工作，便可在后续发布信息时低门槛享受微博这一信息发布平台，并对信息进行实时传播，成本远远低于传统的城市形象推广成本。⑤城市形象拟人化，便于缩减与粉丝间的距离，使其成为该微博信息的固定接收者，从而维系粉丝的忠诚度。这样将更利于施展微博营销策略传播城市形象。⑥在信息传递的过程中可以充分尊重粉丝意见，并适当在发布信息的过程中对粉丝赋权，这种优化的传播格局更容易使粉丝成为利益相关者并使其自发地进行口碑传播，增强微博营销的效果。

目前，越来越多的城市选用微博这一平台进行城市形象营销，这主要是由微博的自媒体属性、社交属性和快速传播属性决定的。在进行城市形象的微博营销中需要谨记的是，微博内容是传播之根本，互动是营销之灵魂，适当地借助名人或热点事件进行炒作是主要的营销手段。

总之，利用微博进行城市形象营销可以很好地推广城市形象。总体来看，城市形象营销的微博文本多具有本地化特色内容、与热点相挂钩的特点，同时微博及时与网友沟通互动并经常举行线上互动。而常用的传播策略也与微博的这些特点息息相关。

(1) 结合宣传目标策划一系列互动活动。

如“江西风景独好”（江西省旅游局官方微博）策划的“博动江西，风景独好”活动。该活动邀请了27位微博达人游走江西，以他们之口发布微博，描述江西一行的感受。这些微博达人中有知名作家、企业家、撰稿人、媒体人、旅行家、摄影绘画爱好者等，他们的粉丝数量总和超过

150 万，在他们的粉丝群中本身就聚集了一大批有旅游需求的人。活动期间另有专人全程跟踪报道活动进展，及时展示活动风采。另外活动还推出了相应的“博动江西”新鲜旅特刊，新浪城市频道、新浪微博及江西旅游局官方微博都是该特刊的发布平台，整合资源进行城市形象营销的效果显著。在达人、粉丝的互动过程中，在活动进展的多平台实时发布下，江西的婺源、景德镇、萍乡、南昌等城市的形象传播取得了有效的进展。

（2）结合本土特点和传播对象心理制造话题。

利用微博进行城市形象营销要结合本土特点和传播对象心理制造话题，在吸引粉丝进行互动的同时还能有效传达城市特色形象。如山东旅游局官方微博：“【据说只有山东人能听懂的方言】夜来后上，打谱叫嫩来吃鼓扎，木新思电话踢蹬了，扎鼓了一盼子，也木扎鼓好。待去叫嫩把，又嫌号太远了。就自个吃了，木剎剎吃了半盖垫，差呼呼撑剎！——你能看懂吗？著名影星@黄渤的一口青岛方言，幽默而不失纯朴，充满了浓浓的山东味儿。俺们都港稀罕来！”

此条微博贴近性强，且在微博中“@黄渤”，利用山东籍明星黄渤的影响力吸引其粉丝的关注，并引起了粉丝的广泛评论和转发，无形中增加了微博的传播力。同时该官方微博还积极回复评论，与网友互动，达到了良好的话题营销效果。总之，此条微博的转发量接近 2 000 条，评论量接近 400 条，同时山东的特色形象传播也取得了良好的效果。

（3）为微博内容寻找形象代言人，制造并转发导火线。

如“中国广州发布”的微博：“#微提示#【影帝刘青云教您防范电话诈骗】广州警方提醒您，当前有骗子冒充公检法、邮政、社保等工作人员进行电话诈骗，千万不要相信所谓的“安全账户”，不要随便向陌生人透露自己的账户和密码。下面我们来看看香港电影巨星刘青云有什么防骗口诀要告诉大家呢……请各位同样热心的亲们，为了少些人上当受骗，大力帮忙转发，并提醒身边的人特别是中老年人，让他们因您的一句提醒而受益。如此，则善莫大焉！谢谢您！”

此微博下方添加了刘青云口述防骗口诀的视频，微博因此受到关注和转发，获得了良好的传播效果。这组系列防范诈骗的公益宣传片是由广州公安邀请李心洁、刘青云、古天乐等热心公益的著名影星拍摄的。微博在最后的号召中凸显了人性的关怀并强调转发此微博为别人带来的益处，且其借助名人效应进行微博信息的传播，所以带动了微博用户的大量转发，并取得良好的传播效果。同时广州“亲民”的城市形象也得以传达。

（4）结合当今热点事件及热点语体，运用攀附效应制造微话题并发布微博，利用微博本身的热度传达城市理念和城市形象。

如“广州番禺公安”的微博：“元芳，你怎么看？广州番禺警方制《防骗 Style》被赞很潮很亲民……”

这条微博不但吸引了众多微博用户参与互动，而且其结合热点的方式也十分巧妙。一是运用了目前较为流行的“元芳体”，二是结合火遍全球的“江南 Style”制作相关视频并广泛传播。这两大热点便足以引爆粉丝的传播热情。在粉丝的大量转发中，微博的层级式传播特点使得该微博接触到了更多的微博用户。

另外，该微博所发布的视频在结合热点的同时还做到了寓教于乐。这三个要素相加，最后不仅该微博被广泛转发，其附带的视频也引发了全体网民的点击热潮。在这个过程中，广州的城市形象也得到了很好的传播。

综观 2012 年政务微博在传播城市形象的过程中所采取的策略，可以发现，城市形象传播不是单一维度的线性传播，而是充分考虑到被传者的需求而进行的有计划、有策略的传播，在微博这个新兴平台上进行城市形象传播更是如此。鉴于微博信息传递迅速、覆盖面广的特点，因此，在利用微博平台进行城市形象传播时更应三思而行，否则极有可能对城市形象造成负面影响。如在三亚“宰客门”事件中，三亚市政府新闻办在微博上就该事件进行回复时就因用词不当而受到网友的热议。基于微博平台传递信息的特点，其不当言论迅速引爆了网友对该微博的高强度转发，由此使三亚的城市形象受到了极大的损害。

2012 年 1 月 28 日上午 8 时，网友通过新浪发微博称朋友在三亚吃海鲜时被宰，短时间内引起了网友和媒体的极大关注。当被宰旅客的自发微博引起广泛讨论和转发后，29 日“三亚市政府新闻办”没有经过对事件的充分调查，没有全盘考虑应对策略就贸然回应网友的质疑。该微博首先发布信息对网友所述事实进行全盘否认，“没有接到一个投诉、举报电话，说明整个旅游市场秩序稳定、良好”，这种试图推脱责任的言论不但没能说服网民，反而使网民对其逻辑产生了质疑。另外，相关官员置网友舆论于不顾，于 31 日再次通过微博表态，“将对恶意攻击三亚的人依法追究责任”。两次错误的微博发言尽显三亚政府极力推脱责任的形象，且其发布微博应对质疑时态度不诚恳，发言不基于实际的调查，试图用“恐吓”、掩盖等方式粉饰太平。另外其文本构建中也呈现出官僚化的特点，所以最终政府的微博回应不但未能赢得广大网友的认可，反而大大破坏了三亚的城市形象。

虽然在2月1日，海南省副省长、三亚市委书记曾就“宰客门”事件出面致歉，但由于其没有利用微博进行持续的形象修复工作，所以至今在新浪微博中输入关键词“三亚”、“宰客”进行搜索时，网友微博表达出的依旧是对三亚一边倒的不信任，三亚依然没能摆脱负面形象。如网友“江湖疯人”的微博，“确实怕，出个门打车不知道会不会被宰，吃个饭不知道会不会被宰，买个东西不知道会不会被宰，没十几万都不好意思到三亚旅游了。”再如网友“钻进黑洞的光”的微博，“一直听说三亚有点乱，来三亚市区逛到处能见到地上一摊摊红的，明显不是油漆，想起前段时间看到的三亚游客吃海鲜被宰遭砍的新闻，我心想这里太可怕了，到处都是流血事件啊，后来才知道这红的是槟榔水。”

可见用微博进行城市形象传播也是一把双刃剑，因此在发布微博前进行议程设置是十分必要的，只有对信息发布进行全盘的策划，在发布信息时才不会导致“祸从口出”的情况。在此基础上，倘若能够利用微博营销策略对宣扬城市正面形象的议题进行传播，那么城市形象传播的良性效果才会凸显。

四、个案分析

下面我们将结合《2012年新浪政务微博报告》，以2012年在政务微博中取得显著成绩的城市为样本，从中选取该城市开通的典型政务微博并对其进行评析。

《2012年新浪政务微博报告》是由新浪微博联合人民网舆情频道发布的，综合了微博的活跃度、传播力、引导力、亲和力等主客观指标对全国的政务微博进行了综合考量。鉴于新浪微博在知名度、使用率、首选率、满意度、用户黏性、权威性、吸引力、月度覆盖人数、月度总访问次数、月度总浏览时间事项等各项指标上均在行业内占领先地位，同时也是政务微博的主要阵地，所以据其报告结果选取典型政务微博进行评析是具有一定代表性的。

据《2012年新浪政务微博报告》显示，在政务微博十强榜单上，上海市的政务微博共9次上榜；北京市的政务微博共7次上榜；广州市的政务微博共7次上榜；南京市的政务微博共6次上榜……由此可以看出综合排名前三甲无一例外地被一线城市"北上广"夺得。鉴于2012年江苏省的政务微博发展有较大进步，并成为全国开通政务微博数量最多的省份，而且南京市在政务微博的运营方面也一直紧随先进、思潮新锐，在城市形象传播方面的做法也值得其他城市学习。所以除了"北上广"之外，我们还选取了南京市的政务微博进行分析。

1. 积极互动，高效传播

2011年11月28日，上海市人民政府新闻办官方微博"上海发布"开通。"上海发布"推出了"早安上海"、"上海新闻"、"午间时光"、"灯下夜读"等栏目，链接"中国上海"门户网站和上海市人民政府新闻办公室官方网站。此外还设置了上海政务微博群，并且有一个清晰的形象定位：当好"便民小助手、民生直通车、发展助推器、民意风向标、网络发言人"。

《2012年新浪政务微博报告》的十强榜中，"上海发布"两次上榜且均位列榜首，另外据统计，新浪微博平台上，"上海发布"平均每条微博被转发300次以上，评论超过100次。在腾讯微博平台上，"上海发布"吸引了全国关心上海的庞大粉丝群，单条微博最高转播、评论甚至高达1.4万次。可以说，"上海发布"在进行城市形象传播时不仅能够做到内向传播，用服务性信息与利益攸关者建立关联，而且其城市形象传播的外向效果同样十分突出，这得益于其在全国搭建起的庞大的粉丝群。

"上海发布"在城市形象传播上的成绩骄人，与其在发布信息时的积极互动、高效传播密不可分。正如"上海发布"在上线第一天回应网友时说："我们会一直倾听，及时传递，努力为关心上海的'听友'们服务。我们将踏踏实实走好今后的每一步。"正是践行了其良好的信息发布策略，"上海发布"才吸引了全国越来越多的粉丝，才能够广泛铺撒城市形象传播的网络，其发布的信息也才能够通达四方。

"上海发布"官方微博定位权威、时尚、创新，不仅有着精致、务实、高效的海派特色，更具有作为国际化都市的浪漫情怀。上海作为现代化国际都市，充分利用“上海发布”实现真正便捷高效的对外宣传，为上海的现代化国际大都市建设形成重要的外宣阵地及形象展示窗口。其官方微博上线20分钟粉丝总数破万，更体现出上海人民对于新浪微博平台的热情与期待。

“上海发布”内容不脱离日常生活、服务细致。当然，其发布的信息还是以服务型强的政务信息为主，只是选择了更为亲民的表达方式：侃天气常套用微博“新文体”，既会“推荐书”也会“比菜价”，“定位像个普通市民”。普通市民的定位使其在发布微博时充分把握好市民的作息规律，“见缝插针”地发布“符合时宜”的微博：清晨，它同你一道感慨“冷空气从‘重口味’转‘小清新’”；上下班途中，它为你刷新路况和当日新闻；午休时光，它建议你有空去航海博物馆看“泰坦尼克号”船模；晚间，它书香绵绵送出枕边书一册……①

总之，其语体特点活泼、生动，网友称其“有点可爱、有点‘萌’”。别致的语言风格充分考虑到了受众接受信息的习惯，这是其吸引众多粉丝关注的魅力所在。如：“【每日一书·《此生未完成》】#灯下夜读#有些旅行，距离并不远，但一路风景迤逦，更留下悠长的回忆。斯人已逝，于娟生命的呼喊却铿锵依然。之于我们，如果天气不是很好，身体不是很妙；但至少心情不是很糟，精神不是很差，活着便是王道。”这样的语言风格极大地吸引了网民的参与，从而使其发布的信息能够得到高效传播。

2. 群体联动，增进效果

北京是最早开通政务微博群的城市，2011年11月17日，北京微博发布厅上线，目前其政务微博群已有三批成员入驻，北京政务微博群实现了聚合城市重要职能部门的发布及服务功能。该微博群不仅能及时、全面地传达最新权威政令，还可直观地向市民展示工作进度和阶段效果；利于民意征集、调查工作展开；并可有效动员民众积极参与公益事业，全面宣传推广城市活动。②

在传播城市形象方面，该微博群平台成功运用了全媒体策略：图画、文字、音乐视频全面整合，运用立体化的多样手段进行传播。这一城市形

---

① 包蹇．“@上海发布”咋吸引千万“粉丝”：人民日报，2012-04-17.

② 北京微博发布厅．百度百科，http：//baike. baidu. com/view/6903947. html.

象传播平台大大地提升了北京的世界城市形象。同时该微博群应对突发事件反应速度快、解决问题效率高，赢得了民众对政府的普遍认同，从而促发了民众自为地对城市形象的口碑传播。北京政务微博群俨然已成为了北京市的外宣新阵地。

2012 年 7 月 21 日，北京遭遇自 1951 年有完整气象记录以来最大的一场暴雨。当天，“北京发布”在第一时间发布灾害相关信息，并根据事件进展实时公布灾害造成的伤亡人数：“7 月 21 日，本市发生暴雨到大暴雨天气，截至 22 日 17 时，在本市境内共发生因灾死亡 37 人。其中，溺水死亡 25 人，房屋倒塌致死 6 人，雷击致死 1 人，触电死亡 5 人。目前，死者已有 22 人确定身份，其余 15 人正在确认中。”

整场暴雨过程中，北京的政务微博群以“北京发布”为中心，不断地发布相关灾情信息以满足市民迫切的信息需求，并且针对外界的疑问、批评也在第一时间作出回复。同时气象局、卫生局、交通局等各职能部门官方微博及时发布各自领域的专业救援知识，为公众应对灾害天气答疑解惑。另外市民也积极参与到对灾情的“爆料”这一互动中。他们发布微博时会经常“@”政务微博，这样一方面灾情得以被相关部门知晓，另一方面网友的积极互动也有利于问题的解决。另外，各政务微博多层次滚动发布信息的方式也有利于外界第一时间了解北京灾情。因此，政务微博便成了外界了解北京的权威窗口。

在面对此次灾害时，北京市政务微博群团结合作，随着事态的发展积极地在微博群内共享、更新并补充关于灾情的相关信息，通过发布权威的信息大大减少了民众对信息的不确定性认知，减少了民众不必要的恐慌。该微博群内的各类微博不但携手合作应对灾害性天气，而且还吸引了网民的共同参与，在引起社会关注的同时也弘扬了北京精神。政务微博集群化发展的优势在这次灾害应对中得到了充分体现①。在政务微博和网民联手互动应对灾害的进程中，北京的城市形象也获得了外界的一致好评。

全方面、立体化的灾害预警应对以及协同一致的高效行动力，体现了北京政务微博群强大的联动效应。北京政府及时、高效的应对，网友的积

---

① 周勇．北京微博发布厅上线一周年 服务民生植入北京经验．http：//www.sootoo.com/content/364221.shtml，2012－11－18．

极互动，都是相关问题得以顺利解决的必要条件。同时，政务微博群群体联动发布微博的举措大大增进了有效信息的传播效率，暴雨事件过后，北京的美好形象也在民众中凸显。如网友“静禅方丈”所述：61 年来最大暴雨让北京精神彰显无遗，北京人内心的那份善良让人感动。

3．全盘考虑，策划先行

2011 年 12 月 9 日，随着广州市官方微博“中国广州发布”和广州 24 个政府部门、社会机构的官方微博在新浪、腾讯微博平台正式亮相，一时之间，广州政务微博群上线成了微博上最热门的话题之一。

2012 年 12 月 19 日下午，广州市举行互联网信息办公室揭牌暨“中国广州发布”官方微博平台第二批 52 家单位上线启动仪式，标志着广州市以“中国广州发布”为中心的政务微博群已基本形成。

在广州政务微博群中，首批亮相的是与市民生活工作密切相关的委办局、社会团体、公共服务机构的官方微博，其中包括公安、交通、环保、城管、工商、质监、共青团以及气象、燃气等官方认证微博。在上线的同时，“中国广州发布”还发起投票：“你未来还想见到哪些广州政府官方微博?”该活动吸引网民的广泛参与和讨论，其在第二批 52 家单位上线时也充分考虑了民意，开通了网民感兴趣的相关政务微博。此举在获得好评的同时，也极好地传播了广州的城市形象。

在城市形象传播方面，广州充分利用其微博平台，努力传播其作为华南沿海国际大都市的城市形象。《羊城晚报》曾对广州的政务微博进行盘点，其中“中国广州发布”被评为最敬业微博，尤其在伦敦奥运会期间更是不分昼夜，通宵发微博。回顾 2012 年，“中国广州发布”微博平台及时发布与民众生活密切相关的信息，构建全市政务信息的“微传播”格局；及时与网民互动，回应网民的关切，解疑释惑；为网友提供各种有益健康、丰富生活的信息，弘扬了广州的历史文化和城市精神。同时，其不断发起话题吸引微博用户参与传播城市形象，使用户在增进对广州认识的同时，主人翁意识感也逐步加强，而这些都有利于推动“美丽广州”、“幸福广州”和新型城市化建设的发展。

“在我们的设计中，广州将会形成一个完善的政务微博群，很多实际的事务应当由职能部门来回应，我们不能越俎代庖，所以一般情况下，我们会将意见转交给各区县或者具体部门，由他们办理并作出回复。”“‘中国广州发布’的定位是代表市委、市政府以及广州城市形象的发声平台，权威是我们的特性，因此必须稳扎稳打。如果光顾着追求灵活性，却辜负了网民的信赖，反而是丢掉了根本。”

通过广州市委宣传部互联网宣传管理处相关负责人之口，我们了解到广州政务微博群在构建前是经过全盘考虑的，整个微博群中的微博呈现出了和而不同、各有特色的特点，其中，“中国广州发布”便拒绝随意发布微博的模式。管理者效仿传统媒体的做法，每天上午都会安排一个报题会，对当日具有成为热点潜质的话题进行梳理，并研究敲定当日要发布的主要微博内容。在进行了全盘策划后管理人员才发布微博信息，这保证了其稳定的信息发布频率，同时也符合微博的权威性定位。同时，为确保每一条微博具有最权威的可信度，工作人员还会进行大量的审核、求证、协调工作。①

“中国广州发布”的信息主要有以下版块：①广州早晨。通常会介绍天气情况，语言中肯，符合其权威定位。②食在广州。介绍广州特色小吃。③广州要闻。发布涉及民生的重大消息。④广州城事。介绍广州最新开展的活动。⑤当年今日。发布历史知识类信息。⑥服务知多D。介绍一些实用的生活小窍门。⑦微提醒。传达一些便民信息。⑧羊城建筑。介绍广州的标志性建筑。⑨回复网友。和网友互动，就网友关心问题进行答疑。⑩区县动态。介绍广州市各区县热点和最新动态，打开全面了解广州的窗口。⑪广州晚安。用一句充满哲思的话语道别“今天”。另外，其在具体的“运营”过程中也会根据时事热点增加版块并发布相应话题，比如“高考”、“垃圾分类”等。

整体来看，“中国广州发布”微博内容比较丰富，极大地满足了微博用户的多重信息需求。其微博中有直接凸显广州城市形象的板块，如“食在广州”、“羊城建筑”、“漫走广州”、“广州夜景”、“广州城事”、“区县动态”等，这些板块内容涉及广州的城市外貌、人文风俗等，形成了对广州形象全方位传达的格局；同时还有一些板块，其发布的信息可以让人从侧面了解广州的城市形象，深度挖掘广州城市形象内涵：如“当年今日”

---

① 戎飞腾，冯俊程，黄晓璞．南方问政记者实地体验政务微博运作流程．南方日报，2012－10－25.

板块传达了广州的知性形象；“广州晚安”板块总是以一句哲理性强、耐人深思的话语结束一天的微博发布，如“生活不是用来妥协的，您退缩得越多，能让您喘息的空间就越有限。日子不是用来将就的，您越凑合，也就失去了追求其他幸福的机会”等，这些信息都传达出广州高品位的城市形象。此外微博中发布的健康、生活类小知识也让民众喜闻乐见，同时一些有关广州的安全、天气、交通等便民信息也不在少数，如“失眠时，可按压手腕上的内关穴和外关穴。内关穴位于手腕掌侧横纹上两寸，两条筋之间，属手厥阴心包经。外关穴在手腕背侧，与内关相对，属手少阳三焦经。两穴相配，一阴一阳，不但连通所属两条经脉，且能达到调节人体阴阳气血作用。希望大家睡个好觉哟！”

这样丰富的信息内容使得其在传播城市形象时可以做到内向传播和外向传播双管齐下，这与其运作微博时的全盘考虑、策划先行是密不可分的。

4. 新锐思潮，行动领跑

2011 年 4 月 11 日，南京市委宣传部新闻发布官方微博——“南京发布”上线。短短一年多，“南京发布”以“日均发布 20 条信息、日均吸引 1 万名粉丝”的速度迅速成长，粉丝现已超过 120 万。目前，“南京发布”的影响力位于全国政务微博前列。

“南京发布”在发布信息时能够做到对热点事件第一时间发布权威信息，争做舆论引导者。在长期的实践中，粉丝对“南京发布”的信任感与日俱增。

如 2012 年 2 月 21 日，针对日本名古屋市市长河村隆之在南京市代表团访问名古屋期间关于“不存在南京大屠杀”的言论，“南京发布”一日三回应：①21 日凌晨 00:13 进行驳斥，“【南京快讯】对河村隆之的言论，南京市代表团严正指出：侵华日军南京大屠杀历史事实不容抹杀，铁证如山，国际社会对此早有定论。你的这番言论是不负责任的，是对历史的歪曲和对南京人民的不尊重。我们希望能够正确地认识和对待那段历史，切实汲取历史教训，多做有益中日友好和两市人民友谊的事情。”②当天下午 13:54 公开抗议信，“【南京快讯】侵华日军南京大屠杀遇难同胞纪念馆网站消息：朱成山馆长发表公开抗议信。”③当日夜间 22:26 宣布断交，“【南京快讯】南京市人民政府外事办公室新闻发言人经授权发布：鉴于现任名古屋市市长河村隆之否认南京大屠杀史实，严重伤害了南京人民的感情，南京市暂停与名古屋市政府间的官方交往。”这一事件的微博转发高达2.5万余次，创造了“南京发布”转发频次最高纪录。①

广泛的转发使得民众知晓了南京市政府的态度，南京市政府不忘历史、捍卫真相的形象也得以传播。

此外，“南京发布”在进行城市形象传播时具有较强的营销意识。经常策划一些能够彰显城市形象的活动并动员全民参与，及时对活动进展进行发布，起到了良好的城市形象传播效果。

如其发起的“寻找‘最南京’”活动：“瑰丽的风景名胜古迹，极富现代感的创意产业园，甚至是无论任何时候永远排着长队的鸭子店……什么最能体现南京的美，最能代表南京特色？明天，@南京发布 将正式启动#寻找‘最南京’#活动——全城大搜罗，向所有市民有奖征集最能反映南京特色的照片。”活动公开征集自然风景、人文景观、校园风光、民俗风情和综合五类最能反映南京特色的图片。活动开展期间，其不断筛选优秀照片在“南京发布”上展示并配以最能突出南京特色的清新文字，由于图片和文字都极具美感，获得了网友的大量转发和评论，在此过程中南京形象深入人心。

整个活动始于2011年12月22日，结束于2012年5月22日，最终评选出20张最具南京特色的图片并制作成明信片，由邮局公开发行。该活动时间跨度长，通过微博用户之微视角传达出南京美丽的城市形象，传播效果十分明显。

再如2012年5月，“南京发布”团队采取了沙画、微电影、微杂志、民谣等多种形式推广歌曲《南京，我爱你》。其中沙画版和微杂志版的《南京，我爱你》，在微博上赢得了不少人气。在活动聚拢人气的同时，南京的城市形象也得以传播给更多的人。

此外，“南京发布”还策划了诸如大家一起“晒幸福”、独创我爱南京体、南京文化美景街拍等活动，随着一个个活动的展开，网友对活动相关微博进行了密集的转发及评论，南京的城市形象传播的良好效果得以持续升温。

可以说，思潮新锐，及时把新锐想法化为行动，如策划活动、微博营销等，是“南京发布”成功传播城市形象的关键。

---

① 张建军，黄伟清．“南京发布”，小微博搭建舆论引导大舞台．群众，2012（7）．

五、运用政务微博传播城市形象

通过对以上成功个案的分析，我们了解到一些城市是如何利用政务微博进行城市形象传播的。那么总体而言，怎样才能更好地运用政务微博传播城市形象呢?

1. 做好服务者

众所周知，由于微博准入门槛低的这一特点，人人都可轻松拥有微博并利用该平台发出自己的声音。而微博本身缺少有效的信息把关人，因此充斥于微博平台中的信息显得尤其繁杂而难辨真假。这无疑增加了网友搜集有效信息的难度。

对此，政务微博较其他微博而言在搜集有效信息方面的效率较高，其能够有效地在政府、传统媒体、民间机构及普通民众之间实现资源整合。由于其立足于城市——人们生活的场域进行信息传递，所以信息发布更贴近民众生活，这也是政务微博较其他微博而言的核心竞争力所在。民众可在其信息中得到和自己生活场域相关的信息，从而减少对周围环境的不确定性认知，这也是城市微博粉丝中本城市用户较多的原因。对此，政务微博首先应明确自己服务者的角色。只有整合更多于粉丝而言有用的信息，增加粉丝获得有效信息的效率，政务微博才能做好城市形象传播的第一步——城市形象的内向传播。只有这样，政务微博才能吸引一定的利益相关者成为其粉丝，并引发他们对城市形象进行自发的外向传播。

2. 做好引导者

如上所述，微博世界里的信息鱼龙混杂，同时也不免存在一些为了满足自己出名的欲望而故意制造噱头、试图赢得他人关注的微博用户。“好事不出门，坏事传千里”，越是能够引起民众恐慌、愤怒的负面信息往往越能够拥有较强的传播力。这就要求政务微博在遇到突发事件时能够运用自己整合及搜集信息的高效率，迅速对信息的真伪进行核实，并第一时间发声，做事件的权威定义者。

只有做好舆论的引导者，对内才能赢得更多粉丝的信任，其发布的信息才会有更强大的传播力。而第一时间发声引导舆论、促进危机解除的过程，对外传达的也是该城市的正面形象。可见，做好引导者将会优化城市形象的内向传播及外向传播效果。只有长久地做好引导者，政务微博才能够成为微博世界中权威的意见领袖，其传播城市形象的效果也才会更佳。

3. 做好策划者

要想在众多的城市政务微博中突围，政务微博必须是一个好的策划者。在信息庞杂的微博世界，要想让自己发布的信息不湮灭在浩瀚的信息海洋中，发布信息前做好策划是十分必要的。所谓策划，在宏观层面是指对于微博定位的全盘考虑，在微观方面则具体到了微博信息的发布：它不仅包括如何对微博信息进行议程设置，还包括怎样利用微博信息开展城市形象营销策略，甚至还具体到微博文本的构建和语气的选择。政务微博只有做好策划者，才能以网友喜闻乐见的方式发布信息，才能通过微博发布令其粉丝感兴趣的话题并调动其粉丝参与，才能够发起可以调动起粉丝参与热情的活动，并充分展示活动进展及互动结果。只有这样，政务微博才能达到与粉丝共同构建城市形象的目的；只有这样，政务微博才可以利用话题和活动将城市形象的相关要素进行传播，才能利用微博营销使城市形象传播取得更好的效果。

4. 做好合作者

政务微博必须要有合作意识。一个好的合作者可以使合作双方共赢，并取得 1 + 1 > 2 的整合传播效果。而只有强强联合才可能使城市形象传播取得突破性进展。所以做好合作者首先要求政务微博提升自己的水平（包括整合、搜集信息的效率，发布信息的新颖度，微博的号召力等），这就要求政务微博自身要拥有专业的运作团队：不仅能够根据自身定位发布高质量、具有亲和力的微博，而且能够紧跟热点对微博文本进行创新性构建，从而确保发布的微博信息能够凝聚一定的关注度。

政务微博只有提高了自身水平，在与城市政务微博群内的其他微博合作时才能使联动效应最大化，而且这也是与其他城市政务微博合作的前提。提高了自己所在政务微博的水平，才能聚集其他优秀的政务微博并与之合作，从而织就城市形象传播的大网，并在与其他城市政务微博的合作中，将政务微博所在城市的良好形象进行广泛传播。

总之，政务微博只有明确了以上的角色定位，在后续发布微博的过程中才能够拥有明确的指向性，这样才能使城市形象传播达到预期效果。

（撰稿人　张彩阳）

2012年三亚：海风椰林，还是“宰客”、“坑爹”？

一、城市概述

三亚市位于海南省南部，是我国东南沿海对外开放黄金海岸线上最南端的重要口岸，是中国通向世界的门户之一。三亚地处热带地区，是海南最美丽的旅游胜地。三亚涌现出的一批旅游景点创造并打破了世界纪录协会的多项纪录，获得多项世界之最，使它不仅被看作旅游的好去处，也逐渐成为各种投资项目，特别是房地产投资的新宠。

但是，2012年的三亚“宰客门”事件被暴露在聚光灯下，给“海风椰林”的三亚城市形象蒙上了一层阴影。

二、突发事件舆情应对

（一）事件概况

一个城市的形象传播主体包括政府、企业和普通市民，依托于媒体或者是口口相传来对其节事活动、风俗民情以及地方风貌等进行传播。但是，随着信息技术的不断发展，突发事件可以在第一时间被快速传播，这就为城市形象传播提供了新的途径。从某种程度上来说，突发事件是一种被动式的城市形象传播，但积极妥当的应对方式非但不会破坏城市形象，还会为城市形象加分。而且，突发事件往往牵涉公共性，具有较强的冲击力，所以更应该受到城市形象传播的重视。

2012年龙年春节，海南三亚爆出游客吃海鲜时被宰的丑闻。媒体称管理方无视当地宰客风盛行之实，以“零投诉”、“无法举证”冷漠应对，由此引发了强烈的社会反响，三亚被推到了舆论的风口浪尖。

总体来看，三亚“宰客门”事件经历了四个舆情发展阶段：

图1　三亚“宰客门”事件舆情发展阶段

2012年1月28日，网友“罗迪”发微博称，朋友在三亚旅游时吃海鲜挨宰。随即该信息被包括很多名人在内的网友转发了近3万次，引起广大网友的共鸣。

1月29日下午，三亚政府官方微博就此事连发3条微博进行回应，称“三亚市委、市政府主要领导高度重视，批示要迅速深入调查”，同时声称“今年春节黄金周在食品卫生、诚信经营等方面三亚没有接到一个投诉或举报电话”。

1月30日下午，三亚市新闻办通过其官方微博道歉称，“零投诉”微博表述有误，请广大网友见谅。

1月31日上午，三亚方面恳请当事人出面合作，推动调查。同时，有关官员表示，“对三亚恶意攻击的人，将依法追究责任”。

2月1日上午，三亚政府举行媒体见面会，海南省副省长、三亚市市委书记姜斯宪就三亚出现的“宰客”现象向大家表示歉意。

2月2日，三亚工商局负责人称“只要是明码标价，又有消费者签字，就不能算欺客宰客”。

2月8日，三亚市工商部门经多方调查取证发现海岛渔村确实存在宰客行为，三亚市价格主管部门决定对其处以50万元罚款的行政处罚。

（二）媒体报道情况

从境内外平面媒体对该事件的报道情况来看，共有四次舆论高峰：第一次出现在1月31日。由于三亚“宰客”事件本身牵涉到公众利益，再加上官方“零投诉”的回应，舆情经过1月28日、29日和30日三天的发酵，致使第一个舆论高峰到来；第二个舆论高峰，也是该事件的最高峰于2月2日到来。这主要是由于舆论被“市委书记的致歉”与“部分官员声称要对恶意攻击三亚的人追究法律责任”所刺激；第三个舆论高峰出现在2月6日。这缘于2月2日又一例游客在三亚“被宰”事件爆出，但三亚工商局负责人却称“只要是明码标价，又有消费者签字，就不能算欺客宰客”，从而引发舆论反弹；最后一个舆论高峰，也是第二高峰，出现在2月8日。媒体关注的焦点集中在三亚“宰客”饭店被处罚一事上，随后，舆论热度急转直下，快速冷却。

我们以新浪微博为例进行统计分析后发现，在网络舆论场中，舆论高峰形成数量比例与事由和境内外平面媒体的基本一致，只是在时间上，微博中的舆论高峰一般都要比平面媒体舆论场中的高峰到来早一到两天。但其2月3日与8日的舆论高峰是特例，这两个高峰的到来比平面媒体分别晚一天和出现在同一天，通过对微博具体内容分析，可以看出这两次的网络舆论高峰均由平面媒体所引导，系传统媒体为网络设置议程。

正是因为在传统媒体舆论场和网络舆论场中，舆论形成的时间与方式特点各有不同，所以针对三亚“宰客门”事件，就应该区别对待，由此才能将此次突发事件转危为机，更好地进行城市形象传播。

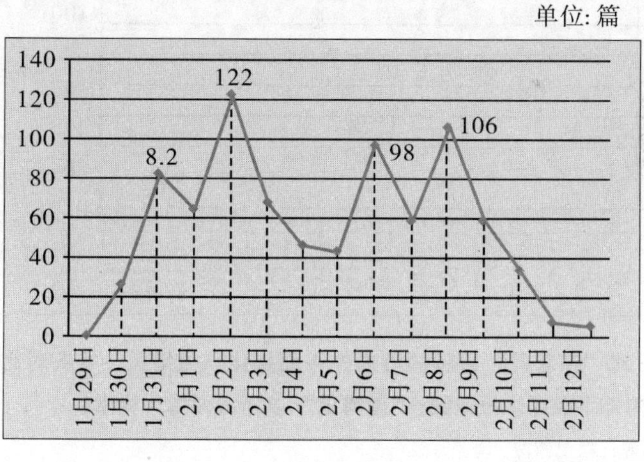

图2　境内外平面媒体对“宰客门”事件的报道情况

单位：条；样本媒体：新浪微博

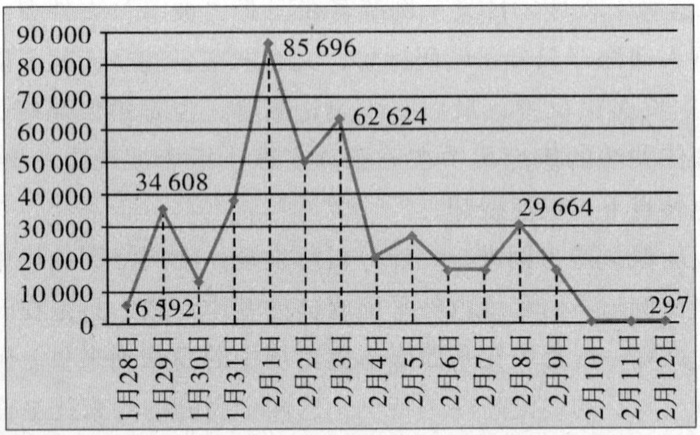

图 3　微博对“宰客门”事件的讨论数量变化情况

单位：条

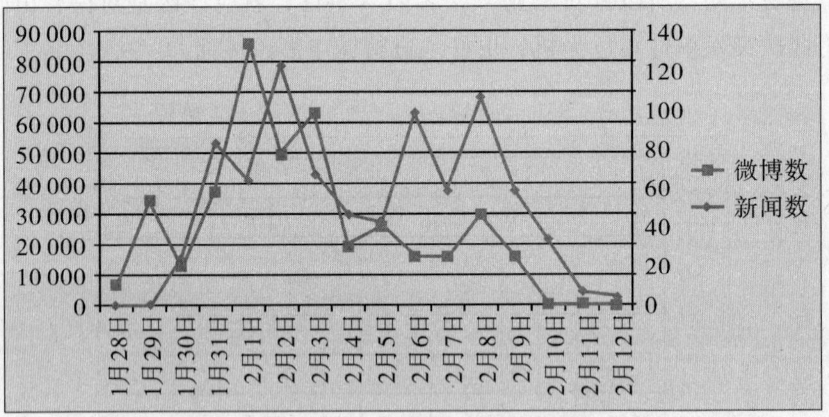

图 4　对“宰客门”事件的境内外平面媒体与微博关注情况对比（“新闻数”即境内外平面媒体报道数；“微博数”以新浪微博为样本）

数据来源：新浪微博

（三）城市形象认知的倾向性分析

1. 大陆媒体对三亚城市形象认知的倾向性

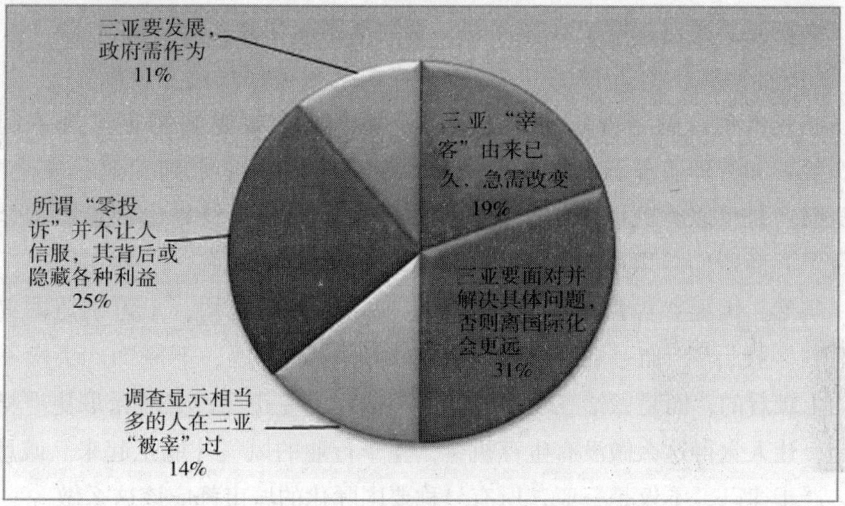

图5　大陆媒体在“宰客门”事件发生后对三亚城市形象认知的倾向性

通过分析大陆平面媒体在此事发生后对三亚的相关评论的倾向性，我们发现，总体来看，媒体对三亚整个形象认知的侧重点以及美誉度并不相同，但因为“宰客门”事件都对三亚地区的整体评价有所降低。其中，最多的看法集中在“三亚要面对并解决具体问题，否则离国际化会更远”，占31%；排在第二位的是对官方微博回应中的“零投诉”发出质疑，占25%；随后是对“三亚‘宰客’由来已久，急需改变”的强调，占19%；接下来是一些媒体通过调查发现“相当多的人在三亚‘被宰’过”，占14%；认为“三亚要发展，政府需作为”的观点虽然所占比例排在所有观点的最后，但其影响力却不容小觑，应特别关注。

从媒体评论所针对的主体来说，主要有两个，分别是政府的相关应对方式和当地旅游行业的自律问题，这也正是城市形象传播的主体。

◆三亚“宰客”由来已久，急需改变（19%）

《新京报》于2012年1月31日发文《三亚何时才能无“宰客”》

这次“宰客”风波的实质，正是游客长期以来对三亚旅游环境的不满所致。

三亚应倾听到舆论背后的真正意图，努力完善市场监管，打击商家宰客行为，真正维护游客的切身权益。如果三亚想成为一个国际化的旅游城市，不想办法杜绝宰客这类事情，是不可能的。

◆三亚要面对并解决具体问题，否则离国际化会更远（31%）

《法制日报》于2012年1月31日发文《国际化就是不护短》

三亚市政府的当务之急，不仅是查清事实，更是要制定出规章制度来，约束和管理服务行业的暴利心态，让游客们感觉来到三亚是安全的，人身财产是可以得到保障的，心情是愉快的。市政府经常出面道歉，全三亚替黑心商贩们背黑锅，并不是解决矛盾的最根本途径。

当然，需要率先端正态度的，是三亚市的政府机构，千万别急着宣称自己“零投诉”，而是要踏实下来发现问题，不护短、不掩饰。买卖不是做给上级看的，而是做给三亚市自己的。欲正人先正己，只有采取更严格的措施，让人觉得这么做没有生存机会，整个行业的风气才能正起来。诚恳待客，严于律己，不仅是三亚，所有号称要国际化的城市都应该这么做。

《北京青年报》于2012年1月31日发文《三亚有问题，但不只是三亚的问题》

因此，三亚乃至整个海南，要想实现国际旅游岛的美好预期，必须在全力应对春节黄金周狂热人潮的同时，加强城市公共服务的精细管理，在天赐自然风光的基础上，营造良好的城市形象，提供方便、人性化的公共服务。同时加强对旅游服务业的指导、培训、管理，以满足更多不受春节假期限制的国内外游客的高端需求，拓展游客群体、延长旅游时段，让国际旅游岛实至名归。另一方面，三亚作为一个缩影，再次提醒公众、舆论和政府应重新审视黄金周的利弊。

《第一财经日报》于2012年1月30日发文《吃住行样样挨宰，去三亚过年贵过欧美?》

业内人士表示，海南的现状与规划中的国际旅游岛还有相当大的距离。虽然旅游业发展较快，但相应的旅游配套服务措施相对落后，休闲度假旅游设施、旅游公共服务设施和交通基础设施等还不够完善，旅游信息服务体系相对落后，市场规范管理也有待提高，这些都严重制约着三亚旅游业的快速发展。

◆调查显示相当多的人在三亚“被宰”过（14%）

《成都商报》于2012年1月31日发文《调查：7成网友称在三亚被宰过》

一只螃蟹近千元、的士不打表、小商贩对游客区别对待……2012春节黄金周过后，“游客三亚被宰”成为网络上讨论最为激烈的话题之一。

网络上的抽样调查“您在三亚旅游时是否曾遭遇宰客行为”显示，截至1月30日下午5时，共有2 881人参与，表示遭遇过宰客的人数占73%。

◆所谓“零投诉”并不让人信服，其背后或隐藏各种利益（25%）

荆楚网于2012年1月31日发文《三亚“零投诉”温水里煮着多少“官蛙”?》

说到“零投诉”，一些规范的旅游区可能会做到，但作为一个城市来说就不可能做到，而真正到了海南这样的宰客现象普遍的旅游城市，则几乎成为典型的瞎话。那么，如此“瞎话”，怎么成了官方的语言呢？2012年春节黄金周在食品卫生、诚信经营等方面三亚没有接到一个投诉、举报电话，说明整个旅游市场秩序稳定、良好。这种“良好”与“稳定”，基本上可以是统一的“官话”，这样的“官话”不仅会出现在官方三亚市政府新闻办的微博上，当然还会出现在政府的正规文件当中。当地的政府工作报告便是“零投诉”，连春节黄金周都是“零投诉”，那全年的所有黄金周岂不也都不在话下？

三亚“零投诉”的温水里煮着多少官蛙、商蛙？官员在这种温水里得到了升迁、官帽，不法经营者在这种温水里大量盘剥游客的利益，那些旅游管理部门的官员们，是不是也在这种温水里靠分红来攫取利益？然而，最终被“煮熟”而死亡的不是“官蛙”、“商蛙”，而是整个旅游市场的诚信。

《西部商报》于2012年1月31日发文《“零投诉”无非是敷衍塞责》

从这件事上可以看出，官方和民间对于一些事件存在严重分歧，老百姓感觉权利受损，投诉无门，相关部门却认为天下太平，形势大好。这种现象的背后，不光是认识的分歧，还是工作作风的问题，官商勾结的问题。如果执法者能认真地为每一个投诉者维权，自然会有人来投诉。如果投诉无效，谁还会维权呢？希望相关部门好好地反思一下这件事情，千万不要将它当成一个偶然事件，要举一反三，分析事情的根源，否则，对这件事情的处理将是锯箭疗伤，不会触及事情的本质，不会推进政府服务质量的提高。

◆三亚要发展，政府需作为（11%）

荆楚网于2012年1月30日发文《三亚消费者遭侵权，考验政府公信力》

因此这就要求当地政府有关部门对侵犯消费者权利的不法行为，保持高压严打态势，不让违法经营行为抬头猖獗，不让欺骗消费者行为屡屡发生。对于维护市场秩序不作为、乱作为的政府工作人员，当地司法机关更要勇出重拳，严查渎职背后的利益交易。

旅游是消费者用脚在为城市投票。归根到底，维护消费者权利，政府责无旁贷，要以公信换得消费者的更多选票。旅游市场秩序怎么样，政府还是要听听消费者怎么说，消费者更要看看政府怎么做。

《京华时报》于2012年2月2日发文《遇到投诉究竟该谁“站出来”》

更重要的是，如果一面表示“我查不清楚”，一面还表示“恶意攻击将被追究”，听起来无异于威胁。这与网上发帖遭遇跨省追捕，是本质相同的错误。如果权力部门动辄祭出“依法追责”的法宝，吃了闷亏的消费者或游客，都可能在这样的利剑之下噤若寒蝉。在这样的情况下，可能不仅是投诉热线的电话铃永远不会响起，媒体和网络的批评也可能消失殆尽。实际情况却只是有着话语优势、有着权力资源的社会管理者遭遇“皇帝的新装”——即便赤身裸体，还以为华袍加身。

2. 港澳台媒体对三亚城市形象认知的倾向性

通过对港澳台媒体，特别是港澳台平面媒体对三亚就此事发生之后的城市形象认知的倾向性作分析，我们发现，相比大陆媒体，港澳台媒体的观点更加犀利，甚至有些“刺耳”。港澳台媒体对整个三亚城市形象的认知的倾向性总体以负面为主，其中，认为“三亚贫富差距已凸显，成富豪与权贵天下”的占40%，而认为“三亚应该虚心采纳意见与批评”、“三亚宰客门凸显急功近利”以及“市场监管力度急需加强”分别占到了20%。

◆三亚宰客门凸显急功近利（20%）

《明报加东版》于2012年2月8日发文《三亚宰客门 凸显急功近利》

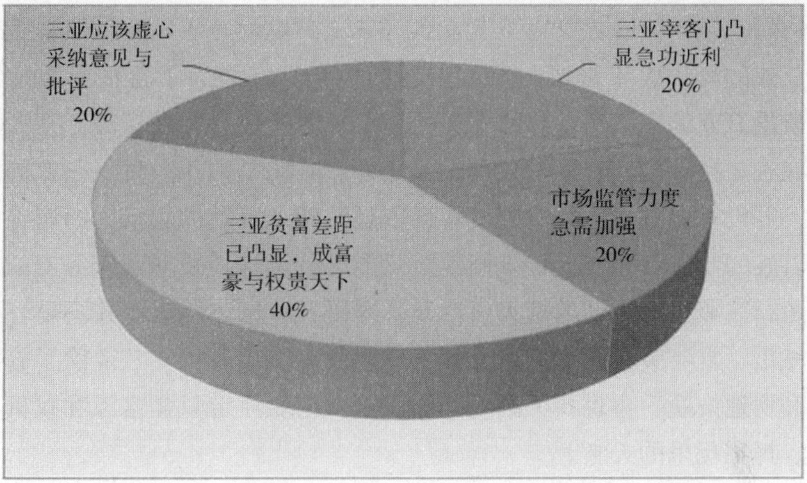

图6　港澳台媒体在“宰客门”事件发生后对三亚城市形象认知的倾向性

对于2020年的目标，研究人员并不认同，称“有些急功近利”。近期曝光的三亚海鲜宰客事件，增加了这种质疑的分量。

宰客事件致矛盾凸显，有些急功近利。中国社科院旅游研究中心特约研究员王健民表示，建设海南国际旅游岛的目标是到2020年基本建成，距离2010年提出仅短短10年的时间，从国际经验来看，同海南同等起步条件的旅游岛实现国际化至少需要二三十年的时间，如墨西哥坎昆经历了近30年才完成。

◆市场监管力度急需加强（20%）

《大公报》于2012年2月6日发文《三亚“宰客门”的反思》

龙年刚至，全球华人舞龙的热闹劲还没过，三亚“宰客门”事件即在内地媒体特别是网络上炒得沸沸扬扬。仅两天时间，“罗迪微博”的“三亚天价排档三个菜价格4 000元”，竟被转发近三万人次，轰动了全国。三亚市政府就此展开调查。笔者以为，节日哄抬物价，乘机宰客，绝非一个三亚市，也绝非仅仅大排档。其折射的玄机也绝非“抬价”与“被宰”等所谓“愿打愿挨”之类，而是人们长期极度无奈与愤懑的爆发！为什么？因为市场经济长出了第三只手：黑手——既不信亚当·斯密，更不信政府干预，而是一只良心丧尽、道德崩溃、只认钱不认爹的丧魂之手。

◆三亚贫富差距已凸显，成富豪与权贵天下（40%）

《成报》于2012年2月6日发文《三亚何以成为富人和权贵天下?》

三亚的海景房于是成为富人追逐的目标，富人为了自住或馈赠给权贵，争抢三亚的海景房，导致三亚的房子短时间成为稀缺资源。富人和权贵们在三亚持有房产，除了冬季小住之外，其实是常年空置，三亚的房价飙升，并没有促进当地经济的发展特别是改善老百姓的生活，海南绝大多数老百姓的收入常年在低位徘徊甚至只能维持温饱。长期居于海南的人都很清楚，三亚虽有所谓的蓝天、白云、椰树、海风，但三亚并不是一个宜居的城市，常年炎热的气候对人的身体并没有多少好处。三亚除了旅游服务业和房地产业，再也找不到更好的职业，三亚注定只是富人和权贵消遣休闲、挥霍玩乐的天堂。

◆三亚应该虚心采纳意见与批评（20%）

《澳门日报》于2012年2月6日发文《建旅游岛要懂待客之道》

其实，三亚既然要发展旅游业，在对待游客投诉和网友批评方面，应该虚心听取。这些投诉和批评，既不是“用心险恶”，也不是“没事找事”，其目的无非希望帮助三亚纠正旅游业的不正之风，使三亚真正成为“旅游者的天堂”，让游客不仅能欣赏到三亚秀美的海岛风光，也能品尝到货真价实的美味海鲜。

三亚今后的发展不能缺少游客，更不能没有“回头客”，虚心接受游客的投诉和网友的批评，有则改之无则加勉，最后受惠的还是本地。三亚应该有长远的发展眼光，不断提升服务业水平，打造世界一流的海岛休闲度假旅游地，这才是国际旅游岛建设的应有之义。

3. 网友对三亚城市形象认知的倾向性

通过对网友观点的抽样统计，我们发现，网友在“宰客门”事件发生之后对三亚城市形象认知呈现出较为悲观的态度。坚决表示“不会再去三亚旅游了”的人占到了27%；而“对三亚表示愤怒和失望”的网友也占到了32%；在发生“宰客门”事件后，网友“对有关部门的应对不满”的声音占18%；“对三亚宰客仍心存疑虑”以及认为“游客应该事先问好价钱，防止被宰”的观点均占9%，其他观点占5%。

◆游客应该事先问好价钱，防止被宰（9%）

网友“淡草浅痕”：其实哪个旅游景点没有这种宰客的现象，用得着

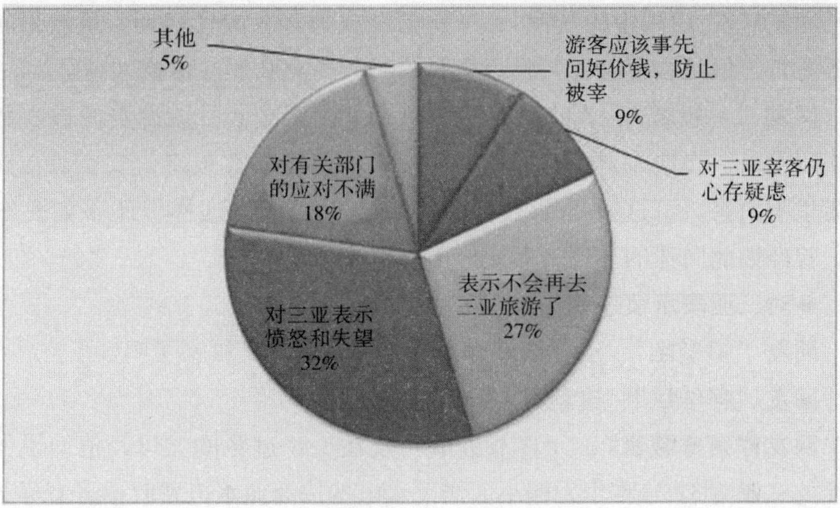

图7　网友在“宰客门”事件发生后对三亚城市形象认知的倾向性

这样吗？难不成在点菜之前没看菜单？

网友“绿松兰”： 最近微博上大家都在骂三亚的商家，宰客太狠太过分，不过我们不用一朝被蛇咬，十年怕井绳，因为并不是所有的商家都是黑心的，建议去三亚玩的朋友要提前准备一下攻略，避免让奸商轻易得逞。

◆对三亚宰客仍心存疑虑（9%）

网友“一念形象阿玥”： 飞机又晚点啦，一大早起来，现在半夜飞三亚，造型师的工作就是这样，辛苦又快乐！三亚是我想去的地方之一，因为有美丽的海滩。但有谁告诉我最近三亚的宰客风波消停了没有？大排档能去吗？我去了会和老板说：“老细，俾我鸭个椰子饭啦，尽系要椰子唔要饭。”

网友“航空梦想2010”： 想去国外，没同行的。看来只能考虑去三亚了，那里貌似海岛游还不错，就是宰客多一点，这个纠结了！咋办？

◆表示不会再去三亚旅游了（27%）

网友“刘珊燕笔录”： 和打劫有何区别，三亚还有人敢去吗？三亚旅游局是用来坑害人民利益专设的吗？

网友“峰行_ 天下”： 抵制三亚游，叫它宰客！

网友“醉花含烟”：不敢去三亚了！

网友“70 后眼中的爱情”：三亚已经成为宰客的代名词。虽然很向往天涯海角，但是去不起，一顿饭就要 5 000 ~6 000 元，价格太高了。

网友“－般若舟－”：三亚旅游宰客，源于垄断，旅游资源被少数利益集团垄断，当地人得不到好处。所以，去三亚要么被宰，要么躲在高级酒店里不出来。可这样的话性价比实在太低，与其这样，还不如去东南亚。曾经如此向往的三亚，短期内不会再去了。

◆对三亚表示愤怒和失望（32%）

网友“郁崇幽”：三亚，宰客的天堂。亲，你又被宰了吗？

网友“柯学斌”：这就是“国际旅游岛”！

网友“獬豸警官”：元宵节去电问候在三亚过冬的父母，他们说他们租住的三亚湾 37 号雅华香榭小区居民水电费按商业水电费收取，看样子三亚真是个亚健康城市。

网友“离人思”：去三亚卖纸巾就可以成为暴发户啦！

网友“醫海 Yaksa”：还真的不如出国去吃了。三亚就是惯出来的，断了他们旅游的财路看还能有什么蹦头。

网友“盖特 Nine9”：令人发指！直接改抢得了！三亚真让人失望！

◆对有关部门的应对不满（18%）

网友“落魄书生周筱赟”：三亚再次顶风作案！三亚工商局今天针对此前的万元账单说过“顾客签字不算宰客”，明天是否会针对这张账单再说一次？这已不是宰客，而是涉嫌敲诈勒索，属于刑事犯罪。“签字不算宰客，戴套不算强奸”，有关部门在创造雷人雷语方面，还能再无耻一点吗？

网友“掌心皮皮”：三亚的多起恶性事件使得很多身边的朋友不敢去了。反观西安，同样是国际著名旅游城市，坦白说欺客宰客现象屡有发生，而作为媒体，也是对故乡的热爱，始终是赞多批少，但相关部门也不要姑息这些现象，稍露苗头就要狠抓猛打，捍卫旅游形象，省得搞到三亚这种地步，就来不及了。

网友“武旭栋”：我们要大胆地向三亚“热发展”说不！不论是外地人还是本地人都希望能冷静地思考怎么做到可持续发展经营，从长远整体出发，考虑清楚了再做，拒绝短平快的房地产开发、旅游宰客等一系列肮脏短视的行为。

网友“孟非”（江苏卫视主持人）： 去年春节我在海口，遍地宰客，打出租，吃海鲜都是，价格贵得吓人。海口都这样了，三亚能好到哪儿去？海南疯狂的宰客现象央视新闻都多次曝光了，你们自己不好好检讨，还好意思说！

◆其他（5%）

网友“宋海旭 hellen”： 不知这投诉者咋样了？被跨省没？

网友“Mily_ 坏孩子”： 三亚有什么不好的！不可以用这件宰客事件来否定整个三亚，你了解过海南人吗？你有真正地了解三亚吗？

网友“电视人文峰”： 引起社会广泛关注的三亚“宰客”事件终于有了新的进展，一大批涉事海鲜排档已受到罚款或被吊销营业执照等处罚。有关部门宣称对宰客行为“零容忍”！其实更不能容忍的是旅游业的发展，只让少数人甚至是少数非当地人获益，当多数的当地民众无法享受到旅游业振兴所带来的益处的时候，有些事情还会发生！

（四）舆情应对点评及城市形象传播建议

1. 舆情应对点评

（1）潜伏期：虽及时，但草率——危机预警能力不足。

2012 年 1 月 28 日至 1 月 30 日，为“宰客门”事件发生后三亚城市形象危机潜伏期。在网友“罗迪”曝光三亚宰客事件之后的第二天，三亚市政府新闻办就在微博上做出了相关回应，虽然在时间上抢占了先机，但其回应的内容却被媒体和公众解读为“三亚政府在狡辩”、“三亚居然声称自己‘零投诉’”。尽管随后三亚市政府新闻办继续发微博澄清，说之前发的微博是工作人员失误，让大家误解了，但通过网友的评论来看，这一回应非但没有奏效，反而引来了众多网友以亲身经历“吐槽”在三亚“被宰”的遭遇。这也给其他并未去过三亚的网友造成一种“去三亚必被宰”的印象，给整个三亚的城市形象蒙上了一层阴影。

从三亚市政府新闻办草率应对的背后，我们可以发现其危机预警能力的不足。一方面，三亚市政府缺乏基本的城市形象舆情监测机制。“三亚宰客”的声音在大规模的危机没有爆发前就已出现，但由于监测能力不足，没能在平时把积攒起来的负面舆情及时处理，市场监管力度低，所以网友“罗迪”的微博在春节三亚旅游旺季出现，立即引爆舆情。另一方面，三亚作为一个旅游城市，面对“宰客”问题理应有一套规范的应对流程，而非只有随机、“拍脑袋”式的应对方式。

（2）爆发期：态度傲慢，趾高气扬——将自身置于舆论对立面。

1月31日上午，三亚方面恳请当事人出面合作，推动调查。同时，据媒体报道有关官员表示，“对三亚恶意攻击的人，将依法追究责任”。虽然媒体方面没有明确指出“追究责任”的原话是出自哪位官员之口，但在媒体大肆报道后，官方也并未出面辟谣，由此可以基本认定此话不虚。

正如《长江商报》引用网友观点“‘对三亚恶意攻击的人，将依法追究责任’这一说，看似是回击了舆论，但实际上所追求的威慑效果，却基本存在于设想中，控诉宰客的网友没被吓住。‘依法追究’的可操作性并不完备——人群汹涌，口水滔滔，欲跨省追捕，也忙不过来。”非但如此，此官员的字里行间还透露着傲慢的态度以及蔑视言论自由的趾高气扬，如此一来，就是将自身置于舆论的对立面，马上便引来网友的“围追堵截”。这样草率的言论、傲慢的态度，一方面不利于突发事件的解决，更容易将应对的过程演变为新一轮损害城市形象的危机；另一方面，每一个面对媒体的官员都是向外展示城市形象的名片，官员的不当应对无疑也给城市形象减了分。

（3）延续期：有歉意，无诚意——官员出言不当。

2月2日，三亚当地工商部门负责人表示，为了防止欺客宰客的行为，三亚市工商局强制要求各个海鲜排档老板必须在下单前让消费者签名，消费者认可后才能下厨。因此，现在网上很多消费者晒出的菜单理论上可以拿到工商局投诉，“但是如果菜单上已经有消费者签名，这就是合同关系”。

对于海鲜排档一顿饭动辄近万元的价格是否合理，该负责人表示，“这就是属于物价局管理的范畴了，只要是明码标价，又有消费者签字，就不能算欺客宰客，也不能照此进行处罚。”尽管2月1日上午，三亚市政府举行媒体见面会，海南省副省长、三亚市市委书记姜斯宪对今年出现的“宰客”现象向大家表示歉意，但三亚工商局负责人的这一不当言辞所体现出的“无诚意”态度，再次让公众愤怒。这又为媒体提供了“误读”的机会，使得三亚在危机传播中又制造了新的传播危机，加重了整个事态的严重程度，也对树立和维护三亚城市形象与政府组织的公信力十分不利。

（4）痊愈期：动作少，冲击小——后期形象修复能力不佳。

对于城市形象来说，其建立与完善是一个长期的过程，突发事件发生后，就事论事的应对仅仅只是第一个阶段，接下来还应该安排一系列具有强大冲击力的修复城市形象的“动作”。

三亚“宰客门”事件发生后，除去其危机应对不得力以外，我们并未看到更多的后期形象修复的动作出现，这就使得那些想去三亚旅游的人因为疑虑难消而放弃去三亚旅游的打算。从短期上来看三亚是流失了一大批游客与投资者，从长远来看则是失去了长足发展的动力来源。

2. 城市形象传播建议

（1）建立健全危机预警预案。

按照史安斌教授的提法，在危机传播中的危机潜伏期，政府应该从以下几个方面努力：准备预案、建立和培养各种合作关系、搜集各种相关建议、检验信息渠道是否畅通、进行新闻发布会的模拟和演练。

从三亚对“宰客门”事件的应对来看，三亚市政府并没有太多的制度性和常态化的应对流程，这也使城市形象因此受损。所以，建立健全危机预警预案就显得格外重要。

（2）优秀的新闻发言人是城市形象名片。

新闻发言人不仅仅是一个特定的人选或者职业，在危机面前，每一个官员甚至是普通公职人员都有可能充当对外展示城市形象的新闻发言人。所以政府部门一方面要培养优秀的专职新闻发言人，另一方面也要加强对所有公职人员媒介素养的培养。

在三亚“宰客门”事件中，被媒体关注的官员除了三亚市市委书记外还有普通的工商局负责人，而且，从其应对效果来看，越是基层的公职人员，其危机应对能力越是不足。基于此，为了打造城市形象，就需要通过培训等方式提高公职人员整体的媒介素养，以得体的方式应对不稳定的突发事件。

（3）加强城市形象舆情监测工作。

从三亚对“宰客门”事件的应对来看，之所以失败，一个重要原因就是其并未了解存在于网络中的舆情，也就没能“对症下药”。

城市形象舆情监测是一项常态化的工作，需要政府配备专职人员或者与舆情监测机构合作，以一定的时间周期为间隔，对一个城市的某些方面进行媒体和网友观点的汇集与整理。在重大突发事件发生后，进行不定时和重点监测，从而为政府及其他组织的危机应对提供事实依据和建议参考。

（4）提高城市形象建设的公众参与度。

一个城市良好形象的建立与维护，仅仅依靠政府的力量是不够的，更需要城市的企业与广大普通市民的积极参与。以三亚“宰客门”事件为例，政府应该充当领头羊的角色，通过开展一些能够扭转三亚负面形象的活动，号召公众积极参与其中，对于修复城市形象也很有帮助。例如，可以通过号召餐饮业、住宿业以及交通行业开展“厉行节俭”、“请游客监督我”等活动，表明三亚改变的决心，消除游客疑虑，通过这种号召公众参与的方式，提高城市形象的知名度和美誉度。

三、形象传播新窗口：城市官方微博

（一）微博概况

2011 年 4 月 7 日 16 点 25 分，三亚市政府新闻办开通新浪官方微博“三亚市政府新闻办”，并于 2012 年 1 月 28 日之后因为发布政府关于三亚“宰客门”事件的相关回应而备受舆论关注。截至 2013 年 2 月 2 日，“三亚市政府新闻办”的粉丝达到 15 万，发布各类信息 180 余条。

表 1 “三亚市政府新闻办”微博信息一览

微博名称	微博发布总量	原创微博比例	转发微博比例	粉丝数	关注数	日均发博数	平均评论数	平均转发数
三亚市政府新闻办	186	100%	0%	157 626	29	0.3	1 452	1 631

注：数据统计截至 2013 年 2 月 2 日 12:00（以下如无特别说明均同此）

（二）发博分析

截至 2013 年 2 月 2 日 12 时，“三亚市政府新闻办”粉丝达 15 万，微博发布总量为 186 条。从微博发布时段来看，从上午 9 时到 11 时，下午 14 时到 17 时均有微博发布，且微博发布量平均都在 10% 左右，此外，每天早晨 8 时是其微博发布的高峰时段。

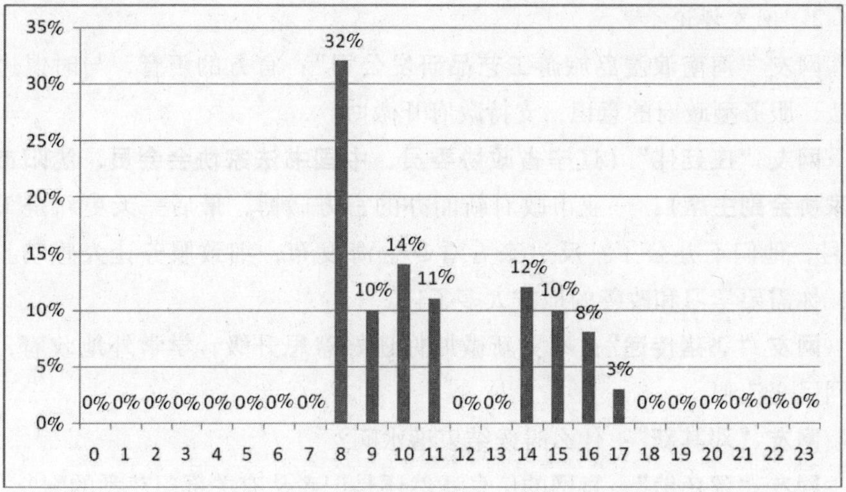

图8　“三亚市政府新闻办”发博时间分布

“三亚市政府新闻办”的微博除去少量对天气状况的转发，其余几乎全部为原创性内容，其内容主要包括以下几个方面：一是对政府现阶段施行的政策的解读；二是对三亚正在举行的活动的推介；三是对一些突发公共事件政府方面的回应作出通报。

（三）媒体与网民评价

1. 媒体评价

表2　媒体对“三亚宰客”事件的报道

日期	媒体名称	标题	内容摘要
2013－01－04	国际旅游岛商报网	三亚天价海鲜：政府应重视微博传播力量	从“天价海鲜”事件可以看出，微博存在难以预估的传播力和影响力，政府也应与时俱进重视微博的传播力量，别再让网络追着去行政
2012－01－30	天府早报	天价宰客三亚官博遮羞	这是三亚市政府新闻办发布的三条微博中的一条，截至今晨1时40分，这条微博转发超过12 100次，评论7 000多条。很多网友对“零投诉”提出了质疑、调侃，还有网友干脆在微博上进行投诉

2. 网友评论

网友“海南浪漫岛旅游工艺品研发公司”：官方的声音，与时俱进的做法，服务型政府的意识，支持政府开微博。

网友“庄廷伟”（辽宁省政协委员、中国书法家协会会员、沈阳市书法家协会副主席）：三亚市政府新闻办的官方微博，最后一天更新是1月30号，他们不办公了？反过来看看@上海发布，细致服务让人感动。三亚，你需要学习和改善的地方太多了！

网友“飞猪传递”：不更新微博你还好意思升级，学学外地政府，多和网民交流吧。

网友“邓其新”：什么时候结束潜水啊？

网友“涩色熊”：官网的信息竟然还是记者从有关部门获悉的啊？

（四）总体评价

政府新闻办微博在过去的两年中已经成为“官微界”的翘楚，成为很多网友认识一个城市首先关注的信息窗口。但是，“三亚市政府新闻办”却未能好好利用自身的资源与优势，荒废了一块本该大有作为的“沃土”。在突发事件发生后，三亚市政府仅仅利用官方微博发了几条信息，既没有与网友进行互动，也没有发布技巧可言，这些都不是一个官方微博应有的姿态。

一方面，三亚的旅游资源是其他省市都无法比拟的，所以，这就为其官方微博的内容提供了更多丰富而有趣的资源，也是许多向往去三亚旅游的人所希望获得的信息；另一方面，只有建立一个完善的微博发布制度，才可以在突发事件发生后，不仅能抢占先机，更能把握时机，得力而有力地应对。

（撰稿人　周亚琼）

2012 年深圳：法治诚信，走出“塔西佗陷阱”

一、城市概述

深圳是中国南部海滨城市，位于珠江口东岸，与国际大都会香港仅一水之隔。全市面积 1 991.64 平方公里，属亚热带海洋性气候区，四季温润、阳光充沛，盛产水果。

深圳，又称为“鹏城”，国际化大都市，全国经济中心城市，国家创新型城市，国际花园城市，全国四大一线城市之一。深圳是中国最早对外开放的城市，中国第一个经济特区，副省级城市，计划单列市。经国务院批准 1980 年 8 月 26 日正式设立，2010 年 8 月，深圳特区扩容至全市。深圳已发展成为有一定国际影响力的国际化城市，创造了举世瞩目的“深圳速度”。

二、突发事件舆情应对

（一）事件概况

2012 年 5 月 26 日凌晨，深圳滨海大道一辆高速行驶的跑车与两辆出租车相撞，致 3 人死亡。警方公布肇事者身份后，死者家属质疑“顶包”，之后深圳警方先后公布视频录像、车主照片等，并于 5 月 30 日公布 DNA 检验结果，确认肇事者就是侯某。（据人民网）

总体来看，深圳“5 · 26”飙车事件的发展存在两条线索，一条为网友对事件本身以及警方通告的质疑，另一条为警方对事件的调查结果通报以及对网友质疑所作的回应，两条线索相互对应交织，并经历了以下舆情发展阶段：

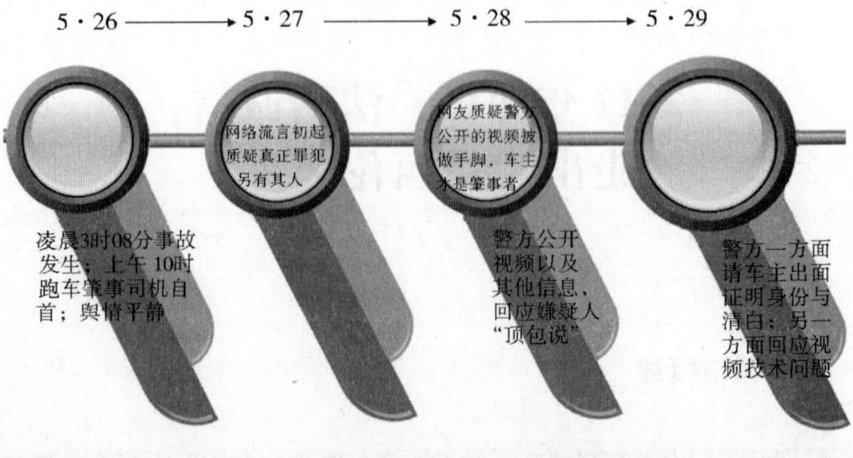

图1 "5·26"飙车事件舆情发展阶段一

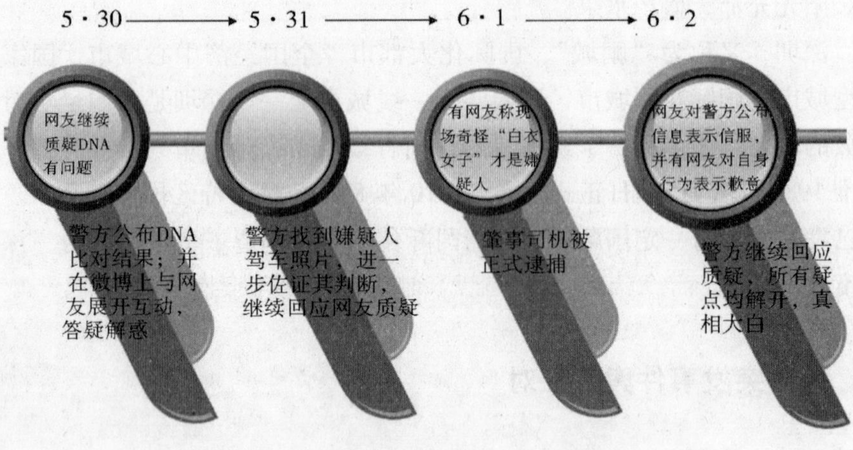

图2 "5·26"飙车事件舆情发展阶段二

5月26日凌晨3时08分，深圳滨海大道一辆高速行驶的跑车与两辆出租车相撞，致使一出租车内3人当场死亡。深圳交警对"5·26"特大交通事故肇事司机侯某处以刑事拘留。

5月27日，深圳交警公布车祸的初步调查结果：事故肇事嫌疑人侯某属醉酒驾驶，出租车上的死者身份也已确认。

5月28日，深圳警方召开新闻发布会，公布数个视频证明侯某即为肇事者，否认侯某"顶包"一说。

5 月 29 日，深圳交警召开第二场新闻发布会，公布了肇事司机侯某离开酒吧在电梯内的录像，公布了车主许某当日拍摄的照片，其身上并无伤痕。

5 月 30 日，深圳交警召开了第三场新闻发布会，公布了 DNA 鉴定结果。DNA 鉴定报告指出，车上的血迹与侯某 STR 分型一致。

5 月 31 日，深圳交警第四次召开新闻发布会，首次公布了肇事 GTR 跑车被沿途摄像头拍摄的直接画面，佐证了侯某的肇事者身份。

6 月 1 日，深圳市交警局向深圳市检察院提请批捕“5·26”重大交通事故涉案犯罪嫌疑人侯某。而“肇事车当时司机为一白衣女子”的传言又在网上开始流传。

6 月 2 日，深圳交警在官方微博上称，“白衣女子”当时实际上是在用上海话向其两名亲戚大声喊“快点走，快点走，就要爆炸了”，并非“赶紧走，别说我是司机”。至此，事件真相大白。下午 2 时，一名女网友在福田交警大队门前打出红色醒目横幅，向深圳“5·26”飙车案办案警察公开道歉。

随后几日，网友还围绕比亚迪车本身有无问题展开过讨论。

虽然“塔西佗陷阱”被证实并不是由塔西佗提出，在西方政治学里也不存在这个理论，“塔西佗陷阱”是网民根据塔西佗的思想学说总结的成果。但是，这个经由公众总结出来的理论，对于解释当今公共领域事件的发展过程以及公众心理十分契合。所谓的“塔西佗陷阱”，通俗地讲就是“当一个部门失去公信力时，无论说真话还是假话，做好事还是坏事，都会被认为是说假话、做坏事”。从深圳“5·26”飙车事件的发展过程来看，警方对于网友的质疑作出了及时而有针对性的回应，最后给公众呈现出一个公开公正的政府形象、一个法治诚信的社会面貌，走出了“塔西佗陷阱”。

（二）媒体报道情况

从媒体对此事件的报道情况来看，共有两次舆论高峰：第一次舆论高峰也是舆论最高峰出现在 5 月 31 日，即网友质疑事情真相，警方随后作出回应，最具权威性的 DNA 鉴定结果公之于众，平面媒体也在基本事实清晰之后对此事件的这个阶段作出相关报道与评论；第二次舆论高峰出现在 6 月 5 日，第二个阶段网友质疑结束，警方也给出了对整个事件能盖棺定论的几乎所有的证据链条，同时，一个和比亚迪车本身有无缺陷的企业危机也同时出现，导致了第二个次级舆论高峰的到来。

以新浪微博为例进行统计分析后发现，此事件在网络舆论场中只形成了一个较为明显的舆论高峰。5 月 29 日，也就是 DNA 比对结果出来的前一天，网络中充斥着大量的嫌疑人“顶包说”，警方虽然有所回应，但并未完全说服所有网民。

通过对平面媒体的报道情况与微博讨论情况的对比，我们发现，在事件的不同阶段，舆情热度也有所不同，且不同的平台对热点的把握也有区别，并不是所有的舆论都会造成舆情高涨，而深圳方面在此事件的应对上深谙此道，并有效地化解了危机。

单位：篇

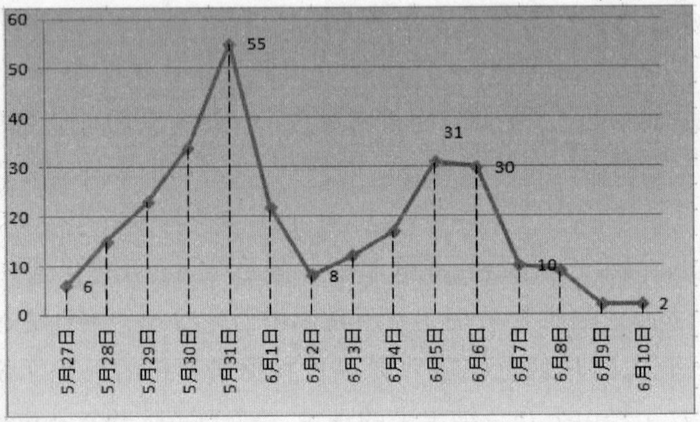

图3　平面媒体对“5·26”飙车事件报道情况

单位：条　样本媒体：新浪微博

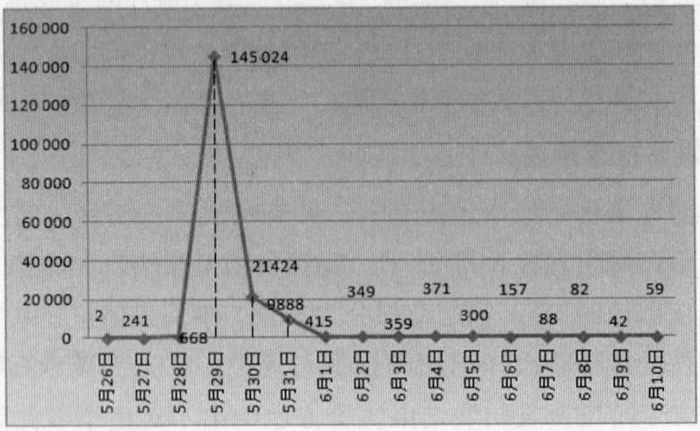

图4　微博对“5·26”飙车事件的讨论数量变化情况

单位：条

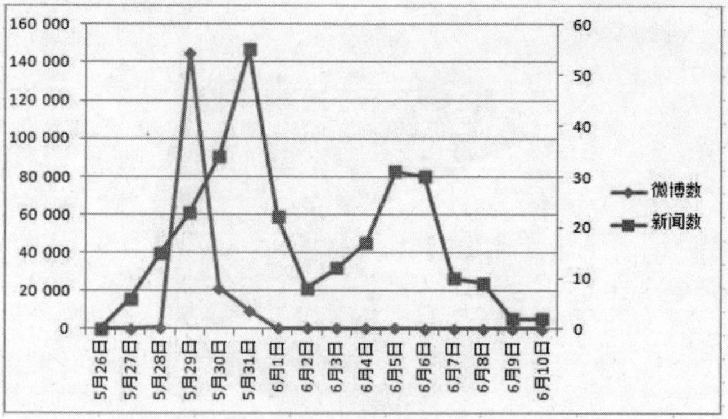

图5　对于“5·26”飙车事件的境内外平面媒体与微博关注情况对比

（“新闻数”即境内外平面媒体报道数；“微博数”以新浪微博为样本）

（三）城市形象认知倾向性分析

1．大陆媒体对深圳城市形象认知的倾向性

通过分析大陆平面媒体在此事发生后对深圳的相关评论的倾向性，我们发现，总体来看，媒体对深圳的城市形象的美誉度很高，尽管“5·26”飙车事件对于深圳来说属于一起危机事件，但因为深圳警方和政府方面对此事件应对得当，所以，媒体对其赞扬主要集中在两个方面：一是认为其“信息公开，消除了公众疑虑”，占到了所有评论倾向的46%；二是认为此事件是“官民良性互动的范本”，占18%。将这两项结合，可以明显看出，深圳的城市形象在经历了此突发事件后非但没有受损，反而给人以“法治诚信”以及透明公开化的印象。除此之外，具体来看，媒体还另有两种评论倾向，一是“对飙车惩罚的讨论”占27%，二是对“飙车频现的原因”探究占9%。

◆飙车频现的原因（9%）

《晶报》于2012年5月30日发文《飙车“飙”的是什么》

飙车“飙”的更是对执法不严的嘲弄。前几年就有媒体报道称，深圳深南大道、滨海大道、南海大道、罗沙路、侨香路附近的许多居民反映，深夜经常听到汽车马达呼啸穿过街头的声音。有一次，媒体记者甚至来不及举起相机拍摄，两辆跑车就呼啸而过，消失在视线之外。其速度之迅捷，可见一斑。然而令人遗憾的是，对于飙车行为的查处力度与其危害性极不相

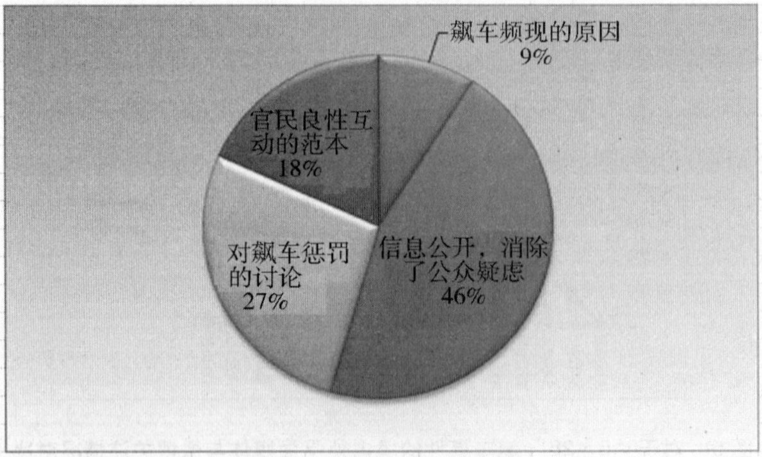

图6 大陆媒体在“5·26”飙车事件发生后对深圳城市形象认知的倾向性

称，相对于各种雷厉风行的查处醉驾行动，因飙车而被查处并治罪的仍是一片空白。正是这种有意无意的放纵，造成了飙车“猛于虎”的惨烈现实。

虽然，从实际操作上讲，查飙车要比查醉驾难得多，很多跑车都是改装车，不仅速度快，而且往往会遮盖车牌，“电子眼”对此也无可奈何，但这并不能成为放松查处甚至放任其在闹市大行其道的理由。相反，考虑到它比醉驾更具破坏性，对公众更具威胁性，应当下更大的决心，集中更多的执法资源，从技术监控、执法、公众举报等多个层面对飙车行为严加查处，查处不力者应以渎职论处。

容忍街头飙车是一个城市的耻辱，这样的认识不应一再用无辜生命的消失来换取。

◆信息公开，消除了公众疑虑（46%）

《南方都市报》于2012年5月30日发文《信息公开自由流动，公众疑虑自然消除》

5月26日交通肇事案发生，5月28日警方即召开新闻发布会，能够看出警方对此案的重视。重视的缘由，既因为必须尽快给受害者及其家属一个交代，更因为近日的舆情显示，此案已经成为全民关注的公共事件。警方重视舆情及其对公共事件的快速反应值得赞赏，在这种态度之下，而今既然公众疑虑未消，更加细致的调查和更加透明的信息公开自是警方顺理成章的选择。这种诚实无欺的态度和尊重公众智商的选择，值得赞赏，而事实也证明，这也正是消解公众不信任的不二法门。

《深圳特区报》于2012年5月30日发文《真实的结论就要经得起一切质疑》

交警部门连续两天召开新闻发布会，公布所拘留司机的照片、记录所拘留司机案发前后活动踪迹的视频、记录肇事跑车车主案发当天凌晨行止的视频、车主最新照片等证据，并已提取肇事车辆留下的血迹进行DNA血样比对，甚至说服车主现身接受媒体采访，表示出了积极澄清公众疑虑的姿态。的确，只有快速、完整地搜集并向公众展示证据，才能高效求解真相，并以此取得社会信任。

事件进程已证明，调查越充分、信息披露越及时，交警部门的结论就越能得到公众理解。是不是“顶包”，公众拭目以待。调查结论是不是经起得检验，检验标准应该是以有没有严密的证据链作为基础，能不能经得起一切质疑，而不是表态的口吻有多么斩钉截铁。有了可靠的、能够化解各方疑虑的证据，再给出真实的结论，才是严谨求实的表现。

诚破天下之伪。只要交警部门决心给公众一个有充分说服力的说法，那么，以其调查水平与能力就一定能破解诸多疑点，抵达真相。其实，交警部门化解各方疑虑的过程，与公众求解真相的过程是一致的。社会各方的各种合理质疑都应得到有力回应。如此，疑虑方可解，公信方可立。

人民网于2012年6月2日发文《深圳飙车案表明坦诚透明才能消解舆论漩涡》

面对这一舆论突发事件所带来的信任危机，深圳方面的反应可以说是很迅速的，其态度和行动有了明显转变，显示其驾驭舆论危机的良好能力。第二次发布会即提供十个方面的证据，第三次提供了关键和核心证据并回应所有疑问，全角度进行“微直播”，深圳检方提前介入等。这一连串动作，体现的正是坦诚和透明。正是坦诚的态度，促使他们去更加积极地寻找证据；正是透明的行动，促使他们直面所有疑点；也正是这种坦诚和透明，使深圳警方从被怀疑方，回到了处理事件的公正第三方，重新树立了依法、公正、客观的形象。

《南方都市报》于2012年6月1日发文《“顶包”疑云背后的质疑与释疑》

与此同时，舆论的评价也开始有了转变。5月31日，深圳交警就

“5·26”跑车车祸连续四天召开了四场新闻发布会后，这种少见的官方积极回应公众质疑的姿态，获得了正面的评价和肯定。有媒体在评论中说，“见惯了那些动辄诘问记者‘替谁说话’的官员，见惯了‘一言堂’式的发布会，深圳警方在这起肇事案件中表现出来的姿态和耐心，让民众颇有些不适应。”深圳大学传播学系副主任孙海峰认为，“5·26”事件中的交警表现，是舆论和公权互动，进而推动事件进展和信息公开的一个良好范本。“顶包质疑出来之后，网友广泛质疑，既提供了一些线索，也倒逼公权一步步公开信息。”孙海峰同时表示，如果事发后深圳交警能更及时公布核心证据的话，事件会更快尘埃落定。“政府部门对其公信力要小心维护，要靠一次又一次这样的信息公开。”而在第三场新闻发布会上接受南都记者采访时，深圳交警局副局长、新闻发言人徐炜则明确表示，对大家特别关注的案件，交警部门今后将会第一时间公开，随着热点的不断加热，公开的透明度、信息、频率都会越来越大，“会有一个常态机制，今后公开的会越来越多，越来越及时。”

◆对飙车惩罚的讨论（27%）

《深圳特区报》于2012年5月29日发文《“飙车入刑”刻不容缓》

然而，与查醉驾相比，查处飙车的执法力度远远不够。近些年，除非导致重大事故的飙车，仅因飙车而治罪的案例寥寥无几。究其原因，一方面，飙车难查，很多跑车都是改装车，又遮盖了车牌，“电子眼”并不奏效。另一方面，刑法对飙车的解释并不清晰，比如说“情节恶劣”的飙车才能治罪，如何定义“情节恶劣”呢，量刑的标准又是如何呢？在立法与执法环节，存在着“灰色地带”，这导致了打击不力、飙车猖獗。

如何打击飙车行为？目前应当贯彻执行“入刑”。立法环节，应出台更明确的法律条文，如何定义“闹市飙车”，时速超过多少公里才是入刑标准，保证有法可依，制定量刑标准。执法方面，应组织交警深夜赴各大主干道设置路障查飙车，对于落网的飙车族，处以刑事拘留。对于人人痛恨的闹市飙车行为，必须加以重拳打击。只要司法机关及交警部门表现出“醉驾入刑”一样的魄力，相信飙车行为将大大减少。

《深圳晚报》于2012年5月31日发文《依法严惩才能治“飙”治本》

“要以‘危险方法危害公共安全罪’论处。”深圳律协刑事法律业务委员会副主任刘平凡表示，“飙车党”必须治以重典。他说，法律的重要功能之一就是震慑作用。去年，刑法修正案出台，确定了“危险驾驶罪”，其中规定：“在道路上驾驶机动车追逐竞驶，情节恶劣的……处拘役，并处罚金。”这意味着，飙车行为属于“危险驾驶罪”。而“醉驾入刑”的一个逻辑是，只要一喝酒驾车，就属于“危险驾驶”。按照这个逻辑，在闹市飙车就算没酿成车祸，危害了公共安全，也应该运用法律予以制裁。“危险驾驶罪”就是要由结果犯罪，提前到行为本身犯罪。“如果仅仅处以‘交通肇事罪’，就违背了立法宗旨。”

《深圳晚报》于2012年5月30日发文《如果危害公共安全可判死》

深圳律协刑事法律业务委员会副主任刘平凡向记者介绍，该起特大交通事故，肇事司机已构成“以危险方法危害公共安全罪”。他表示，该案件造成严重后果，而且引发舆论广泛关注，符合“危险方法危害公共安全罪”的构成。目前交警局以危险驾驶罪和交通肇事罪对肇事司机办理刑拘，可能从方便调查出发，后面检察院批捕时，应该会改过来。

刘平凡解释，但该事故是肇事司机在醉酒状态下飙车，酿成三死多伤惨剧，行为人存在主观故意，造成公共危害确凿。“这个案子，可能也是个契机。”刘平凡说，一旦检察院最终以危险方式危害公共安全起诉，将具有明显的教育作用，对喜欢飙车的车主形成有力震慑。他说，交通肇事罪量刑在七年以下，危险驾驶罪则为“处拘役并处罚金”，但危险方式危害公共安全，最高可判处死刑。

◆官民良性互动的范本（18%）

《羊城晚报》于2012年6月1日发文《“顶包”风波平息，官民良性互动范本》

真诚化解公众的质疑。公众有质疑不可怕，怕的是冷落公众的质疑，这方面的教训太多，不胜枚举。更应该看到的是，公众当初之所以不相信警方说法，表面上看，是部分人的仇富心理，深层次讲，是某些政府机关公信力的严重下滑。换言之，不少人对政府的说法保持天然的警惕，你说什么我都不相信。这是为何？就是因为此前一些政府部门无视公众的合理诉求，言而无信。比如，一些突发公共事件发生后，有的地方政府不是发现真相，而是创作“真相”；不是交代真相，而是掩盖真相；不是和盘托出，而是说一漏三。如此一来，老百姓怎么相信你？

一个缺乏足够互信的社会令人不安，而官民缺乏互信，最终只会浪费社会资源，导致两败俱伤。以深圳警方真诚回应民意为契机，努力营造官民互信的社会生态，是时候了。

《北京日报》于2012年6月1日发文《豪车肇事为何舆论只围着“顶包”转》

重大公共事件中，无论质疑声如何响，无论误解如何多，坚持正面回应责难，用透明的真相争取最大程度的信任，可以说，深圳交警开了一个好头。虽然在脆弱的社会心理面前，想要说清楚什么是真相变得十分不易，有时对有些人，可能无论说什么、怎么说，拿出多么详尽的证据，他也“打死不信”，坚称“必有阴谋”。但大部分人不会永远被情绪和偏见牵着走。事实证明，只要有关部门能多拿出些诚意，尽可能地彰显专业精神，做到程序公正，不仅跟上舆论倒逼的节奏自证“清白”，而且主动提前排除各种疑点，跟民意良性互动，就能有效避免公共事件酿成信任危机。

2. 大陆以外的华文媒体对深圳城市形象认知的倾向性

大陆以外的华文媒体对此事件的关注度不高，只有《文汇报》、《大公报》以及《联合早报》三家报纸对此发表评论，另有少量消息发布。可以推测，媒体之所以对此事件的评论热情并不高，主要是由于政府积极应对网友质疑，并未出现太大纰漏。

下面是三篇媒体报道的简单摘要：

《文汇报》于2012年6月10日发文《深圳非法改车猖獗　二万幽灵午夜狂飙》

探讨遏制飙车之本——对非法改装车的治理

“5·26”特大交通事故揭开了深圳存在多年的飙车及涉嫌非法改装车的隐忧。在利益的驱动下，从随需而定的菜单式组装改装，到办理合法有效的合格证，再到挂牌上路，深圳市的非法改装车产业链几乎半公开地存在着。业内人士透露，估计经非法改装的机动车辆至少达2万辆，约占深圳现有机动车的1%。究竟是什么原因使得深圳市非法改装业如此猖獗？监管部门难道真的没有治本之策？

广东省深圳警方相关人士在该市交警局4日召开的新闻通气会上表示，将采取多项措施，对涉及改装车的交通事故进行截查，对涉嫌“飙车”、涉嫌非法“改装”的车主、驾驶员及违规检测站、非法改装厂店，除了行政处罚外，对于情节恶劣者将追究刑责。

交通意外，九成涉改装车。深圳警方相关人士向记者透露，深圳因飙车导致交通事故的肇事车中，90%的车辆经过改装。《香港文汇报》记者通过走访发现，保险公司认为按《保险法》第52条，如果肇事车辆被确定为非法改装车辆，保险公司有权拒赔。

《大公报》于2012年5月31日发文《公众质疑有助查清真相》

政府应对方式转变 值得肯定

尽管还有人对调查结论存疑，尽管交警等部门的回应手法略嫌粗糙，但不能不说深圳的公民力量是强大的，公权力也表现出不常见的敬勉之心。为一宗车祸，警方连开三场新闻发布会，这样的情况极为罕见。

公众的监督是严苛的，公众的智慧更不容欺侮。与此案有关的每一句证言、每一幅图片、每一个视频都要经过最严苛的检验和推敲，稍有疏忽便陷入更大的被动。警方的调查若能做到铁证如山，那么将陡升深圳的法治化形象，反之，则会令深圳的形象受损。正视并勇于回应公众质疑，是警方职责所在。

第一场新闻发布会之后，深圳警方出示的证据不但没有释疑，反而让人们的疑虑更重。紧接的第二场和第三场新闻发布会，警方显然是看到大量媒体报道和网上质疑后做出精心准备工作，及时调整策略，端出关键证据，新闻发言人的表现也显得更自信和坦诚，舆论的方向开始转变。

综观事态进展，有质疑、有分歧、有交锋、有辩驳，并不是坏事，公众的监督可促使警方查清真相。另一方面，情绪化、仇官仇富也无助查案，公众需要理性和善意的监督。

此事件也让人看到一种值得肯定的转变：虽然不尽如人意，但公众、警方、相关企业等正形成一种过去不常见的互动，大家的目标只有一个，让真相摊在阳光下。这种你来我往的过程，也是消除疑虑、达至共识的过程，这是一个具有建设性的开始。

《联合早报》于2012年5月30日发文《深圳警方称“撞车司机并非替身”　公众仍质疑　学者：公众对司法严重不信任》

剖析公众不断发出质疑的原因

深圳警方的这些解释并未能令外界满意。《广州日报》报道说，被撞出租车内的三名死者亲属继续怀疑自首者被“顶包”，他们对警方未能提供完整视频表示质疑，此外，对于在超高速行驶下发生事故，现身肇事司机并未受伤这一点，也打了问号。

另一方面，不管是当地媒体还是网络舆论，目前都没有停止对自首者身份的怀疑。新浪微博上，不少网民表示不相信深圳警方的通报内容，认为当中疑点重重。

广州公共知识分子李公明受访时指出，民众对司法的不信任，在中国已逐渐形成思维定式，深圳此案则再次折射出这一现实：有关案件一旦涉及权贵，公众便容易存有疑虑，而尽管相关部门努力辟谣，仍很难获得网民认同。

李公明认为，这一现象的出现，并非是民众单方面的发展导向，很大程度是过往经验累积导致，而类似事件不断，日渐加大民众对公权部门的不信任，进而影响社会的健康发展。

他指出，官方在面对同类事件时，应更坦荡更透明地展示所有真相给公众，否则只会增加公众疑虑，不断加重民众的这一定向思维。他认为处理类似事件时，除了当事人和执法部门外，社会也应有第三方作为检测民意的机构存在，“而这恰恰是中国现有架构中缺少的一环”。

3. 网友对深圳城市形象认知的倾向性

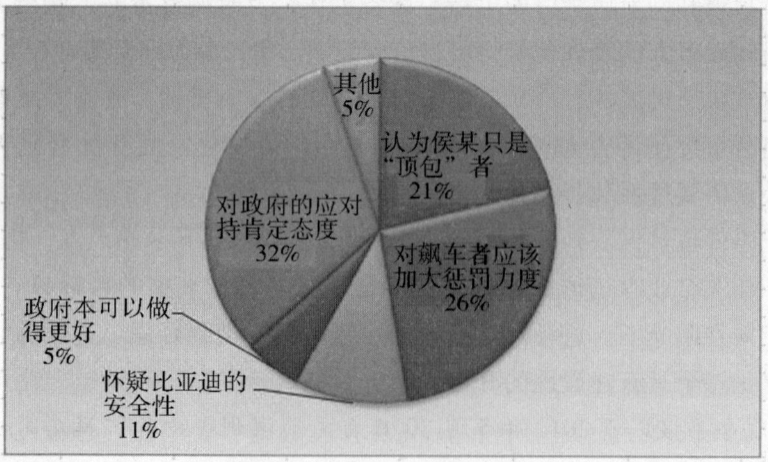

图7 网友在“5·26”飙车事件发生后对深圳城市形象认知的倾向性（抽样300条）

通过对网友观点的抽样统计，我们发现，网友对“5·26”飙车事件发生后的深圳城市形象认知呈现出较为肯定的态度。“对政府的应对持肯定态度”的网友言论占32%，比重最大；而认为应该“对飙车者加大惩罚力度”的也占26%；虽然政府的应对在总体上获得了肯定，但仍有21%的网友“认为侯某只是‘顶包’者”；除此之外，有5%的人认为“政府本可以做得更好”，11%的人开始“怀疑比亚迪的安全性”，另有5%的其他观点。

◆认为侯某只是“顶包”者（21%）

网友“xmdenny”：无耻顶包，富二代直接把司机拉来顶包，无耻。

网友“倫曉妖”：求人肉真正肇事者！

网友“當當乖寶”：不是人家有钱已经找到顶包的认了嘛？深圳之耻。

◆对飙车者应该加大惩罚力度（26%）

网友“杨先凯188”：这种人应该判处死刑。祸害人间啊。

网友“罗兵keven”：要严惩，居然一男三女酒后驾驶，还逃逸。

网友“火味冰”：这样的人不枪毙留着干嘛！死刑用得太少了，违法的人有恃无恐！

网友“BW涛”：危害公共安全，最高死刑。

◆怀疑比亚迪的安全性（11%）

网友“光伏一般战士”：是不是BYD纯电动车发生爆炸起火？这电池的安全性要引起高度关注了。

◆政府本可以做得更好（5%）

网友“全刚1979”：如果能够第一时间公布证据和相关监控录像，然后证明谁是肇事司机，也许就不会造成公众这么大的质疑了，也不会存在后面公安局要开这么多次的发布会，像挤牙膏一样一点一点地被公众和媒体把证据挤出来。

◆对政府的应对持肯定态度（32%）

网友“自由的szllj”：相比过往其他同类事件，深圳警方是有进步的。从开始就公开、透明，让媒体充分参与报道，就不会导致质疑满天飞。只要警方能提供充分证据，多数人还是会理性判断、不会无端怀疑的。

网友“我要法网”：深圳交警很认真，天天开会来澄清。

网友“段郎说事”：我觉得这次深圳交警应对舆论做得不错。

网友“爱在V深谷”：之前本人也的确是怀疑存在顶包！质疑了深圳交警处理此事！现看到深圳交警罗列出充分证据证明该案重点和疑点，而态度和作风也很亲民，有耐心。现解开一切疑问，本人向深圳交警说声："对不起，你们辛苦了！"接下来希望相关部门能公开公正公平地处理好此案件！以告慰活生生被烧死的三条生命！还他（她）们一个公道！

网友"红心囧太阳"：深圳警方在这次的危机处理中非常值得称赞。

◆其他（5%）

网友"南云楼"：又在满嘴跑火车！此案并非公众因信息驻留导致的不信任，而是警方不专业行为导致。其中，媒体的不专业也需要检讨。

（四）舆情应对点评及城市形象传播建议

1. 舆情应对点评

（1）信息公开不及时。

2012年5月26日深圳"5·26"飙车事件发生，但是直到5月28日深圳警方才召开第一场新闻发布会，并且是在网友发出了一系列质疑之后才被动地公开信息。

基于多年对网络舆情的分析，以及对当下媒体环境的判断，人民网舆情监测室提出了突发事件中的"黄金4小时媒体"概念。"黄金4小时媒体"主要指能产生快速舆论传播的网络媒体，以微博、QQ群、人气高的BBS论坛等为代表。

深圳警方在此事上的信息公开，最初并不及时也不主动，非但没有符合"黄金4小时"原则，而且连传统意义上的"黄金24小时"也没有遵循，是整个事件处置中的一大瑕疵。

（2）积极回应公众质疑。

从深圳警方连开四次新闻发布会回应公众对事件的质疑来看，充分体现出其谦和的态度以及积极回应民意的姿态。尽管有网友认为警方如此重视"5·26"飙车事件的回应，"是不是有些太重视了"，但由此也可以看出其努力的过程是被公众认可的。

在深圳"5·26"事件中充斥着"美女"、"豪车"以及"富二代"等字眼，难免引起公众质疑，而且这些质疑又与当下的"仇富"等情绪相契合，一旦点燃却没有被回应，就极易引发更大规模的危机，甚至导致谣言泛滥。

"在任何一个地区，当人们希望了解某事而得不到官方答复时，谣言便会甚嚣尘上。这是信息的黑市。"在微博迅速崛起的信息时代，谣言很少止于智者，而大多是止于公开，因为不少谣言就是由于信息的不透明引发了公众的猜想，给谣言制造了自留地，一些重大突发公共事件，由于权威信息发布不及时，网络谣言随即滋生蔓延，混淆公众视听，误导了受众，甚至可能造成社会恐慌。而深圳的积极回应却是有诚意的一种表现。

（3）善于运用网络执政。

在深圳“5·26”飙车事件发生后，“深圳交警”就在微博上进行案情调查结果的播报，特别值得肯定的是“深圳交警”对普通网友提出的问题都作出了认真的回答，这种互动虽然没能将质疑声完全消除，但正如网友评价“这样的互动太值得其他官微学习了”。

随着微博的兴起与不断发展，网络越来越成为公众发表言论的公共领域，也正是因为网络的不断发展，传统媒体被网络影响的程度也在逐渐深化，重视在互联网上的信息发布与互动，从某种程度上说也就把握了传统媒体的言论趋向。

（4）危机处理针对性强。

信息公开不仅要及时，更重要的是有效。其中最关键的就是要明确针对公众疑问以及呼吁所要公开的信息进而再公开。

深圳警方在“5·26”飙车事件中，最得体的应对即危机处理针对性强。当网友质疑侯某为“顶包”者时，警方随即公布侯某被认定为犯罪嫌疑人的证据；当网友对证据中的视频发出怀疑后，警方又在公众面前澄清此技术问题；当网友质疑证据链断裂，没有关键的DNA结果作支持后，警方在DNA比对结果出来后又及时发布；当网友继续质疑DNA可能也有问题，沿路监控照片才是证据关键时，警方在收集到照片证据后又第一时间向外公布。

2. 城市形象传播建议

（1）信息公开常态化、制度化。

深圳素来因其为经济改革特区而备受关注，而一个法治诚信的城市形象无疑也是构成其吸引力的重要因素之一。对一个城市来说，突发公共事件是无法避免的，有力的应对不但能够化解危机，而且能“反败为胜”，给城市形象加分。

一方面，在突发公共事件发生后，信息公开是第一要务，但信息应该何时公开、公开哪些、通过何种方式公开，这都需要一整套的制度建设与之对应，否则当事件突然发生后再临时决定，难免会出现纰漏。另一方面，即便不是突发公共事件，而是一些政策措施或者发生在公共领域的其他事件，也需要信息公开，以便真正做到官民沟通、官民和谐，从而为整个城市形象贴上“公开”、“公平”的标签。

（2）走出“塔西佗陷阱”，城市形象更上一层楼。

在深圳“5·26”飙车事件中，虽然网友质疑不断，但随着政府方面相关证据的陆续公开，我们可以看到网友对深圳警方的态度也在不断发生改变，由“质疑”到“将信将疑”再到“肯定”的一步步转化。

当突发公共事件在某个城市发生后，很多情况下当地政府都难逃“塔西佗陷阱”的怪圈，只有走出“陷阱”，逃出这个怪圈，才能让城市形象更上一层楼。具体来说，应该从三个层面着手：第一，态度谦逊，认真听取公众质疑；第二，使用新旧媒体积极回应；第三，建立长效的城市形象修复机制。

（3）建立健全“共景监狱”时代的城市形象传播新思维。

“全景监狱”是法国哲学家福柯对人类社会控制方式的一个比喻。即在传统社会，社会管理者主要通过信息不对称的方式来实现成本更低、效率更高的社会治理。这种控制形式恰如古罗马人发明的一种金字塔式的监狱：犯人被监禁在不同的牢房中，狱卒则处于最高一层牢房顶端的监视室内，他可以看到所有犯人，而犯人们却看不到他，并且犯人之间也缺少有效沟通和传递信息的渠道。在这种情况下，无论管理者是否到位或者缺位，犯人们都假定它的存在，因而不得不接受外在控制，同时也自觉地规范自己。但是，正如喻国明所说，传播的技术革命使得一种新的社会结构——“共景监狱”成为当下的传播模式。与“全景监狱”相对，“共景监狱”是一种围观结构，是众人对个体展开的凝视和控制。

在“全景监狱”的时代，谣言的传播自然较少，因为公众之间的交流也少，公权力几乎是信息的唯一来源，就算信息缺失，公众之间也无法使得流言大肆传播。但是，“共景监狱”时期的到来，使得在公权力信息发布缺失的情况下，信息可以通过另一种渠道被补救，也就是由人民网舆监测室提出的“两个舆论场”模式中的“民间舆论场”来完成。这个民间舆论场有别于公权力所占有的舆论场，它是由“草根”集聚，由意见领袖带领，共同形成的一个意见平台。在这种传播格局之下，谣言的传播就格外容易，人与人之间都是一种交流和倾听的姿态，而非“全景监狱”里的互不沟通。

基于此，我们要建立健全“共景监狱”时代城市形象传播的新思维，政府机构单方面的对城市形象的构建与传播并不能完全起效，而是要利用各种传播机会，通过新兴媒体，用生活化、生动化的语言发动普通公众和网友参与其中。例如在此次的深圳“5·26”飙车事件中，政府完全可以邀请网友现场观看监控视频以及出席其他证据发布现场，一方面快速打消公众对事件真相的质疑，另一方面也树立了城市开放的良好形象。

三、形象传播新窗口：城市官方微博

（一）微博概况

2010年10月14日9时，广东省深圳市公安局交警支队官方微博开通新浪官方微博“深圳交警”，并于2012年5月26日之后因发布关于深圳“5·26”飙车事件的相关回应而备受舆论关注。

截至2013年2月6日，广东省深圳市公安局交警支队新浪微博粉丝达到23万，发布各类信息14 240余条。

表1　“深圳交警”微博信息一览

微博名称	微博发布总量	原创微博比例	转发微博比例	粉丝数	关注数	日均发博数	平均评论数	平均转发数
深圳交警	14 243	70%	30%	234 071	304	15	33	51

注：数据统计截至2013年2月6日12：00（以下如无特别说明均同此）

（二）发博分析

截至2013年2月6日12时，“深圳交警”粉丝达23万，微博发布总量为14 243条。从微博发布时段来看，从上午7时到11时，下午15时到18时均有微博发布，且微博发布量平均都在7%左右。此外，每天早晨8时为其微博发布高峰时段，晚间20时与21时也有较多微博发布。

“深圳交警”的微博内容主要包括：一是交通线路方面的提醒和交通有关的新闻与政策播报和解读；二是趣闻以及一些具有人文关怀的微博；三是对一些突发事件的回应。

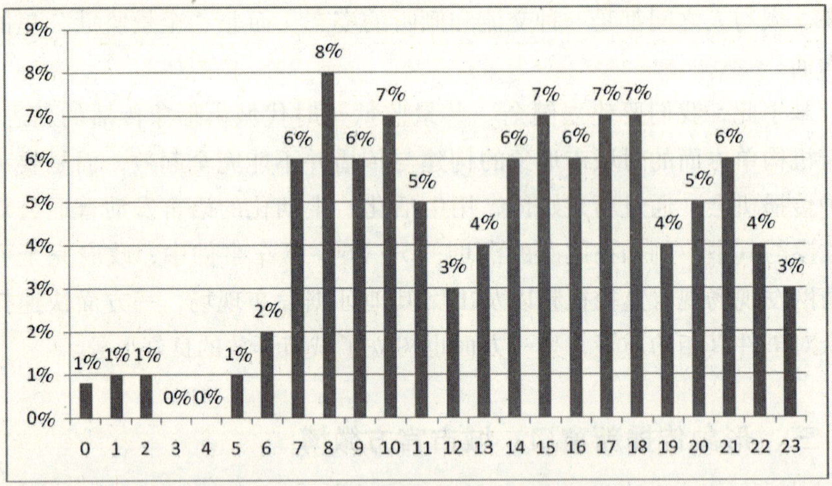

图 8 “深圳交警”发博时间分布

（三）媒体与网民评价

1. 媒体评价

表 2 媒体对深圳“5·26”飙车事件中“深圳交警”微博的评价

日期	媒体名称	标题	内容摘要
2012-07-27	晶报	期待更多“微博航母”起航	深圳交警在利用微博同公众互动方面，一直走在深圳各职能部门前列。不久前，人民网舆情监测室发布全国公安交警政务微博排行榜，此榜反映各交警微博与网友互动热度，其中“深圳交警”微博高居榜首。在“5·26”飙车案以及此次台风来袭期间，深圳交警积极利用微博同网民互动，亦可圈可点
2012-06-07	人民网	公安交警政务微博排行榜发布深圳交警“一枝独秀”	人民网舆情监测室今日发布全国公安交警政务微博排行榜，此榜反映最近一周各交警微博与网友互动热度。其中，“深圳交警”微博因突发事件引发网友热烈转发评论，热度急速升至首位

（续上表）

日期	媒体名称	标题	内容摘要
2012 - 06 - 06	南方日报	深圳首次治理飙车行动打响 微博互动改装车政策	昨天凌晨1时至3时，深圳交警首次在全市范围内组织开展代号为“治飙01”的打击飙车专项整治行动。截至行动结束，交警未发现一宗飙车行为，查处醉酒驾驶1宗、酒后驾驶8宗、涉嫌假套牌2宗、非法改装1宗。同时，在昨日，交警部门就打击“飙车”话题，通过微博与网友互动，称认可汽车合法改装，打击的只是少数非法汽车改装行为

2. 网友评论

网友“方堃 - Jack”：认真关注了“5·26”深圳跑车车祸案，发现有一点做得很好。面对社会和网络上的负面舆论，政府和警方做到了每天一次新闻发布会，每次发布会都澄清之前网民们的质疑，这是很大的一种进步。

网友“释然 George”：作为普通市民，释然举双手赞许深圳警方的举措及努力。躺着中枪的各位……请注意了。

网友“李铁军”：这件事儿，深圳警方做得还不错，一步步都有响应。若政府机关都能这么和公民沟通，公民社会就有希望。

四、总体评价

无论从发博数量还是质量上来看，“深圳交警”都可以称为官方开微博的榜样。一方面，“深圳交警”有自己常规的微博发布流程和内容，微博发布的类型较为固定，这就为培养目标粉丝提供了良好的基础，而且这些内容的实用性很强，再加上微博对网友提出问题的积极回应，其互动程度高也为深圳交警的亲民性加分；另一方面，“深圳交警”作为深圳对外宣传的窗口，当突发公共事件发生时，起到了及时有效的信息发布和答疑解惑的作用，成为展示深圳城市形象的通道。

（撰稿人　周亚琼）

2012年中国社会公益活动与城市形象传播

人类的生存和发展离不开城市，城市往往是一个地区的经济、文化中心，传递着特定的民族文化特征和人文风貌，反映着该地区人们的物质生产水平和精神生活水平。城市形象还关系到整个国家和民族的稳定与团结，体现其生产力的发展水平，同时也是建立良好国际形象的保证。因此，对城市问题的研究是极为重要的。改革开放以来，中国在城市建设方面进入了一个崭新的阶段，城市化进程持续加速。尤其在近十多年间，国内的大中城市普遍经历了前所未有的改革浪潮。而城市形象作为研究城市的一个重要分支，在树立城市个性化形象和现代城市面貌方面，有着不可替代的优势和潜力。[①] 它将会为不断变化的城市环境提供形象参考与发展框架，为建立城市特有的空间环境和视觉特征起到积极的推进作用。

一、2012年城市公益活动发展现状及新变化

（一）现状综述

城市形象，一般而言是指城市带给人的印象和感受。城市的建筑物、道路、旅游景点、生活设施等，都是构成这种印象和感受的基本要素。而市民的行为、风俗、公职作风、文化氛围等，又构成了城市形象中个性与特色的丰富内容。甚至一口地道的方言、一份美味的小吃、一套精美的服饰，都可能形成人们对相关城市形象的长久印记。从这个意义上说，城市文化才是一座城市迷人的关键因素。正如学者蒲实对“城市形象”的定义：城市形象是城市整体化的精神与风貌，是城市全方位、全局性的形象，包括城市的整体风格与面貌，城市居民的整体价值观、精神面貌、文化水平等。进行城市形象设计，可以将城市整体的精神与风貌等特质予以

---

① 王豪．城市形象概论．长沙：湖南美术出版社，2008. 2.

提炼、升华，塑造独特的城市文化形象，充分发挥城市功能，从根本上改变目前城市建设雷同化、一般化的倾向，推动城市全面发展，创建名牌城市。城市形象就是城市文化的充分展现，城市形象的推广过程就是城市文化的推广过程。[①] 而城市形象又可以刻画城市个性、弘扬城市的精神风貌，传播城市文化、陶冶市民情操，使人们对该城市产生深刻的认同感和责任感，从而有利于城市的各方面发展。从这一层面上说，城市形象又具有一定的公益性，它是一种公共财富，是城市中的每一分子都可以共同受益、共同分享的。而城市形象的公益性特征，又将城市活动中的一个重要组成部分——社会公益活动，引入了对于城市形象的探讨中。

社会公益活动，是指一定的组织或个人向社会捐赠财物、时间、精力和知识等的活动。公益活动包括多种形式，如社区服务、体育赞助、文化赞助、教育赞助、社会援助等。公益活动原本是一些经济效益比较好的企业用来扩大影响、提高美誉度的重要手段。但是从2010年开始，公益活动逐渐走出企业，开始贴近群众、贴近生活，从人们生活中的细节处着手，以政府相关部门为依托，创办了一系列便民、利民的特色公益活动。例如"随手拍做公益"、公益深交会以及壹基金在深圳的马拉松赛，还有"人人公益"、"全民公益"、"微公益"等多种新兴公益形式。这些公益性活动虽然类别各异，但本质核心却是一致的，那就是让公益成为每个普通人都能参与的活动。这也就赋予了公益活动全新的理解和诠释。根据美国印第安纳大学慈善研究中心被广泛接受的定义，公益是指个人或者组织基于价值观来实现公共利益的志愿行动。这个概念比传统的捐款捐物的慈善定义要宽广，而且能准确地描述出这个时代正在发生的变化。[②]

对于一个城市的发展，公益活动不仅可以提高该城市的美誉度，促进城市总收入的二次分配，使部分需要帮助的群体改善生活质量，提高生活水平；还可以树立一个城市的良好形象，增加整个城市现有居民的城市认同感和自豪感，促进城市的良性发展。从2011年开始，全国各城市社会公益活动的数量和质量的评比活动——"中国城市公益慈善指数"拉开了帷幕，深圳市作为新兴城市的代表，在首届评比中夺冠，成为我国"城市爱

---

① http：//baike. baidu. com/view/815796. html.

② 朱健刚．中国公益发展报告．北京：社会科学文献出版社，2012. 2.

心 GDP”最高的城市，为该城市的整体形象加了分。

2012 年 8 月 27 日，第二届“中国城市公益慈善指数”发布典礼在宁夏回族自治区吴忠市举行。典礼发布了中国 321 个城市的“城市公益慈善指数”，而本届参与城市的数量是首届的 6 倍，全国城市覆盖率达 52.5%，省覆盖率为 90%。“中国城市公益慈善指数”是由民政部主管的中民慈善捐助信息中心组织研发的一套对城市慈善事业发展水平进行综合检测和科学评价的指标体系，被形象地称为“城市爱心 GDP”。该指标体系是在以慈善理论为根基，充分考虑国情特色的基础上，按照规模、结构、贡献、可持续性这四个维度，从社会捐赠、慈善组织、慈善项目、志愿服务、政府支持、慈善文化 6 个方面共 30 个指标，对各城市的公益慈善事业发展状况进行综合考量。该活动是一项开创性的工作，指数的数据基础来自民政部的“全国百名城市慈善普查”，它弥补了我国慈善事业统计数据的空白，开启了中国公益慈善事业进入可量化评估、专业化管理的新时代。并且我国期望通过持续开展城市公益慈善指数评估，促使各城市积极开展城市慈善事业发展规划的编制工作，将创建慈善城市工作纳入城市整体发展战略，推动我国“十二五”期间慈善事业的专业化、可持续化，充分发挥慈善事业在城市经济社会发展进程中的重要作用。在 2012 年的评选中，部分城市做得非常突出，其中排名前五的城市依次为北京、上海、深圳、无锡和南京。这些城市不仅在社会公益活动方面取得了一定的成功，在城市形象的建立和维护上更是取得了不俗的成绩，获得了社会各界的一致好评。下文将概述部分公益活动，并进行分析研究。

（二）城市公益活动列举

1. 北京篇

北京是我国的首都，是我国政治、文化、教育和国际交流中心，同时也是我国经济金融的决策中心和管理中心。2012 年全市实现了地区生产总值 17 801 亿元。至 2012 年年末全市常住人口 2 069.3 万人，其中，在京居住半年以上的外来人口 773.8 万人。按常住人口计算，全市人均地区生产总值 87 091 元，折合 13 797 美元。就是这样一个庞大的城市，要在全世界范围内维护自己的城市形象，是一项关乎城市中每个人、每个团体的浩大的集体事业，而社会公益活动在其中的作用不容小觑。

（1）2012 年度“绿色北京 低碳生活”大型公益系列活动。

为加强商业绿色品牌的建设、提升与推广，形成商业良好的绿色品牌竞争气氛，促进“十二五”节能减排目标的实现，更好地持续开展节能减排全民行动，加快构建资源节约型、环境友好型社会，由北京市节能环保中心、北京日报报业集团、北京市地铁运营有限公司共同主办，京城独家地铁报——北京娱乐信报承办的 2012 年度“绿色北京 低碳生活”大型公益系列活动正式启动。①

此届大型公益系列活动包括四个公益系列子活动，分别是：百万市民读者参与绿色调查问卷抽奖活动，“地球的未来”主题少儿水彩画比赛活动，“我身边有故事的人”视频评选活动，“百姓心中十大绿色品牌评选”活动。该系列活动以全市市民为目标受众，以问卷调查、儿童画展、群众视频以及企业绿色品牌建设四种不同的形式，传递出自己的活动口号和宗旨——“绿色北京 低碳生活”。② 国际篮球巨星马布里于 2012 年 5 月 16 日正式签约成为活动的形象大使。在该届公益活动的宣传片中，马布里在自己熟悉的地铁环境中真情流露地演出，并和参与拍摄的小演员进行亲密互动，举手投足间尽显亲和本色。马布里是低碳出行的绿色先锋，地铁也是他很喜欢的交通工具，此举与该届公益活动的低碳宗旨有完美的契合度。同时，公益活动本身也能借用马布里的社会影响力提高活动的宣传效力，运用“名人效应”达到活动良好的传播效果。③

（2）“为 TA 奔跑”北京马拉松全民公益活动。

“为 TA 奔跑”2012 年北京马拉松全民公益活动是恰逢 2012 年北京马拉松举办之际，由中国扶贫基金会发起，依托北京马拉松组委会开放的赛事平台、善品网善品（款）筹募平台以及主流媒体的互动传播平台联合推出的网络拍卖筹款活动。通过公益项目征集、善品劝募、公益拍卖和在线捐款等方式筹集善款，动员社会各界以更有趣味、更有意义的方式参与公

① http：//finance. sina. com. cn/leadership/jygl/20120808/181812794921. shtml.

② http：//www. epchina. com/2012/0425/33642. shtml.

③ http：//www. epchina. com/2012/0517/33958. shtml.

益，以众人之力为有需要的人提供帮助。该活动开放公益项目征集、推荐平台，主办方联合合作伙伴、媒体等，以儿童关爱类为主题推荐、遴选帮扶对象。帮助的公益项目有乐善助长类，包括爱心包裹项目、给孩子送双运动鞋、奥迪爱心图书室和瑞丽阳光儿童关爱项目；乐善助困类，包括救助马拉松女孩郑平和白血王子许玉盟，以及旨在改善6岁聋儿听力状况的“知乐行动”。该活动鼓励以3人/团队的形式报名参赛，每一支报名参赛的团队须从中选定一个公益项目以确定其帮助的对象。活动期间，每个团队所得的善款将用于执行报名时指定的公益项目。活动结束后，中国扶贫基金会按约为各公益项目拨付资金，并按照统一的财务及项目管理等规定监督并予以反馈。①

善品网项目负责人王毅认为，马拉松精神与慈善精神本质上非常契合，体现的都是公平、坚持、传递正能量、挑战自我等美好的人生品格。此外，马拉松可以说是成本最低的运动项目，“人人可公益”的低门槛、参与性强的慈善理念正好与此完全吻合。“为TA奔跑”公益活动为创新公益慈善与体育赛事的合作模式作出了新的探索并提供了丰富的经验，通过整合善品网劝募筹款、北京马拉松赛事参与和知名媒体互动传播的平台特点及资源优势，为众多爱心企业和每一位爱生活、爱公益、爱运动的爱心人士搭建了更为开放、便捷、多元的公益参与平台，通过社会各界的努力传递爱心，传播公益慈善，诠释马拉松精神。②

（3）“因为爱·2012”公益盛典。

“因为爱·2012”公益盛典旨在推选在扶老、助残、救孤、赈灾、济困、助学、助医以及支持文化艺术、环境保护等公益慈善领域作出突出贡献的企业、个人和公益项目，向他们送去鲜花和掌声，对他们行注目礼，并循着他们的足迹，进行一次心灵之旅。此届公益节首度设立了年度公益影像奖，鼓励公众用自己的镜头记录身边的公益人物和公益故事，传播“人人公益”的理念。

此届中国公益节以“让公益成为一种态度”为年度主题，内容设置包含开幕式、主题论坛、专题晚会、年度倡议、答谢晚宴等环节，通过主题

① http://gongyi.sohu.com/20120929/n354196338.shtml.

② http://gongyi.sohu.com/20121109/n357159185.shtml.

演讲、案例分享、深度对话的形式分享公益的最佳实践。盛典推出年度公益榜样，以年度榜样为主线，展示他们所代表的公益事件、他们所倡导的公益项目和他们所参与的公益事件。并且该活动举办了年度公益倡议——“善传播·心计划”，借助公益节携手各界精英，发出年度倡议，倡导公众和企业多利用自身传播途径，以文字、图片或者影像的方式发现生活的美好，传播身边的公益故事。①

中国公益节吉祥物-奔奔

此届公益节以“让公益成为一种态度”为主题，旨在引导“公益”从个人走向大众，从企业走向社会。推进政府、媒体、企业界、学术界、公益组织就推动公益事业发展进行深入交流，凝聚共识，始终秉承随手公益、全民公益的理念。倡导以微小之力带来细微的改变，让互助的快乐在不断地互动分享中产生并延续下去。倡导企业在自身发展的同时对人的责任、对环境的责任和对社会发展的广义贡献。②

2. 上海篇

上海，中国第一大城市，中国四大直辖市之一，中国国家中心城市，国际大都市，也是中国的经济、科技、工业、金融、贸易、会展和航运中心。上海是一座新兴的旅游城市，有着深厚的近代城市文化底蕴和众多历史古迹，并于2010年成功举办世博会。江南原有的传统文化与移民带入的新文化融合，逐渐形成了上海特有的海派文化。同时，上海正致力于在2020年建设成为国际金融和航运中心。

（1）“一个鸡蛋的暴走”公益活动。

“一个鸡蛋的暴走”公益活动是一年一度沪上平台型的公益筹款活动，2012年该活动由MSN中国和上海公益事业发展基金会（联劝）联合发起，于3月份正式启动。经过2011年秋季上海崇明岛的暴走活动，这种基于“劝募”方式的新型公益形式已得到公众的认可与欢迎。这让人们感受到公益不仅是一种时尚，还是一种得到众多参与者认同的日常生活的快乐

① http：//www. gongyicn. org/shengdian. asp

② http：//news. china. com/domestic/945/20121129/17555761. html.

体验。

该活动于 2012 年 3 月 15 日 12 时正式开始接受报名，短短三天内，报名队伍数量就突破了原本 150 支队伍的招募目标。为了响应公众高涨的热情，联劝基金会将招募队伍数量增加到 200 支。每支暴走队伍由 4 到 10 名暴走队员组成。爱心人士可通过 MSN 中文网和联劝“一个鸡蛋的暴走”网站了解活动详情。暴走活动于 4 月 21 日在上海青浦举行。参与者需要在 12 小时内走完 50 公里，并通过劝募的方式游说周围的朋友为其暴走行为捐赠善款。在汲取了往年暴走活动经验的基础上，该活动进行了全面升级：一方面启用信息化技术来提高报名、现场打卡和捐赠反馈的效率；另一方面活动得到了众多爱心企业的支持，增强了对队员的安全保障。

此次活动支持的项目范围从“一个鸡蛋”项目延伸到五项儿童类民间公益项目，涉及贫困地区儿童营养、乡村儿童阅读、自闭症儿童、农民工子弟素质拓展培训等领域，扩大了受益人群覆盖面。MSN 希望利用自身互联网资源，以及在白领人群中的媒体影响力为中国民间公益组织提供宣传平台，扩充中国的公益力量，用丰富的公益形式和项目让更广泛的人群受益。①

2012 年“一个鸡蛋的暴走”活动筹款统计在 2012 年 5 月 18 日截止，并在 5 月底召开的暴走总结会上公布了暴走筹款数据。该暴走活动支持的所有项目，都将与“一个鸡蛋”项目一样，在联劝项目公示地“乐捐乐助”网（www. wisegiving. cn）公示每月项目进展报告，在联劝官网新闻的定期报告一栏中公示总结报告，并通过电子简报与微博主动反馈给公众。

（2）关爱“阳光之家”。

上海专门为智障人士开设了“阳光之家”，在“阳光之家”里，你可以聆听他们的歌声，走进他们的生活，了解他们的成长，看智障人士用自强不息的精神谱写生命的最强音。

遍布上海各个区县的“阳光之家”始建于 2005 年，是当年上海市政府为市民所做的十件实事之一。如今“阳光之家”已发展至 240 家，承担着上海一万多名智障人士走向社会的重担。别具特色的“阳光之家”在短短几年内变成了沪上智障人士的乐土和家园。在这里，16 岁至 35 岁的智

---

① http：//www. e800. com. cn/articles/2012/0412/506893. shtml.

障人士学会了简单的谋生技能，也找到了生活的信心。如今，他们中的许多人已经从过去孤独自闭的阴影中走出来，迈出了生命旅程全新的第一步。

上海一位“阳光之家”的工作人员曾在日志里写下这样一段话：“尽管他们都是一些智障学生，有着先天的缺陷；尽管他们不聪明，也绝对不是最优秀的。但是，我们要紧紧地牵着他们的手，为他们喝彩、加油，也为他们的勇敢和自信放手。”①

（3）绿色上海，青春同行。

为了进一步提高全体市民尤其是青少年群体的生态环境意识和社会环境意识，培养全体市民健康向上的生活方式，2012 年 9 月 3 日上午，由共青团上海市徐汇区委员会和徐家汇社区党工委、枫林社区党工委、漕河泾社区党工委、田林社区党工委、凌云社区党工委联合主办，上海绿梧桐公益促进中心承办的“绿色上海，青春同行”2012 青年公益环保周举行了开幕式活动。该活动旨在引领当代青年健康向上的生活方式，倡导低碳环保的时尚理念，突出宣传和倡导“随手公益，行动改善环境”的理念。

活动期间，上海绿梧桐公益促进中心、“热爱家园”、欣耕工坊、上海野生动植物保护协会等沪上多家知名公益组织，将进入徐汇区徐家汇街道、枫林街道、漕河泾街道、凌云街道和田林街道进行巡展，在开展便民活动的同时向市民展示了其不同领域的公益环保新理念，并通过互动游戏的方式让市民在活动中感受环保的重要性。该次环保周，主办方还将环保“人与环境摄影大赛”带入社区，展示了当代社会对环保事业的迫切需求，

---

① http：//www. 5yi. com/events/1123920.

使环保行动可以更加贴近实际、符合居民体验，让更多的公益环保组织更有效实际地展现自己的环保理念！①

（4）2012 年“浦江老人白内障复明”公益活动。

随着老龄人口的成倍增加，上海已经成为中国人口老龄化最严重的城市。中老年眼病发病人数也在不断上升，最常见的白内障已成为影响老人视觉健康、困扰老人生活质量的最大问题之一。为了给更多的老人送去光明和温暖，将社会关爱老人的活动传承下去，由上海市老龄办支持，上海市健康产业发展促进协会主办，上海瑞视眼科承办的“送光明，递温暖，情系老人——2012 年浦江老人白内障复明公益活动”，得到了社会各界的大力支持。在政府和协会的推动下，瑞视眼科深入社区，进入基层，做咨询、做义诊、做筛查，坚持提供早期预防、中期排摸、后期治疗的服务。目前，黄浦区 20 个居委会，近 3 000 位老人已陆续享受到了专业眼科医生的医疗服务，十几位患者成功接受白内障复明手术，重新获得光明。

在该项活动中，瑞视眼科以点带面，逐步把活动推广到上海市各个区县、街道、居委会，设计个性化的医疗服务，启动强大的专业团队，充分发挥了眼科机构的作用，为有困难、行动不便的老人提供专车接送并进行后续治疗，以实际行动证明了瑞视眼科为老百姓办实事、办好事的诚意。该次白内障复明公益活动主要针对本市 65 岁以上、上海市常住户口、拥有上海市城镇职工基本医疗保险卡的老人。凡需要手术的老人，除医保卡支付外，患者自费部分全免。②

3. 深圳篇

深圳，又称“鹏城”，全国经济中心城市，国家创新型城市，国际花园城市，全国四大一线城市之一。深圳是中国最早实行对外开放的城市，也是中国的第一个经济特区。经国务院批准 1980 年 8 月 26 日正式设立，2010 年 8 月，深圳特区扩容至全市。深圳已发展成有一定国际影响力的国际化城市，创造了举世瞩目的“深圳速度”。

中国首届“慈善展览会”（以下简称“慈展会”）于 2012 年 7 月 12 日至 14 日在深圳举行，主题为“发展·融合·透明”。“慈展会”包括主场

---

① http：//www. cityyouth. cn/g/NewsDetail. aspx? ID = 2484.

② http：//www. jfdaily. com/a/3288447. html.

静态展示区（展位展示和展墙展示）、动态体验区、大型论坛和沙龙、公益慈善节庆、公益慈善项目电视大赛、网络交流展示平台六大板块。展区面积1.5万平方米，约有400家公益慈善组织、企业、教学科研机构及省自治区、直辖市组团参展，全面展示了我国社会建设和公益慈善事业的成果。首届“慈展会”按照“政府搭台、社会运作”的办会模式，创新公益资源交流方式，打造了一个国家级、综合性的公益慈善交流平台，填补了我国公益慈善领域的一项重大空白。

首届“慈展会”具有四个特点：一是规模空前。“慈展会”是首次由国家民政部、国务院国资委、全国工商联、广东省人民政府和深圳市人民政府共同主办的国家级、综合性公益慈善项目交流展示会。二是整合资源。“慈展会”为政府、企业、社会组织和社会各界搭建合作平台，汇聚全国范围内具有影响力和创新力的公益慈善组织、企业和基金会，实现公益慈善倍增的效应。三是公众参与。首届“慈展会”最大范围地发动各方参与，成为了一次公众参与的盛会。开展了丰富多彩的公益慈善活动，让人们体验和感悟公益慈善，让人人参与公益慈善，做到家喻户晓。四是传播理念。“慈展会”展示全国公益慈善最新概念、最新项目，发布最新政策、专家新观点、学术新成果，传播现代慈善文化和慈善理念，弘扬中华民族传统美德。①

4. 无锡篇

无锡，被誉为“太湖明珠”，位于长江三角洲平原，是太湖流域的交通枢纽。无锡自古就是中国著名的鱼米之乡、四大米市之一，同时也是一

① http：//www. china. com. cn/zhuanti2005/txt/2012 – 05/07/content_ 25318712. html.

座繁华的现代化城市，是中国民族工业的发源地之一，素有“布码头”、“钱码头”、“小上海”之称。无锡地处太湖之滨，风景绝美秀丽，历史悠长，是在江南蒙蒙烟雨中孕育出的一颗璀璨的太湖明珠。

(1) 感恩社会“光彩公益”活动。

由无锡市委统战部、市工商联、市光彩事业促进会共同组织的全市“统一战线光彩公益活动”于2012年1月16日启动。全市各县区基层统战部门、商会组织、行业协会、异地商会、民族宗教团体的负责人近200人参加启动仪式。会议号召全市统一战线成员在开展感恩社会光彩公益活动的同时，实施“百千万工程”。所谓“百千万工程”，“百”指的是以基层统战部门、商会组织、行业协会、异地商会、民族宗教团体为载体，建立100个光彩公益小组。2012年全市统一战线的公益活动，统一冠名“光彩公益”，并且全部纳入感恩社会光彩公益活动范畴，由光彩公益小组分项实施，力求全面、系统、综合地反映光彩公益活动的实际情况。“千”则是指开展光彩公益活动1 000场次，光彩公益小组通过开展“安老、扶幼、助学、救难、济困”等一系列活动，把统一战线与非公经济人士对社会的回馈、百姓的感恩落到实处，惠及千家万户，全年目标为各级光彩公益小组累计开展活动1 000场次以上。“万”就是指直接帮扶人员要达上万名，全年光彩公益活动重点直接帮扶因病致贫、因灾致困人员10 000人次以上。此外，以实物救助、解决就业、扶贫开发、鼓励创业等形式，实行项目扶持与直接援助的有机结合，扩大惠及面。会议向全市统一战线成员发出《感恩社会发展光彩事业，凝心聚力建设幸福无锡》倡议书，增强社会责任感，坚持“致富思源，富而思进”的光彩精神；进一步树立以人为本的观念，关爱企业员工，构建和谐的劳动关系；进一步发扬中华民族扶危济困、乐善好施的传统美德。①

(2) 2012年无锡市公益文化活动。

无锡市在2012年举办了多次公益文化活动，分别于2月、4月、5月、7月、8月、9月、10月、11月、12月份举办了为期一个月的益民活动。这些活动不仅丰富了市民的生活，而且使“人人公益”的文化理念深入人心，提高了市民素质和生活质量。该市的公益活动针对不同的人群安排有

① http：//gch. wuxi. gov. cn/web101/xxydt/5431578. shtml.

不同的活动内容：针对老年群体的“梁溪晚霞美，水墨传真情”迎“七一”老年艺术作品展；针对少年儿童的“文化小精灵”——七彩夏令营（“陶文化”中衍生出的“茶文化”）、“我身边的读书人”小记者专题采访实践活动、“心向党、传美德”——留守儿童科技夏令营；针对盲人的“阅读与欣赏”盲人读者品鉴会——《沁园春·雪》、“耳边的世界”——为盲人说故事《拥有一颗柔软的心》等。这些公益活动的传播方式在愉悦人们身心的同时，也在全社会范围内传播了公益文化，并取得了良好的效果。

5. 南京篇

南京，江苏省省会，历史悠久，有着超过 2 500 年的建城史和近 500 年的建都史，是中国四大古都之一，有“六朝古都”、“十朝都会”之称，是国家重要的政治、军事、科教、文化、工业和金融商业中心、综合交通枢纽。

为响应该市第十三次党代会“建设幸福都市”的号召，进一步传承和发扬南京博爱之都的城市公益精神，传播公益文化、鼓励公众参与，由南京市委社会建设工作委员会、南京市民政局、爱德基金会、江苏省广播电视总台（集团）共同主办，江苏新闻广播、江苏省广电总台新闻中心、龙虎网、西祠胡同、新浪微博“南京同城会”等多家媒体全程支持的“博爱之都·幸福南京——2012 公益季”系列活动于 2012 年 6 月 9 日正式开幕。此次公益季的主题为“透明·参与·创新·协作”，在开幕后的近一个月时间内，主办方有序地推出了公益交流展示会、爱德志愿者嘉年华、公益沙龙、公益创投、公益评选、南京公益组织系列活动等各具特色的主题活动，集中展示博爱之都——南京的公益发展成果，推动全社会关注公益、参与公益、支持公益，为建设幸福都市贡献力量。①

此次公益活动共分为 18 个子活动，分别从医疗卫生、青少年教育、为孤寡老人服务、为残疾人服务等方面进行活动的组织和安排。其中尤以青少年教育为重要内容，活动组织志愿者利用周日和节日时间，运用自己学到的知识去辅导那些来自农村的孩子。青少年是我国未来建设的接班人和希望，给农村孩子优良的教育是实践我国教育平等的第一步。

---

① http：//www. amityfoundation. org. cn/article/view. aspx？ id＝6081.

二、公益活动对城市形象传播方式的影响

现阶段的中国社会正面对着一股强劲的城市化浪潮，这是一场巨大的社会变迁，在这一过程中将会有5亿至7亿的农村人口以各种方式涌入城市，共同完成城市的各项建设。而城市形象作为城市建设的重要部分，涵盖了城市规划、城市特色、城市文化、城市活动等各个方面。社会公益活动原属于城市活动的一部分，但在现阶段的发展变化中，已逐渐凸显了其自身的社会价值，成为建设城市文化的组成部分。从组织简单的活动进行社会收入的二次分配，转变为一种强有力的公益文化的意识形态；从一种组织或个人为提高自身美誉度的营销手段，到全民公益、人人公益的全社会成员的集体活动，进而衍生出公益活动本身的公信力与所在城市公信力的直接关系。这些转变都使城市形象的树立和发展越来越离不开公益活动的推广。而公益活动则依靠本身的公益文化、公信力，以及现阶段新兴的微公益组织形式影响着整个城市的文化氛围和形象建设。

（一）公益文化

现阶段我国实行的全方位强国战略，其中最重要的就是“文化强国”。文化是综合国力的重要标志和重要组成部分，也是增强综合国力的重要力量。综合国力是国家拥有的整体实力，是包括自然资源、经济、军事、政治、科技、教育、外交、国民素质、凝聚力等在内的各种物质因素和精神因素相互作用的综合体。因此，综合国力包括物质和精神两种力量，而文化则是精神力量的代表，它以精神财富的形式，以对别国进行文化辐射的影响力来显示综合国力。文化作为一种精神方面的软实力有着不容忽视的力量，哈佛大学教授约瑟夫·奈在他的《美国定能领导世界吗》一书中，提出了“软实力”的概念。具体来说，其内涵主要包括“价值观念、意识形态、制度和文化。但是，价值观念、意识形态和制度都是在文化环境中孕育出来的，文化是所有软实力要素的唯一母体。因此，建设城市软实力的关键是城市文化的建立”①。从价值取向上看，城市文化软实力是指在城市创造和更新中，城市文化所表现出的影响力、吸引力、创造力和持久

① 胡键．以文化建设提升文化软实力．文汇报，2007－06－25.

力。城市文化软实力形成于主体性选择与客观性创造的融合中，统一于城市的内在蕴涵与外在塑造的进程中。城市文化软实力认同是城市主体在传统与创新的长期实践中对城市精神、城市文明、城市文化、城市政策、城市形象等方面认可、肯定、尊重和践行的程度，其核心是对城市文化的基本价值的认同。①

在未来城市的发展过程中，文化的作用将会越来越凸显。著名的历史学家斯宾格勒说："一切伟大的文化都是市镇文化，这是一件结论性的事实。"在这句话中的"市镇"不是通常意义上的乡村文化，而是作为一个地区经济政治中心的城市。就我国而言，城市形象内涵具有多种文化特质和类型。当你初次踏入一个城市，首先让你感受到的就是这座城市给你带来的不一样的文化氛围：北京的庄严古朴、广州的豁达进取、上海的海纳百川、南京的历史底蕴、杭州的江南风韵……每个城市都有自己的独特魅力，以自身不同的文化素养，装点着各自的形象，散发出迷人的韵味。近年来，各种形式的公益活动逐渐走进普通人的生活，衍生出了生命力顽强的公益文化。公益文化是相对于经营性文化而言的，它具有非营利性和大众性，旨在为全社会提供非竞争性、非排他性的公共文化产品和服务的文化形式。公益文化在城市中的有效传播，有利于社会公共文化事业的发展，有利于尊重和保障人民的文化权益，更有利于提高城市的文化生产力，成为衡量城市文明程度的重要标志。

2012年是社会公益活动发展的转型期，同时也是公益文化影响城市形象建设突出的一年。无锡和南京作为"中国城市公益慈善指数"较高的城市，在公益文化的传播方面做了很多工作。无锡市在2012年举行了9次公益文化季活动，合理利用市政建设，包括博物馆、图书馆、美术馆、剧院等设施，为市民提供丰富多彩的文化生活。另外，还针对不同的社会群体举办了不同的公益活动，使其在生活的点滴中感受到来自社会公益的关注，包括针对少年儿童的假日主题活动，针对盲人的"耳边的世界"慈善义演，以及针对外来人口的"百姓歌会"大型表演活动等。各具特色的公益活动让市民感受到了相关部门的公益意识和服务意识，增强了市民的城市归属感和认同感，提高了市民的文化素养，为整个城市的人文建设打下

① 陈燕燕．上海城市文化软实力认同的基本现状．理论探讨，2011（3）．

坚实的基础。公益文化的推广提高了城市的人文精神，使市民自觉地担负起维护城市形象的责任。南京作为六朝古都，丰厚的历史底蕴是其城市特色的重要组成部分。一系列别具韵味的非物质文化遗产，在南京市的公益文化季活动中得到了充分的展示。由南京城市符号文化交流中心发起的“一起来做张南京手工地图吧”的活动中，以“手工美化生活”为主题，收集整理南京市的一些手工艺地点信息，包括老手工艺地名、手工品老工匠、传统工艺制作人及店铺、原创手工品、手工艺培训工作坊等信息，制作出一张属于南京市自己的手工地图。通过这次活动，众多即将消失的精湛的手工艺作品和技艺重获新生，让更多的人了解其带来的社会价值和历史价值。而对于南京市民来说，通过类似的历史文化类公益活动，不仅丰富了他们的人生阅历和知识储备，增加了他们作为南京市民的城市自豪感，而且使其认识到自己对这座城市的文化建设应负的责任，使之为以后的城市建设做好充分的意识和精神层面的准备。

公益性文化事业是社会主义文化事业的重要组成部分，是全面建设小康社会的内在要求。在党的第十七次全国代表大会的报告中就明确指出：“坚持把发展公益性文化事业作为保障人民的基本文化权益的主要途径。”中央既强调发展公益性文化的必要性，又明确了发展公益性文化事业的目的是让广大人民群众享受公益性文化事业发展所带来的新成果，切实保障人民的基本文化权益，充分表明中央对文化建设的认识达到了一个新高度。由此可以看出国家对公益性文化事业的重视程度。[①] 而对于城市的形象建设来说，公益文化的传播使命还在于使市民确立起具有高度社会责任感的文化理念和意识修养，把城市特色文化同个人生活结合起来，与时俱进、开拓创新，使其成为推动城市各项建设全面发展的强大力量，以及维护良好城市形象的坚强后盾。因此，每个城市都要重视通过公益活动向社会传递公益文化，并以公益文化为基石建立起富有责任与创新的城市文明精神。

（二）公信力

公信力，从字面意思上理解，是指“使公众信任的力量”；从社会层面上理解，是指在社会公共生活中，公共权力面对时间差序、公众交往以

---

① http：//wenku. baidu. com/view/feafd735f111f18583d05a1c. html.

及利益交换所表现出的一种公平、正义、效率、人道、民主、责任的信任力；从政治范畴理解，政府的公信力是一个国家或者城市对该地区存在的权威性，在社会中的信誉度以及对公众的影响力。[①] 而对于社会公益活动来说，公信力则是一个公益组织或个人具有的号召力和社会影响力。社会公益活动属于公共事业，因此公益组织有责任接受公众的监督、质疑，并且维护自身的公信力，保证公益活动的公开性。在这一点上，公益组织对公信力的要求与政府具有殊途同归的一致性。它们同样都是以公众为服务对象，以公众的利益为首要利益，竭力维护社会的长治久安。因此，一个城市公益组织的公信力如何，将会直接影响到该地区的政府形象，而政府形象又是城市形象的重要因素。这就使得公益组织的公信力与城市的形象建设有了直接的联系。

2011 年，有关公益活动的公信力问题成了媒体追捧的热点，也成为很多人街头巷尾讨论的话题。然而这种“主流化”却是来自公众对于慈善组织和慈善人物的相关“丑闻”的关注，以及由此引发的一系列有关慈善公信力的信任危机。2011 年最具影响力的公益慈善事件无疑是由“郭美美”以红十字会商业总经理的名义在网络上炫富，所引起的公众对于红十字会慈善公益事业的公信力的质疑。而在之后发生的“中华慈善总会1 500万购买发票事件”、“河南宋庆龄基金会投资事件”，更将公益慈善组织的公信力推向了舆论的风口浪尖，引发了一场关于“公益公信力”的大讨论。而 2012 年的社会公益活动就汲取了 2011 年的经验教训，来自社会各个层面的组织或个人在开展公益活动时，都将公信力的建立作为考量活动成功与否的要素之一。2012 年上海市大型公益活动“一个鸡蛋的暴走”就以“透明”为“王道”，在活动中始终以“公信力”为基本追求目标，尽量使活动的每一环节都公开透明，并接受来自社会各界的监督指导。该活动通过暴走在线系统报名筹款，每一笔在线捐款都能实时显示在页面上，每一支队伍都能清楚了解所筹款项总数，以及捐赠款项来自何人。2012 年暴走行动在 5 月 18 日截止统计筹款，并在一个月后举行了暴走总结会，公布了筹款总额、来源分析与善款流向计划。联劝采用了创新性道德暴走项目评审方式，引入捐赠人参与善款流向，让捐赠人能够与公益项目直接面对

---

① http：//baike. baidu. com/view/919196. html.

面交流，增进双方的交流与了解。暴走项目评审会迄今已经举办了5届，联劝一次次改进评审机制、增加互动交流环节，为公益机构提供演讲培训，与捐赠人代表分享民间公益行业数据与现状，虽然模式尚未成熟，但是这一尝试得到了大部分参与活动的捐赠人、公益行业顾问、公益机构与媒体的认可。联劝希望能够通过将“暴走”打造成公开、透明、公正的民间筹款平台，让公众对儿童需求与优秀的民间儿童类公益项目有更加深入的了解，为这些项目提供持续性的资金支持，帮助更多需要帮助的孩子。[①] 通过这次意义非凡且公开透明的公益活动，加上来自媒体与政府等各方面的关注，上海市在全国树立了良好的城市公信力，并赢得了“爱心城市GDP”的殊荣，为其城市形象的建设作出了贡献。

因此，对于城市形象而言，社会公益组织的公信力是很重要的，它直接影响到媒体对该城市的宣传以及市民对政府的认可度。尤其在现阶段，很多公益组织都是依靠政府支持运转的，这样的方式不仅有利于公益慈善活动帮助更多需要帮助的人，还有利于公益组织自身的可持续发展。但是，从另一方面来说，这种组织方式又将政府的公信力置于社会组织的自身发展之中。政府对于城市来说，不仅处于领导层和管理层的位置，而且还扮演着人民公仆的重要角色。政府公信力实质上是政府的信用能力，它能够在一定程度上集中反映公众对政府的政策行为所持有的态度。政府公信力的强弱直接影响到市政形象的好坏，以及政府决策的到达接受程度，进而关乎整个城市的建设和发展。良好的政府公信力在一定程度上可以弥补民间信用暂时短缺所带来的一系列问题，同样，良好的公益公信力也可以帮助树立值得信任的政府形象，使市民有安全感和归属感。上海市的“一个鸡蛋的暴走”公益活动，不仅维护了公益活动本身的公信力，同时也在社会上宣传了助人为乐、乐善乐捐的优良传统，最终使上海在“中国城市公益慈善指数”的评比中名列前茅，树立了一个“富有爱心”的城市形象。

（三）微公益

公益事业是人类社会文明与进步的标志之一。然而在2011年以前，公益事业一直都被认为是企业或者是富人的“善举”，与普通人无关。但是

---

① http：//www. lianquan. org. cn/main. php？ ac = newsDetail&cond = lianquan&newsid = 136.

随着2011年官办公益慈善组织的公信力受到了空前的信任危机，一股来自民间的“草根公益”风潮给公益事业带来了新生命。“草根公益”是指一些民间公益人士依靠网络工具，激发普通公民的公益热情，展现出积少成多的巨大力量，因此也被称作“微公益”。可以说2011年公益事业“因祸得福”，迎来了民间公益事业的崛起，2011年也因此被认为是中国民间公益的“微公益元年”。微公益的诞生标志着普通公民慈善责任意识和慈善权利意识的觉醒，它不仅降低了人们行善的门槛，而且减轻了人们行善的负担，使每个人都能根据自己的能力选择恰当的参与方式。在微公益时代，人人都可以成为公益主体，都能利用网络发动及时的公益救援行动。微公益改变了以往只有社会名流和慈善机构才能作为公益主体、普通人只能袖手旁观的状况。①

公民是组成城市的最小单元，而城市形象建设发展的重任则担负在每个公民的身上。早在20世纪80年代，法国学者弗朗索瓦·佩鲁就提出："个人的发展、个人的自由，是所有发展形式的主要动力之一。这种个人的发展和自由能够在每个人所赞成的和在其各种活动中所感受到的各种价值范围内充分实现他们的潜能。"② 而我国也有与其理论相对应的科学发展观。科学发展观是保障包括公民的文化权益在内的人民的各种权益得以履行的思想战略，其中“以人为本”是科学发展观的重要内容。在以人为本的发展观中，以人的自由为核心，以人的权益为载体，以人的全面发展为最终目的。在这种发展观的指导下，经济的增长只是一种手段，个人的进步与发展才是主流。在当今时代的发展中，这一发展观符合时宜地成为了占主导地位的世界潮流。也正因为如此，城市的发展应建立在国家这一载体上，应该承接世界主流价值观，以“以人为本”的科学发展观为城市良性发展的理论导向。而“微公益”正是这种主流环境下的产物：以个人的微小公益督促全社会的慈善事业；以个人的优良品质提升全社会的道德素养；以个人的美好形象构成整个城市的良性建设基础。城市作为公民聚居的区域，支持微公益事业的发展，迎接全民公益时代的到来，顺应时代潮流树立自身良好的公益形象将是城市形象发展的必行之路。那么，在微公

① http://www.ceh.com.cn/ceh/shpd/2012/5/24/114554.shtml.

② ［法］弗朗索瓦·佩鲁．新发展观．张宁等译．北京：华夏出版社，1987.17.

益时代，城市形象的宣传建设又该以怎样的方式进行传播呢？下面，就此问题展开论述。

微公益时代将新媒体引入了公益活动的传播中，在2011年首次出现的通过微博进行的公益活动“微博打拐”事件就是这样一个例子。该事件源起于2011年1月25日由中国社会科学院农村发展研究所教授于建嵘在新浪微博设立的“随手拍照解救乞讨儿童”微博，该微博关注乞讨儿童，希望通过网络力量找到被拐卖的儿童，减少利用未成年人乞讨的现象。该微博开通仅10余天，就吸引了57万多名网民参与微博解救乞讨儿童活动，并形成了一股强大的“打拐”网络力量。同样，在2012年也发生了很多新媒体的微公益事件。2012年7月15日，在网友们的关注与热心举荐之下，三位草根“助学微民星”被推举出来。他们分别是90后“传承大爱”的王春晖、“博爱干妈”王志航以及坚持助学的田成志。尤其是来自中国地质大学的90后大学生王春晖，才上大一的他，已经成为支教社团的领队。据了解，他曾接受过加多宝企业的资助，而现在他想通过支教这种公益方式，将大爱传承下去。目前王春晖也不是一个人在战斗，已是中国地质大学支教社团领队的他在传承公益大爱的同时，也成功地把个人的公益坚持变成群体的坚守。他说：“我们奉献自己的爱心、进行公益活动时，最重要的并不是捐出多少钱，也许就是微博中的140个字，也许就是一个评论转发，爱心就会在你我心中流淌，公益就将会在互联网上传播。这种流动与传播将永不停歇，一直流传下去。”[①] 就是在这些微公益事件中脱颖而出的“微民星”在其所在城市引起了一股以其为榜样，学习微公益、从我做起、从身边的小事做起的良好社会效应，使公益精神在整个社会繁荣发展。

在微公益事件中，对城市形象最具影响力的是北京“7·21”暴雨公民救助行动。2012年7月21日，北京遭遇61年来的最强降雨，交通瘫痪，到处都是有家不能回的受灾民众。然而，几百位打着“双闪灯”的私家车主冒着被大水吞噬的危险深夜出动，许多商铺、企业自发敞开大门收留滞留者，提供睡袋、淋浴和崭新的T恤。北京河西再生水厂的农民工发现京港澳高速南岗洼路段被淹，立刻出动，152名农民工带上绳子、救生

---

① http：//baike. baidu. com/view/3541324. html.

圈，涉水而过救出了被大水困住的180多人。当晚，消防部门接到报警，强暴雨造成的洪水导致正在北京市房山区青龙湖中国少年军校基地内进行军训的百余名学生和教职员工被困，救援队伍随即赶往现场。7月22日7点30分左右，被困的351名学生和60余位教职员工开始被陆续转移出基地，没有造成人员伤亡。这场波及面巨大的民间自救与官方救援行动，让北京市民经历了一次生与死的考验，同时在这场考验中所迸发出的令人炫目的人性之光和道德力量，也让人们感受到了“大爱北京”的温暖光辉，给北京市良好的城市形象立起了丰碑。微公益虽小，但却影响到社会中的每一份子；城市虽大，却离不开社会中各个成员的通力合作。

三、公益活动对城市形象传播效果的作用

任何形式的传播方式其最终目的都是使传播效果最大化，使受众能够更好地接受传播者所传播的信息。传播效果是指传播对人的行为产生的有效结果。具体指受传者接受信息后，在知识、情感、态度、行为等方面发生的变化，通常意味着传播活动在多大程度上实现了传播者的意图或目的。[①] 在公益活动的传播方式中，它以公益文化、公信力和微公益三种形式影响着城市的形象传播。下面就这三种传播形式的传播效果进行分析说明。

（一）信源的可信度影响传播效果

信息的传播者，又被称为“信源”，是信息的发出者。在信息的传播过程中，受众对信息的接受程度与信源的可信度在一定程度上是正相关的关系。这是因为，人们首先要根据传播者本身的可信性对信息的真伪和价值作出判断。传播学家霍夫兰对信源的可信性与说服效果的关系进行了实证考察，提出了“可信性效果”的概念：“一般来说，信源的可信度越高，其说服效果越大；可信度越低，说服效果越小。”“可信性效果”的概念说明，对传播者来说，树立良好的形象争取受众的信任是改进传播效果的前提条件。[②] 建立公益活动的公信力，维护良好的城市形象，在此概念中就

① 周鸿铎．传播学教程．北京：中国书籍出版社，2010. 7.

② 郭庆光．传播学教程．北京：中国人民大学出版社，2011. 201.

是为了提高信源的可信度。当公益组织知名度越高、权威性越强，其对活动的宣传和传播效果就越好，由此带来的对城市形象建设的良性影响也会愈加显著。南京市在2012年举办的“博爱之都·幸福南京”公益季的活动中，以“透明、参与、创新、协作”为主题，针对不同群体开展了不同的慈善公益活动。在活动的主题中，“透明”被放在首位，足见此次活动对公平公正的首要要求。任何活动本身都不只以单一的娱乐为目的，活动的附加价值有时比活动的首要价值更重要。在该公益活动中，不仅带来了一场视听盛宴娱乐了市民的身心，而且对整个城市的公信力及形象建设都起到了良好的促进作用，为南京市赢得“中国城市公益慈善指数”第五名的好成绩作出了贡献。

不过，一个城市要想切实维护自己良好的城市形象，在注重城市公信力的建立之外，还应该注意城市自身建设的实质内容。在传播学家霍夫兰的“可信性效果”研究的后期，还有一种“休眠效果”。所谓“休眠效果”是指“由高可信度信源发出的信息，由于人们对信源的信任，其说服效果最初可能会大于信息内容本身的说服力，而低可信度信源发出的信息，由于人们对信源有不信任感，其说服效果最初可能会小于内容本身的说服力；随着时间的推移，人们对信源与内容联系的记忆逐渐淡漠下去，由信源居主导地位的可信性效果趋于减弱或消失，内容本身的说服力才能较完全地发挥出来”[①]。因此，在此效果的作用下，公益活动对于城市形象的宣传方面只能做到一个短期的良性宣传，城市形象若想深入人心，必须以扎实的政绩和全社会的共同努力来完成。

（二）公益活动中的“名人效应”影响城市形象的传播效果

“名人效应”是传播心理效应中比较重要的效应之一，它是指因人们对知名人士的崇拜，而出现的群起效仿、追逐的行为，或利用其影响力来达到自己某种目的的现象。[②]“明星”、“名人”在社会群体中处于意见领袖的地位，由他们传播的信息会比普通人传播的效果好，而且更符合受众的心理需求。现阶段，许多公益活动在进行活动宣传的时候都会请一些明星代言，或者是邀请明星作为嘉宾为活动提供服务等。在这里，公益活动

① 郭庆光. 传播学教程. 北京：中国人民大学出版社，2011. 202.

② 刘京林. 传播中的心理效应解析. 北京：中国传媒大学出版社，2009.

利用明星的知名度以及其与活动价值的契合度取得良好的传播效果。例如，2012 年北京举办的“绿色北京 低碳生活”大型公益活动就邀请马布里作为形象大使，一方面借助马布里的个人影响力进行活动的宣传；另一方面，马布里在日常生活中习惯使用地铁出行而不是私家车的行为，也与“低碳生活”的理念不谋而合。另外，在北京市“因为爱·2012 公益盛典”活动中，则设置了红毯仪式，吸引了众多媒体和公众的关注。在仪式现场，组委会邀请了大陆、台湾、香港极具影响力的公益明星，国际组织和 NGO 领导人，传媒领袖，世界 500 强、国有和民营企业的优秀代表。这些人都是社会中的佼佼者和意见领袖，有着较高的公众关注度，进而使得此次活动得到了来自全社会各个阶层的参与和支持，而其公益思想和文化的传播也收到了良好的效果，对北京整个城市的影响起到了非常重要的作用。

（三）微公益带来的“蝴蝶效应”影响城市形象的传播

微公益以其自身力量的微小而著称，但它能够集合每个个体的力量，从而凝聚成巨大的、具有一定社会价值的力量。它是利用网络等技术手段传播的公益活动，以全民公益、人人公益为传播理念，是任何一个普通人都可以参加的慈善公益形式。而这种公益形式的运行和传播方式与传播效果中的“蝴蝶效应”有着异曲同工之妙。所谓“蝴蝶效应”原指一只南美洲亚马逊河流域热带雨林中的蝴蝶，偶尔扇动几下翅膀，在两周后可能引起美国得克萨斯的一场龙卷风。这主要用于形容在一个系统中，初始条件的微小变化能够引起整个系统的连锁反应。[①]

“午餐计划”是“微计划”正在进行的一项公益活动。活动源于中央电视台《今日说法》栏目的报道：贵州省黔西县减重乡红板小学有三分之二的孩子因路途遥远和家庭困难吃不上午饭，能吃上的大多是没有任何佐菜的白米饭。于是，为了解决这些孩子吃饭难的问题便推出了“午餐计划”。它是指只要大家购买一份 5 元的午餐，就能多让一个孩子吃上午饭。当然，大家买的午餐是一款虚拟的爱心产品，卖午餐得来的所有款项都将专项用于“午餐计划”。在发起活动后不到一个月的时间里，红板小学的学生终于吃上了热腾腾的午餐。除此之外，“微计划”团队还与贵州省青

---

① 刘京林．传播中的心理效应解析．北京：中国传媒大学出版社，2009.

少年发展基金会共同发起成立专项基金——“微基金”，目标是筹集1 000万元的社会捐款，以便在贵州山区小学增设更多的免费午餐供应点。这样每一个人都可以参与的“微计划”行动，使原本闲置的社会力量在某一点上凝聚起来，变成一笔巨大的社会财富，帮助那些急需帮助的人们，这是关乎整个社会的大事件。无论你生活在哪个地方，只要你还有余热，就可以加入到这个人人平等的公益事业中来，为整个社会的和谐稳定贡献力量。而对于城市的形象传播来说，微公益带来的“蝴蝶效应”使这种社会正能量传送到每一个公众的手中，使公益不再仅仅属于个别的少数人群，也使一个良好的城市形象建设在无形的微能量中得到发展。

四、公益活动对城市形象传播的发展前景

随着社会公益活动的发展，其对城市形象的影响也越来越大。如何在社会转型期发展公益活动，并且扬长避短，朝着有利于城市和公民利益的方向发展，成为了现阶段二者之间相互影响、相互作用的重要问题。

首先，随着微公益、网络公益的发展，各种名义的网络募捐活动风生水起，受到了公众的极大关注，也引发了巨大的争议。而由此引发的各种形式的政府问责，同样也给城市形象的建设发展带来了负面影响。因此，人们迫切希望拥有更为完善的公益慈善法律法规，进而使其一方面支持和鼓励慈善事业的稳步发展，另一方面又能够有效地监管民间公益活动，使城市发展进入良性循环。上海大学毕业生易雯诺生活在单亲家庭，父母离异后，她跟着收入微薄的父亲生活。为了减轻父亲的负担，大学期间，她曾向国家申请助学贷款。原本想工作后将贷款还清，让爸爸过上好日子，没想到，毕业不久她却患上了尿毒症。2011 年 11 月到 2012 年 10 月期间，小易先后四次住院，受尽了病痛的折磨。面对一大笔未还的助学贷款本金、失业、天价医药费……她陷入了最黑暗的境地。同为校友的 2011 级研究生梁海祥得知小易患上重病的消息后，联络多位同学成立“爱心小组”决定为其募捐，通过淘宝网筹款。2012 年 10 月 11 日 23 时，虚拟商品“同学爱心”在淘宝上架，每件 10 元。“同学爱心”上架后，每天都有数十甚至上百笔交易。最多时一天成交 8 000 多元。但仅仅 16 天之后，由于淘宝网不允许个人募捐，“同学爱心”被勒令下架。这一“不法”的网络

募款事件引起了各相关部门的重视。上海市民政局慈善处通过微博与“爱心小组”联系，提醒他们应该运用合法的途径进行募捐，并向他们推荐了市慈善基金会募捐部。这一事件的发生发展充分体现了法律法规对公益活动的指导意义，也体现了只有在健全的法制环境下，城市的各项职能才能得到合理的实施，才能保证城市拥有一个良好的城市形象。

其次，民间公益组织发展需要政府支持。民间公益慈善事业近年来发展迅速，但是很多组织因为运转资金不足，而实现不了自身的价值。民间公益活动是社会公益体系的重要组成部分，但是当前情况下，它还处于自身发展的初级阶段，具有自发性和零散性的特点，无法真正承担起慈善救助的责任。在现代城市的各方面发展中，如何帮助民间慈善公益组织更好更快地发展，将是未来城市形象比重中占较大份额的要素。广东东莞市“千分一”公益服务中心创始人坤叔带着他的助学团队为山里的孩子送去过冬的棉袄，而坤叔的这一助学团队从20年前就开始一直以草根的身份开展助学。2011年12月初，东莞市“千分一”公益服务中心挂牌成立，助学团队正式“转正”，如今“身份”虽已取得，但民间慈善组织的步履依然艰难。“千分一”公益服务中心副理事长卢叙安说：“我们的‘千分一’，每天都有增加一对一结对助学的情况，所以我们要看望的学生，要调查的情况，要帮助的联系人就会越来越多，而我们自身的资源和人力还是有一定的欠缺。”由此可见，民间公益组织的发展迫切需要政府的资金支持。南都公益基金会理事长徐永光先生就目前民间公益组织缺少资源支持发表了看法，他说，目前国内非公募基金会数量已超过公募基金会。但是，非公募基金会由于发展历史短、人才缺、管理水平不高，依然需要来自政府的各方面支持。政府支持公益活动的发展，既是政府的职能所在，同时也是建立良好城市形象的内在要求。

城市形象的建设和发展是一个综合的过程，它需要社会各界的共同努力。而公益活动作为社会保障的重要组成部分，完善社会公益救助，实现社会收入的良性分配，在城市形象的发展中举足轻重。

（撰稿人　李　靓）

第三部分　城市传播个案研究

2012 年国际旅游岛品牌形象构建

——以“第一美差”形象大使选拔活动为例

中国国际旅游岛战略的出台赋予了海南省全新的发展契机，在这个发展的关键时期国际旅游岛形象也亟待整合与宣传。“第一美差”是一场审美视觉与文化价值相结合的盛宴，其活动最根本的目的就是对国际旅游岛形象进行宣传。本文在分析“第一美差”活动传播的议程设置之后，为国际旅游岛品牌形象构建提出了可行性建议。

一、国际旅游岛形象宣传的推力与拉力

（一）战略与政策赋予发展契机

国际旅游岛作为国家的重大战略部署，是在 2009 年 12 月 31 日《国务院关于推进海南国际旅游岛建设发展的若干意见》中作为阶段性的奋斗目标提出来的。政策中提到“海南国际旅游岛建设发展的总体要求就是要高举中国特色社会主义伟大旗帜，坚持以邓小平理论和‘三个代表’重要思想为指导，深入贯彻落实科学发展观，进一步解放思想，深化改革，扩大开放，构建更具活力的体制机制，走生产发展、生活富裕、生态良好的科学发展之路；积极发展服务型经济、开放型经济、生态型经济，形成以旅游业为龙头、现代服务业为主导的特色经济结构；着力提高旅游业发展质量，打造具有海南特色、达到国际先进水平的旅游产业体系；注重保障和改善民生，大力发展社会事业，加快推进城乡和区域协调发展，逐步将海南建设成为生态环境优美、文化魅力独特、社会文明祥和的开放之岛、绿色之岛、文明之岛、和谐之岛”①。

国际旅游岛主要包含两个基本条件：一是以旅游业为主导，即旅游业

① 国务院关于推进海南国际旅游岛建设发展的若干意见 国发〔2009〕44 号。

成为该岛的支柱产业或主导产业；二是国际化，即在旅游产业领域内，实现旅游服务自由化、国际化，具有超国界的吸引力，客源市场广泛而且面向世界各地。[①] 国际旅游岛就是旅游国际化程度高、生态环境优美、文化魅力独特、社会文明祥和的世界一流的海岛型国际旅游目的地，国家战略的提出为海南国际旅游岛的发展赋予了新的活力，是一个全新的发展起点，因此在这个关键时刻国际旅游岛的形象亟待包装和传播。唯有提升国际旅游岛形象，扩大知名度和影响力，才能让更多的人关注和投入到海南国际旅游岛的建设当中。

塑造国际旅游岛形象是政策出台之后最重要的政府议题。“城市形象”一词最早是由美国城市学家凯文·林奇（Kevin Lynch）在1960年出版的《城市意象》（*The Image of the City*）一书中提出来的，他认为：“城市形象是观察者与所处环境双向作用的结果，市民一般用五个元素，即路径、边界、节点、地区和标志来组织他们的城市意象。”[②] 后人在凯文·林奇的基础上完善了这个概念，城市形象现被解释为城市给人的印象和感受，包括精神、视觉、行为等因素。形象的塑造对城市乃至一个国家来说，是身处于区域中的人的信念、精神、印象、观念等方面感知的总和。从传播学的角度来说，就像是媒介所塑造的“拟态环境”，媒介给受众投射客观现实的主观存在，形象也正是区域人对塑造的客观现实感观的聚合体。从客观意义来说国际旅游岛形象的传播，是把战略中提及的硬性要点如“免签证、零关税、放航权”等开放政策通过媒介渠道宣扬出去，提升知名力度，从主观角度而言，更重要的是依据发展战略定位所传递给大众的信息来构建品牌形象。

（二）审美视域下的活动营销

人们出于常理总会把符合人类社会需要及发展规律的价值观念抽象地概括为真、善、美（求真、向善、尚美）。形象传播的最终目标是创造“美”，追求的是城市外观之美、城市灵魂之美、城市价值之美等外在与内涵的结合，而这些美的产生无一不是在城市发展过程中累积的并能引起共鸣的部分，审美时代使得城市形象“审美”变得尤为重要。国际旅游岛在

① 李永文．海南国际旅游岛建设与发展战略研究．北京：科学出版社，2011.

② Kevin Lynch. *The Image of the City*. Cambridge：MIT Press，1960.

形象构建的过程中，尤其突出的一点就是把审美与城市形象通过电视行销的方式联合在一起，通过选美赛事来塑造城市文化、打造城市品牌。

近年来三亚市已经成为炙手可热的选美大赛举办地，形成了自身的时尚产业体系，世界小姐赛事、亚洲小姐选拔、“第一美差”形象大使选拔等选美赛事为三亚市打出了“美丽”、“时尚”的城市名片，随之重量级的国际活动及会议也使得整个三亚市焕发出勃勃生机，特别是旅游产业。在2000年以前，三亚90%的非大陆游客都是来自港、澳、台，外国游客仅占10%，而随着世界小姐选美赛事在三亚的连续举办，三亚的旅游客源结构已经发生了转变，形成多元化的市场格局，化解了单一客源带来的市场风险。[①] 选美营销使得三亚收获了颇高的国际知名度和美誉度，三亚也俨然成了中国的“度假天堂”。据国际权威统计机构测算，世界级选美大赛对举办城市的国际品牌和城市经济的拉动，几乎相当于一般城市在5至10年内持续投入10亿美金的绩效。尤其对于城市旅游的拉动最为明显，30%至40%的旅游拉动率相当于36亿美元的广告投入额。[②] 可见，选美营销对城市的建设有驱动作用，赛事的商业运作和策划执行能够牵动劳动者的收入，刺激区域经济的发展，提升区域的品牌价值。

二、形象传播议程设置——以“第一美差”为例

美国著名文化社会学家戴安娜·克兰在其著作《文化生产：媒体与都市艺术》中指出：“电视在发挥一个巨大文化场所的作用，在这个文化活动场所之中，某些种类的信息可供所有的受众利用。”[③] “第一美差”正是借助电视这个巨大的文化场所，将海南国际旅游岛的文化信息推介给受众。“‘你可以穿不起香奈儿，你也可以没有多少衣服可供选择，但永远别忘记一件最重要的衣服，这件衣服叫自我。——可可·香奈儿。’作为中国电视荧屏上的一档时尚大餐，‘第一美差’从电视节目类型的角度定性

① 三亚借选美赛事营销城市．http://www.17u.com/news/shownews_82644_0_c.html，2008－12－19．

② 选美赛事的影响力及价值分析．http://gjyy.xwcm.net/ShowNew.aspx? ID＝152，2012－03－09．

③ ［美］戴安娜·克兰．文化生产：媒体与都市艺术．赵国新译．南京：译林出版社，2001．

是一档选秀类节目，从电视受众分析的数据可以了解到它是一档颇受大众喜爱的选秀节目。其实，从另一个视角，我更愿意将‘第一美差’比作选秀节目中的香奈儿，因其高雅，以其简约，更由其精美。”央视网商经频道主编孙烨曾这样高度评价过“第一美差”形象大使选拔活动。具体而言，“第一美差”形象大使选拔活动是通过比赛的方式，让获得冠军的选手在全球推广代言海南国际旅游岛，主要围绕海岛进行旅游宣传推广，年薪达百万元人民币。在活动进行的过程中，“第一美差”关注的不仅是选手在台上和聚光灯下的美丽与自信，更对每位选手台下的真实生活做了全程记录，节目试图通过电视平台展现更纯粹、更全面的选手。

从2010年至2011年该活动已成功举办了两届，作为城市形象的电视行销，它深刻传播了海南国际旅游岛在国际、国内的形象。

（一）传播内容：审美狂欢与文化输出

大众文化所具有的娱乐性和趣味性等特征正影响和改变着当代大众的审美观念及审美方式，大众文化视野中的“审美狂欢”表达的正是人们对这种感性文化的认同，单纯的视觉审美已不能够满足观众的期待，受众更想接受的是具备眼球效应的美感。作为一个意识形态的文化盛宴，“第一美差”实质上是一场消费主义时代下大众的审美狂欢，作为国际旅游岛形象传播议程设置的核心，其传播涵盖了体验海南旅游景点、寻找当地美食、感受民俗文化等内容，把海南的文化价值展现无遗。

1. 旅游文化——体验海南

“第一美差”的50强选手在感受海南的10天时间里，经历了三个阶段。从“认识海南”到“体验海南”，最后到“赛前热身”。第一阶段是选手们参观海南国际旅游岛规划馆，并且进行海南旅游的相关课程学习，增强对海南人文历史、地理环境、民俗风情等知识的了解。在第二阶段“体验海南”的篇章中，“第一美差”的选手们要到著名景点体验海南的风景和独特魅力，并且亲身体验拉网捕鱼的艰辛和乐趣。最后的“赛前热身”阶段则是选手们接受形体培训并公开亮相走秀，向海南的观众介绍自己。

体验海南是“第一美差”的主题，而借电视真人秀的平台，将海南的自然和人文景观植入到镜头中让人们认识、了解海南，这才是真正的目的。选手们深入到海南的各个角落进行体验，包括海口、三亚、琼海、文昌等市县，并且进行中国第一个国家热带雨林公园——尖峰岭的“林海”、“云海”、“雾海”等景观的拍摄任务。不仅如此，“第一美差”还将海南独特的分界洲岛、天涯海角、东郊椰林、南山寺、万泉河、亚龙湾等旅游景点的风光、地理、历史、人文及景区内各旅游景点透过镜头把视觉美感传达给观众，让镜头下的大海、椰林、绿道、蓝天、阳光等美好形象，以及海岛的椰风海韵和热带雨林风光与观众眼中的“阳光之岛、生态之岛、健康之岛、长寿之岛”的国际旅游岛形象匹配在一起。这种借真人秀的选拔活动不只是推广了国际旅游岛的文化旅游产品，也是在向观众推介海南国际旅游岛的形象。

2. 美食文化——海南印象

体验城市的饮食文化，是城市形象文化价值输出的重要元素之一。“第一美差”导演组设计了《海南印象》的环节，在该环节中选手们寻找、品尝海南当地的特色美食，并进行拍摄和剪辑。镜头下的《海南印象》以海口的特色小吃为主要内容，结合海口的老街区、骑楼特色以及实拍的小吃，把海南粉、抱罗粉、鸡屎藤、海螺等特色小吃拍摄成画面，并把海南特色的“茶文化”——老爸茶的茶色、茶香融于镜头中，彰显了海南以茶待客的安乐、休闲、包容的饮食文化氛围。

在《海南印象》的拍摄过程中，“第一美差”的选手们品尝了海南醇香的咖啡——福山咖啡，这是海南第一家最负盛名的本土咖啡。福山咖啡豆结实、粒大、均匀、饱满，具有浓郁、香醇、滑口的特色。更重要的是，在“第一美差”的拍摄现场，当地名厨烹饪了海南的四大名菜：文昌鸡、嘉积鸭、东山羊、和乐蟹，并详细介绍了四大名菜的制作方法和烹饪过程（见表1）。

海南作为中国唯一的热带海洋大省，得天独厚的自然资源优势使得美食表现出几大特点：一是新鲜，二是天然，三是奇特，四是丰富。在“第一美差”的镜头下，美食成了海南一道亮丽的风景线。

表1 《海南印象》——海南四大名菜制作方法和烹饪过程

四大名菜	文昌鸡	嘉积鸭	东山羊	和乐蟹
主要描述	“海南传统四大名菜之首”，中国最佳食用型鸡种之一。海南人吃文昌鸡，传统的吃法是白斩，最能体现文昌鸡鲜美嫩滑的原汁原味。在海南，此菜不论筵席、便餐或家庭菜皆可派上用场	嘉积鸭盛产于海南琼海市嘉积镇，为海南四大名菜之一。嘉积鸭有白斩、板鸭、烤鸭三种食法，但以“白斩”最能体现原汁原味，因而最为出名	东山羊自宋朝以来就享有盛名，且是“贡品”，为海南四大名菜之一。有红焖、清汤、椰汁、干煸及火锅涮等多种吃法，配以各种香料、味料，经过滚、炸、纹、蒸、扣等多种烹调，十分美味	和乐蟹是海南最负盛名的传统名菜之一。“清蒸和乐蟹”的特点是：突出了和乐蟹的原汁原味，其蟹肉鲜嫩，蟹膏为黄色，似咸蛋黄，极富营养

3. 民俗文化——歌舞海南

民俗文化元素是城市品牌差异化传播的资源，是依附于人们的生活、习惯、情感与信仰而产生的文化，包括民间传说、习俗、语言、音乐、舞蹈、礼仪、庆典等内容。它具有集体性的特点，是增强民族认同感、强化民族精神、塑造民族品格最重要的内在推动力，民俗文化与民俗生活使城市形象充满鲜活与特色。海南民俗文化中的黎族音乐和歌舞是黎家人民日常生活的真实写照，也是黎族文化精神和艺术审美意识的表达，既具有纯洁、甜蜜的爱意，也充满热带浓厚积极向上的生活气息。“第一美差”的选手们在黎族导游的带领下对黎族的图腾文化、悠久历史、纺染织绣技艺、绣面文身习俗进行了解与拍摄，在黎锦坊参观整个织锦过程，观赏槟榔谷独有的大型原生态黎苗文化实景歌舞演出《槟榔谷韵》。除此之外，选手们在三亚南山还体验了海南博大精深的佛教文化，面对108米的海上观音表达她们最虔诚的祈福，在崇敬中领悟佛教旅游文化。

学黎歌、织黎锦、舂米、采槟榔、体验木棍演戏，“第一美差”的《歌舞海南》展示了海南的民俗文化，推介了国际旅游岛的文化形象，也丰富了国际旅游岛的品牌文化价值。

（二）传播渠道：新旧媒体信息的地毯式轰炸

城市形象是公众对城市的主观感知和印象，不同的传播渠道和路径、传播议程都会共同影响公众对城市的记忆和表达。目前来说，形象传播的大多数渠道都是依赖媒介，媒介信息在不断更新重组的过程中，以受众为中心，利用合适的传播渠道精准地把信息传达给受众。

截至2012年12月27日，以“第一美差”为关键词在百度上进行搜索，共显示了相关结果约1 760 000条，用谷歌进行关键词搜索可找到约2 030 000条结果，由此可见，关于“第一美差”的媒体报道和宣传可谓是铺天盖地。“第一美差”的报名招募活动包括北京、广州、重庆、南京、海口等地面赛区和纽约、温哥华海外选手直送区，新浪、天涯社区网络赛区等十大赛区，从报名招募活动的前期开始，“第一美差”形象大使选拔活动就以新旧媒介为载体实行地毯式的全球覆盖。

以海南国际旅游岛为例，在2010年7月到2010年11月上旬五个多月的宣传阶段中，“第一美差”在《海南日报》、《南国都市报》上大面积投放报纸广告，以“百万年薪·第一美差”的口号进行宣传；海南电视台综合频道、旅游卫视在黄金时段播放报名招募宣传片，海南广播电视总台旗下所有频道、广播、报刊、杂志捆绑宣传，借助传统媒体的权威性尽可能地覆盖各年龄阶层的受众；在新媒体宣传方面，“第一美差”开通了腾讯和新浪的官方微博，截至2012年12月27日粉丝人数分别达到了83万和40万，其中腾讯微博中还开设了“美差百家谈”的话题，邀请海南大学人文传播学院副教授鞠斐对活动进行点评，增强传播效应。他说：“真正的文化产业都是属于全国的，甚至全世界的。我觉得‘第一美差’这个节目，它把海南放在了全中国，甚至是全世界的视角之内，那么这个思路如果作为海南整个文化产业的思路，我觉得可能是一个非常好的启示，也是一个非常好的开端。”①

中期的赛事传播阶段，天涯社区、新浪、搜狐、酷六、网易等国内知名网络媒体和海南本地媒体海南在线、人民视窗、新华网海南视窗、海南日报、海口晚报、海南特区报、国际旅游岛商报进行全天滚动播放。在总决赛的预热活动中选手们通过天涯社区网络为自己拉票，与网民形成互

① 第一美差，打造属于海南的文化产业．http：//tv.sohu.com/20101011/n275538351.shtml，2010－10－11.

动，强化赛事的宣传力度。后期的总决赛暨颁奖盛典上，“第一美差”活动组邀请王力宏、黄立行等明星助阵，比赛瞬间达到高潮。独家冠名机构在短时间内也实现了品牌价值的扩散，国内著名杂志《新周刊》发稿评价“‘第一美差’为国内第一档真诚的全民互动真人秀节目”。新旧媒体的联合宣传，在经历了前期、中期、后期三大阶段的媒介洗礼之后，2010 年国际旅游岛“第一美差”形象选拔活动形成了全景式覆盖的地毯式轰炸。（如图 1 所示）

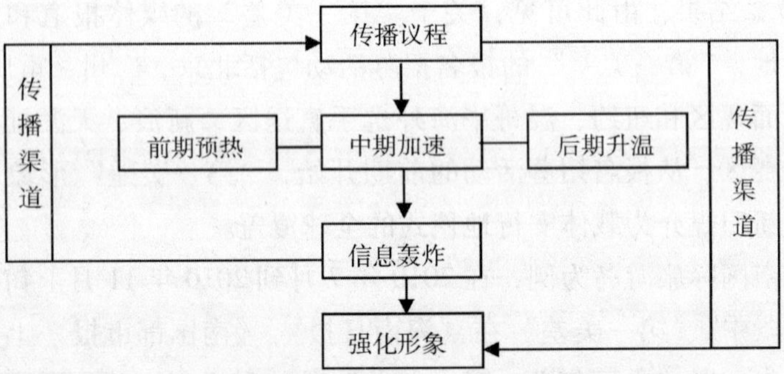

图 1 “第一美差”媒体信息地毯式轰炸示意图

（三）传播效果：从媒体议程到公众议程

多元化的渠道不仅传播了“第一美差”的活动讯息，更重要的是赛事营销扩散了国际旅游岛的文化价值，达到了城市形象的传播效果。

在大众传播学中，传播效果指的是传播活动实现了传播者的意图和目的，是最有现实意义，并能够达到的影响和获得有效结果的总体。艾丽·阿弗拉翰对大众传媒与城市的关系进行研究，提出了大众传媒对建构城市形象具有重要作用，因为媒介所描绘的形象会影响三组人：一般公众、国家层次上的决策制定者和地方居民。媒介能够潜移默化地对公众产生影响，制造舆论氛围，也就是 1972 年美国传播学者麦克姆斯和肖通过实证研究提出的议程设置理论。他们认为公众对社会主要问题的认识和判断会受到传播媒介报道活动的影响，而且传播媒介给予的讯息越多，受到公众的关注程度就越高，即媒体的议程设置会影响公众的议程。从城市形象的角度来说，要影响公众对城市区域的感知和印象，媒体的议程设置起着重要的引导作用。城市形象宣传片、海报、微电影等各种以视觉画面为主的媒介形式，活动营销、娱乐营销等营销手段，微博、微信等社交性微媒体的即时通讯和交互性都会影响公众的议程，引导公众参与到媒介中甚至是参与到客观真实中，特别是诱导公众汲取其中积极的部分，在头脑中形成积极向上的认知。

在2010年“第一美差”活动进行的过程中，关于“第一美差”、“国际旅游岛”的网络搜索和微博跟帖热火朝天。根据2010年“第一美差”的宣传覆盖周期选取2010年7月到2011年3月这一时间跨度，分别以“第一美差”和“国际旅游岛”为关键词得出了百度指数①中关于用户关注度和媒体关注度的分布图（如图2、图3）。从图中可得知，在总决赛2010年11月6日这一天二者的用户关注度和媒体关注度都达到了一个高峰，而且网民对“第一美差”和“国际旅游岛”关键词的关注程度基本呈现出一致的状态，说明了公众对“国际旅游岛”的关注程度有可能受到“第一美差”媒体宣传的影响，关注程度不断升温。

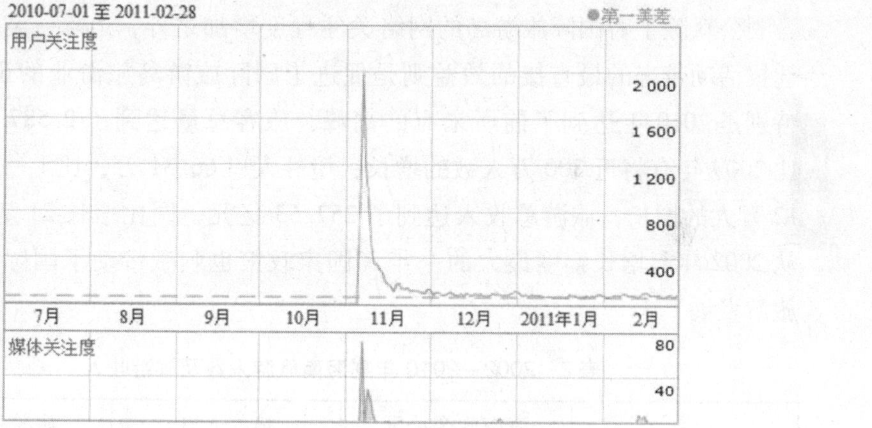

图2　2010-07-01至2011-02-28
关键词“第一美差”用户关注度和媒体关注度

① 百度指数是以百度网页和新闻搜索为主的反映不同关键词在过去时间里的“用户关注度”和“媒体关注度”。

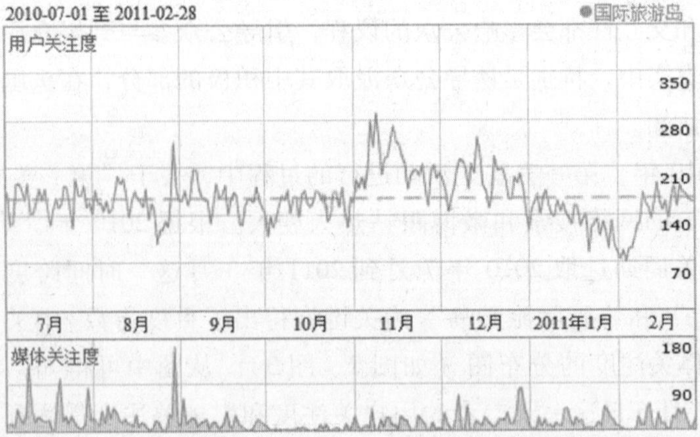

图3 2010-07-01 至 2011-02-28

关键词"国际旅游岛"用户关注度和媒体关注度

数据来源：百度指数（数据仅供参考）

公众除了对国际旅游岛的网络关注程度增加之外，"第一美差"形象选拔活动带来的最直接的效益则是促进了国际旅游岛旅游业的迅速发展。特别是2010年达到了前所未有的高峰：旅客总量达到了2 587.34万人，比2009年有将近300万人数的增长；境外人口66.31万，比上一年有将近12万人的增长；旅游总收入达到了257.63亿元，同比增长21.7%。这是从2002年起增长幅度最大的一年（国家政策也刺激带动了国际旅游岛的旅游发展）。

表2 2002—2010年到海南旅游人数及旅游收入

年份	海南旅客总量（万人）	境外人口（万人）	旅游总收入（亿元）
2002	1 254.96	38.93	95.38
2003	1 234.11	29.33	93.55
2004	1 402.89	30.86	111.01
2005	1 516.47	43.19	125.05
2006	1 605.02	46.57	141.43
2007	1 845.51	75.31	171.37

（续上表）

年份	海南旅客总量（万人）	境外人口（万人）	旅游总收入（亿元）
2008	2 060.00	97.93	192.33
2009	2 250.33	55.15	211.72
2010	2 587.34	66.31	257.63

备注：1. 境外人口包括台湾、香港、澳门和外国游客。

2. 海南有16个市县进入统计数据，分别为海口市、三亚市、万宁市、儋州市、五指山市、文昌市、琼海市、东方市、定安县、乐东县、琼中县、保亭县、陵水县、昌江县、临高县、屯昌县。

数据来源：海南旅游委官网资料

综上所述，“第一美差”通过传播内容、传播渠道达到了相应的传播效果。整个传播过程不仅是对“第一美差”形象大使选拔活动的宣传，更重要的是吸引更多的人关注国际旅游岛，提升国际旅游岛的形象，带动国际旅游岛向品牌延伸，创造旅游文化城市品牌。

（四）从资源到资本的品牌形象建构

1. 国际旅游岛形象的深度传播

深度传播是一种更为广泛深入的传播方式，作为旅游形象传播的概念，《国际旅游传播中的国家形象研究》一书中提出，“深度传播，首先是一种对传播内容的深度编码”，“对内容的深度编码，是对‘意义’的深加工，而不是对符号的简单罗列。在选择了合适的符号后，我们更需斟酌的是，能以什么样的符号组合方式让旅游者理解并接受这些符号的意义”①。在国际旅游岛形象建构的过程当中，同样也需要对传播内容进行编码、重组符号、意义的扩散，引导公众对内容“偏好式地解读”，即引导公众根据编码的规则来解读信息，使得编码与解码的实践过程保持高度的符合性，使他们愿意接受传播内容中的符号并与此产生共鸣。

深度传播是整体性的传播格局，它不能仅仅停留在单纯构建国际旅游岛的媒介形象上，而是要多方位多渠道地进行传播以塑造品牌形象，把国际旅游岛打造为一个品牌，充分利用各部分优质资源最大限度地传扬整体

① 马诗远．国际旅游传播中的国家形象研究．北京：光明日报出版社，2010.

形象。这样才能够激发起公众旅游、到访的欲望，让国际旅游岛形象深入人心。

（1）营造积极向上的国际国内舆论环境。

近年来，国际旅游岛积极推介旅游文化产品，营造对国际旅游岛有利的国际国内舆论环境，通过旅游产品的推介会、交流会适时适地地将国际旅游岛的名声向外推广，利用媒体进行广泛宣传并有序引导。如 2012 年 2 月海南旅游产品推介会在意大利米兰举办，把海南国际旅游岛建设的成就、发展规划以及海南富有的旅游资源介绍给广大嘉宾，并播放了海南国际旅游岛旅游宣传片、三亚城市宣传片、南湾猴岛宣传片，展示了国际旅游岛“阳光海南、度假天堂”的独特形象。2012 年 4 月海南国际旅游岛专项推介会分别在日本大阪、香港、南京、青岛、成都、重庆、柳州等地方巡回举办，把独具国际旅游岛特色的免税购物游、邮轮游艇游、高尔夫游、民俗赏玩游、节庆赛事欢乐活动、健康海上运动游等主题产品推介到国际环境中去，塑造了国际旅游岛椰风海韵、阳光沙滩的旅游形象。“2012 年海南国际旅游岛旅游·房地产·农产品（北京）专场推介会”于 6 月 17 日在北京举行，展示了国际旅游岛的三大旅游产品“美食 + 美居 + 美景”，并由“第一美差”形象大使选拔出的冠军进行活动宣传。旅游推介会的展示和巡演通过网络等媒介营造了积极向上的国际舆论环境，向公众传达了更多关于国际旅游岛的旅游资源、文化资源，这不仅仅是一个传播交流的理解过程，更是一个形象传递和塑造的过程。

（2）赛事活动推动城市营销。

前文已分析了“第一美差”国际旅游岛形象大使选拔活动带给国际旅游岛的影响力，赛事营销是城市形象宣传的推动力，是与公众充分互动的营销方式，能够为品牌的构建积累资本。

近年来，体育赛事所蕴含的巨大经济效益和利益潜能已受到越来越多的城市关注，赛事背后所蕴藏的巨大商业价值催生了一个新的经济领域，即“赛事经济”。一方面，赛事活动所带来的经济效应和体育产业关联性带动城市经济社会与其他相关产业的发展，能促进城市结构优化。1964 年东京奥运会，使日本 GDP 由举办前的每年增长 10.01% 迅速增长到了 26.1%，经济学家将其称为“东京奥林匹克景象”。另一方面，“城市体育产品”有利于营销城市。“城市体育产品”是指在城市体育活动中被运用的产品，组成形式就是人们参加体育活动时所提供的场地和服务，如体育馆、体育场、体育赛事、文化节比赛甚至是运动员等，是体育活动与城市营销之间最基本的联系。① 由于资源的稀缺性和唯一性，“城市体育产品”作为有形的资产在体育赛事之后往往能够被城市后续使用，成为城市开发项目，由此也成了城市营销的有力工具，从而达到营销城市的效果。2012年海南国际旅游岛举办了约20项重大的体育赛事（如表3所示），将网络口碑平台与赛事资源结合在一起，达到营销效果最大化，在国际上提升了国际旅游岛的影响力。

表3　2012年海南国际旅游岛举办的部分重大体育赛事

赛事项目	举办时间	赛事项目	举办时间
海南日月湾国际冲浪节	2012.1	沃尔沃环球帆船赛（三亚站）	2012.2
万宁中华龙舟大赛	2012.2	2012年环海南岛国际大帆船赛	2012.2
斯诺克海南世界公开赛	2012.2	二岸四地桥牌邀请赛	2012.2
海南德州扑克大赛	2012.3	环海南岛国际公路自行车赛	2012.10
观澜湖高尔夫球世界职业明星邀请赛	2012.10	欧洲女子职业高尔夫球巡回赛三亚公开赛	2012.10
国际一级动力艇世界锦标赛和水上摩托艇世界锦标赛	2012.11	亚洲沙滩排球锦标赛（海口站）	2012.11

海南国际旅游岛也应充分利用赛事营销的推动力，开办除了审美赛事、体育赛事之外的具有热带文化气质的国际旅游岛赛事活动，如利用各省区的民俗资源举办民俗文化赛事，把节假日的传统民俗与地方文化结合在一起；举办全球性国际旅游岛形象设计大赛，让更多公众关注国际旅游岛建设，参与到形象构建的过程中。

2. 构建国际旅游岛品牌资产

加利福尼亚大学伯克利分校的戴维·A. 爱克（David A. Aaker）教授

---

① 体育赛事——城市营销最靓丽的名片．http://www.gd1909.com/ListInfo.aspx？ID = 460，2011 - 11 - 07.

认为，品牌资产是这样一种资产，它能够为企业和顾客提供超越产品或服务本身利益之外的价值；同时品牌资产优势与某一特定的品牌紧密联系；品牌文字、图形如做改变，附属于品牌之上的财产将会部分或全部丧失。[①] 建构品牌资产对城市形象来说就是要建立城市品牌的知名度、美誉度、忠诚度以及公众对城市的联想程度，在推广自身的过程中把城市品牌的核心价值和概念传递给公众。

“阳光海南、度假天堂”是海南国际旅游岛要传达给公众的概念，其中丰富的文化资源（民俗文化、旅游文化等）、充足的自然资源是构成“阳光海南、度假天堂”的核心，因此在构建国际旅游岛的品牌资产时，最重要的是要完成从资源到资本的转化，把文化、自然资源转化成为品牌的固定资本。以“第一美差”为例，实质上就是在赛事活动中展露文化价值，旅游、美食、民俗文化是重点宣扬的内容，借审美的平台把公众从审美的目光间接转移到接受文化价值洗礼的过程中，而从“审美”到“审文化”的过程也正是品牌资本积累的过程。

品牌资产是城市形象的灵魂，环境、文化、历史、经济、城市中的人都是构成和决定城市品牌价值的要素。在国际旅游岛的大背景下，“新海南人”正成为海南发展建设中的一股主导力量。他们是因新的环境和理念结下国际旅游岛情结并定居在海南的群体，但他们始终不具有土生土长的本地人对国际旅游岛的深厚情感，因此品牌资产的构建不仅要塑造独特的文化资源，还应培养“新海南人”对国际旅游岛的认同感和归属感，使他们充分认识到自己有责任和义务加入到海南国际旅游岛形象构建的队伍中。具体途径有：通过开展各种研讨会、座谈会的形式给他们提供均等的学习、参与机会，增强城市形象共同塑造的意识；在社区中进行国际旅游岛形象文化宣传活动，促使“新海南人”参与其中，并促使其认识到他们的行为也会直接关系到国际旅游岛形象塑造的成效。

深度传播与品牌资产的构建是国际旅游岛从资源到资本的形象累积过程，是形象塑造的核心要素，同时也是海南国际旅游岛形象构建仍需努力的方向。

---

① 郭国庆．市场营销学通论．北京：中国人民大学出版社，2000．

三、结语

从2009年国家出台《国务院关于推进海南国际旅游岛建设发展的若干意见》以来，国际旅游岛发展面临着一个新的契机，品牌形象的构建能让国际旅游岛发展的精神与物质长存。以“第一美差”国际旅游岛形象大使选拔活动为例，审美的赛事营销展露了国际旅游岛的文化价值：旅游、美食、民俗文化等资源。“第一美差”借此审美的平台把公众从审美的目光转移到间接接受文化价值的洗礼，审美与文化相结合的传播内容，地毯式的新旧媒体高覆盖率投放获得了良好的收效。最明显的收效是伴随着公众对“第一美差”的关注程度，也进而提高了对国际旅游岛的关注度。从2010年开始到国际旅游岛的旅游人数明显增加，“第一美差”不仅提高了海南的经济效益，也提升了国际旅游岛的知名度。

目前国际旅游岛的形象构建已取得相当的成效，但实现从资源到资本的品牌形象构建仍然是国际旅游岛当下最为重要的努力方向。

（撰稿人　冯　琼）

2012 年农运会与南阳城市形象传播

2012 年的夏天对于中原小城南阳来说是一个充满喜悦和动感的夏天。一座座崭新的体育场馆拔地而起，一个个体育主题公园宣告竣工并向市民开放；碧波荡漾的白河被绿树与鲜花包围，巨大的 LED 宣传牌上可爱的吉祥物牛牛憨态可掬地表演着各种体育项目；公园里，广场上，随处可见进行体育锻炼的人们，更有数量多达 11 万的群众在志愿者的带领下自愿参与到“舞动南阳”健身操的练习当中，其中不乏老人与小孩……而这一切的变化都是为了迎接 9 月 16 日在南阳举办的第七届全国农民运动会。

一、农运会发展历史及地位

中华人民共和国农民运动会是由农业部、国家体育总局与中国农民体育协会主办，各省、自治区、直辖市承办的全国综合性运动会，又被称为“农民体育节”，是反映中国“亿万农民健身”运动成效的大型体育盛会，每四年举办一次。我国是世界上唯一一个定期举办农民运动会的国家，从 1988 年起，分别在北京、湖北孝感、上海、四川绵阳、江西宜春和福建泉州六大城市举办，共六届。而农运会与其他一般的体育盛会不同，它充满农味，妙趣横生，多数比赛项目都和农村、农民紧密相连，且每一届的比赛项目都随着举办地特点的不同及群众需求的差异而有所变化。（见下表）

历届农运会概况①

届次	举办地点	竞赛项目
1	北京	田径、射击、乒乓球、篮球、足球、中国式摔跤
2	湖北孝感	田径、乒乓球、篮球、中国式摔跤、游泳、武术、象棋、民兵军事三项
3	上海	田径、乒乓球、篮球、中国式摔跤、自行车载重、舞龙
4	四川绵阳	田径、乒乓球、篮球、中国式摔跤、舞狮、龙舟、毽球花键、风筝
5	江西宜春	田径、乒乓球、篮球、中国式摔跤、钓鱼、踢毽
6	福建泉州	田径、乒乓球、篮球、中国式摔跤、舞龙舞狮、插秧苗、推轮胎
7	河南南阳	田径、篮球、乒乓球、游泳、中国式摔跤、象棋、自行车载重、武术、民兵军事三项、龙舟、舞龙舞狮、毽球花键、风筝、钓鱼、健身秧歌

形象（Image）是一个主体自身及外界对这个主体的基本认识和评价，它具有外在性、理念性和公众性。城市形象（City Image）是一个城市的内外公众对这个城市总体的、抽象的理性概括和评价，也是城市与公众、城市与城市之间传递信息和思想的外在形式。[②] 它涉及政治、经济、文化、市容市貌、环境、政府形象、居民素质等各方面因素，是一个城市宝贵的无形资产。对内来说，良好的城市形象能够激发居民的自豪感与主人翁意识，并促使居民自觉提升自身素质，形成一个互助友爱、团结向上的社会氛围。而对外来说，良好的城市形象如同一块磁铁可以吸引更多的人前来观光旅游、投资置业，从根本上推动城市各个产业的发展，使城市的政治、经济、文化实力都更上一层楼。因此，塑造良好的城市形象并加以宣传是各地政府十分重视的工作之一。

中小城市由于经济实力较弱，知名度普遍不高，因此城市形象的塑造与传播难度更大，但是需求性与必要性也更强。现今，各地已不满足于单纯地大力发展经济、挖掘特色文化、便利交通、改善环境、利用媒体宣传等方式，而是争相主办一些大型政经文体活动借以扩大影响力，如节日庆

① 朱海涛．农民运动会发展现状及趋势探析．沈阳体育学院学报，2012（1）．

② 徐康宁．文明与繁荣——中外城市经济发展环境比较研究．南京：东南大学出版社，2003. 264.

典、展览、博览会、交易会、会议论坛、体育演艺、公关活动等。自2008年北京奥运会成功举办以后，更加印证了体育赛事给主办城市形象塑造带来的重大影响，通过主办体育赛事来树立、传扬良好城市形象也更为人们所认可。

南阳作为第七届全国农运会的举办城市，能够承办如此规模的大型活动实属首次。它对南阳市来说不仅是一个巨大的挑战，更是一次难得的机遇，对于南阳市的后续发展与城市形象的提升必然会产生一系列的积极影响。

二、农运会对南阳城市形象塑造产生的影响

重大事件活动（Mega-event）不仅会对事件举办地产生广泛的影响，并且影响也会持续很长时间。与有形影响不同的是，无形影响是难以衡量的，包括对社会生活和团体福利的影响、事件所激发的自豪感，以及对一个地方或旅游目的地形象所造成的长期影响。[①] 而 Getz 认为，在无形影响中，重大事件活动对举办地形成的形象影响是重要的表现之一[②]。因为重大活动本身是一种机制，它能够使城市“商品化”，起到吸引投资、增加就业和游客数量的作用。它也塑造出健康发展的城市形象，从而引导居民表达对城市的一致认可。[③]

而在各项重大事件活动中，举办有一定影响力的体育赛事将会给举办城市带来更加明显的经济、社会及综合效益。体育赛事本身包含着友好、进步、团结、向上的正面意义，利用体育赛事使构建城市的正面形象变得事半功倍，而通过赛事将形象打出去也是一条快捷有效的途径，赛后给城市留下的文化遗产和进步也是显而易见的。其对城市这个大系统的介入，势必对城市元素产生诸多影响，加快城市建设、更新发展、整合优化城市

---

① ［澳］约翰·艾伦等．大型活动项目管理．王增东，杨磊译．北京：机械工业出版社，2002. 414.

② Getz · D. *Event Management & Event Tourism.* New York：Cognizant Communication Corporation，1997. pp. 57 – 58，317 – 319.

③ ［美］迈克尔·霍尔·C. 重大活动与城市形象重塑战略——压制、社区与2000年悉尼奥运会（中译本）．周常春，苗学玲，戴光全主译．国际旅游规划案例分析．天津：南开大学出版社，2004. 531 ~ 532.

结构，增值城市功能，实现城市系统 1+1>2 的效果，提升城市综合竞争力，促进城市和谐发展。[①] 无数事实证明，成功举办一次大型体育赛事，对举办城市的形象塑造与长期发展可以起到不可估量的作用。

1. 搭建城市文化交流平台，提升城市知名度

大型体育赛事的开幕式、闭幕式等本身就是本地特色的一个集中展示平台。在短短几个小时里，如果设计合理、安排得当，举办地的文化特色与精华将得到最大程度的挖掘与展示，而通过电视转播、媒体宣传等又可以让更多的人了解这些特色并传播开来。而不同举办地所展示的不同特色又可以供人们对比、交流，进而潜移默化地促进各地文化的融合与互动。通过举办体育赛事，还可以使一些曾被忽略的传统文化重新被挖掘并得到应有的关注和保护，这对于文化遗产的传承、城市文化品位的提升等都有积极的作用。可以说，大型体育赛事就如同一个城市的巨型展示会，把城市所在的地域、民族、人文、历史、经济等方面的特色和优势宣传介绍给大众，并与其产生思想和情感的共鸣。[②]而承办者则应当抓住时机充分利用这个窗口将最鲜明的特色展现出来，并利用高曝光率营造的正面舆论塑造并巩固良好的城市形象。

在这个遍布媒体声音的世界，当所有媒体都集中关注报道一个事件时，其产生的作用力将是巨大的。农运会作为全国性的体育盛会，在其运作过程中，各大媒体都将对其声势浩大的赛前推广活动及精彩赛事予以足够的关注与报道，这必然会使得举办城市——南阳的知名度在较短时间内有一个快速有效的提升。前来参加和观看农运会的人们也将会知晓并了解南阳，并且将他们在这里的所见所闻在自己的社交圈中进行传播，使更多的人了解这个朴素而美丽的中原小城。这一切都增加了南阳作为旅游目的地和投资目标的几率，必然会带动南阳经济、文化等的持续发展。

南阳拥有极为丰富的历史人文及自然资源，但由于平时宣传力度不够而鲜为人知。如今借着第七届农运会的平台，可以向来自全国各地的人们充分展示南阳的特色文化，并促进彼此的交流，共同进步、共同发展。

2. 促进城市基础设施的建设，美化城市环境

为了展现一个良好的城市形象并以足够的实力迎接即将到来的大规模

---

①② 李鹏，邹玉玲．体育赛事形塑城市特色．首都体育学院学报，2009（2）．

客流，大型体育赛事的举办城市往往会加大力度进行市政基础设施的改造与兴建，并对城市环境进行大规模治理和美化，这往往会给城市形象带来突飞猛进的提升，成为良好城市环境塑造必不可缺的一项重要举措，并给城市带来长久的益处。例如慕尼黑投资了13.5亿马克用于城市基础设施建设，使城市面貌焕然一新，一跃成为了“欧洲的明珠”。而巴塞罗那则耗资362亿比塞塔，使城市道路增加了15%，绿化带与海滨旅游区增加了78%，人工湖与喷泉增加了268%。[①] 上海为了迎接第八届全运会，整治了150条主干道及内环线、南北高架路两侧和80个体育场周边的市容，建成了5万平方米以上的绿地124块，公共绿地200公顷，增设绿化景点130个，400多个大楼顶部及80多公里的道路被120多万盏彩灯装饰得分外妖娆醒目。[②] 这些举措的初衷是为了向世人展示一个最好的举办城市，而它带给市民的切实利益也是不容忽视的。

举办大型体育赛事对于体育场馆的建设也有很高的要求。现代化的体育场馆打破了城市原有的功能格局，给城市建设规划注入了新的活力。而大型体育场馆也往往会成为一个城市的地标性建筑，展现一个城市的文化品位，同时更是对其经济实力的有力诠释。南阳市为了农运会的顺利举办以及南阳良好形象的展现，必然会加大投资进行体育场馆的建设及周边基础设施的完善，另外也会致力于城市环境的美化。相信在农运会的举办过程中及结束后，南阳市将迎来前所未有的良好城市风貌与城市形象。

3. 优化政府形象，提升居民素质

良好的城市形象与政府形象和居民素质是相辅相成的。在承办大型体育赛事的过程中，政府承担着巨大的责任，不论是赛事的前期推广、安保措施、工作人员调配，还是决策资金的投入与使用，都是对政府提出的艰巨的挑战，若能以此为契机展现政府高效的运作、廉洁的形象、有责任感的风范，都将为城市形象加分，同时也会增加居民对政府的信任度与好感度。而和谐的政府群众关系则是良好城市形象建设最根本的前提。反过来，城市形象的改善与进步又会增加居民的自豪感与凝聚力，产生维护城市良好形象的愿望，促使居民自觉提高自身素质，这对于构建城市和谐良

---

① 卢泰宏，罗绮茗．行销体育·奥运篇·世界杯篇．成都：四川人民出版社，2003.

② 徐本力．21世纪中国竞技体育．北京：北京体育大学出版社，2001. 97～106.

好的形象深具积极意义。澳门在承办了第四届东亚运动会后，得到了参赛团体和媒体的高度评价，凸显了澳门政府的管理、服务水平与国际形象。时任澳门特别行政区长官何厚铧表示，澳门成功主办第四届东亚运动会，是对澳门综合发展能力的一次考验，也是“一国两制”在澳门获取成功的一次重大体现。[①]

农运会的举办不仅掀起了南阳人民的体育热情，更激发了他们对家乡的热爱，使他们更具责任感和主人翁精神，这些对于南阳市未来的发展及城市整体形象的提升都是有巨大意义的。南阳市政府在承办农运会期间所做的工作和努力是有目共睹的，给群众带来的便利也是大家切身可以感受得到的，因而这也有利于政府与群众关系的紧密与和谐，促使南阳迎来建设和谐社会的新局面。

4. 吸引资金支持，拉动经济发展

体育赛事的承办，对于一个地区经济的影响是不可估量的。韩国釜山政府称，通过承办2002年第14届亚运会一系列体育比赛和文化活动、社会活动，釜山开始由单纯的港口城市转变为文化旅游城市，釜山发展加快了10年。[②] 之所以会产生这样的效应，首先是体育赛事直接促进了本地体育产业的发展，而体育产业的发展又会带动其他相关产业的繁荣，也就是说体育赛事的举办实际上成为了城市各产业相互促进、良性发展的诱因和推动力。体育赛事在吸引体育爱好者眼球的同时，也必然会随着大量的宣传而吸引大量投资商和旅游爱好者的注意。前者给城市的招商引资、后续发展提供了可能性，后者则有可能使旅游业迎来春天。另外，举办大型体育赛事也必然会得到上级部门的支持，包括政策、资金支持，如借此契机并合理充分地加以利用，将会给城市的经济发展带来无限可能性。

南阳举办第七届全国农运会受到了国家及河南省的大力支持，而农运会的举办不仅可以吸引更多的观光游客，还能以此为机会招商引资，同时还可将体育产业的繁荣延续并扩散到其他产业上，从而带动整个城市经济的进步。

---

① 梁洪波．第4届东亚运动会对澳门城市发展的影响．体育学刊，2007（1）：37.

② 李鹏，邹玉玲．体育赛事形塑城市特色．首都体育学院学报，2009（2）．

三、南阳为农运会所采取的具体措施

南阳作为重要农业大省河南南部的一座小城，能够承办全国农民运动会这样的全国性体育赛事实属首次。为了办好这次运动会，并利用此次体育盛会将南阳形象打出去，南阳市政府与南阳人民都作出了不少努力。

1. 将城市特质融入赛事各要素

南阳是一个人口过千万的地级市，也是一个拥有着悠久历史文化的农业城市。全国农民运动会在这里举办，不仅有雄厚的群众基础，而且有很强的文化贴合性。地方政府也十分注重这一特点，首先，在吉祥物设计上，采用了著名的“南阳黄牛”为形象特征，设计出了“牛牛”这一吉祥物。由于南阳黄牛是南阳的著名特产，而黄牛在农耕历史上也一直扮演着重要角色，因此“牛牛”不仅突出了南阳的地域特色，更包含着农民、农村与农业的深刻内涵，并意喻全国农民兄弟“牛劲十足”、“牛气冲天”，共同迈向美好生活。在赛事设置上，除了传统的田径、篮球、乒乓球、游泳、中国式摔跤、象棋等，还特别设置了搬重物赛跑、抗旱提水保苗赛跑、插秧比赛、抢收粮食比赛等，趣味性十足，又贴近农民生活，真正将农运会办成了亿万农民齐欢乐的农民体育节。①

在开幕式节目设置上，也极好地将中原、南阳特色和农运会相结合。开场节目是陈氏太极拳第十一代传人陈正雷带领3 051 人进行的太极拳表演。太极拳最早发源于河南省焦作市的陈家沟，是中原体育文化的代表。以太极拳表演为开场，不仅场面宏大，震人心魄，更凸显了中原文化的博大精深，同时又十分贴近农民运动会的主题。而在太极拳手外围的则是代表中原少林寺文化的少林武僧。另外还有以南水北调为主题的节目，将作为南水北调工程渠首的南阳与全国相联结，彰显了南阳人乐于以一己微薄之力为国家作出贡献的精神。另外南阳著名的玉文化也在开幕式中得到了充分的融合与展现。从领导讲话台与运动员宣誓台上玉元素的运用，到引导员身上的独山玉玉坠，还有节目《中原担当》中形状为南阳玉雕的彩

① 范志钦．第七届全国农运会基本情况．南阳日报，2012－05－28（B2）．http://epaper.01ny.cn/http_rb/html/2012－05/28/content_967728.html.

车，无不向人们传达着玉文化的元素。此外还有以南阳市花月季为创意来源的舞蹈，原汁原味南阳特色的坠胡演奏等，使中原与南阳文化特色在短短几小时的节目中得到充分的展现。①

南阳市由于人口多，经济结构以第一产业为重心，并不是一个经济发达的地方，但正是这样，才使得本届农运会显得淳朴而充满农趣。正如南阳市委书记李文慧说的："南阳是全国重要的粮棉油生产基地，拥有1 100万人口，七成人口在农村，是典型的农业大市，也是财政穷市，但这样的地方举办农运会的优势是更贴近我国大部分农村的实情。"②

2. 场馆修建与基础设施完善

在一个大型体育赛事的举办过程中，拥有一定数量且符合赛事要求的运动场馆是最重要的物质基础，是运动会能够顺利进行的切实保障。为了给运动健儿们一个良好的比赛环境，给观众们一个舒适的观赛环境，同时展现南阳新时代的体育风貌，南阳市在2012年3月底之前完成了7个大型体育场馆的修建，6个体育场馆的改造，以及3个大型比赛场地的建设，以切实满足赛事的需要。而且考虑到要借机加强新农村建设，还将15个比赛大项中的6个分别分布在唐河、油田、邓州、内乡、南召等县市区进行。③

但花大力气、巨额经费修建的大型体育场馆在体育赛事结束后利用率却不高甚至弃置不用，这是许多体育赛事举办地都存在的情况。这不仅是对国家资源的极大浪费，也降低了人们的运动热情，更使得由体育赛事而带来的现代化城市格局和良好城市形象仅仅是昙花一现。如何解决体育场馆的后续存活与使用问题，让市民切实享受到农运会带来的进步与便利，这对于延续和固化城市形象有极大意义。

南阳农运会的主体育场按甲级体育建筑设计，共5层，核心建筑可容纳3.5万名观众，可满足举办全国综合性和单向国际赛事的要求。不仅可以展开田径、排球、网球、羽毛球、台球、乒乓球、体操等多种体育项目的比赛和训练，还可以作为文艺演出及其他大型活动的举行地，避免了功

①② 农运会今日河南南阳开幕．东南快报，2012－09－16（A13）．http://digi.dnkb.com.cn/dnkb/html/2012－09/16/content_232163.html.

③ 陈元．南阳市介绍全国农运会筹备情况 将新建七大场馆．河南日报，2010－04－21（10）．http://newpaper.dahe.cn/hnrb/html/2010－04/21/content_307898.html.

能的单一化，也为后续利用提供了更高的可能性。而主体育场的弧形钢结构屋顶中央设有条形天窗，可使自然光投射进来，不仅满足了采光要求，减少了照明能耗，还实现了“结构轻质化”，① 部分减轻了场馆后续利用保养维护费用高的问题。

同时，为了在比赛之外可以向世人展现一个环境优美、市容整洁、居民生活质量高的现代南阳，南阳市政府还重新规划了城市功能分布，着力打造出以体育馆、游泳馆、综合训练馆为主体建筑的全民健身、大众休闲娱乐区；以主体育场、迎宾馆、运动员村为主体建筑的高品质生态示范新区；以新闻中心、农运会主题公园为主体建筑的现代化信息传播区。除此之外，南阳市政府还大力完善了城市的基础设施建设，投入超过50亿元人民币，相当于以往十年投资的总和，而在环保上也投资了10亿元，以展现南阳青山碧水、整洁优美的“北方水城”形象。在交通方面，40余条主干道得到了改建，道路扩宽了，路面整洁了，经常堵车的一些路段通车环境变好了，人们的交通意识也得到了增强。在市容改造上，政府进行了绿化、亮化工程，加大了城市绿化范围。新增绿地355.36公顷，公园6个，游园17个，筹建大型苗圃一处，提升改造人民公园、白河湿地公园，并全面提高主干道的绿化水平，增添了彩灯装饰，使南阳的夜景更具可观性。

在安全保障方面，南阳市卫生局统筹全市医疗卫生资源，选拔高业务水平的专业技术人员承担医疗保障工作。对接待宾馆、比赛场馆的卫生建设严格把关，并依据赛事进度及时启动定点医院急救“绿色通道”，以保障伤病运动员得到及时救治。另外，还建立了农运会传染病控制工作体系，制定传染病疫情应急处置预案，并组建了传染病疫情应急处置队伍，以确保农运会在健康安全的条件下顺利进行。② 为了确保农运会期间有一个良好的社会治安环境，使运动健儿们在安全的氛围中比赛，所有比赛场馆都全面实行“实名制”警力部署。除了政法机关的工作外，南阳政府还启动了全民防范万人“红袖标”行动，动员1.5万名普通群众主动承担起维护社会治安的责任，“人人都是东道主，全力以赴保农运”的理念深入人心，不仅提高了南阳人民的主人翁意识和凝聚力，也向全社会展示了南

---

① 王秀琴，贾虎．大型体育场馆低碳规划策略研究——以第七届农运会为例．西安建筑科技大学学报，2012（2）．

② 刘儒．南阳全力以赴做好农运会医疗保障工作．农村·农业·农民（A版），2012（9）．

阳人良好的精神风貌。[①]

顺畅的交通不仅是农运会顺利进行的保证，也是一个城市现代化与宜居性的表现。为此，南阳市公交公司新设了100多个新型公交牌与候车亭，购入了100辆天然气动力、低碳环保的新能源车，并且为了可以准确调度，还建成了公交智能化调度中心，并新增了9条线路，延伸了6条线路，保证乘客出行便捷。另外，全市新增出租汽车700辆，推广双燃料车型1 295辆，所有出租车统一车型、统一标识、统一安装GPS和LED显示屏，统一出租车从业人员着装，保证良好的车容车貌。[②] 虽然这些努力并不需要大手笔、大投入，但却在细节处为南阳的良好形象增光添彩。

3. 组织大型体育活动

在筹办农运会三年多的时间里，南阳市大力开展全民健身活动，新建群众健身工程2 000多个，组织各种健身活动5 000余次，农村乡镇健身路径普及率和行政村健身设施覆盖率上升至60%以上，成为全国20个“全民健身示范城市”试点城市之一。同时，还恢复重建了各县区体育运动管理中心，实现了文体中心乡镇全覆盖。全市对2 300多名社会体育指导员进行了加强培训，统一编号，授牌了全市1 600多个晨、晚练点，推动了全民健身的常态化、规范化。[③]

尤其值得一提的是全民参与的“舞动南阳”11万人健身操大展演。8月8日，全国第四个“全民健身日”，小到四岁，大到七十多岁共计11万的南阳人民在南阳市体育中心、滨河路及11个县市的户外广场上齐跳健身操。充满着动感与活力的舞姿彰显了南阳人的热情与激情，展现出了南阳人积极向上的精神风貌。所有的参与者都是自愿参加，为了能够顺利完成展演，无数个训练点出现在全市的各个公园、广场上，志愿教练们牺牲自己的休息时间，一天进行数次教学，而参与表演的群众更是以前所未有的热情投入到健身操的训练中。这次活动不仅表现出了南阳人民对举办农运会的喜悦之情，同时也是向体育精神致敬，更是掀起了一股全民健身的浪潮。而通过媒体的报道宣传，更是树立和巩固了南阳人民淳朴、热情、好

---

① 邓红阳．人人成为治安员 个个都是主人翁．法制日报，2012－10－12.

② 周爱娟．展农运风采 创交通辉煌．中国交通报，2012－09－19.

③ 新华社．农运会综述：节俭办会惠及民生 农味足趣味也多．http://sports.sohu.com/20120922/n353751147.shtml，2013－01－06.

客、团结、奋发、向上的良好形象。

4．充分利用媒体宣传

媒体作为政府与公众的沟通者与连接点，向公众宣传的行为对于城市形象的树立、传扬和固化起着重大作用。早在2011年11月16日，南阳市政府就在北京举行了媒体见面会，新华社、中央电视台、光明日报、中国青年报等有重要影响力的媒体都参加了见面会。而在农运会期间，南阳本地媒体对这一盛会进行了全面、细致的报道和宣传。其中南阳日报成立了专门的宣传报道领导小组，开设了《同心创六城，迎接农运会》、《两争促提升，激情迎盛会》、《当好东道主，巨变大盘点》等20多个栏目，并不断以新思路、新方法进行宣传报道。同时还筹划了“南阳籍知名人士寄语家乡活动”、“借智六城行，喜迎农运会”、“全民健身，共享农运”等大型采风活动，[①] 在全社会营造喜迎农运会的热烈氛围，及时向群众传达了农运会筹备及举办的最新进展，为南阳顺利举办农运会创造了正面舆论，也为南阳市树立、宣扬正面形象作出了贡献。

为了让更多的人了解农运会，了解南阳，南阳市政府制作了独具特色的广告宣传片与农运会宣传片，并在中央电视台和网络媒体上播放。在央视广告中，采用了“南阳‘醉美’的地方”为广告语，突出了南阳风景秀丽的特点。而在农运会宣传片中，则充分融入了南阳的历史文化特征元素，以南阳汉画砖上龙的形象为导入点，由腾跃的金龙带领观众们领略南阳的代表文化建筑，如科圣张衡的地动仪，纪念张仲景的医圣祠，纪念诸葛亮的武侯祠，纪念范蠡的财神庙，最终落脚于南阳汉画馆。同时宣传片还采用了实景与动画相结合的方法将河滨跑步的人们与农运会吉祥物牛牛串联在一起，展示了农运会的主要体育场馆及主要比赛项目。两部宣传片从不同角度展现了南阳的自然与历史特色，让人们了解到一个自然与人文并重、历史与现代融合的新南阳形象，为第七届农民运动会的顺利举办提供了舆论保证，并使南阳城市的知名度得到极大的提升。

四、往届全国农运会举办地值得借鉴之处

自1988年以来，全国农运会已经在北京、湖北孝感、上海、四川绵

---

① 关玉国．农运会报道亮点多、效果好．新闻战线，2012（11）．

阳、江西宜春和福建泉州成功举办了六届。在此基础上，河南南阳也顺利承办了第七届农运会，并充分利用农运会这个大平台展示了南阳市良好的城市形象。由于时代特点不同，每届农运会都处在其特殊的历史背景之下，也都有各自独具特色的城市形象塑造与宣传策略。与较为临近的第五届宜春农运会与第六届泉州农运会相比，南阳在借助农运会这一契机塑造城市形象的过程中仍存在一些不足，而前两届则有一些值得学习和借鉴的地方。

1. 城市明确定位，树立响亮的城市标签

当前对南阳的城市定位为："中部地区重要的交通枢纽，豫陕鄂三省交界地区的商贸物流、金融服务、文化教育中心与旅游服务基地，是河南省重要的新型工业基地、农产品生产和加工基地。"① 这样的定位虽然比较宏观全面，但对于城市形象的塑造与品牌传播起不到明显的作用。

"城市定位"的目的是解释该城市与其他城市的区别，彰显其独特之处，并不是要全面概括城市特点，因此在设定城市定位时一定要选取最鲜明、最具代表性也最吸引人注意并引起人们兴趣的特点。只有这样，城市定位才能起到塑造城市品牌、宣传城市形象、打响城市名号、吸引旅客与投资的作用。

现在许多城市都把山清水秀、风景优美等作为城市定位的特征要素，而拥有这样元素的城市比比皆是，不具备特质性，便也不存在冲击力与吸引力。南阳市在中央电视台播放的地方宣传广告中使用了"中原'醉'美的地方"，主要突出的是秀丽的山水风景。而事实上，虽然风景秀丽、自然环境好的确符合南阳的实际情况，但并不有别于其他地区的山水风景，也就是说这并不是南阳市所独有的，并不适合作为重点宣传的元素。真正使南阳显得独一无二的是它丰富的人文历史资源。作为楚文化的发源地与汉文化的重要代表地，这种文化底蕴深厚并且独具价值，如果不把它加入到南阳城市定位主要元素中去，不能说不是一种遗憾。亮丽的风景与深沉厚重的历史相结合，应该是南阳城市定位与宣传的更好方向。

福建泉州是我国著名的侨乡，也是台湾同胞的祖籍地。它作为古代海

---

① 蔡凯，陈琼．面积扩大两倍多 宜居宜业魅力增．南阳日报，2009－04－20（B1）．http://epaper.01ny.cn/http_ rb/html/2009－04/20/node_ 6.html.

上丝绸之路的起点，曾与亚历山大港并列为全球四大港口。著名航海家马可波罗在来到泉州之后便被眼前灯火通明的景象震惊了，遂将这里称为“光明之城”。而这个称号一直沿用至今，成为了泉州的名片、标签。这个称号既蕴含了历史深意，又彰显了它作为著名港口的地理特征，而“光明”二字还给人积极向上的正面印象，以此作为城市标签并大力宣传为众人所熟知，实为泉州的城市形象增色不少。

宜春则是全力打造“月亮之都”的城市标签，宣扬“明月处处有，宜春月最明”。之所以选择这样的标签是因为宜春城南有一座“有石夜光如月”的明月山，它是国家AAAA级旅游风景区、国家重点风景名胜区、国家森林公园、国家地质公园。2006年，时任江西省省长吴新雄视察明月山指出：明月山因月而名，也要以月扬名，打响月亮文化品牌。[①] 自此，宜春每年都举办月亮文化节，以此来打响“月亮之都”的名号，使宜春为更多人所知晓。在历届月亮文化节中，宜春利用月亮展示了其绿色生态、农耕文化、传统民俗风情。2008年，宜春成功注册了“月亮之都”、“月亮之城”等商标，并进行了域名注册，使“月亮之都”的标签固定化、合法化。2009年，宜春成功取得了央视中秋晚会的承办权，将宜春的月亮文化节推向了高潮，让世界知晓了“月亮之都”。借此标签，宜春的城市知名度大大提升，城市形象塑造也颇具成果。

诗仙李白在《南都行》中如此盛赞南阳：“此地多英豪，邈然不可攀。”作为拥有丰富资源的历史文化名城，如选取合适的元素并加以提炼，大力宣传，必然会令城市知名度与名誉度更上一层楼。

2. 充分发掘自身资源，开辟系统旅游路线

农运会作为全国性的大型体育盛会，有来自全国31个省市自治区及港澳台3万多名体育健儿与各界人士的参与，更吸引了众多人来此观赛、观光。而运动健儿们在比赛闲暇之余，必然是要领略南阳的异乡风情。

南阳拥有丰富的自然、人文旅游资源，但是这些资源比较散乱，没有得到系统的整合与开发，一些文物的保护、修缮、包装工作也不够完善，这就使得这些宝贵的旅游资源并未放射出其应有的光彩，没有显现出其应

---

① 况海家，林岗，林晶，邹思球，邓爱文．宜春，一座处处如春的城市．宜春日报，2010－03－16.

有的价值。

在这一点上，南阳应向泉州学习宝贵的经验。同样作为国家历史文化名城，泉州投入了巨资来修复其重点文物古迹，完善旅游基础设施建设，增加特色旅游商品，最重要的是开辟了多条旅游线路，如宗教朝觐游、古建筑游、古城游、度假健身游以及德化古瓷史、安溪茶叶史等考察交流线路，还举行了一系列的旅游促销活动，[①] 大力推介其旅游资源，使其声名在外，吸引了大批游客前来观光，为其城市知名度与形象提升起到了关键作用。

反观南阳，作为中国首批对外开放的历史文化名城，不仅是楚文化的发祥地，还有被称为“长城之父”的楚长城遗址，也是全国汉文化最为集中的旅游区之一，拥有储量最多的被誉为“一部绣像汉代史”的汉画砖，以及“科圣”张衡、“医圣”张仲景、光武帝刘秀等一系列汉代名人。此外还有南阳府衙和内乡县衙，它们是全国保存最为完整的封建社会官衙建筑；以武侯祠为代表的三国文化；彭雪枫纪念馆及桐柏革命老区构成的红色文化；邓州八里岗遗址和南召猿人遗址所组成的史前文化等。同时，南阳拥有独特的自然风光，包括白河风景游览区、宝天曼国家地质公园、西峡伏牛山、丹江口水库、内乡天心洞、桐柏淮源风景区等一系列风景名胜。此外，南阳还拥有许多地方特产，如有“东方翡翠”之称的南阳独玉，它也是全国四大名玉之一；独具风格的南阳烙画；岳飞在兵过南阳时手书的《出师表》碑刻，现存于武侯祠内，这三者被并称为“南阳三宝”。另外，还有西峡恐龙蛋化石、黄石砚、南阳地毯、南阳丝绸等旅游产品值得开发。南阳拥有如此丰厚的资源，应将其分类整合，形成系统的、主题鲜明的旅游线路，如名人游、古建筑游、汉文化史考察游等，并精心打造独具南阳特色的旅游商品，使南阳的人文与自然瑰宝真正散发出光彩并为更多人知晓、了解和喜爱。

3. 城市建筑风格的协调与城市特色的彰显

一个城市的建筑能够给人最直观的感受与印象，如果城市建筑风格与城市特色相得益彰，必然能够为城市形象塑造起到积极的效果。

南阳并不是一个经济发达的工业城市，因此随大流的现代化建筑风格并不适合彰显城市的特色。南阳以依山傍水、环境优美、绿色生态和深厚

---

① 魏真．基于泉州农运会探讨南阳农运会对当地社会发展的影响．河南社会科学，2009（2）．

的人文历史底蕴见长，因此借助农运会这一契机进行城市建设时，不应过度标榜千篇一律的现代化高层建筑，展现自然之美以及淳朴厚重的复古建筑似乎更适合南阳的自有特征，也更能给人们留下深刻而鲜明的正面印象。

第六届农运会主办地泉州就十分注重将其特色文化展现在建筑中。在其城市规划、扩建后，形成了鲤鱼状构造，故俗称“鲤城”。泉州在整体城市规划中还将山、城、江融为一体，体现其地理生态优势。而在建筑上则突出了砖石文化与中西合璧的建筑风格。泉州土壤因呈红色而被称为“红壤土”，民间俗语“土红如血”。在其古城区中，所有建筑都以红色为主色调，红瓦屋顶，红砖屋脊，红色外墙；室内也是红砖铺地，家具多漆上正红朱漆，独具特色。众多红色的个体相组合，使整个古城呈现出热烈的红色调，与城中的绿树相配，产生了极具震撼力的视觉效果。这就是体现在泉州传统建筑中的“红砖文化”。①

4. 借农运东风举办专项文化宣传活动

在举办体育赛事的过程中或结束后，配合体育赛事带来的影响举办一些城市文化宣传活动，不仅可以固化已塑造的城市形象，更有利于扩大城市知名度的辐射范围，强化城市形象的传播效果。在2002年日韩世界杯期间，韩国在各赛场举办了一系列展示活动：有展示其人类文化遗产的“朝鲜时代风俗画展”、“韩日国家级文物交流展”、“世界杯纪念传统艺术节”、“朝鲜王宫宴会”等活动；重点推介承办城市活动的、列入联合国世界文化遗产名录的石造城垣华城，古色古香的韩国传统歌剧发祥地全州等；巧妙宣示企业文化的活动，如“现代汽车”向组委会提供赛事专车并组织参观集团创始人事迹陈列馆等。② 这些活动在世界杯举办期间举行可以达到最大的传播效果。

第五届农运会的举办城市宜春，并不仅仅只是把眼光放在举办一届农运会上，而是在农运会过后，连年以不同主题举办“月亮文化节”主题活动，活动内容有放荷花灯、中秋拜月、火龙追月等。而2009年宜春举办的央视中秋晚会则更进一步地将其名号传扬出去，为其城市形象的塑造与传

---

① 吴梅菁．泉州传统建筑文化特色概述．福建民进，2006（4）．

② 刘住，梁保尔．大型主题活动的富矿效应．旅游科学，2002（2）．

播发挥了积极作用。①

南阳市在以往也进行过一些文化宣传活动，比如“中国·南阳玉雕节暨宝玉石博览会”以宣传南阳的独玉文化，“中国·南阳张仲景医药科技文化节”则重点宣传南阳的中医药文化。在第七届农运会举办之际，南阳吸引了众多目光，更应该以此为契机多举办一些有水平、有影响力又独具南阳地方特色的文化活动，以扩大南阳的知名度，巩固已树立的良好城市形象。

作为一座中原小城，南阳在形象塑造与宣传上有很多的局限性，但是其丰厚的人文、历史、自然资源表明只要把握好时机，采取适宜的策略，南阳同样可以吸引众多关注，成为中原的魅力之城、希望之城。第七届全国农民运动会已经结束了，但它对于南阳城市形象塑造与传播的影响却是深远的、可以传承的。希望南阳可以以农运会为有利契机，加强城市建设，重视城市宣传，使农运会成为树立南阳新形象的崭新起点。

（撰稿人　高崇文）

---

① 邹霞．宜春城市形象的塑造与传播策略研究．科技经济市场，2010（11）．

2012年中国传媒与贵阳城市形象传播

如今，城市的品牌化形象构建、城市文化传播已经成为城市竞争中不可缺少的一环。而城市形象的传播与推广离不开大众传播的有效包装与宣传。因此，大众媒介在传播的过程中需要结合自身的特性以及城市的特有文化，发挥城市本身的长处，规避城市自身发展中的短处。大众媒介中最有传播力的电视在城市形象传播中扮演最重要的角色，因而充分利用电视广告，电视剧等方式能够收到更好的传播效果。在新媒体不断发展的情况下，城市形象传播也应探索出充分利用新媒体来传播自己的方法。因自身独特的地理环境、少数民族文化等因素影响，贵阳在城市形象构建与传播过程中如何利用大众媒介构建一个充分体现自身特点的城市是本文探讨的重点。

一、城市形象品牌建构的发展轨迹

一座城市的成长与发展，除了越来越畅通的交通、越来越完善的基础设施、不断林立的商业中心等这些看得见的硬性指标外，城市的形象品牌建构在城市建设日益雷同化、同质化的当今变得越来越重要。城市形象品牌建构是城市软实力的重要组成部分之一。城市品牌的提出是市场经济发展的必然结果，城市品牌的概念是从商品企业的品牌概念延伸而来的。品牌不同于城市经济水平、公共服务业等硬性的可以衡量的外在指标，它是将城市所独有的历史、地理、经济文化、人文、环境和市民素质等各种资源、各个方面进行包装整合，从而塑造出一个彰显这座城市面貌的内在品牌形象。如同商品一样，一个企业对它的商品进行经年累月的品牌建构之后，便逐渐形成商品独有的品牌形象，如体育运动品牌耐克就象征着年轻、个性。城市品牌对于一个城市的重要性跟商品品牌建构的重要性是同一个道理，城市品牌是传送给大众的城市核心概念，它是让人们可以感受得到的、在脑海里能迅速反映出一座城市关键要素的原因。

城市的形象如同城市的名片，如何打造符合城市独有气质的名片已为人们所重视。城市的气质是城市精神的必然反映。城市精神是一个城市的价值追求和思想内核，它内化于这个城市市民为人处世的气度和准则，是这个城市最鲜明的符号，也是丈量城市长远发展的凭据。而城市精神的内核在于这个城市的文化精神。城市的文化离不开城市在历史长河中人与人、人与社会、人与自然发生过的典型事件，这些典型事件影响并改变着这个城市的纹理、气度、价值取向。在这不断交织的事件累积中，城市的文化便逐渐显露出来。而城市文化也是当今呼吁城市品牌构建、加强城市软实力的关键影响内核。

著名营销大师、美国杜克大学富奎商学院教授 Kevin Lane Keller 在其著作《营销管理》中说道："城市（区域）品牌是指，产品与人一样，地理位置或某一空间区域也可以成为品牌。'城市营销'由'国家营销'演变而来，城市营销，将城市视为一个企业，将具体城市的各种资源，以现代市场营销手段，向目标受众或目标客户宣传或兜售。这里的资源包括产品、企业、品牌、文化氛围、贸易环境、投资环境、人居环境及至城市形象等。"品牌作为营销学的重要概念，城市品牌将现代营销学的概念引入城市发展即用营销学的知识、商业的思维对城市形象进行包装和宣传。它不仅能体现一个城市的特有资源，而且能够形象生动地表达出城市的个性，也能够凝聚城市的历史沿革发展、时代命脉的感性梳理以及每个特定时代下领导者的智慧和每个个体的生命轨迹。正是这些独特的闪光点，成为了一个城市发展离不开的软实力，表达着城市独一无二的珍贵价值，从而使城市也有了从内而外散发出的辐射力和由外向内的吸引力和凝聚力。同样，城市品牌形象作为一个城市形象的缩影和综合体现或在某一方面的特异性表现，是软实力的重要构成部分，也是经济发展的推动力量和重要标志。城市的无形资产——"城市品牌"作为城市参与同类竞争中一项重要的指标，符合市场经济逻辑发展的内在要求和本质体现。城市间的竞争在一定程度上也如同商品竞争，随着城市竞争的加大，建构城市品牌就是意味着如何为城市发展塑造一个良好的舆论环境，如何在众多同级别的城市竞争中脱颖而出，吸引投资者、旅游者的目光，从而推动城市文化产业、旅游产业、服务产业的发展。这一切使得城市形象品牌的建构变得尤为重要。城市一旦明确了自身的定位，就应当对城市资源进行合理而有效的开发、整理和运用，持续不断地营销城市定位，建立自己的城市品牌。

著名学者、结构主义者索绪尔曾在他的《普通语言学教程》中提出一个重要的概念：语言是一个内在相互联系的系统。符号有着能指和所指两面，将此理论发挥在城市品牌建构上会有更深刻的认识。城市品牌便是城市的能指，如“北京”的所指是北京这座城市，而能指则是“北京”这个符号所意味着的浓烈的政治性、深厚的历史性等。所以城市品牌的建构相当重要。经过岁月的洗礼和时代的变迁，历史给我们留下了许多伟大的、无可取代的城市，它们的名字和它们所指涉的价值内核是交融在一起的。比如意大利的罗马，让人联想起罗马帝国的宏伟和深厚；法国的巴黎，会让人对法兰西特有的浪漫、光辉灿烂的文学和艺术浮想联翩；耶路撒冷的麦加，浓厚的伊斯兰宗教气息始终萦绕左右。相比之下，国内也有许多深入人心的品牌城市：古朴和苍劲的十三朝古都西安，市场商业气息浓厚的购物天堂香港，四季如春风景如画的昆明，信仰者寻梦之路的终点拉萨等，这些响彻海内外的城市无一不是与其政治、经济、历史、文化、自然等的面貌紧扣在一起。必须承认，罗马、巴黎、西安这些城市的品牌构建有它们先天的优势，历史的厚重和岁月的积累给了它们用之不尽的资源去传播它们的城市品牌。不可忽视的是，还有许许多多的城市在现代化建设中，并没有像这些城市那样拥有优质的资源可以开发利用，然而它们同样可以打造自己的城市品牌，并进行有效的传播。因而，就我国而言，如何构建二三线城市的品牌并将其传播出去已经是这些城市的管理者和市民刻不容缓的时代使命。

在这些城市中，有许多成功的例子，昆明便是其中的一个典型。2000年，昆明市在中央电视台综合频道的黄金时段播放《昆明天天是春天》的城市形象广告片，产生了巨大的影响。在打响第一炮后，昆明市持续在中央电视台播放城市品牌形象广告。于是，昆明便被成功地塑造成一个神秘、四季如春、远离现代化激烈竞争的春城。另外，昆明的花博会等一系列城市品牌策划活动，以及电视剧《一米阳光》、《玉观音》，电影《李米的猜想》等反响热烈的影视作品在云南取景，使得昆明的形象深深地刻在了人们的心中，吸引了成千上万的旅游者涌入昆明，而旅游收入已经成为昆明财政收入的重要来源。另外，曾在山西太原等地取景的电影、电视剧

《大红灯笼高高挂》、《乔家大院》、《昌晋源票号》使得山西的“大院文化”、“晋商文化”等成为热潮，吸引人们走进这个中部城市。在成都春熙路、武侯祠博物馆、锦里、新会展中心、合江亭等地取景的电视剧《成都往事》、《成都之恋》、《芙蓉花开》以及《成都，今夜请将我遗忘》等，都将成都这座被称为“一个来了就不愿意离开的城市”的风土人情、自然风光以及成都作为“天府之都”的形象打造得美轮美奂。前两年的《血色湘西》也是一个将湘西的民族风情推广得较为成功的例子。《红楼梦》、《青青河边草》、《苍天有泪》、《上错花轿嫁对郎》、《紫玉金砂》、《还珠格格Ⅲ》等热门电视剧的拍摄，同样使得扬州成为国内著名的天然影视基地。旅游者来到这里，在真实与虚幻之中寻找扬州这座城市的轨迹，发现扬州的独特魅力。

贵州省省会贵阳的城市形象构建是一个值得研究的个例。一方面，贵阳有着贵州丰富的少数民族文化资源、独特的自然资源以及因老三线建设而拥有的多元移民文化资源；另一方面贵州作为全国最贫穷的省份，位于西南落后山区、云贵高原之上，贫穷、落后一直阻碍着贵阳城市的构建和传播，甚至有许多国内东部发达地区的人以为贵阳是四川省内的一个城市。与国内其他城市相比，贵阳有着自身城市发展的深刻矛盾与问题。

二、贵阳的城市品牌形象构建之路

1. 避暑的天堂

这些年来，“爽爽的贵阳，避暑的天堂”是贵阳最响亮的口号。“避暑”是贵阳政府推广力度最大、最成功的品牌，也是贵阳城市形象品牌重要的传播符号，这得益于贵阳得天独厚的气候资源。贵阳位于东经106度27分、北纬26度44分，海拔高度在1 100米左右，处于费德尔环流圈，常年受西风带控制，属于亚热带湿润温和型气候。年平均气温为15.3℃，年极端最高温度为35.1℃，年极端最低温度为-7.3℃，年平均相对湿度为78%，年平均总降水量为1 129.5毫米，年雷电日数平均为49.1天，年平均阴天日数为235.1天，年平均日照时数为1148.3小时，年降雪日数少，平均仅为11.3天。贵阳在相对湿度、风速和紫外线等几项硬性指标上也有着十分理想的条件。最后，同世界各地的休闲度假型城市气候情况相比，贵阳与渥太华、爱丁堡、圣彼得堡、巴黎、清迈、长野等著名旅游度假型城市的气候情况相当，十分适宜人们的居住、旅游和观光。

早在2004年的“中国十佳避暑旅游城市”中，贵阳就以独特的地理环境和气候优势赢得了“中国最佳避暑城市”的称号。2005年底，由香港中国城市竞争力研究会、中国城市研究院（香港）口碑中心、亚太环境保护协会中国委员会等机构组织主办并且发布的“2005中国城市竞争力排行榜”，在首次评出的“中国十佳宜居城市”中，贵阳位列第四；在随后的2006年中国城市竞争力研究会举办的“中国避暑旅游排行榜”上，贵阳同样以城市环境和气候优势赢得了广大消费者和专家的一致好评，综合评分位列各大城市之首；在2006年至2009年的中国避暑旅游城市排行榜上，贵阳均以总评分第一的成绩位居各大城市之首，受到越来越多“驴友”和观光客的青睐。同时贵阳以避暑为主线的旅游产业经济，也受到了各方专家的关注，于是，贵阳这座西南省会城市开始悄无声息地登上“中国避暑之都”的宝座。

“中国避暑之都”成为贵阳的一张城市名片，这个符号的能指也为受众建构了一个夏日依然凉爽的贵阳形象，使得人们对贵阳的想象多了一份真切的触感。对于我国夏季普遍高温的气候特征，避暑无疑具有强大的吸引力。因而，它理所当然地构成了贵阳魅力的一部分，并成为贵阳的城市传播符号。这不仅是旅游传播的雄厚资本，更是城市品牌的物质基石。它为受众认知贵阳、亲近贵阳提供了丰富的感性接触点，“爽爽的贵阳”已经不仅是一个旅游号召，更是一种城市功能，一个城市魅力的所在。

为了使“避暑”这张名片更加响亮，贵阳将“避暑节”改成了“避暑季”。这样，“避暑节”正式从一个节事活动蜕变成一个系统的、综合的旅游长期项目。“2010中国·贵阳避暑季”，围绕“温泉·体育·民俗·生态”主题设计开展了丰富多彩的系列活动。另外，贵阳还在避暑季之后，结合冬季的特点和贵阳的地理优势，于每年10月18日举行“温泉月”的开幕活动。境内温泉全覆盖的条件使得来到贵阳的游客冬可泡温泉，夏可避酷暑，由此形成旅游的一贯性和系统性。除此之外，为进一步推广“避暑之都”在人们心目中的影响和地位，由孙楠演唱的《爽爽的贵阳》在其他城市前往贵阳的火车上播放，通过采取这一系列措施使得这首歌广为流传。这样不仅吸引了大量的中外游客，对贵阳市知名度的提高也起到了较强的推动作用。

将“中国避暑之都”的城市品牌作为贵阳的城市总品牌，可以充分地利用贵阳在气候和生态上的比较优势。2010 年，在中国避暑旅游城市排行榜中，贵阳市连续六年蝉联第一，并再次入选年度全球十大避暑名城。贵阳在气候和生态上所具有的优势引起了世人更多的关注，以“避暑季”这一独具创意、定位准确的形式，使受众易于接受并向外推广。

当然对于“中国避暑之都”的品牌形象还应充实并丰富其文化内涵。生态文化理念是贵阳城市文化传播的主题。避暑并不仅仅是单纯作为一个口号吸引游客度假，更要折射出生态文化理念的传播。如“三宜”：宜居、宜业、宜游。森林覆盖率高，地理位置适宜居住，便是文化传播中的主要内容。同时，进一步提炼“避暑季”所形成的避暑旅游经济论坛、避暑之都歌曲、避暑之都生活地图、避暑之都卡通形象和避暑之都生活纪录片等多管齐下的有效传播。从而进一步彰显“爽爽的贵阳·中国避暑之都·温泉之城”的城市形象品牌魅力。

但仍需认识到，以“避暑”作为城市形象推广的并不止贵阳一座城市。作为首都的后花园，承德避暑山庄以其悠久的历史和丰富的史料记载，在品牌传播和旅游推广上有着贵阳难以比拟的优势，因此在传播效果的历史叠加上取得了最高的关注度。仰仗天然的地理优势，有着好山好水好风光的贵阳怎样创响“中国避暑之都”这个品牌，在炎夏避暑的旅游大市场里分得一杯羹？贵阳仍然有很长的一段路要走。

贵阳的“避暑”品牌仍旧面临着一些困惑。比如无论是“避暑月”，还是“避暑季”，炎热的夏天终要过去，“避暑”之后的贵阳，前路如何？作为城市的品牌，“爽爽的贵阳”、“避暑之都”都只是一种营销概念的建立，比起如雷贯耳的云南丽江、广西桂林，仍旧缺乏影响力。

2. 林城贵阳

“林城贵阳”也是贵阳长期宣传的城市品牌，这得益于贵阳天然丰富的绿色森林资源。“林城贵阳”和后期的避暑天堂之间存在着重要的联系。而由于早期贵阳对林城的宣传力度不够，因此“林城贵阳”、“森林之城”为人们熟悉的程度并不高，而且品牌的差异性、独特性也不明显。

3. 高原上的明珠

高原上的明珠，是贵阳作为旅游城市的形象表达。贵阳地处旅游大省贵州的中心，距离省内著名的旅游景点较近，一直以来都是全省游客的集散中心，在全省旅游产业中具有重要的战略地位和区位优势。同时贵阳的地势起伏较大，呈现出南北高、中部低的地理样貌。全城遍布着各种奇特的喀斯特地貌，既有高原山地和丘陵，又有盆地、河谷和平地，蕴含着极其丰富的环境资源；有红枫湖、天河潭风景区等以山、水、林、洞为特色的高原自然风光；贵州四大古镇之一的花溪青岩古镇，传承了贵州少数民族非物质文化遗产；2011年新开发的花溪区十里河滩湿地公园是典型的城市湿地，拥有河流、农田和库塘等多种类型湿地和许多珍稀及特色的动植物种类；另外，贵阳10个区市县中9个有温泉，其中乌当“温泉城”是目前贵阳温泉旅游中最为出名的。

4. 少数民族民俗节事

贵阳是一个五方杂居、各民族相互融合的城市，有着回族、侗族、彝族等20多个少数民族，其中布依族和苗族人口占总人数的比例最大。这赋予了贵阳奇特而神秘的文化旅游资源。贵阳的旅游资源中，“苗寨”以其与全国其他地区的最大差异化特征赢得了受众的普遍认可，对受众而言，“苗寨”的吸引力主要在于其独特的少数民族文化与风情。

由于贵阳是个少数民族聚居区，各地民族节日内容丰富，各具特色。苗族的“四月八”、布依族的“三月三”、“六月六”、“跳场”等民族节日，为少数民族青年男女寻找意中人提供了极佳的机会。在民族节日、集会期间及农闲时节，农村要开展演地戏、跳芦笙舞、赛歌、赛马、斗牛等饶有情趣、极富特色的民族民间传统文化体育活动。而那乡间寨上民族情趣极浓的婚俗、酒规、葬礼，也颇具特色。比如芦笙舞，即运用芦笙这种古老的竹木制簧管乐器，并将其融于舞蹈、音乐中；还有斗牛赛这种较为刺激的活动，斗牛的时间是在插秧之后、收获之前的农历六月至八月之间，地点主要是高坡、孟关两个乡，当地称即将上场参赛的大公牛为“巴郎”，为预祝巴郎胜利，本寨及外寨的亲朋好友均要请巴郎的主人喝酒，叫“喝巴郎酒”，意在壮行；此外还有花灯展，花灯是贵州民间举办的一种载歌载舞的文娱活动。以上这些都是贵州极富民族特色的传统文化活动。

5. 丰富的文化之都

夜郎文化：贵阳是夜郎文化所包含的地域。近年来，夜郎文化不断引起海内外媒体的高度关注，在夜郎故地贵州和周边地区，还引发了一系列争抢夜郎品牌为本地经济社会发展服务的事件。神秘的夜郎文化对丰富贵阳城市形象品牌具有重要作用。

阳明文化：贵阳修文至今被尊为“王学圣地”。阳明文化不仅在国内具有很强的影响力，而且在日本和东南亚一带都有广泛深远的影响。对于阳明文化，贵阳市的修文县每两年举办一届阳明文化节，推广阳明文化的影响力。鉴于阳明文化的影响力，对它的挖掘还有着巨大的潜力。

革命红色文化：贵阳息烽县的息烽集中营和贵阳市黔灵公园的麒麟洞，息烽集中营是抗日战争时期国民党军统局设立的监狱中规模最大、等级最高的一所秘密监狱，抗日将领杨虎城曾关押于此，数百名革命者为了民族解放事业在这里献出了宝贵的生命。麒麟洞则是爱国将领张学良、杨虎城先后被蒋介石关押的地方。革命红色文化也可以作为贵阳打造城市形象品牌的重要维度。

除了以上的文化资源，贵阳还有多元的少数民族文化、喀斯特生态文化等。而贵阳现在所面临的一个重要课题就是将这些文化资源整合，使其传播效果实现最大化。

6. 丰富多彩的民族艺术品

精神层面上的文化资源固然可贵，物质层面与精神紧密联系的民族艺术品更是贵阳城市形象品牌的一大特色。

蜡染及蜡染制品：蜡染被誉为“东方第一染”，贵州是蜡染的故乡。贵阳市的工艺美术家们将传统的蜡染工艺与现代绘画技法相结合，创造出极具民族特色的蜡染装饰画，以及多姿多彩的工艺品。市内的苗、布依、绕家、水、瑶等族都擅长制作并使用蜡染织物，贵阳可谓集省内各地民族蜡染品之大成。

刺绣与挑花：刺绣与挑花是贵阳的传统民族工艺，贵州各少数民族的刺绣都各具特色，其中以苗族刺绣最为典型，图案多取材于自然景物，在夸张的艺术中产生强烈的装饰效果。挑花是根据底纹布上的经纬线来设计图案的装饰艺术，大多为几何图案，画中以花溪苗族挑花最为精巧，它在传统技法的基础上有所创新，无论在色彩还是构图上，都更符合现代的审美情趣。

播娜摩簸箕画：“播娜摩”是布依族语，指雄踞市郊的云雾山。播娜摩簸箕画是贵阳市的少数民族农民画，画中洋溢着浓郁的乡情，汇聚了平日所闻所见，极富民族特色。作为绘制在簸箕上的一项民族工艺品，画中透露出的古朴与典雅是播娜摩簸箕画的典型特征。

原木艺术：原木艺术以自然界中各种藤本、草本植物为原料制作而成，因而作品既淳朴又具有现代的美感，表现出贵州原始文化的神秘、淳朴和粗犷。

7. 利用资源优势，打造品牌之都

此外贵阳还具备许多亟待发掘的传统资源。物产方面，贵阳的矿产资源十分丰富，已经探明的矿产种类达52种，主要有煤、铁、硅、重晶石、大理石、耐火黏土、铝矾土、磷、硫、汞等矿产资源。特产方面，贵阳拥有许多富有地方民族特色的工艺品、土特产，其中较为出名的有牛肉干、辣椒、原木艺术、中药、苗银、牛角制品，以及粗犷古朴的图腾面具等。除此之外，贵州还盛产药材，全省药用植物共4 000多种，是全国四大产区之一，素有“地道药材之乡”的美称。作为省会的贵阳，其境内的药用植物有170多种，杜仲、天麻尤为出名。贵阳充分利用境内丰富的物产资源，打造了一系列国内知名品牌。比如，药材的丰富，使贵阳拥有一大批新兴的知名制药企业，如神奇制药、益佰制药、汉方制药等。而贵阳以辣椒为主要原料的食品加工业正在朝产业化方向发展，已形成“老干妈”、“风辣子”、“辣椒王”等名牌产品，远销日本及东南亚等国家和地区。通过对名牌产品的包装与宣传，使其成为城市形象符号，这也将对城市品牌产生了巨大的传播效应。

通过对贵阳城市形象品牌构建历史的梳理，不难发现，贵阳的城市形象凸显在“避暑”上，“避暑”是城市品牌形象的核心。其他的城市形象符号虽然丰富、多元，但是缺乏传播符号之间的整合和沟通，难以出现1+1>2的资源整合效果。如贵阳的“避暑”与阳明文化之间就没有产生很好的互动。

三、利用电视等媒体宣传城市

电视城市形象宣传片就是利用电视、电影的表现手法对城市品牌形象进行定位和宣传，也包括对城市特色形象有重点、有针对性、有秩序地进行创意设计而制作成的广告宣传片，目的是为了声色并茂地凸显城市独特品牌形象、彰显城市魅力，让不同层面的社会人士对该城市产生正面、良好的印象，从而建立对该城市的好感和信任度。在制作过程中应用流畅优美的镜头画面和富有表现力的音乐，表达城市品牌形象的主题思想和魅力。挖掘城市个性、塑造有特色的中国城市形象成了当代电视剧的一项重要任务，正如中国文化部原部长孙家正所说："丢弃传统、割断文脉的发展，往往使城市成为日益增加的、毫无个性的建筑物的堆砌。"

正如文章开头提到，云南昆明通过在中央电视台综合频道的黄金时段播放广告，使一个"天天是春天"的春城形象从此深入人心，对昆明城市形象的传播，以及随后昆明旅游业的繁荣产生了重要影响。为了在风云变幻的城市竞争格局中保持或提升竞争力，各大城市都在费尽心思地推销自己，城市进入品牌营销时代已是不争的事实。没有个性化的城市品牌，不进行专业性的城市品牌推广，就无法在吸引投资、贸易、旅游、创业、居住等方面和其他城市展开竞争，城市品牌形象的塑造和推广已经成为当今城市发展的主题，而电视则成为城市形象宣传的首选媒体。贵阳在城市形象的传播上同样离不开电视这类传播力最大的媒体。

其中《爽爽的贵阳——中国避暑之都》、《爽爽贵阳，苗药之都》便是城市形象宣传片的代表。《爽爽的贵阳——中国避暑之都》是贵阳城市形象宣传片的典型代表，时长五分钟。宣传片开始时利用俯拍镜头将贵阳市具有代表性的地标建筑，例如甲秀楼、喷水池、大什字进行了视角较为宏大的拍摄，同时配上激扬振奋的音乐，给人一种积极向上之感，"国家森林城市、中国避暑之都"的字幕随即出现。紧接着镜头中出现了一座座现代感十足的写字楼，正在建造中的高楼大厦，以及众多的商品房，展现贵阳房地产行业的朝气蓬勃。随后影片中出现了生物、电子等高新技术产业工作人员的工作画面，表明贵阳是一个适合高新产业发展的地区；随之而来的是汹涌壮观的黄果树瀑布，正在开垦的矿产地区，展现贵阳丰富的资源储备。随后镜头落脚在贵阳的都市消费上，展现了贵阳主要商业区繁华的商业景象，以及作为时尚之都的贵阳性感繁华的一面，"这里还有其他地方找不到的独特风景"——随着旁白缓缓呈现的是少数民族欢乐地跳庆祝芦笙舞的景象。接下来，镜头指向了贵阳的自然风光、生态美景以及独特的少数民族文化，展示其作为旅游城市丰富的旅游资源：青岩、花溪黄金大道、黔灵公园、高坡、甲秀楼等风景区。美食作为贵阳的特色之一，丝娃娃、恋爱豆腐果等名声小吃作为贵阳美食文化的代表，也随影片展示在观众面前。“想要舒适的生活吗？这里是森林之城，这里是避暑之都。”旁白的同时一幅幅市民闲适生活的场景将“森林之城”、“避暑之都”、“宜居城市”的主题再一次强调，并且再一次回放了夜色中贵阳的甲秀楼、商业中心等地标建筑，与宣传片开头相呼应。

整部宣传片仅5分钟，但信息量巨大，将贵阳的“宜居”、“创业”、“旅游”、“避暑”等众多特点有逻辑、有条理地勾画出来。宣传片在制作过程中应用了流畅优美的镜头画面和富有表现力的音乐，去表达城市品牌形象的主题思想和城市魅力。画面衔接十分流畅，音画同步配合得恰到好处，同时采取了宣传片一贯注重的宏大与辉煌的拍摄手法，注重镜头的美感和艺术表达，使得每一帧都如同艺术画般精致完美。

相较于《爽爽的贵阳——中国避暑之都》、《爽爽贵阳，苗药之都》这类以贵阳为主的城市宣传片，《多彩贵州》在央视的播放则将贵州多民族文化、民俗融合的风采展现得美轮美奂、淋漓尽致，而贵阳作为贵州的省会城市客观上也得到了相应的宣传。正确把握和领悟城市独有的品牌魅力，由此引申并寻求具有代表性的城市形象要素，充分发挥电视媒介广告宣传片的表现能力，对于贵阳城市品牌形象的推广和宣传起到了重要的积极作用。

在日益全球化的今天，城市影响力已成为城市与城市之间软实力竞争的重要因素之一。近年来，随着中国电视文化事业的迅猛发展，荧屏上出现了大量具有鲜明城市特色的电视剧。这些电视剧不仅增强了观众的观看兴趣，也有助于城市的形象宣传。

如何利用电影电视剧有效地宣传城市形象，在这一点上，国内其他城市有不少成功的案例。

以城市为主题的电视剧如祁县乔家大院的《大红灯笼高高挂》、《乔家大院》、《昌晋源票号》；榆次常家大院的《白银谷》、《龙票》；山西平遥的《家有九凤》等。这类电视剧一经播出往往大受好评，山西省委宣传部利用电视剧取得的广泛影响力，逐步使“人通天下”成为山西人通向世界的一种全新理念，把“人通天下”作为太原市的城市主题和城市主题文化精神。而且山西把挖掘历史文化资源作为城市建设的重要指向，“文化强省”

的建设便能取得潜移默化的效果，这一切离不开把山西作为取景地的电视剧的热播。

城市在人们的印象中始终是部分的、片断的，城市的发展则是由一系列连续的片段组成的，将这一系列的片段在观众的大脑中进行有机整合，就构成了观众心中的“城市形象”。而电视剧对一座城市形象、文化的不断展现便加深了这种破碎的画面之间的连续性，从而加深观众对这座城市的感官印象。

2008 年，根据已故成都著名作家李劼人同名小说改编的 25 集电视连续剧新版《死水微澜》对成都风土民情、民间习俗、自然人文景观的描绘，让观众仿佛置身于洋溢着浓郁的巴蜀文化气息的老成都。客栈饭店、商家店铺、寺庙茶馆，林林总总，把成都这座被张艺谋称作“一座来了就不想离开的城市”表现得淋漓尽致。另外，观众甚至会将一部电视剧直接和一座城市联系在一起，如《一米阳光》和云南丽江。

电影和电视剧甚至在一定程度上会成就一座城市，比如法国的戛纳便是因为戛纳电影节而成为了世界名城，上海电影节的举办也不断扩大着上海的城市影响力。每当这些活动举办时，这些城市都会吸引来自世界各地的关注。

以贵阳为取景地的电影电视剧并不多，2002 年陆川导演的《寻枪》便是以贵阳的青岩古镇作为电影故事的发生地。整部影片颇具先锋色彩，讲述了马山（姜文饰）是西南地区某边陲小镇的一名普通警察，某晚参加妹妹婚宴时因喝得酩酊大醉被人送回家中，次日早晨醒来时，他发现从不离身的配枪不翼而飞。当意识到偷枪人可用枪里的三颗子弹杀人时，马山不禁毛骨悚然，当晚所有参加妹妹婚礼的人都成了他的怀疑对象。在对重点嫌疑人——卖“羊肉粉”的刘结巴、送他回家的周小刚、突然出现在周小刚家的旧恋人李小萌（宁静饰）的一番追踪后，马山依旧没能理出任何头绪，而在对李小萌的怀疑里，更是混杂了极为复杂的感情，由此又导致其妻怀疑他移情别恋。正在这时，李小萌在周小刚家被人用枪打死，马山作为嫌疑人被拘禁。经过一番冷静思考，他终于将乱麻捋顺，开始了寻枪之路。影片中的演员姜文、宁静的故乡就是贵阳，故整部影片都充斥着地道的贵阳方言。

《寻枪》作为陆川导演的处女作，姜文、宁静这类实力派演员的加盟使这部电影在艺术性和观赏性上取得较高的水平，然而由于《寻枪》是艺术片，又是在澳大利亚上映，并未在国内主流媒体上进行大范围的推广，因而《寻枪》对于贵阳青岩的宣传并没有取得显著的效果。但是从这部电影可以看出，青岩无论从现有的文化遗存来看，还是从文化遗存的品质来看，青岩古镇都具备旅游业的开发潜质，但是由于管理的市场化程度比较低，比起经营管理成熟的古镇如乌镇、周庄等都有很大的差距。

同时，贵阳城市品牌形象借力主流媒体向外传播的成果也很明显。贵阳与中央电视台合作拍摄了10余部关于贵阳的专题片，如《民族欢歌》、《悠悠古风青岩镇》、《森林里的都市——贵阳》、大型外宣专题片《走遍中国》和《让世界了解你》中的贵阳专辑等。值得一提的是2012年非常火的《舌尖上的中国》有许多在贵州取景的镜头，比如第七集《我们的田野》就是在贵州的江县取景，侗族、苗族和壮族聚居的山区种植糯稻的画面，贵州米粉、糯米饭、千人宴等丰富的美食让人垂涎欲滴，这对贵阳城市形象的传播效果非常明显。另外贵阳曾选送50余部优秀外宣电视专题片在中国黄河电视台和美国SCOLA电视网、中央电视台陆续播出，以扩大贵阳在全国乃至全世界的影响力和知名度。

电影和电视剧能够反映城市的自然以及人文景观，城市通过拍摄主题电视剧、建设影视基地、举办影视节庆活动等进行城市形象传播，彰显城市的地域特色，承载城市文化内涵，扩大城市形象的知名度，增强城市文化的竞争力，提升城市的软实力。但同时也要注意，如果一味照搬其他城市的操作方式，只会造成对城市景观千篇一律的过度描摹和城市精神的丧失，因共性的泛滥而失去城市自身的独特性。

四、2012年贵阳城市形象传播之路

在2012年，贵阳市举办大型旅游文化外宣活动——“贵阳避暑季”，全面推介“爽爽的贵阳·中国避暑之都”城市形象品牌，让贵阳的城市“金名片”品牌效应发挥更广。从立夏前夕至金秋十月，“避暑季”有着整整一“季”绚丽多姿、亮点纷呈、各具特色的60余项主题活动，“中国避暑之都”这张“金名片”由薄到厚，内容日渐丰富。

旅游产业已经成为贵阳市国民经济中重要的支柱产业之一，旅游业增

加值在贵阳市 GDP 中的比重达到 6% 以上。2011 年，贵阳市旅游总收入增速位列西部省会城市第一名，全年接待游客数量位列西部省会城市第三，仅次于重庆和成都。游客接待量从 2006 年的 1 854 万人次增加到 2011 年的 7 250. 42 万人次，年均增长 25. 28%，游客的人均消费从 2006 年的 456 元增加到 2011 年的 1 166 元，增长了 2. 57 倍。

2012 年贵阳市继续打造“爽爽的贵阳 · 中国避暑之都 · 温泉之城”等一系列城市品牌，通过开发建设南江大峡谷、保利温泉、“十里画廊”、“泉城五韵”、白云动漫主题公园欢乐大世界、乐湾国际温泉城、花溪十里河滩湿地公园等精品旅游景区，进一步丰富了贵阳城市形象的内容，使得贵阳的城市形象更加深入人心。

将卡通形象作为城市的名片进行推广的例子并不少见，2012 年，贵阳市就向社会征集符合贵阳特色内涵、寓意鲜明的贵阳旅游卡通形象。这一措施丰富了贵阳的宣传手段，也创新了宣传形式，进一步推进了“爽爽的贵阳”城市形象品牌宣传，扩大了城市知名度、认知度和美誉度。

建设生态文明城市，是 2012 年贵阳推广城市形象进一步加大力度的措施。同样，会议营销模式是贵阳进行城市品牌营销采取的重要手段。2012 年，贵阳成功举办了“生态文明贵阳会议”。此次会议有不少政界、学界等领域的精英参加，包括全球人居环境论坛主席、联合国前副秘书长和高级代表安瓦尔 · 乔杜里，德国前总理格哈德 · 施罗德，环境保护部部长周生贤，卫生部部长陈竺，贵州省省委书记、省政府省长赵克志，著名经济学家吴敬琏等。2012“生态文明贵阳会议”以“全球变局下的绿色转型和包容性增长”为主题展开讨论。会议还举办了食品安全与健康论坛、生物圈保护区论坛、企业家论坛、气候变化论坛、教育论坛等 30 余个专题论坛，另有第八届泛珠三角省会城市市长论坛、贵阳市十大工业园区展示暨项目推介会等系列活动。

“生态文明贵阳会议”自 2009 年至 2012 年已经连续举办四届，会议致力于探索生态文明建设理论，交流生态文明建设经验，推进生态文明建设实践，如今已逐渐成为政府、企业、专家、学者、民众等多方共同参与，共建共享生态文明的长期性、制度性平台。通过采取会议营销的方式，贵阳市建立生态文明城市的高端形象逐步得到推广，这也进一步提高了贵阳市的国际影响力。

另外，2012 年展现贵阳城市形象的宣传广告片自 5 月 10 日起至 10 月，在中央电视台综合频道及新闻频道午间 12 点 30 分《新闻 30 分》栏目中插播。由于夏季是贵阳最舒适的季节，这个时间段恰好能够提高“爽爽的贵阳，避暑的天堂”的影响力。此次在央视投放的贵阳城市形象宣传广告片，时长 15 秒，重点介绍了贵阳市的生态优势、旅游资源以及现代化发展程度。不仅让外界了解了贵阳，还吸引了外地人来贵阳避暑旅游或投资。电视是传播影响力强大的媒体，再加上央视在全国广泛的影响力，将一个充满少数民族文化的神秘的“多彩贵州”、“避暑的天堂——贵阳”传播到了更多的受众心中。

不仅是电视，进行有效的网络传播也已成为城市管理者推广城市形象的共识。2011 年 3 月，贵州日报报业集团、贵阳市旅游产业发展委员会、贵阳日报传媒集团 3 家单位联合建立了“爽爽的贵阳”网，于 2011 年 6 月 18 日正式上线。该网站被定位为一家综合城市品牌宣传推广的网站，旨在对外宣传“爽爽的贵阳”这一城市名片，深入打造“爽爽的贵阳，避暑的天堂”的城市形象，为贵阳旅游“走出去”助力。2012 年，该网站成为“2012 中国足球超级联赛”、“2012 贵阳避暑季”、“2012 贵阳温泉季”等由省、市政府主办的大型展会活动的官方网站；“爽爽的贵阳”网还成功主办了“2011 中国 · 贵阳温泉季”开幕式及系列活动；结合新媒体元素策划了以“刷手机，泡温泉，流媒体，微直播”为主题的活动，并与中国移动进行深度战略合作，打造“掌上房博会”、“掌上温泉季”、“掌上灯会”等“掌上会展”系列的手机应用服务。

2012 年，“爽爽的贵阳”网还承办了“2012 贵阳游客最满意的旅游服务品牌”以及“第一届‘贵御温泉’杯‘物爽贵阳’旅游商品暨‘游客最满意旅游商品’征集评选活动”。为进一步巩固贵阳市全国文明城市创建成果，全面提升贵阳市旅游业管理水平和服务质量，打造贵阳市顶级旅游服务品牌起到了一定的推动作用。

五、贵阳城市形象的路径探索

通过对贵阳城市形象构建的历史回顾和现状研究，发现“避暑之都”、“森林之都”等一系列传播符号的堆积并不利于城市形象的有效传播。因为如果符号分散得太多，反而不利于受众对贵阳进行认知，也无法代表贵阳城市的核心竞争力，使得贵阳的城市品牌形象模糊。城市品牌构建应有连贯性，城市品牌的目标、核心以及品牌识别、体验、规划建设等确立之后，要避免在短时间内频繁变动。

贵阳城市形象建构还可以在以下方面做更多的探索和努力。

1. 提高市民的主人翁意识，增强城市自豪感

2012 年 5 月有一条“一次不愉快经历毁掉一座城市形象”的新闻，讲的就是由于贵阳某些市民的素质问题而引发的游客对贵阳城市形象产生的偏见。如香港游客在贵阳街头看到狗粪，山东游客在贵阳求医“被拒”，这类事件给外地游客留下了不好的印象。一次不愉快经历就能毁掉一座城市形象，这是不少人共有的心理，也是一种惯性思维，因为一件小事而否定对于一座城市的印象，甚至是一个省份和地区的印象。

毁掉形象容易，建设一个良好的形象却很难。要塑造一座城市的美好形象，硬件设施建设是基础，更为重要的是软件环境建设。人人都是城市形象，人人都是投资环境，这是每座城市主政者应共同认可的理念，并倡导每个市民都能做到最好，当好城市的形象大使。但这不是一蹴而就的事情，需要城市建设者，以及每一个市民的共同努力。

其实，我们每个市民的形象，就是城市的形象，所以我们要时时处处严格要求自己，不做有损城市形象的事情。遵纪守法、热情大方，让每一个与自己相遇相处的人感到温暖，坚决不做不愉快的推广者。

2. 生态营销，提升贵阳城市竞争力

贵阳凭借得天独厚的生态环境优势和各项殊荣吸引着大批的游客，在以后的生态营销过程中，贵阳可以通过集中突出以下两个方面的特征，凸显自身的生态城市形象。第一，贵阳气候宜人，素有“第二春城”之称，尤其是在夏季全国普遍高温的情况下，贵阳的清凉，更是令人神往。第二，贵阳是个福地，没有洪水、地震、沙尘暴，也没有其他大的自然灾害，因此很适合休闲旅游，生态名城当之无愧。

3. 拓宽贵阳城市形象的传播手段和路径

对于城市形象的传播路径应该追求多元化。融媒时代，技术的融合带来了文化的融合，城市的形象传播需要找到自己文化的内核，进行有针对性的、差异化的、个性化的传播，这样才能在城市传播中脱颖而出。城市

形象传播需要在融合式传播中提炼升华，按照麦克卢汉的“媒介即信息”理论，媒介本身才是真正有意义的资讯。城市形象的主题定位，将城市形象符号化，呈现城市的标志性形象，这是一种有效的传播城市信息的媒介。媒介融合在技术融合的前提下，形成了多元文化融合的现象，新媒体的开放、自主，多媒体即时交互。贵阳的城市形象传播应该充分利用新媒体这类能够调动受众积极性的传播方式，从而使得传播效果更加明显。媒介整合内容和各种资源，可以实现 1 +1 >2 的优化整合效果，以最优的资源配置方式，实现最大化传播效果。在社会日益媒介化的同时，信息共享的速度更快、效率更高，信息的流动性又使人们联系得更快、更紧密。例如自 2009 年起，每年一度的“生态文明贵阳会议”已经连续举行了四次，成为贵阳城市传播的重头戏。“生态文明贵阳会议”在腾讯网上开通了官方微博，借助新媒体的传播力，使受众对“生态文明贵阳会议”及贵阳生态文明建设与内涵有了更加深入直接的感知。

4. *充分挖掘贵阳历史文化并注重创新*

一个历史悠久的城市以它留存下来的风情承载着以往历史岁月的传说和梦想，在数百年甚至上千年的历史发展中绵延着神奇的往日传说，积淀着深厚的文化底蕴，即使在发生了巨大变化的现代化都市中，人们仍然能够看到或品味到某种来自于历史积淀和历史残片中难以拂去的文化底蕴。

如上文论述，城市形象品牌离不开文化，文化对于每个城市具有不可估量的价值。宣传自身具有特色的文化，并与当下城市的发展脉络相结合，使受众产生共鸣。对于贵阳而言，充分挖掘阳明文化、夜郎文化、革命红色文化与少数民族文化，并进行有针对性的整合，形成如同山东那样强有力的文化牌，让受众一听到“夜郎文化”便会想到贵阳。以阳明文化和革命文化为主，提炼城市文化内涵，深入挖掘阳明文化与革命红色文化的精神内涵，将文化精神融入到城市当中。因此，贵阳的文化需要进一步提炼，才能深入到老百姓中，使省内外、国内外的客人了解这些文化。王阳明“龙场悟道”，为贵阳留下了宝贵的“阳明学”资源，包括心学思想理论、名人效应、谪居诗文等。而这些文化资源也给城市留下了一系列遗迹建筑。阳明文化如修文县的阳明洞、龙岗书院，贵阳市区阳明祠、达德学校、文明书院、甲秀楼、翠微园等；革命红色文化如息烽集中营，麒麟洞等。对于这些文化留下来的遗迹建筑，应当加大力度开发和保护。

虽然地处西南，但贵阳是一座现代化都市，小资情调浓厚，普遍崇尚消费主义文化风尚，贵阳的高物价在全国也很出名。另外，贵阳的奶茶文化也特别浓厚，在贵阳大街上，经常每隔几百米就会发现一座别致的奶茶吧。这在国内其他城市还未曾出现过。而这现代催生的新的文化要素便可以丰富贵阳的文化内涵，增加贵阳文化品牌的多向度和内涵。

5. 城市认同的培养与构建

城市传播效果的产生，一个重要切入点是城市认同培养。美国传播学者博格纳的涵化理论认为，社会作为一个统一的整体发展下去，就需要社会成员对该社会有一个“共识”，使人们共享相当同质的社会真实，现代传播的基础便是建立在这种社会共识的基础上。城市认同是城市传播中受众对城市传播内容的肯定，人们对于自身生存城市的认识，有些是主动的，有些是被动的；有些是深刻的，有些是浅表的，这就需要培养人们对城市的认同。城市传播中要整合城市的典型资源，提炼城市的个性化内涵，获得市民共鸣，并在渐进式传播中获得城市以外的广泛认可。贵阳市的人群构成并不单一，由于20世纪时代大背景的变迁，来自全国各地的人们奔赴到贵阳进行三线建设，2012年王小帅导演的电影《11》便是贵州三线建设群体时代记忆的展现。因此，贵阳作为一个移民城市，其对文化认同的培养与构建就显得更加重要。

6. 发挥中央媒体的主流导向作用

贵阳城市品牌形象传播应选择中央媒体，如中央电视台、人民日报、中央人民广播电台等，凭借这些中央媒体在国内、国际的传播影响力，对贵阳城市形象进行主流方向的舆论引导，以在全国乃至世界范围打造贵阳的城市品牌形象，使贵阳的知名度和美誉度在更宽广范围内得到提升。

贵阳城市品牌形象传播也应进一步发挥地方媒体的宣传主阵地作用，如贵州电视台、贵州人民广播电台、贵阳日报、贵阳晚报等省级、市属大众传媒，因为它们在省内传播影响力也相当大。

7. 事件营销，提高贵阳城市知名度

在信息高度发达的今天，“注意力”成为各大城市争相抢夺的资源，而重大事件则成为吸引公众注意力的一大资源。例如2008年北京“奥运会”、2010年上海“世博会”和广州“亚运会”等都是重大事件的典型代表，各城市通过对事件的营销，有力地推动了相应城市品牌的构建。2011

年，第九届全国少数民族运动会在贵阳成功举办，贵阳通过少数民族运动会将一个“多彩贵州”进行了成功的推广。运动会举办期间，贵阳通过举办文艺演出、广场艺术节等艺术活动，向来自各地的朋友们展示了贵阳的民间文化、风土人情、特色资源等，扩大了贵阳城市知名度。而在运动会之后还可以继续发挥此事件营销的经验，进行更广泛的事件营销。

8. 做好贵阳城市形象的公关

2012 年贵阳成为安全感最差的城市。社科院发布的《公共服务蓝皮书》称贵阳 39.91% 的人深夜不敢外出，38.69% 的人表示长时间离家会担心财产安全。这样的新闻事件无疑会对贵阳的城市形象产生负面影响。贵阳除了要加强社会治安综合治理等工作外，通过加强城市的形象公关，提高此类事件的公共应对能力，也是贵阳政府应该深思的问题。

9. 加强特色产品的城市品牌传播价值

贵州茅台酒、贵州老干妈等都是在国内具有巨大影响力的品牌，抓住这些传播符号就抓住了城市的特征和文化内核。许多产品都与我们的日常生活息息相关，城市品牌对当地名企有着强有力的原产地效应，著名品牌打着光环效应辐射受众，从而使得受众对该城市产生马太效应，这样的良性循环在贵阳城市品牌的塑造上应被重点关注，作为已拥有的品牌资源，应在旅游推介、产业能级方面得到有效配置。

（撰稿人　宁小倩）

2012 年体育赛事与城市形象塑造策略分析

城市，在市场经济快速发展的带动下高速地发展着。同时，市场经济的刺激让城市竞争越来越激烈，当代城市要想在竞争中取得绝对性的胜利，品牌形象是关键。纵观国内外城市的发展，打造城市品牌是推动一个城市各方面发展的不二选择。现代体育赛事不再是单纯的竞技比赛，伴随着赛事规模的壮大，市场化的商业运作，大众媒体、观众、赞助商、承办者等众多主体的参与，它已经变成了商业化的，集竞赛、娱乐和文化等众多元素于一体的综合性体育活动，对城市品牌形象的建立和打造有着巨大作用。

一、发展现状

体育赛事是城市品牌建立和传播的有效载体。产生于城市的现代体育赛事，从赛前承办、准备到赛中和赛后媒体报道、回顾的整个过程都承载着城市的经济发展水平、人文精神和社会风貌等各个方面。可以说，一场大规模的体育赛事是城市经济、政治、社会等各方面情况的缩影。另外，城市环境的物质、精神、管理等各方面的状态优劣决定了体育赛事的发展程度和方向，对这二者关系的研究有助于挖掘城市品牌形象塑造和传播的有效途径，促进今后发展更高水平的体育赛事，以及树立良好的城市形象，从而增强城市竞争力。

（一）大型城市承办高水平的体育赛事，优化城市形象

大型城市具有很强的经济实力，文化、旅游等产业的发展也相对成熟，因此城市的知名度、识别度较高，但还是存在一定的不足。并且伴随着全球化经济的不断发展，市场将城市的发展不断推向国际化，大型城市的形象也不再局限于面向国内大众，因此进一步优化城市形象，由国内一

线城市向国际化大都市迈进是一线城市今后的发展方向。

随着信息传播的多元化、全球化的发展，城市国际形象的建立和对外传播需要借力于节事活动。体育赛事，尤其是国际性质的大型体育比赛则是其中一个彰显城市各项软实力、将城市形象有效对外传播的平台。2012年可以说是“马拉松年”，在这一年里我国各大城市如北京、上海、广州都举行了国际马拉松比赛，国内其他举办马拉松比赛的城市还有三十多个。其中，北京国际马拉松比赛是中国水平最高的马拉松赛事，现已跻身世界十大马拉松赛事之列，它也是北京的品牌体育赛事，是北京城市形象的名片之一。北京作为2008年奥运会的主办城市，奥运会的圆满成功使得中国北京在全球已经具备了很高的知名度和美誉度，但一个城市要长久不衰，要有不竭的动力来支撑城市的发展就要不断地追求进步。因此，北京每年国际马拉松赛的成功举办能推动城市的进一步发展，不断优化，向全世界展现一个处于不断发展中的国际都市形象。相比于北京来说，广州的国际知名度和美誉度还不足。在广州承办了亚运会之后，城市的国际知名度、美誉度得到了很大提升，城市形象的对外传播也取得了很好的效果。2012年广州又举办了首届城市马拉松比赛，虽是第一次，但仍然取得了不俗的成绩。在赛前宣传、路线设计、后勤保障等各个方面，广州都以最好的状态呈现给参赛者和观赛群众，让大众看到了广州在迈向国际大都市的道路上所做的努力。

除了北京和广州，还有上海、大连、台北等城市也承办了各种国际性的体育赛事，以此来扩大城市形象的传播范围，优化城市形象，不断提升城市水平，在借助体育赛事打造、优化城市形象的道路上越走越好。

（二）特色体育赛事打造区域特色体育品牌，打造城市品牌形象

中西部、东北部城市在经济实力、城市发展水平等方面与东部沿海城市存在一定的距离，因此国家在推动中西部、东北部城市的发展策略上强调中西部、东北部城市应发挥自己的区域特色，发展区域特色产业，其中促进发展具有区域特色的体育产业是我国体育事业“十二五”规划的重点之一。这一政策重在要求中西部、东北部城市“鼓励各地区突出特色、错位发展，打造品牌、延伸链条，促进资源优势向产业优势、产业优势向经济优势、经济优势向品牌优势转变”。坚持重大体育产业项目带动策略，创建有活力的体育产业基地，从而发挥示范和引导作用。

青海高原体育品牌、黑龙江和吉林冰雪体育品牌的成功打造，以及相关体育赛事为区域经济、区域旅游所带来的各方面效益，从实践上证明了打造特色体育品牌，开办特色体育赛事对城市品牌形象塑造的重要作用。作为青海省最重要的高原赛事，“环青海湖国际自行车赛”自开办以来就以其赛事的高规格、承办的高水准以及青海绝美的自然风光和独具民族特色成为国内第一高原赛事，并以此为青海的经济发展带来了契机，不仅推动了青海省内产业经济的快速发展，更为青海旅游、民族文化的发展创造了绝佳的机会。2012 年“环青海湖自行车赛”延伸到青海周边的甘肃、宁夏，以这一项高原体育品牌带动了三个西部大省经济、体育、文化行业的发展。

黑龙江和吉林的冰雪体育品牌在经过多年的磨炼后，终于成为这两个东北大省的名片。由于地理的原因，黑龙江和吉林成为了国内的冬季体育运动大省，凭借着自然资源的优势，黑龙江和吉林致力于发展冬季体育赛事。2012 年，吉林省吉林市和长春市凭借高水平的运动场馆、正确的办赛理念成功举办了第十二届全国冬季运动会。此次冬季运动会从比赛口号、吉祥物到开幕式、比赛场馆无不体现着吉林省冰雪体育的特色。吉林市和长春市则凭借这次盛会赢得了全国冰雪体育爱好者、观光客的瞩目，将吉林省冰雪体育的品牌传播出去，并拉动了吉林和长春两市乃至整个吉林省的经济需求，推动了地方城市旅游的发展。由此可见，找到当地特色资源并加以结合利用，是带动城市经济发展、打造城市品牌形象的有效途径。地域特色与体育赛事的结合更是各地争相采用的推广方式，并逐渐取得了不错的传播效果。

（三）二三线城市发展快速，承办体育赛事的能力得到提高

近年来二三线城市对城市体育赛事的重视程度和积极程度都在不断提升，呈现出的体育赛事与城市品牌形象关系也更为显著。在成功举办了奥运会、亚运会这样大型的国际赛事之后，加上国家对“全民健身”理念的推广，不少二三线城市在举办体育赛事方面加大力度，不断提高管理水平，并通过这个平台推动了地方经济的发展，扩大了城市的知名度，为城市旅游、特色文化产业带来了不小的收益。

二三线城市通常经济发展程度不高，城市基础设施建设不够完善，城市知名度和影响力也不大，从而导致城市形象不鲜明，竞争力不强。积极开办体育比赛，承办大型体育赛事能够有效地推动城市体育产业的发展，带动旅游、交通、饮食等行业的发展，并能提高城市管理水平，改善城市人文风貌。近几年来，随着中国经济的快速发展和国家各项经济政策的贯彻实施，二三线城市的经济水平得到了较大提高，城市环境不断得到改善，举办城市体育赛事的水平也在不断提升。比如，2012 年第三届亚洲沙滩运动会在烟台市的海阳市举办。亚沙会是继北京奥运会、广州亚运会之后中国承办的最大的国际赛事，它与亚洲运动会、亚洲冬季运动会和亚洲室内运动会并列为亚洲体育四大赛事之一，每两年举办一次，参赛国家和地区达45 个以上。从海阳市成功举办亚沙会的例子来看，我国一些二三线城市在不断成长，城市的综合实力也得到了很大的提升。能够将这样大规模的国际赛事承办得井井有条且成功融入当地特色，塑造城市形象，体现了海阳市具备承办国际性体育赛事的能力。这也说明，随着国家经济的不断发展，我国将会有越来越多的二三线城市具备承办全国性乃至国际性体育赛事的能力。

二、典型赛事的城市形象塑造策略

（一）城市马拉松——城市的“名片”

2012 年可谓是“马拉松年”，中国许多城市纷纷参与到举办城市马拉松的队伍中来，包括北京、上海、广州、台北等城市都在举办国际马拉松比赛。据官方消息披露，2012 年共有 30 个城市举办了 31 项马拉松比赛，形成了一股不折不扣的“马拉松热”。城市举办马拉松比赛所带来的各方面效益，让城市马拉松成为新的城市名片。一项全面健身的体育赛事能够提升城市的知名度、美誉度、软实力，增进全民健身意识、城市活力，凝聚市民精神，塑造城市文化和性格，从长远来看，对拉动经济增长也起着不可替代的作用。

1. 特色宣传片彰显城市新风貌

台北：微型故事

故事类的广告宣传片，顾名思义就是整个宣传片是以一则故事的形式来呈现。故事型的电视广告宣传片能够将主题和相关信息以说故事的形式向观众介绍，与一般直接讲解的宣传片相比，它有着更强的趣味性。如果说前一种纪录片类型的广告宣传片属于高雅文化，那么故事型的广告宣传片就是一种通俗的大众文化。

2012 年体育赛事中，富邦台北城市马拉松就选择了以微型故事的表达方式制作成电视广告宣传片。在这则宣传片中，讲述的是一个失恋的女孩为了祭奠自己逝去的爱情，抛开原有的束缚，去做自己原来不敢、男朋友不准的事情，其中有一样就是逛夜市，吃小吃。而“放纵”自己的结果就是体重暴涨。面对体重增加的事实，女孩的选择是：“去跑马拉松吧。”这则故事型的宣传片节奏紧凑，画面简洁，情节发展跌宕起伏并且适当地增添了喜剧元素，更有一个既符合主题又颇具戏剧性的结尾。整个宣传片呈现出近年来台湾电影的小清新风格，让观众在观看宣传片的时候颇有一种在欣赏台湾微型电影的感觉。更难得的是，片中巧妙地融入了马拉松比赛的精神，并将台北颇具地方特色的小吃夜市摄入镜头，添加了城市形象元素。如此一来，从这部宣传片中，观众不仅得到了马拉松开赛的信息，更从女主人公身上感受到台北人民的一种精神风貌，从小吃夜市看到台北夜市的繁华热闹。故事的女主人公是一个宣传赛事消息的载体，更是一位带领观众简单领略台北城市风貌的导游。所以说，这样一种故事型的赛事宣传片是城市形象宣传的前奏，它能够很好地勾起观众亲身感受的欲望，是一种较好的宣传方式。

北京：3D 路线宣传片

北京国际马拉松赛是我国最高水平的城市马拉松赛事，已经跻身世界前十位。从 1981 年首届马拉松以来，北京马拉松已然走过了 31 年的历程。在这 31 年中北京国际马拉松赛也成了首都的品牌体育赛事之一，成了首都的一张体育名片。

2012 年北京国际马拉松赛于 11 月 25 日火热开赛，为了确保赛事的受关注程度，主办方推出了此次马拉松赛的全新宣传片——《2012 北京国际马拉松 3D 路线宣传片》。此次宣传片从题名上看有两大特点，一是 3D 的形式，二是路线的内容。3D 数字化技术是近几年来逐渐兴起并不断升温的影视技术，随着国外 3D 电影的引进，一个全新的 3D 数字化时代正在向我们袭来。乘着国内影视市场 3D 数字风的热潮，加上 3D 技术能够使影像更为逼真立体，较 2D 技术更为先进，北京马拉松赛的主办方别具一格地推出了 3D 宣传片，在同类体育赛事宣传片中更为突出。高科技的运用更是体现了北京这座古城名都也站在科学技术的尖端，同时彰显了城市求新、求变的精神，让社会大众耳目一新。另外，该宣传片以比赛路线作为主要宣传内容，也与同类马拉松赛事的宣传片有所不同。马拉松赛事的比赛路线是赛前信息中最重要的一个，因此以比赛路线作为宣传片的主打内容是很有必要的，且与其他城市以城市形象宣传为主要内容的宣传片相比更为人性化、更为实用。这也从侧面反映出这个城市强调人性化、实用性的发展理念。更值得一提的是，这个宣传短片在塑造城市形象上的最大亮点——京味儿的突出表现。宣传片一开始，就是以水彩画的方式圈画出了马拉松赛路线中的几个地标性的建筑景点：天安门、人民英雄纪念碑、水立方、国家大剧院。这几个地点不但是马拉松赛事的关键点，更是北京城的象征性建筑。该片以一种总括的方式开头，一下就分说了整个路线所经过的地点。而更具特色的是，画面介绍完上述几个关键地点之后，就汇聚成为一个巨大的京剧脸谱，再一次将独具北京地方风味的京剧元素呈现给了受众。可见这短短1分34秒的宣传片，内容虽不多，但形式新颖，视觉传达到位，城市元素运用得娴熟且恰到好处。更难得的是这种宣传城市形象的手段与马拉松比赛的宣传结合得十分自然妥帖，全无牵强之感。

在这个强调视听享受的年代，电视宣传片是大型体育赛事赛前宣传的有效传播方式之一。它不但能够有效地传达比赛的信息，更重要的是以视听的方式在受众心中造成一定的感观印象，让城市形象的相关元素融入其中，使受众在享受体育赛事的同时也感受到城市风貌的魅力。

2. 地方媒体全方位报道凝聚关注度

有传播学学者指出影响媒介接触模式的主要因素有三个：一是受众对内容感兴趣的程度，即他（或她）感到这一内容与自己的利害相关；二是他（或她）对于这些内容中的议题的不确定程度；三是确定提供相关信息的可靠信源的费力程度。由此可见，媒体的报道对各种宣传活动有着至关重要的作用。[①] 而媒体对体育赛事的报道是褒是贬，对承办体育赛事所属

① ［英］迈克·费瑟斯通．消费文化与后现代主义．刘精明译．南京：译林出版社，2000.

城市的形象更是有着决定性的作用。一般来说，媒体对体育赛事的报道主要包括赛前筹办、赛程直播和赛后总结报道这三个主要内容。随着媒介融合的全媒体时代的到来，体育赛事的媒体报道也呈现出全媒体报道的趋势，力求将赛事的影响扩展到最大。

如果说在国际性的大型体育赛事上，国家媒体是报道主力的话，那么对于很多地方性更强的体育赛事来说，当地的地方媒体就理所当然地成为了报道主力。从新闻学的角度来说，地理位置的远近与受众关注的高低成正比，也就是说发生新闻的地点离自己越近，受众的关注度也就相应较高，反之则较低。当然，一般的国际性重大新闻会出现不同的反应。就一般的体育赛事来说，肯定会受到本地民众的普遍关注，因此体育赛事的报道定会成为当地媒体报道的重点。

2012 年广州首届国际马拉松比赛拉开帷幕。来自全球 30 多个国家和地区的 2 万名选手在广州一起同场竞技，这使得广州国际马拉松比赛成为继亚运会之后举办的又一项国际大型体育赛事。面对这样一次国际性的体育赛事，广州的地方媒体拿出了最大的热情和精力，为广州和全国其他地方的观众呈现了广州首届马拉松的盛况，更重要的是在观看马拉松比赛的同时，让观众能够与选手们一起领略广州的城市风光和人文精神风貌，感受广州的人文气息和体育文化氛围。

为了全程分享马拉松比赛，广州广播电视台推出“起跑·新广州”的电视宣传片，宣告届时将联合新闻频道、综合频道、竞赛频道和 FM96.2 新闻电台同步大型直播这次马拉松的盛况。整个宣传片均用粤语解说，用最富地方性特色的语言吸引本地市民的收视和收听。广州日报旗下的大洋网更是开通了广州 2012 马拉松赛专题网站，对整个赛事进行了全方位的报道。从文字报道、图片报道到视频报道，除了报道赛事的进程，还深度挖掘了比赛过程中各种有价值的故事，例如：盲人选手跑马拉松，情侣选手跑马拉松等。另外，在报道比赛的同时，大洋网还特别播报了因马拉松导致多数路段封路而大桥可以通行的新闻，在重点报道赛况的同时也不忘帮助市民维持正常的生活秩序，体现本地媒体关注事项的地域特色。

由此可见，地方媒体的报道对城市体育赛事有着巨大的推动作用，其地域优势是其他媒体无法比拟的。地方媒体不仅向大众展示了马拉松比赛中广州人民的精神面貌，并让世界各地的选手更近距离地认识到新广州，提高了广州的国际知名度，塑造了更为生动的城市形象。

3. 环城路线设计串联城市新风貌，打造现代城市新形象

城市马拉松除了马拉松本身所具备的体育比赛的乐趣之外，独具魅力的马拉松赛道是吸引各地选手参赛的重要因素。正因如此，马拉松比赛路线的设计力求将城市最靓丽的街道、最具文化气息的景观、最具代表性的建筑呈现给前来比赛的选手和观赛的群众。让为马拉松而来的人们，不但能够从比赛中获得乐趣，更透过比赛建立对城市的良好印象，从而提高城市的知名度、美誉度，促进城市品牌形象的打造。

广州马拉松路线呈现了广州市的新旧交替、城市变迁。广州是历史文化名城，同时也走在改革发展的前沿，正在逐渐发展成为国际性的大都市。因此，马拉松的路线设计既要体现广州深刻的历史文化底蕴，也要展示改革开放以来经济快速发展下的城市新面貌。因此42.195公里的全程路线，途经天河、越秀、荔湾、海珠四区，起点设在广州新中轴线的珠江新城，终点设在海心沙。选手在花城广场起跑，经临江大道转入猎德路往北，直出黄埔大道往东，到广州赛马场掉头往西；然后直到中山一立交往东风东路，从东风东路直到东风西路，再往南转入康王北路，在康王北路与中山七路的交界处原路调头，这里正好是著名历史景点陈家祠的对面；沿东风路返回天河珠江新城，往南上猎德大桥进入海珠区，下桥后经过磨碟沙公园进入阅江路，穿越华南大桥桥底直到琶洲大桥桥底调头，经猎德大桥进海心沙。[①] 整个比赛路线贯穿了广州的“老四区”，沿途经过花城广场、中山纪念堂、陈家祠、广州塔、赤岗塔、会展中心、海心沙等广州新旧地标性景点。

广州国际马拉松比赛的主题是“名城、和谐、健康”。打造名城，就一定要有著名的建筑、城市景观，视觉上的冲击能够给游客和选手形成深

① http://baike.baidu.com/view/9277047.html.

刻的印象，对这座城市有一个准确的持久的记忆。因此，广州马拉松的路线中途经了广州的地标性建筑“小蛮腰”（广州塔）、赤岗塔、举办过亚运会的海心沙公园等。除了现代的标志性建筑，传统的历史文化景观也是打造历史文化名城必不可少的要素。因此广州马拉松的赛道经过了羊城晚报报社、中山纪念堂和陈家祠三个具有浓厚历史文化气息的景点。另外，整条东风路见证了20世纪90年代广州拓宽旧城起步阶段的种种变化。当时，东风东路最先出现的高楼大厦和中高档小区让人印象深刻；天河区的珠江新城有西塔这样的标志性建筑，还有多栋高层住宅和高档写字楼，这些近年来出现的建筑都展示了广州城市建设的快速发展和经济实力的飞速增长。另外，在琶洲地段有全亚洲最大的会展中心，会展中心附近的磨碟沙公园和会展公园等，也能够向选手和游客展现广州经济强市的另一面。

因此，像马拉松这样低门槛、全民皆宜的体育赛事能够在短时间内聚集人气和社会注意力，在宣传体育精神的同时，也能够在体育赛事的平台上展现一个城市的发展和实力，打造属于自己的特色形象并拥有一张属于自己的城市名片。

相比以体现城市变迁为切入点的广州，作为举办过2008年奥林匹克运动会的首都北京，在举办马拉松比赛时，其路线的选择和展现的城市景观尤为大气，体现的是一个国家的政治、经济中心，一个国家的首都应具备的高品质比赛。其实，相比其他城市来说，一场奥运会就将中国北京的城市形象打造得非常完美。热情、现代、有厚重历史文化，这些标签都是北京的形象。但是，时代在不断变化，城市也在不断发展。与时俱进的发展、打造不同的城市形象是一个具有竞争意识的城市及其管理者深谙的真理。因此，国际性的马拉松赛事是向全国人民、全世界人民展示北京城不断发展的新形象、新面貌的好机会。

从国外著名的城市马拉松赛事来看，高品质的马拉松比赛路线既要利于选手竞赛，也要方便观众观赛，以此提高比赛的价值。因此北京马拉松在路线设计上最大限度地兼顾了人文景观和赛道条件。路线设计将起点定在首都最具代表性的建筑——天安门，沿线会经过北京的经济（金融街）、文化（学府路）、科技（中关村）核心区域。最后穿过奥林匹克森林公园和奥林匹克景观大道，在那里可以看到著名的奥运建筑鸟巢和水立方，最后达到终点——国家奥林匹克公园中心区庆典广场。全程赛道路面平坦，科学均衡，对参赛者来说是非常适于比赛并创造佳绩的。

北京是中国的文化古都，有着深厚的历史文化底蕴，城中颇具代表性的历史文化古迹也有很多。因此，赛道周边风景结合了古都神韵和现代都市风貌，力求令选手享受到独特的中国式参赛体验。

（二）环青海湖自行车赛——高原第一体育品牌

青海为我国青藏高原上的重要省份之一，境内有全国最大的内陆咸水湖——青海湖，并因此命名省份。位于高原上的青海风景独具魅力，具有多样性、原生态的特色，山脉纵横，加上又是国内多条大江、大河的发源地，令青海的各种资源十分丰富。然而，位于西部地区的青海，因为地广人稀，加上高原地区交通不便，使得青海这个高原大省并不为人所熟悉。因此，青海的各项事业发展缓慢，省内即便有着丰富的自然、文化资源也未能充分的利用。在国家的号召下，西部大开发战略开始实施，为了响应国家发展战略的号召，全面带动青海各项事业的发展，青海省省委、省政府提出了以国际品牌体育赛事盘活全省各项事业发展的思路。2002 年 7 月，将青海省高海拔、自然风光的雄奇壮美的特点以自行车赛的形式，环绕青海湖展开，集“体育、文化、旅游、环保”于一体，以“更高、更快、更强”的体育精神为支撑理念的环青海湖国际公路自行车赛正式诞生了。

环湖赛每年 7 月至 8 月举行，经国际自行车联盟批准，环湖赛成为亚洲的顶级赛事，更是世界上最高海拔的国际性公路自行车赛。仅次于环法赛、环意大利赛、环西班牙赛等职业巡回赛。每年比赛有来自世界五大洲的 20 支左右的运动队，100 多名运动员参加，比赛总距离 1 300 公里，平均海拔 3 000 多米，赛程 9 天，奖金总额 60 万美元。这样高规格的赛事自然得到国内各大媒体的重视，自 2002 年起，每年 4 月至 8 月，中央电视台第5套、2套、3套和12套节目以及青海省内各大媒体持续在黄金时段高密度播放“环湖赛”公益宣传片和赛事主题歌MTV，使环湖赛品牌在短期内获得了很高的知名度。① 加上新华社、中央电视台、中央人民广播电台、凤凰卫视、中国新闻社、人民日报、中国体育报、香港大公报、新浪网、青海电视台等全国性媒体50余名记者对赛事进行全程跟踪报道，更为这项体育赛事造势不少。为增强宣传效果，第一和第二届赛事组委会租用军用直升机对赛事进行航拍，2004年更是购置了一架海燕轻型飞机和两架动力悬挂滑翔机对赛事作全方位、多角度航拍，不但调动了比赛现场的气氛，同时使比赛转播更加精彩、细节更为生动。

经过近十年的发展，环青海湖国际自行车赛已然成为青海的品牌形象产业，它与随后诞生的青海高原世界杯攀岩赛、中国青海国际抢渡黄河极限挑战赛一起以特色体育品牌为青海赢得了掌声和尊重。在举办体育赛事的过程中，青海有效地发挥了本地区的民族特色、地域特色，创建并拥有了属于自己的特色体育品牌形象——高原体育品牌形象，并以此为突破口大力推动了青海省体育旅游、休闲健身、环保等第三产业的发展。仔细分析环青海湖自行车赛打造城市品牌形象的成功是其因地制宜，结合本地有利资源和特色资源所产生的结果。

1. 路线图串引特色风景，打造当地旅游品牌

与城市马拉松比赛一样，自行车赛的路线设计是整个比赛最重要的环节。凡是国际知名的自行车赛，其路线的设计必定与当地独特的自然风光、人文景观、风土人情巧妙地结合在一起，以求在举办体育赛事的同时推动城市旅游事业的发展。

2012年环湖赛推出了1分钟的宣传片，片中以往届环湖赛自行车手环湖的行进过程为线索，贯穿介绍了整个赛事的突出特点。这一部1分钟的宣传片虽然重在强调环湖赛赛事的特点、难度和影响程度，但每一个画面、每一段选手行进的途中，甚至透过自行车的车轮，观众领略到的是来自海拔3 000多米的纯蓝天空、广阔的草原和高耸入云的山峰。整个赛程呈现给选手和观众的不止是竞技体育顽强拼搏的精神，还有青海湖原生态

① http://baike.baidu.com/view/26770.html. fromId = 354004.

的魅力风景。[①] 2012 年环湖赛由青海、甘肃和宁夏三省合办，其路线也环绕青海湖一周，途经三省的十几个城镇，最后在甘肃兰州结束。整个环湖赛的比赛路线设计以碧波浩瀚、鸟翼如云的青海湖为中心，并向周边地区延伸，途径的城镇和景点有：西宁—多巴基地—互助—青海湖—乌兰—天峻—西海镇—祁连—张掖—武威—景泰—中卫—白银—兰州。整个骑行的过程中选手感受到的是无限壮美的草原风光，自行车赛让来自全国各地和世界各地的选手近距离地感受到了大美青海的魅力。正是以这种自行车赛的方式让青海的高原风光得以呈现，并吸引着来自各地的游客和体育爱好者，从而促进青海省旅游产业的快速发展。数据显示，“十一五”期间，青海的游客接待量和旅游总收入连续多年呈现20%以上的增长速度，高于全国平均增长幅度，旅游综合效益不断提升。“十一五”接待国内游客5 035.44 万人次，同比增长 14%；入境游客 20.49 万人次，同比增长5.9%；旅游总收入261.75 亿元，同比增长22.5%。仅2010 年全年接待国内外游客 1 226.2 万人次，比上年增长 10.6%，其中，国内游客 1 221.5 万人次，增长 10.5%；境外入境游客 4.67 万人次，增长 29.4%，境外游客中外国人占 72.6%；全部游客中，过夜游客占 41.3%。国际旅游外汇收入 2 044.9 万美元，增长 32.6%，旅游总收入 71.02 亿元，增长 18.1%。

正是环湖赛给青海带来的确实的经济效益，才让2012 年环湖赛扩大到邻近的甘肃，其高原第一体育品牌的魅力也给甘肃带来了很大的效益。甘肃省副省长郝远说，经过十年的发展，环湖赛已经成为青海展示体育、文化、旅游和大美青海的重要平台，已经成为青海对外宣传的有效载体，为世人所瞩目，并且逐步成为我国乃至亚洲自行车运动的顶级赛事，其国际影响力不断扩大，已经成为世界第四大自行车赛事。进入 2012 年后，作为主办方之一的甘肃亦成为媒体关注的焦点，无论是甘肃段的赛事盛况，还是甘肃的地域文化、民俗风情和发展成就，都借助媒体的力量将一个崭新的甘肃呈现出来，甘肃、兰州的知名度、美誉度因此而得以提高和扩大。

2. 相关活动彰显民族风情，推动少数民族文化产业

青海是我国的西部大省，同时也是我国少数民族的聚居地。因此青海的民族文化丰富多彩，具备发展多彩少数民族文化产业的潜力。诞生于青海的

---

① 参见 http://www.tdql.cn/index_ ch.html.

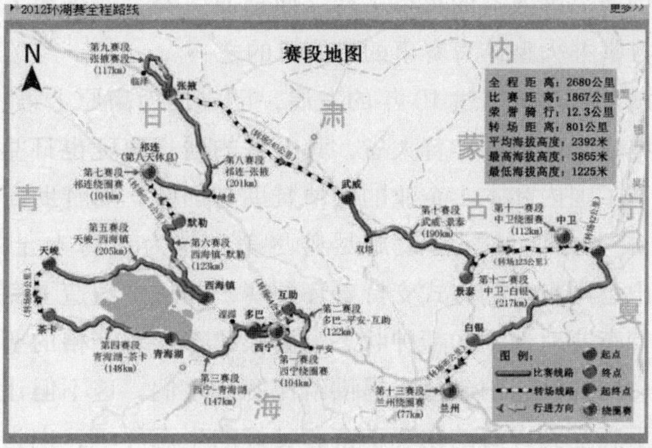

环青海湖国际自行车赛线路图

环湖赛理所应当地将发展民族文化产业作为其赛事内涵的重要内容。环湖赛以“绿色、人文、和谐”为主题，将当地的民族文化融入这一重大赛事中，增添了比赛的文化内涵，也为民族文化产业的发展提供了良好的平台。

为了能够抓住环湖赛这个机会展示青海民族文化，让传统民族文化与现代体育文化相互融合、相互促进，并将其发展成为青海的特色文化产业，环湖赛在很多方面都做了精心的设计和安排。在比赛的起终点，身着各民族特色服饰的民众跳着民族舞蹈，为选手们加油助威，展现了青海人民的热情好客。另外还有各种民族特色产品的会展如：石刻、木刻、民族刺绣等都以自己的方式向来自全国各地、世界各地的朋友们展现青海丰富的物资、人民的勤劳和智慧，不但推动了民族文化产业的发展，也给赛事增添了文化氛围，调动了选手的参赛热情。为了展示公路自行车运动的独特魅力和青海的大好山河，在 CPL 城市摄影联盟组织的中国南京、合肥、高雄、郑州、西宁、泉州、银川、奎屯、福州、成都这 10 座城市的 10 位摄影协会主席 2012 年的作品大展上，摄影协会副会长兼秘书长李全举的“环青海湖国际公路自行车赛——车轮上的风景”专题图片得到了展出。另外，在南京、高雄等城市举办的摄影大展中，以环湖赛内容为专题的展览也为第十一届环青海湖国际公路自行车赛锦上添花。

3. 体育品牌吸引赞助商，共推大美青海经济发展

大型活动也少不了赞助商的努力。对企业和商家来说，高水准的大型

体育赛事是创造品牌效益的重要平台。而招商引资，促进地方经济的快速发展也是地方举办大型体育赛事的最大目的之一。

环青海湖自行车赛经过10年的发展，已成长为高原上第一体育品牌，青海因此发展成为西部的体育大省，其经济的增长速度也日益见长。环湖赛的成功少不了国内和本土企业的倾情赞助与加盟，而赞助商们的加入使得环湖赛在很多方面的配套设施尽善尽美。作为青海本土的饮用水企业——昆仑山也用自己的方式支持着环湖赛，并从中塑造了良好的品牌形象。环湖自行车赛对选手的精神状态、健康状态有着严格的要求，因此用产自青海昆仑山的昆仑山矿泉水提供给比赛选手们，这不但让来自世界各地的参赛选手感受到青海的物资丰富和良好的生态环境，也为昆仑山水企业塑造了好口碑，打造了属于自己的品牌。据资料获知，2012年昆仑山获得了在美国举办的第22届伯克利世界品水大赛好水金奖，这是中国水企业第一次在国外获此殊荣。由此可见，在环湖赛的推动下，青海本土企业的发展势头强劲，能够成为青海经济推动的不竭动力。

（三）城市大型运动会——地域特色体育品牌

随着经济的快速发展，城市综合实力的增强，越来越多的二三线城市开始承办大型的、甚至是国际性的运动会。这不但有助于提高我国城市的竞技体育水平，促进我国文化体育事业和产业的发展，而且在推动城市经济发展，塑造和展示城市形象上起到了巨大的作用。与前面所提到的城市马拉松和环湖自行车赛相比，城市运动会的赛事类型更多、活动时间更长、参与其中的人也更多更集中。因此，城市运动会在塑造和宣传城市形象方面有更多的方式和特点，下面将以2012年的第十二届吉林冬运会、第三届海阳亚洲沙滩运动会和第七届全国农民运动会为例，分析这三次运动会在塑造城市形象方面的方式和特点。

1. 宣传方式融入城市元素，多元呈现城市特色

（1）地方特色浓厚的开幕式。

2012年1月3日，第十二届全国冬运会在吉林长春的五环体育馆举行了开幕式。位于东北的吉林省由于纬度高，冬季漫长寒冷，形成了别具一格的冰雪文化。吉林也一直致力于将“冰雪”作为主打的特色旅游资源。因此在吉林省长春市和吉林市主办的冬运会开幕式主题也是“冰雪”，由此可见“冰雪”是吉林最大的旅游特色。

首先，以冰雪作为最大的演出背景，展现了独特的冰雪魅力。开幕式上“漫天飞舞的雪花”、“雪山”、“林海”、“雾凇”都是吉林省最具代表性的自然景观，以表演艺术的形式将这些元素搬上运动会开幕式的舞台，能够让观众感受到最直观的城市形象特色。1 800 米的全冰面舞台设计，让整个舞台都闪耀着冰与雪的梦幻色彩。随后的表演都是在这个巨大的冰面舞台上进行的，不仅创意新颖大胆，且暗示了吉林这种纯粹冰雪世界的独特自然环境，让观众印象深刻。其次，以关东文化为故事主旨，增强体育赛事的文化底蕴。开幕式演出开始，在茫茫的雪山中，一对身着棉袄的关东人在雪地中前行，在漫天飞舞的雪花中寻找前进的道路，暗示着吉林人在摸索着未来的发展之路。随后还有喊号子的关东人，展现着东北独特的地域风格。更有后来表现关东人从“猫冬”到走出家门运动的变化，展现了现代关东人热爱体育运动的生活理念，更展现出冰雪运动在中国东北土地上的迅速发展，东北因此成为中国冬季体育运动的源地。整个开幕式的演出都在冰上完成，冰上舞蹈、追逐都让观众感受到冰雪运动的力与美，展现了冰雪与体育运动的完美结合。其中以申雪、赵宏博演出的《青年时代》最为精彩。这支舞曲以“血恋”为主题，两人在冰面上舞动，如同流动的音符，影随身动，地球也仿佛在脚下旋转，两人最后滑出一个心形，并久久相依。这对冬季奥运会场上的伉俪是中国冰雪运动的代表性人物，他们的出场让整个开幕式的演出升到最高点，让很多热爱冰雪运动的观众印象深刻。

（2）融入城市特色和体育理念的吉祥物。

经过多年的发展，体育赛事中大型运动会的吉祥物已然是集地域特色、民族特色、文化内涵和艺术感于一体的象征性标志。它的设计融入了体育比赛的精神，融入民族地域特色，融入了城市形象元素，因此现代大型运动会的吉祥物已经不仅仅是一次体育赛事的象征物，从它被赋予的深刻内涵来看，吉祥物还是构建并宣传城市形象的重要组成部分。

2012 年第九届全国大学生运动会在天津举办，在历时四个月的选拔之后，取名为“快乐阳光——津津”的吉祥物被选中，它寓意阳光、快乐洒满津城。“津津”是全国亿万大学生阳光体育运动会光明与未来、青春和希望的象征，蕴含着中国当代大学生团结、奋进、健康、快乐地成长的深意。“阳光”元素的运用象征着人与自然和谐相处，共建美好社会的理想与心愿。同时，以天津的“津”字重叠命名的“津津”张开双臂笑迎八方来客的形象，深刻地反映了天津人民热情好客的特点，它跳跃、欢庆胜利的活泼姿态，反映了天津这座现代化城市的活力与热情。“津津”是大学生运动会的吉祥物，也是天津的吉祥物，在天津大学生运动会的宣传片中，“津津”也是主演之一，它和片中出现的天津市民一样，让观众看到了一个充满朝气和活力的城市，给观众留下了深刻的印象。

除了第九届大学生运动会之外，在烟台海阳市举办的第三届亚洲沙滩运动会的吉祥物也充满了海阳市的特色。亚沙会吉祥物是一组三个的卡通形象，以海阳市和亚洲沙滩运动会中的代表字命名，分别叫作“海海”、“阳阳”、“莎莎”。其卡通形象则以“龙”、“太阳”、“凤”为原型，分别代表海水、阳光、沙滩，寓意一个其乐融融的三口之家，象征着亚洲人民亲如一家、“快乐在一起”，蕴含了快乐体育的精神，同时也与亚沙会的会徽、口号不谋而合。更重要的是海水、阳光、沙滩是海滨旅游的3S元素（碧蓝的大海 sea、温暖的阳光 sun、柔软的沙滩 sand），体现了海阳“中国优秀旅游城市”的称号，深入地利用这三种元素，更能够加深城市的特色标签。据吉祥物主创团队负责人、清华大学美院教授千哲介绍，“海海”的设计灵感源于成语“龙凤呈祥”。以龙为原型，颜色采用海洋蓝，体现了龙与海的紧密关系以及海阳的地域特色。其中最具当地特色的当属吉祥物的服饰了，那是根据海阳大秧歌《乐大夫》的服装演变而来，充满了海阳的民间特色和当地快乐的生活气息。“阳阳”形象俏皮可爱，是一家三口中的“小太阳”，采用的是初升的太阳的颜色，同样与亚沙会的举办理念紧密结合。表达了海阳人民迎接亚沙会的满腔热忱。“莎莎”的设计源于海阳凤凰滩的美丽传说，整体形象以凤凰为原型，以沙滩黄为颜色，把吉祥物与民间传说巧妙地结合起来，与亚沙会的举办理念“海韵、阳光、激情、时尚”紧密联系。

（3）宣传城市新理念的宣传口号。

体育赛事的口号是对时代特征的反映，它的一字一句都离不开其所处的环境。好的赛事口号不仅是体育精神的彰显，更是时代精神、城市乃至国家形象的反映。在市场经济下的城市，就像一个需要宣传的产品，体育赛事就像一则广告，而一则好的广告必然会有朗朗上口、内涵丰富的口号。简短精练的赛事口号是城市形象树立和宣传的主力之一，它能够在最短的时间内在受众中形成一定的印象并因此获得更为广泛的流传。

2012 年吉林全国冬季奥运会通过向社会发出征集“十二冬”口号的启事，得到了社会各方面的响应与支持，群众广泛关注并积极参与。在通过对征集来的口号进行了三轮认真地筛选和评议后，最终确定的 10 条宣传口号分别是：“冰雪吉林省、魅力十二冬”、“盛世中国办盛会、和谐吉林呈吉祥”、“办精彩冬运会、当文明东道主”、“相约冰雪吉林、共享冬运盛会”、“冰雪见证精彩、运动传承友谊”、“多姿多彩冬运会、和谐和美在吉林”、“我为冬运添光彩、冬运因我更精彩”、“欢迎冬季来吉林、冰雪运动过新年”、“冬季吉林玩冰雪、心跳清爽真给力”、“冰雪吉林办盛会、新春中国喜洋洋”①。“和谐吉林”、“冰雪吉林”、“文明东道主”，它们体现的是我国的发展方向，强调构建和谐社会、文明社会，说明吉林在承办全国冬运会的理念中紧紧跟随了国家发展战略，也说明发展和谐社会是吉林的城市发展理念。

2．特色比赛场馆和基础设施建设，推动新型城市建设

大型运动会由于比赛项目众多，吸引着众多的参赛者、观众以及旅游者，且会在赛期达到相当高的峰值，形成“峰聚效应”。因此一般来说，承办大型运动会需要有非常完善的体育场馆和基础服务设施作为支撑，这样才能保证各项运动项目的顺利进行，并且给观众一个较为舒适和方便的观赛环境。为了满足大型运动会举办期间的巨大需求，城市必须整体性地提升各方面的功能，比如基础设施的完善、城市环境的治理、健全服务业和保障社会安全等。对前来参赛的选手和观看比赛的游客来说，一个城市

① http://www.chinajilin.com.cn/content/2011-03/09/content_2196352.html.

各项基础设施的建设、比赛场馆的设施水平、城市服务水平等都是他们衡量该城市承办体育赛事能力和水平的重要标准，而这些将直接反映到城市形象的好坏上。因此，要承办高水平的运动会，提高城市的美誉度，塑造良好的城市形象就必须做好运动场馆建设和配套的城市基础设施建设。

海阳市为了迎接亚沙会，以占地10.3公顷的河清岛作为主要的比赛场地，其中东南端是亚沙会火炬塔，开闭幕式的主场地是绿浪剧场，它以海浪为设计原型，暗合了亚沙会的主题元素之一。剧场内可同时容纳观众2万人，其中设置了必备的VIP休息、媒体接待、演员化妆、运动员候场、观众、保安、机房等功能用房。① 整体来说，整个场馆基础设施是较为完备的。此外，说到运动会场馆的建设就不得不提到吉林冬运会，在中国承办多项大型运动会并受到大众质疑浪费时，吉林冬运会以“省钱办赛”的理念为指导，并未新建运动场馆。虽然冬运会没有新建场馆，但并不影响吉林冬运会办赛场馆比赛设备的完善和高水准。据报道，承办吉林冬运会的赛场分别是吉林省速滑馆、吉林省滑冰馆、长春市五环体育馆、长春市滑冰馆、长春市富奥冰球馆和吉林市北大湖滑雪场。这些场馆虽然都不是新建的，却都是功能齐全、设施先进的现代化场馆。其中省速滑馆是目前国内最大、具备世界一流水准的现代化速滑馆。由此可见，场馆的建设应视情况而定。长春和吉林的高标准场馆说明了城市体育氛围的浓厚，更体现了它们的实力。

相比于亚沙会和冬运会，承办第七届全国农民运动会的河南南阳市则在改善城市基础设施方面费了不少功夫。为了保证农运会举办期间市区交通的顺畅和市民的顺利出行，南阳市市公交总公司筹资400万元，建设160个新型公交站牌、候车亭，并将全市所有公交站牌、候车亭更换成以宣传农运会为主要内容的公益性广告，加上公交车厢内的车厢文化，力求营造浓厚的农运会氛围，提高城市品位，塑造全新的城市形象。②

由此可见，像大型运动会这样的体育赛事能够有效地推动城市基础设施和自然环境的改善，进而增添城市魅力，塑造更美观、更具竞争力的城市形象。由此才能提高城市的核心竞争力，为城市的进一步发展作出更多的努力。

---

① http://www.iqilu.com/html/zt/other/yashahui/2012/0529/1235052.shtml.

② http://www.ny2012.cn/html/2012/xwbb_0927/3834.html.

3. 媒体正面多项报道，塑造城市正面形象

（1）政府公务公开，塑造政府新形象。

在现在的中国城市，虽然城市体育赛事的具体运作已经由专业的体育经济公司负责，但是举办城市政府的配合和支持力度仍然是国内体育赛事不可或缺的重要力量。因此很多方面，例如财政、人力方面都是媒体竞相报道的重点。对媒体来说，对赛事过程的报道是对观众体育情结的满足；而对政府工作的公开报道则反映了城市管理者的管理能力和水平；对政府形象的报道能够反映该城市的政治面貌，这也是城市形象的重要组成部分。在北京奥运会斥资3 000亿元，广州亚运会斥资1 500亿元，深圳大运会斥资800亿元受到社会各界的质疑时，吉林省成功承办了第十二届全国冬季运动会，并以不足2亿元的资金让全国人民看到了创办“节约型社会”的真实案例。据网易体育报道：吉林省承办冬运会仅花2亿元，吉林省体育局更实言：我们烧不起钱。

据媒体报道，“十二冬会”规模扩大，主办方却提出了“省钱办赛”的理念。作为经济欠发达的省份，“十二冬会”组委会常务副秘书长、吉林省体育局局长宋继新非常坦率地表示：“我们烧钱烧不过广州、上海。”通过媒体报道，民众切实地了解到冬运会的资金来源：

> 宋局长算了一笔账，“赛事得到几家赞助商的支持，乔丹赞助球员、教练员、媒体、工作人员的服装，赞助费达1 600万；联通作为通信伙伴赞助费达1 500万；省政府拨款3 000万；市场能力有接近1亿……如果不算实物赞助的话，我们的资金是不够2亿的。

从新闻媒体的报道中，我们看到了一个“省钱有方”、“不浮夸”、“不烧钱”的负责任的政府形象。从这样一种负责任的政府形象，社会大众也不难看到一个即将快速发展的城市前景。通过新闻媒体的正面报道，举办城市政府各部门都会在本地市民和外来游客心中形成高效、廉洁的正面形象，而这也将大力提升政府在社会中良好的政治形象，从而帮助塑造良好的城市形象。

（2）典型人物和事迹报道展现城市人文精神面貌。

在体育赛事中，新闻媒体除了报道具体的赛事进程之外，为了满足大

众的信息需求，媒体还会挖掘比赛过程中典型的人物和事件进行报道。一般来说，积极的人物和事件报道能够很好地宣传城市的人文精神风貌，从而提高城市美誉度。

亚沙会的媒体报道了为亚沙会提供最好医疗卫生保障和最优质医疗服务以确保亚沙会顺利进行的“白衣天使”。据媒体报道，亚沙会的医疗保障组为了确保亚沙会开幕式的顺利进行，他们超前谋划，进行了周密的部署，派出了 5 辆救护车、44 名业务骨干组成了开幕式的医疗保障团队。他们坚守岗位、认真工作，让亚沙会的开幕式更为安全。医疗工作者是运动会不可或缺的后勤保障组成员，他们展现出的敬业形象代表的不仅仅是他们自己，更是这座城市的医疗卫生水平和服务水平。另外，亚沙会上微笑迎宾的礼仪小姐们也是一道亮丽的风景。海阳大众网报道，据体育展示和颁奖仪式团队杨永庆介绍，亚沙会上 65 名颁奖礼仪小姐平均身高 1.74 ~ 1.77 米，是从山东轻工业学院和山东女子学院 600 多名学生中选拔出来的，并且都经过了严格的集训。这些美丽的颁奖礼仪小姐用最好的精神面貌迎接来宾，充分彰显了亚沙会“海韵、阳光、激情、时尚”的理念。

媒体选取运动会中各类典型人群或者个体进行报道，从他们的身上挖掘出有价值、有代表性的城市精神，从而将城市积极的、美好的一面展现给大众，这对提高城市美誉度、知名度有着很大的推动作用。

三、发展趋势

美国品牌专家 Levin Lane Keller 教授在《战略品牌管理》一书中指出，地理位置或某一空间区域像产品和服务一样，也可以成为品牌。要想使城市拥有独特的魅力并焕发出鲜活的生命力，要想在激烈的城市商业化竞争中处于不败之地，提炼出与众不同的核心价值是一个城市的首要步骤，独特的城市体验能够从本质上将城市区别开来，从而形成竞争力。城市的魅力可以在不经意中形成，但要形成品牌，打造属于自己的品牌形象就要在宣传手段上下足功夫。体育赛事以其独有的优势给城市形象的塑造提供了一个良好的平台。

（一）体育赛事将成为中小型城市形象塑造的首选

承办大型体育赛事是对一个城市的经济、管理、城市建设等各个方面综合实力的考验。因此，一直以来，中小型城市受到经济发展水平的限制，在城市建设、基础设施建设和管理等方面的实力相对较弱，承办大型体育赛事的能力也不及一线发达城市。然而，近年来随着改革开放的不断推进，全民体育的推广和城市竞争的愈发激烈让中小型城市为了求进步、求发展，开始积极筹办各种城市体育赛事并争取承办各类大型体育赛事。

根据对国家体育总局公布的2001年、2002年全国体育竞赛招标计划的全国正式性比赛、全国辅助性比赛、国内举办的国际性比赛（不含部分签订了长期协议的比赛）共计1 311项次（2001年648项次、2002年663项次）进行分析研究，除22%的赛事地点待定外，特大城市承办的赛事占32%，中小城市承办的赛事占46%。在中小城市承办的赛事中成年赛事占49.16%，青少年赛事占50.14%，但成年赛事也以一些比赛的预赛为主。从区域划分来看，东部沿海有88个中小城市承办197项次、中部地区有63个中小城市承办158项次、西部地区有35个中小城市承办89项次。① 这主要表现出东部经济条件较好的城市承办赛事多，且相对分散，而中西部地区承办赛事则相对集中于一些条件较好的城市。总的来说，中小城市承办体育赛事的市场要好于大型城市，中小城市的发展潜力更为巨大。

（二）体育宣传片将与城市形象宣传片逐渐融合

现代体育出现并成长于城市，在强调视觉传播的今天，一次成功的体育赛事宣传，必不可少的便是赛事宣传片。纵观大型体育赛事从诞生、发展到现在，电视宣传片的制作和传播是为赛事造势的重头戏。现代体育比赛一路走来，早已不是单纯的竞技体育比赛，它已经演变成为一场集体育精神、城市经济、文化、人文等城市形象元素于一身的大型城市活动。相应地，体育赛事的电视宣传片也不只是单一的赛事介绍和宣传。从国际大型体育赛事到我国中小型城市体育赛事的电视宣传片，在一定程度上已经演变成融城市景观、历史文化、人文风貌和体育精神于一体的城市形象宣传片。这种以体育赛事为线索，植入城市风貌等形象元素的电视宣传片有着其他宣传方式无可比拟的优势。电视媒体与报纸、广播等传统媒体相比最大的优势在于视听一体化。体育赛事的电视宣传片是以影像、声音、动画等视听元素为表现形式，加入特定的音乐节奏，让观众在享受一场视听

① 钱文君. 中小城市承办高水平体育赛事的市场化运作研究. 西安体育学院学报，2005（3）.

盛宴的同时，能够深入了解到体育赛事的历史、最新情况、主旨精神和特色等方面的信息。与此同时，体育赛事的电视宣传片作为举办体育赛事的城市依托，融入举办城市的城市形象元素，让受众在关注体育的同时，也对城市有一个整体的了解。这是一场体育赛事在传达体育精神之外的附加价值。体育赛事的电视宣传片往往能够用更为简洁立体的方式向观众呈现一个城市的整体风貌，并在短时间内使观众在心中形成一定的城市印象。随着我国城市经济的快速发展，越来越多的城市认识到塑造城市形象、打造城市品牌的重要性。

（三）国际性体育赛事的承办将推动城市国际形象的塑造

随着我国经济实力的增长及城市管理水平的提高，越来越多的城市已具备承办大型国际体育赛事的能力。事实上，我国承办世界性的、地区性的体育赛事的城市越来越多，这说明了我国综合实力的增强和城市的快速发展，并逐渐得到全世界的认可。也因此，承办国际赛事的城市开始在城市形象的塑造上国际化，期待通过承办更高水准的赛事走向国际的舞台。就像前面提到的环青海湖自行车赛，在成功塑造成我国高原第一体育品牌之后，主办方不断筹谋提高赛事水平，扩展赛事的国际影响力，为打造国际化的城市作准备。因此，在赛事直播上，环湖赛组委会为了让环湖赛与世界接轨，首次实现了直升机航拍，将青海最美丽的风景和沿途的比赛盛况通过中央电视台进行实况直播，而这将在更大的范围内传播环湖赛的实况信息，从而吸引更多的赞助商参与到赛事中来，推动环湖赛的市场化和国际化。

城市形象是公众对城市总体上的抽象的概括性的评价。① 对城市形象的塑造和提升要通过各方面合力的结果，而现代体育赛事所营造的平台有效地促进了城市经济的发展，完善了城市基础设施建设，促使了城市环境的美化和市民素质的提高，以及树立和完善了政府勤政廉洁、高效办公等方面的形象。面对现代城市体育的快速发展和体育赛事给城市发展带来的种种效益，已然让体育赛事这个平台越来越受到追捧。尽管体育赛事时下风头正劲，但仍然要注意量力而行，从城市的实际情况出发，打造最符合自己的城市形象。

（撰稿人　曹喻兰）

---

① 沈建华，肖锋．体育赛事对城市形象的塑造．沈阳体育学院学报，2004（6）．

2012年客家文化与城市形象传播

——以广东河源、江西赣州为例

随着社会的发展，城市越来越注重城市形象的塑造，城市形象传播实力已经成为城市竞争力的重要组成部分。文化又是城市竞争力的软实力，客家文化作为我国悠久文化的重要组成部分，是客家型城市形象传播的重心。以广东河源和江西赣州为首的客家文化城市，积极探索出了一条独特的客家文化品牌推广之路。本文将以河源、赣州这两个城市为例，分析目前我国客家文化型城市形象传播的策略，以及总结这两个城市的经验，进而提出适合当前社会转型时期的客家文化城市的形象传播。

一、概念界定

（一）城市形象传播

城市形象是指能够激发人们思想感情活动的城市形态和特征，是城市内部与外部公众对城市内在实力、外显活力和发展前景的具体感知、总体看法和综合评价。它包括政治、经济、文化、生态以及市容市貌、市民素质、社会秩序、历史文化等诸多方面。

中国经济改革强劲推动城市化的发展，在城市形象策略的指导下，城市竞争逐渐发展成为一种具有城市个性特色之间的品牌竞争。2010年上海世博会就以城市为主题——“城市，让生活更美好”，道出了城市在这个时代发展的渴求。在树立城市形象的同时，媒介如何传播和推广城市形象成为传媒人思考的重要话题。传播城市形象有助于提升城市竞争力，吸引技术、资金、人才等生产要素资源，促进城市经济实现可持续发展。

传播城市形象还可以提升城市政治建设水平，做到信息的公开化、透明化，有利于提高政府的执政效能。“传播城市形象还可以提高城市的凝聚力，良好的城市形象具有鼓舞作用，使该地区的居民为了维护该地区形象而努力奋斗。城市一旦形成了独有的知名度、美誉度，城市形象资源就转化成为了一种动力机制，进而促进城市经济、社会、文化和环境的可持续发展。”①

（二）客家文化

想要了解客家文化，首先要了解客家人。所谓客家人，是指原籍中原的汉族人，在东晋战乱时南迁，成为具有“特殊身份”的一群居民，在后来的几次迁徙行动中，逐渐形成今天具有独特风貌的客家民系。客家民系是中华汉民族的一个支系，是具有显著特性的汉族民系，是汉民族中的一个地缘性群体。客家人最为明显的特征是讲客家话，客家语系是汉民族八大方言之一。目前世界上已有1亿以上的客家人。

客家文化是客家人在形成与发展过程中，为适应和改造生存条件而创造出来的全部物质文化与精神文化的总和。“客家文化是我国中原文化的重要组成部分，没有客家群体，就不会有客家文化；但如果没有客家文化长期稳定的发展，客家群体也是不可能具有那么强大的生命力，以至于经过数百上千年之久，还能维系到现在。”②

客家民系分布很广，其中粤闽赣边三角地区是其主要聚居地，在国外以东南亚为主要聚居地。据学术界估计，国内的客家人现约有4 000万至5 000万左右。客家文化是在特定历史条件下形成的以移民为代表的地域性文化。为什么说它是地域性文化呢？因为这种文化的产生有非常明确的地域范围，它只产生于赣、闽、粤三角地区，而不产生于其他地方。形成以广东的河源和江西的赣州为轴心的向四周扩散的文化体系。本文将以2012年河源、赣州的城市形象传播为研究对象，探讨客家型城市如何进行形象传播。

二、河源城市形象传播策略

河源是中国广东省的一个地级市，位于广东省东北部，东江中上游。东江自北向南流经河源市区，新丰江从西向东绕城而过，两江在市区东面交汇，使得整个城市三面环水，看起来像浮在水上的木筏，因此而得名。

① 何瑶．城市形象的媒介传播策略．新闻与传播，2011（1）．

② 贺超．客家文化与现代文明．江西社会科学，2007（1）．

河源历史悠久，人杰地灵，是个有着2 200多年历史的客家古邑，全境五县一区皆为客家人聚居地，是目前中国大陆唯一一个纯客家的地级市。

河源作为东江流域的纯客家地区，最早的客家先民来历可追溯到秦朝。公元前214年，秦始皇平定南越后，为进一步开发岭南，派屠睢、任嚣、赵佗带50万兵卒驻守，还下令将数十万名“罪人”发配到岭南。赵佗先为龙川县令，后自立为南越王。龙川的赵、韦、官、任四姓居民就是第一批进入龙川与当地土著族人杂居的中原人，他们成了最早的客家先民。所以，河源是客家人最早居住的地方，是名副其实的“客家古邑”，是客家文化的重要起源地之一，也是岭南文化的重要发祥地之一。

（一）客家古邑河源的资源

河源作为客家文化的发源地，河源的客家人有着其他地区客家人共同的族群优点和文化特征，但也有自己独特的民俗和文化。主要表现在以下几方面：

1. 别具一格的民居建筑

民居建筑皆是以宗族、家族为单位建筑的住宅群，屋形多为围龙屋、四角楼、四合院和吊脚楼等客家屋式。其中河源地区的围龙屋以半月形为主体，四角楼以炮楼式为主体，四合院以天井采光为主体，吊脚楼以走马楼为主体。除吊脚楼属山寨人居住，有着明显的山民建筑特征外，四角楼、四合院建筑内部设计都与半月形围龙屋有着大同小异之处。

2. 美味独特的客家饮食

河源的烹调技术和菜色制作别具一格，如扬名海外的“客家酿豆腐”、“东江盐焗鸡”、“客家酿猪红”、“客家菜卷”等，都由河源客家人所创造。红焖猪肉、肉丸、焖香菇、炒仔鸭、全猪汤等，也是河源著名的客家菜。

3. 丰富多彩的客家风情文化

河源人能歌善舞，有吟诗作对的习惯。客家民间艺术主要有：客家山歌、花朝戏、舞龙、舞狮、舞春牛、舞纸马、打功夫、杂技等。现在，河源每个县区都有客家歌舞团，紫金县的客家花朝戏被列为“中国非物质文化遗产”，连平县的忠信客家花灯被评为“广东省非物质文化遗产”，龙川县的杂技团是全国首个县级杂技团，和平县的采茶剧团有着汉剧和采茶剧相结合的戏韵。

4．客家杰出先烈人才

在古代，这里曾经出过许多进士。清朝时，这里曾出过“一门三代四节钺，五部十省八花翎”的颜检家族。近代以来，这里是中国革命先行者孙中山的祖居地；是中国共产党早期农民运动的重要领导人阮啸仙，中国青年运动和工人运动的领袖刘尔崧，中国革命东江三杰刘琴西、黄居仁、黄克，中国文学评论家肖殷的故乡。

（二）河源客家文化传播策略

作为客家文化的发源地，河源一直主打客家文化的形象传播品牌。2012 年，河源市积极探索客家文化的传播，走出了一条独特的城市形象传播之路，提高了河源在全国的知名度。

1．文化立市，凸显客家古邑的底蕴

2012 年，河源市借助 2011 年举办世界客属恳亲大会（简称“世客会”）的契机，市委、市政府积极践行“三反”理念，在推进社会经济、民生建设等各项事业发展的同时，提出了建设“文化河源”的战略。随着市委、市政府及各县区财政支持力度的加大，一大批文化设施由规划得以建设，一批文化项目由设想得以转化为实绩。比如，建立了“河源文化项目专项扶持资金”制度，每年拿出一定的资金，供全市各部门、企业、个人开展文化建设、研究项目进行申报扶持，由市委、市政府文化牵头单位负责审议，挑出一定数量的项目或进行奖励，或给予补贴，使更多河源的文化项目建设能得以出生、成长。特别是近几年来，河源在文化挖掘、文化保护、文化建设方面均取得了长足的进步，文化建设被放在了与经济建设、生态建设同等重要的位置。

2．客家建筑，打造客家风情名片

（1）河源古村落文化行。

在 2012 年全市文联工作会议暨第三批省古村落授牌仪式上，河源市入选第三批广东省古村落（客家地区）的 18 个村的村民代表喜揭“广东省古村落”牌匾。为了进一步提高村落的宣传效应，河源启动“河源古村落文化行”活动。河源日报社、河源晚报社、河源广播电视台的记者以及省内的有关专家，用 1 个月时间走遍和平、紫金、龙川、东源、连平的 20 个“广东省古村落”，遍探古村风情，尽写古村人文，为建设文化河源添彩。系列报道活动围绕古村落的历史变迁、建筑风格、民风民俗、文化积淀、村落风貌、保护发展等内容，通过实地采访、人物访谈、专家解读、资料搜集等形式，探寻古村落的形成和发展、古村落的生活形态和生存环境、自然景观和文化特质。新闻媒体统一开设“河源古村落文化行”栏目，以专版（专题节目）的形式推出报道。同时将集纳报道内容编辑成书，作为客家古邑文化系列丛书之一。这次客家文化探寻，不仅可以提升东江流域河源文化的内涵，而且将会把客家古邑的品牌打得更响。

（2）建立客家文化公园。

城市建筑是一个城市的名片，具有文化特色的建筑是一个城市的无形资产，是城市对外宣传的窗口。河源市根据客家文化的特色，结合地方实际情况，把客家文化公园建设成为具有河源地方特色、展现河源发展成果的“城市客厅”。该公园面积 130 公顷，是一个全方位展示客家文化的主题公园，布局为“一轴两像三湖四馆”。在一条客家文化 2 000 多米长的主轴线上，安奉赵佗和孙中山两座塑像，围三湖以壮其观，设博物馆、规划展览馆、图书馆、肖殷文学馆等四馆；有广场、群雕、民居、风情街、客家迁徙路、世客林等体现客家文化内涵和元素的建筑和景点，采用雕塑、建筑、展览、表演等多种形式，让市民和游客认知客家历史、感悟客家文化、体验客家风情、领略客家风韵，成为弘扬客家文化和凝聚客属风情的重要窗口和平台。

3. 客家特产，以产品路径营销

河源市作为客家文化的古邑，拥有丰富的物质文化遗产和特色产品。针对这种情况，河源市积极将文化资源转化为产品，借助产品传播城市的形象。这种做法不仅可以宣传客家文化，而且是一条经济致富的道路。2012 年河源市的“客家糯米酒传统酿造技艺”和“康禾贡茶制作技艺”入选省级“非遗”项目。至此，河源市的省级“非遗”项目已达 8 项。2012 年“客家黄酒之都”、“客家酒文化博物馆”在河源笔架山下挂牌揭幕，标志着河源在创建“中国客家黄酒生产基地”中迈出了重要的一步。特别是河源市与广东三友集团创办的“客家酒文化博物馆”，是河源首家以客家酒而命名的文化馆，体现客家黄酒这一瑰宝传统酿造工艺以及客家人的民风民俗，旨在通过浓厚的客家文化来推动客家酒产业发展。

4. 大力举办客家文化盛宴

在弘扬客家文化的过程中，河源市积极地参与各种客家文化活动的举办。2012 年以来，河源市举办了第二届客家文化节，第九届客家文化旅游节。中国第二届客家文化节和河源第九届客家文化旅游节将在河源市区隆重举行，作为主打生态旅游的代表，“客家古邑 · 万绿河源”以清新、简约、淡雅的风格亮相此次博览会，引来世界各地不少游人和业内人士驻足、询问、观看。河源的万绿湖、热龙温泉、林寨古村落、佗城、东江画廊、越王山等一批旅游产品纷纷登台亮相。在会议上，该市通过播放旅游宣传短片、发放旅游宣传资料和介绍旅游产品等形式，重点介绍了河源“客家古邑、万绿河源、温泉之都、恐龙故乡、红色经典”五大旅游品牌，充分展示了河源丰富的旅游资源、深厚的历史文化底蕴以及旅游发展的潜力和优势。

5．媒体传播

近年来，河源市充分运用本地媒体资源传播客家文化。由其制作的系列纪录片《天下客家》旨在系统地揭示客家民系迁徙、奋斗、成长与成功的历史进程，明确河源在岭南文化、客家历史、客家民系的重要地位，充分地展现了河源客家历史，传播了河源客家文化，提升了河源“客家古邑”的城市定位[①]。从新闻媒体的关注情况可以看出，河源市借助文化节活动造势，比如 2012 年河源第二届客家文化节举办期间，河源市积极地推出系列策划案，邀请海内外各家媒体进行报道。据统计，在中国第二届客家文化节期间，近 40 家国内媒体派出精英记者，携带“长枪短炮”来到河源。《河源日报》旗下的河源网等本土主流新闻网站也对文化节进行了全方位的宣传报道，通过文字、视频等形式，多角度、全方位对文化节的盛况和精彩节目进行了报道。

三、“客家摇篮”赣州城市形象传播策略

赣州简称赣或虔，是全国面积最大的地级市之一，也是江西省人口最多、区域面积最大的地级市，同时也是江西南部区域的中心城市。赣州具有2 200 多年的历史，1994 年经国务院批准为首批国家历史文化名城。赣州素有江南宋城、客家摇篮、共和国摇篮、红色故都、世界钨都、世界橙

---

① 江礼贤．纪录片：小台也可以大制作．今传媒，2012（8）．

乡、稀土王国、千里赣江第一城、生态王国等美誉。

客家摇篮——赣州，是客家先民南迁的第一站，客家人占赣州总人口的95%以上。据考证，赣州是客家人最早的集散地，是当今设区市中最大的客家人聚居地，是客家文化的主要发祥地，客家人占赣州总人口的95%以上。客家文化是赣州金不换的无价之宝，是客家摇篮的精髓。①

客家文化是以汉民族传统文化为主体，融合了畲、瑶等土著民族文化而形成的一种多元文化。它具有质朴无华的风格、务实避虚的精神。赣南客家文化以其历史悠久和内容丰富而为世人所瞩目。它包括历史文化遗迹、姓氏宗族文化、方言文化、民居文化、饮食文化、服饰文化、民俗文化、民间文艺等方面。

（一）赣州客家文化资源

1．*围屋——东方的古罗马城堡*

围屋是颇具特色的客家民居，它不仅被建筑学家们誉为民居建筑史上的奇葩，而且其深厚的文化内涵，更使历史学家、民俗学家、诗人、艺术家们乃至一般游客为之陶醉。赣南的客家围屋，主要分布在龙南、全南、定南、安远等几个县，总数约五六百座，其中以龙南最为集中。赣南的客家围屋多为方形，与闽西圆形的土楼和粤东内方外圆的围龙屋呈现出不同的风格。此外，遍布赣南各地的“上三下三”、“九井十八厅”等府第式民居也很有特色。关西新围位于龙南县关西镇新围村，是赣南至今保存最完好、面积最大的围屋，建于清嘉庆三年（1798年），规模宏大、保存完整，被称为“东方的古罗马城堡”。2000年7月，被江西省政府公布为第四批省级重点文物保护单位；2001年7月，与燕翼围一起被国务院公布为第五批全国重点文物保护单位；2003年，新围村被江西省政府公布为第一批省级历史文化名村。

2．*民俗文化——浓郁的乡土气息*

客家民俗文化更是以其古朴和浓郁的乡土气息而为世人所瞩目。客家民俗活动一年四季均有举行。如春节期间有龙灯、蛇灯、鲤鱼灯、马灯、狮灯等各种灯彩的表演；端午节有龙舟竞赛；中秋节有“放孔明灯”、“请月光姑娘”等活动。除上述具有汉民族一般特点的节日民俗活动外，赣南

① 王苏洲．赣州市城市营销组合策略探析．新余高专学报，2010（8）．

还有一些其他汉族地区见不到的大型民俗表演。如上犹“九狮拜象”、宁都竹篙火龙节、于都唢呐等。

3．采茶戏——美妙的山歌

采茶戏是一种载歌载舞形式的戏剧。气氛轻松活泼，语言幽默风趣，融民间口头文字、民间歌舞、灯彩于一体，具有浓郁的生活气息。其剧目多以喜剧、闹剧为主，很少正剧和悲剧。题材上多以下层群众，尤其是手工业工人、艺匠的日常生活为主要表现对象，其中又以男欢女爱的情戏所占比重为大。音乐唱腔属于曲牌体，以茶腔和灯腔为主，兼有路腔和杂调，俗称“三腔一调”。伴奏均为民间乐器，主要有勾筒、唢呐、锣、鼓、钹和笛子。近年来，赣南采茶戏歌舞剧团的《山歌情》、《长长的红背带——献给客家母亲的爱》等进京献艺，分别获得了中宣部“五个一工程”奖、文化部“文华大奖”及其他数十个单项奖。

4．饮食——饮誉海内外

赣南客家的饮食文化丰富多彩，主要分为两大类：一是家常菜，二是宴席菜。过去广大乡村一年到头家家户户都酿有醇美的糯米酒。一入冬月，便腌制板鸭、香肠、猪肝、猪唰子、鸭五件、牛肉巴、酒糟鱼等。平时招待贵客用酒酿蛋、擂菜，宴请和逢年过节吃“四盘八碗”，即分别用四个大盘和八个大碗盛菜，共十二道大菜。特色菜肴有荷包胙（肉）、鱼饼、白斩鸡、蛋皮、菜干扣肉、粉蒸鱼、捶鱼丝、三杯鸡、酿豆腐、炒东坡、小炒鱼、红烧狗肉等；各地风味小吃有嗦粉子、烫皮丝、凉粉、艾米果、芋包子、薯粉饺子等；特色食品则有丁香李、酸枣糕、生姜、花生巴、柿饼、南康辣椒酱、兴国红薯干、会昌豆腐干、信丰萝卜脆等。客家饮食文化内涵深刻，乡土味浓，有些菜肴和食品已饮誉海内外。

5．名人——客家人的典范

客家人在不断的迁移和长期的客居生活中，逐渐地形成了客家人共有的人文精神，这就是：吃苦耐劳、开拓进取、崇先报本、和衷共济。客家人对中国近、现代史的推动作出了重要贡献，客家主要代表人物有：文天祥、洪秀全、孙中山、廖仲恺、朱德、叶剑英等。

（二）客家文化传播策略

赣州被誉为客家的摇篮，有着悠久的客家历史，浓郁的客家文化。但是在2010年之前，客家文化并没有得到发展，赣州形象依然停留在红色故都、革命老区的层面。单一的城市形象传播严重影响了赣州的发展，不利于城市的营销传播。近两年来，随着文化在经济建设的影响中凸显。赣州政府开始加大客家文化宣传，转变城市的宣传策略，从过去单一的红色文化形象传播转向“红色＋客家”两翼齐飞的传播策略。2012 年赣州进一步加大城市的客家文化传播，提出了一系列发展策略。

1. 打好“客家牌”，塑造城市的品牌形象

客家文化是赣州地方特色文化的重要组成部分，在海内外产生了广泛的影响，“客家牌”正在成为引领赣州走向世界的名片之一。但由于文化产业规模小，没有形成大品牌，发展不容乐观，旅游、演艺、出版事业与周边地区相比有很大的差距。针对这种困境，赣州市政府推出红色品牌和客家品牌相结合的策略，打造客家摇篮和红色故都的品牌传播机制。围绕着客家文化品牌的塑造，赣州形成了以政府为指导，市场为主体，民众积极参与的品牌机制。

文化政策上，突出客家文化的宣传，将其作为本次形象传播的中心；在媒体宣传方面，赣州市政府于 2011 年开始在央视投放广告，该广告以“红耀中华，客盈天下”为主题，以推介“红色故都、客家摇篮、江南宋城、生态家园、世界橙乡”五大品牌为内容，同时依托江西省级媒体、本土媒体进行大力宣传。除此之外，赣州市政府还积极举办各种相关客家文化的国际大型活动、学术交流活动，例如 2012 年的客家生态旅游节、第五届客家围屋文化旅游节，这些活动不仅提升了赣州的知名度，还增加了城市的曝光度。

2. 举办“客家会”，借助大型活动造势

作为客家摇篮的赣州，每年都举办大型的客家文化活动和学术交流会议。借助这些大型活动造势，增加城市的传播效应。2012 年，赣州市举办了第五届客家围屋文化旅游节，本届文化旅游节以“永远热爱党，永远跟党走”为主题，以宣传贯彻党的“十八大”精神为主线，以推介龙南客家文化旅游资源为主要内容，活动为期两个月。在文化节晚会上，韩红、姜育恒、邓雯心、关喆等明星登台献艺，吸引了万余名群众到场观看，全国多家媒体进行了报道。本届文化旅游节还包括文化旅游产业招商引资项目签约、2012 中国·龙南橙园风光自驾游等系列活动。在 2012 年举办的河洛文化与客家文化的国际学术研讨会上，赣州市政府抓住机遇，参与客家

文化的传播，利用学术会议增加客家文化的传播。会议期间，组委会组织与会领导、嘉宾参观赣州市历史文化与城市建设博物馆、郁孤台、蒋经国旧居、八境台等，让大家近距离领略赣州独特的城市魅力，深入了解赣州着力建设创业、宜居、平安、生态、幸福赣州，奋力推进赣南苏区振兴发展所取得的新成效。

3. 全媒体战略，全方位传播

随着 Web2.0 时代的到来，网络媒体技术的快速发展，我国的媒体宣传已经悄然走近全媒体时代。全媒体就是综合运用各种表现形式，如文、图、声、光、电，来全方位、立体地展示传播内容，同时通过文字、声像、网络、通信等传播手段来传输的一种新的传播形态。在全媒体时代下，传统媒体已经难以满足城市形象的传播。在传播客家文化方面，赣州市也探索出了全媒体全方位的传播道路，提高了城市的形象。

（1）本地传统媒体宣传。

充分发挥本地传播优势，借助强势传播渠道积极创新，打造本地品牌电视和广播。电视及广播是一个城市的重要宣传手段，也是与其他城市交流沟通的重要纽带。2012 年来，赣州的电视及广播系统大力传播客家文化，开办客家文化节目，采访客家特色文化产品。同时该市充分发挥《江西日报》、《江南都市报》、《赣南日报》、《赣南晚报》等报纸媒体的宣传作用，比如在 2012 年的第五届客家围屋文化旅游节上，这些媒体提前在报纸上刊登消息，为活动造势。媒体的报道增加了赣州城市在受众中的影响力，提高了赣州的知名度。

（2）网络宣传。

随着现代技术的快速发展，互联网为发展最为迅猛的新兴媒体，其传播对象面广，信息量大且灵活，表现手段丰富多彩，内容种类繁多，具有较强的互动性、趣味性与亲和力；传播不受时空限制，受众可随时进入，还可以及时对发布的信息进行更正、完善，而且它的受众群体大都是城市形象宣传的主力对象。赣州市政府充分认识到这一点，积极建立传播客家文化的网络渠道。如中国赣州网门户网站宣传赣州的客家文化，同时开通了专门的客家赣州网、客家人网，并且通过客家人网的微博发布客家文化和信息。2012 年，客家赣州网明显加大了传播力度，根据其网站的新闻条目统计，2012 年的新闻板块达到 225 条，而同期的 2011 年几乎没有 1 条，也就是2012年赣州加大了对线上的传播力度。同时赣州客家论坛也成为江西省具有重要影响力的论坛，这些互联网传播活动促进了赣州的形象传播。但是其网络宣传系统仍不完善，对外宣传力度也非常有限。政府及其他社会力量应加大网络资源整合，发展一批文化、旅游、美食等优秀网站，形成自身文化软实力，打造文化、旅游、美食、生态网络系统。

（3）广告宣传。

俗话说，酒香犹怕巷子深。今天的时代，已经是一个广告营销的时代。广告作为一种重要的传播手段，也逐渐被各地政府在塑造城市形象过程中广泛应用。赣州市在2011年开始在央视投放广告，该广告以“红耀中华，客盈天下”为主题，以“红色故都、客家摇篮、江南宋城、生态家园、世界橙乡”五大旅游品牌为推介内容，向全世界展示赣州的深厚历史、秀山丽水、风土人情。广告于7月10日起在央视综合频道和新闻频道《新闻30分》、央视国际频道《中国新闻》、央视NEWS《今日话题》及亚洲新闻台等栏目中投放，在6个月内每天的类似时段播出。广告播出后，赣州得到了大家的广泛关注，赣州的游客也大大增加。与此同时，在2012年全国各大城市出现内涝问题时，赣州著名的宋代排水系统得到了《人民日报》、《光明日报》的报道，扩大了赣州的形象传播。

4．影视剧传播

“城市在人们的记忆或者印象中始终是部分的、片断的，城市的发展则是由一系列连续的片断组成的，将这一系列的片断在观众的大脑中进行有机的整合，就构成了观众心中的‘城市形象’。”[①] 2012年，赣州加大对影视剧的投入，积极和央视进行合作拍摄宣传客家文化片。2012年中央电视台中文国际频道《华人世界》栏目百集大型系列节目《客家足迹行》开机仪式，在江西省赣州市五龙客家风情园举行。境内集中拍摄的第一站就是客家摇篮——赣州。另一部由龙南“山歌王”陈科发拍摄的电视山歌剧《红军战歌》，已拍摄完成，该剧以赣州客家农村文化为背景。9月24日，由中共中央宣传部主办的“为祖国放歌”第十二届精神文明建设“五个一工程”颁奖晚会在北京举行，大型赣南采茶歌舞剧《八子参军》脱颖而出。采茶戏是客家文化中的重要组成部分，也促进了大家对赣州客家文化

① 王玉玮，朱鸿军．电视剧的城市形象传播与文化软实力竞争．江苏大学学报，2010（1）．

的了解。这些影视剧的播出有利于改变以往大家对赣州“红色古都”单一的印象，增加民众对赣州城市形象全方位的认知。

5. 赣州“客家摇篮”国家摄影展，用镜头记录客家赣州

为了促进大家对客家文化的了解，让广大民众亲身体验赣州的客家文化。2012 年，赣州市决定举办中国赣州“客家摇篮”国际摄影大展。经过 4 个月的紧张准备，于 2012 年 2 月 4 日成功在赣县客家文化城举行开镜启动仪式并赴宁都进行了采风活动，引起了国内摄影界广泛关注并获得好评，为整个大赛创造了一个良好开端。中央电视台、中国摄影家协会、江西电视台、中国摄影报社等来自 10 多个省的 30 多家媒体参加启动仪式。截至目前，有 38 家新闻媒体对活动作了报道，同时许多摄影爱好者也发表了相关微博。新闻媒体对活动的广泛关注和报道，有力地宣传推介了赣州。主办单位还策划组织安排国内外摄影名家和赣州市摄影家组成摄影采风创作团，前往赣州 18 县区进行摄影采风创作。

总而言之，2012 年的赣州城市形象传播主要着眼于客家文化，并将“客家牌”与“红都牌”相结合，在传播赣州城市形象的同时，更加深了人们对赣州悠久客家文化的了解。

四、河源、赣州两城形象传播对比分析

河源和赣州这两个典型的客家文化城市，采取各种措施传播悠久的客家文化，打造客家文化城市名片，形成了自己独具影响力的客家文化城市品牌。从这两个城市的形象传播策略上分析，我们可以发现它们之间存在诸多的相同之处。一是在顶层的政策制定上，两地政府都制定了详细的客家文化传播蓝图，并且提供了大量的财政和人力的支持。比如在举办客家文化节日、学术论坛、城市想象评比上，两地政府积极参与活动的全过程，投入资金，支持活动的举办。二是在媒体宣传方面，两地充分地运用报纸、电视、广告、网络等各种手段进行全媒体传播，尤其是在网络时代，新媒体在传播宣传方面起到的作用日益凸显。城市形象传播方面不仅需要充分地利用传统媒体的传播效用，更要借助网络、微博、手机等新媒体的传播。新媒体的传播有着受众基础广泛、传播即时、病毒性传播等优势。而且借助网络传播，城市传播可以突破地域的限制，让来自全国各地

的受众感受到城市的形象。河源和赣州在宣传方面都意识到这点，比如赣州充分借助江西的大江网、中央电视台宣传客家文化，而河源也在影视制作方面发力，借助影视剧传播客家文化，以及借助珠三角丰富的媒体资源推广客家河源的名片。三是客家文化活动的策划和举办。正如迈克尔·霍尔在《重大活动与城市形象重塑战略》一书中指出的那样：重大活动本身是一种机制，它能够使城市“商品化”，起到吸引投资、增加白领就业和游客数量的作用；它也能塑造出健康发展的城市形象，从而引导居民表达对城市的一致认可。比如，河源在2012年举办了大型的中国第二届客家文化节和第九届客家文化旅游节。而赣州一直以来就注重客家文化活动的举办，形成了一套完善的活动年计划机制，比如每年的客家文化旅游节、围屋文化节等活动。

因此尽管河源和赣州客家文化资源各有特色，但是在宣传传播策略方面还是有很多相同之处。几年的大力传播推广，使得以这两个城市为代表的客家文化城市已经成为中国客家文化的交流地，也提高了这两个城市的品牌形象。与此同时我们也发现这两个城市在文化传播策略方面有很多不同之处，这些不同的宣传策略，正是基于两地不同的客家文化资源。主要表现在以下层面：

（一）宣传内容的侧重点不同

根据品牌形象建设理论，一个城市要想真正塑造好本城市的品牌形象，必须一方面抓好城市形象的内部规划与建设，另一方面要抓好城市品牌形象的营销传播。两者相辅相成，互为依托。但是在城市形象传播方面，由于资源的受限，往往很难两方都兼顾，而这一点在河源和赣州城市传播策略方面也比较明显。赣州因为有闻名全国的瑞金红色资源和独特的围屋等资源，所以赣州更加注重的是外向的营销宣传，并制定了“红色故都、客家摇篮、江南宋城、生态家园、世界橙乡”的宣传策略，以及开展了各种全国性的摄影大赛。而河源尽管有着悠久的客家文化历史，也是客家文化的重要起源地之一，但是河源城市内在的客家资源并不知名，更多的是历史文献资料。所以河源在宣传客家文化资源时，更加注重对城市形象的内在规划和建设，比如建立客家文化生态公园，寻找客家古村落等活动，然后借助媒体将内在的资源传播出去。虽然两者一个注重内在客家资源的建设，一个注重客家资源的推广宣传，但是宣传的落脚点都放在宣传城市客家文化，打造客家文化品牌的方面。

（二）宣传方式各具特色

除了在宣传内容方面两者之间存在差异外，在宣传的方式方面，两者也有各自的特色。一个城市形象的传播方式多种多样，我们通常熟知的有媒体宣传、广告投放、影视剧宣传方式，但是随着市场经济的开放，产品宣传成为一个城市品牌的宣传策略。比如茅台镇的茅台酒、北京的北京烤鸭……都是代表城市的一张名片，起到了传播城市形象的效用。河源地处我国经济最前沿、最开放的广东，这里是我国经济最活跃的地区，是我国经济市场化程度最高的地区。依托这种优势，河源将客家文化特色制造出特色的客家产品，借助产品传播城市的形象。这种做法不仅可以宣传客家文化，而且也是经济致富的道路。河源市有两项“非遗”项目榜上有名：客家糯米酒传统酿造技艺、康禾贡茶制作技艺。这是河源最大的特色，却是赣州等其他客家城市所不具有的。而赣州因为地处比较偏僻的赣南山区，很多特色的客家产品很难推出市场，产品宣传方面一直很难走出去。所以在宣传方式方面，更多的局限在客家资源和红色资源的整合，借助文化资源优势，扩大城市的品牌力度。这也是赣州近年来频频在中央媒体做广告的原因。

五、总结

从广东河源、江西赣州两个城市对客家文化形象传播来看，它们都能结合当地的特色制定宣传策略。在宣传策略方面既有其相同点，也有独特之处。经过几年的大力宣传，河源和赣州已经成为客家文化城市的代表，以这两个城市为中心的闽赣边三角地区也成为一个客家文化研究热点区域。同时这种宣传也给这两个城市的品牌形象带来了极大的提升，带动了当地旅游、文化产业的发展。

综合这两个城市的传播策略，我们可以看出客家文化传播策略大体遵循以下几个方面：第一，文化顶层设计。从政策和制度方面鼓励客家文化的发展，以期提供一个良好的发展传播的制度环境。第二，注重品牌意识建构。构建客家文化的品牌策略，以客家文化品牌为宣传中心，以其他文化为辅的城市形象传播机制。第三，全媒体传播。广泛利用报纸、广播、电视、网络、微博等媒体的宣传，发挥全媒体宣传的融合效应。第四，影视剧和广告的传播。充分利用影视剧的剧情和广告的推介作用。第五，举办各种国际国内的学术会议，增加城市文化的底蕴。

总而言之，客家文化资源是一种独特的资源，对城市形象传播起着重要的作用。对于客家型城市来说，打造城市形象传播，客家文化应该占有一席之地。“十八大”报告中，着重提出了“文化强国”战略，文化将成为左右城市发展的重要因子。客家文化是一种独特悠久的文化资源，是一种无形的资产。河源、赣州两地客家文化传播策略对于其他客家城市的形象传播有一定的借鉴作用。

（撰稿人　罗小伟）

2012年社会化媒体时代的另类城市形象推广

当跳脱出研究，作为普罗大众的我们，会怎样去看待和体会一座城市及其内涵？去看她充满魅力的自然风光，去体会她深厚浓重的历史积淀，去感受她新鲜流淌的血液……其实，更多的时候我们只是为了满足自己的好奇，或者不自知地归顺于现代广告所造就的神圣朝堂。于一座城，我们更多的是走马观花式的浏览，如同吃便当一样地狼吞虎咽每一座或伟大或平庸的市镇，期待一场“艳遇”，然后从精神上暂时逃离。

近年来，随着中国经济的蓬勃发展，旅游业开始飞速前进，中国的许多城市为了提高自身的竞争力，吸引更多的游客和投资商，以促进当地经济的发展，纷纷对其城市品牌形象进行塑造，鲜明独特的城市形象已成为城市发展旅游和招商引资的关键因素。

城市品牌形象建设是城市可持续发展的动力，除了强化城市内部的建设与发展之外，也必须通过持续的品牌传播活动，不断塑造与提升城市品牌形象。长期关注城市形象研究的文化学者陈勇调查发现，中国内地2 000多座大大小小城市（包括地级市、县级市和县城）的设计与营销热情高涨，地方政府常以奖励重金的形式征集城市口号，少则三五千元，多则数十万元。因此，也出现了一些较有争议的口号与事件。例如，2010年3月宜春旅游政务网打出口号“一座叫春的城市”（目前已改为“一座春的城市”），招致大量争议。

当时间回到2012年，随着社会化媒体日新月异的发展，微博上任意一条信息即可能带来迅雷不及掩耳的传播，但其带来的结果却往往让人触目惊心、捉摸不透。因此，城市品牌形象的建设与推广也必须顺潮流而动，积极利用社会化媒体进行营销推广，同时也必须学会及时应对社会化媒体洪流中的惊涛骇浪，做好社会化媒体环境下的危机公关应对。

那么，社会化媒体（Social Media）到底是什么？社会化媒体是一种给予用户极大参与空间的新型在线媒体，维基、博客、播客、论坛、社交网络、内容社区、微博是其具体的实例。它具有参与性、公开性、交互性、社区化、连通性等特征。从以往的BBS、博客、社交网络到2009年8月诞生的新浪微博，传统媒体在遭受巨大冲击的同时，社会化媒体更是给整个社会大环境带来了革命性的变化，人们在享受及时表达所带来的快感的同时，网络舆论的发展也步入一个崭新的时代，无论是政府、企业还是个人，都感到了一种前所未有的压力。城市品牌形象的推广在此大背景下既获得了前所未有的宣传机遇，同时也面临着随时饱受争议的苦楚。所以，本文将撷取2012年的几个具有轰动性的城市品牌形象推广案例，并在社会化媒体大环境下对其进行初步探讨，以期能够得到读者的回应与交流。

一、无奈的魔幻现实

如果不是诺贝尔文学奖，也许很多人都还不知道《红高粱》和《丰乳肥臀》的作者莫言；如果不是莫言，也更别指望人们会把高密作为一段时间内举国上下的谈资。而现在，当我们再次谈起这个还带有一丝余热的话题，莫言与高密早已被紧紧地捆绑在了一起。

高密，原本只一个默默无闻的县城，经济发展水平并不突出、境内自然旅游资源匮乏，少有人知，更鲜有人至。然而，随着土生土长的莫言在北京时间2012年10月11日19时整因其“用虚幻现实主义将民间故事、历史和现代融为一体”获得诺贝尔文学奖之后，高密这座小城一夜间名动寰宇。

其实，高密已有2 200多年的历史，古称“夷安”，春秋名相晏婴、汉代大司农大经学家郑玄、清代大学士刘墉（刘罗锅）就出生在这里。当地的特色产品，如被誉为中国民间艺术“三宝”的扑灰年画、泥塑和剪纸，久负盛名。

然而，其由于处在青岛、潍坊两座城市圈的夹缝之中，所以在不断寻找城市自身定位的道路上屡经波折。加上传统产业比例过高，招商引资资源匮乏，高密也进入了发展转型期、瓶颈期。莫言的获奖不仅给这座小城带来了其他城市求之不得的声誉，更是让高密在新的产业规划和城市发展道路上也迎来了新的契机，以下便是高密政府基于“莫言效应”之上所进行的一系列城市品牌形象推广动作。

1. 莫言文学馆二期工程

因为电影拍摄和文学奖的影响，高密的曝光频率迅速增高。2009 年当地政府就兴办了莫言文学馆，作为文化旅游符号以促进当地文化产业发展，对于游客而言，来高密旅游一探究竟便成了一件顺理成章的事情。高密市旅游景点以公园为主，比如凤凰公园和南湖等，这里的小吃和工艺品也是一大特色。在这个地方旅游体会一下大作家的生长环境，也许会对作家的成长历程触发一些新的思考。

当地政府也开始重新审视和挖掘莫言给高密带来的潜在文化价值。目前，莫言文学馆二期扩建工程已确定了年内开工，当地旅游部门正在针对莫言故居设计“莫言故居二日游”的线路。

2. “东北乡”概念推广

莫言的作品和讲话中反复提到的“东北乡”，泛指原高密市的大栏乡、河崖乡，即现在的高密疏港物流园区、夏庄镇以及姜庄镇。在“东北乡”概念里有两个省级旅游特色村：首批国家级非物质文化遗产“聂家庄泥塑”的发源地姜庄镇聂家庄村，以及首批国家级非物质文化遗产“高密剪纸”基本用材红纸基地夏庄镇东李家村。

眼下，土生土长的莫言获得了诺贝尔文学奖后，高密不费吹灰之力，一夜之间获得了享誉海内外的名片——“莫言的故乡”。这对于高密城市发展来说，无疑是天赐良机。

从莫言的作品入手，将虚幻引入现实，将给高密带来不可估量的价值。山东省旅游局已策划出“寻找你最喜欢的莫言小说中的文学地理场景”微博互动方案，引导网友把各自最欣赏的莫言小说中的文学地理场景描述出来，山东省旅游局将安排专业人员到高密东北乡比照拍摄展示。如果找不到场景，将进行规划建设使其复原。

3. 红高粱文化节

高密市政府 2010 年举办了首届红高粱文化节。据了解，首届红高粱文化节以“荟萃高密民间文化艺术，整合红高粱文化资源，打响红高粱主题文化品牌，构建文化名市新格局”为主题，历时 7 天。期间举办了非物质文化遗产精品展、高密民间特色文化艺术品展、名家书画展、高密茂腔演出周、电视纪录片《中国民俗映像》开拍仪式等活动，同时“文化搭台经济唱戏”也是文化节的重头戏，各项文化及相关产业商贸活动伴随文化节始终。

第二届红高粱文化节则直接促成了广东南峰集团与北京润邦投资有限公司兴建高密市晏子文化园的项目。

但前两届红高粱文化节，虽然在节日名称上确定了红高粱为高密文化的主旋律，但实际内容与红高粱并无太多关联，招商引资涉及的项目也与红高粱无关，且没有达成任何实质性的招商协议。

4. 6.7 亿元打造红高粱文化

北京时间 10 月 11 日 19 时整，当莫言获得诺贝尔文学奖的消息不胫而走时，很多纸媒还没有反应过来，有些报纸虽然嗅到了这条重量级的惊天消息但还没来得及排版印刷，微博上却早已经传遍了中国的每一个角落，打开微博尽是莫言获诺贝尔文学奖的消息，大家纷纷沉浸在分享信息和欢欣鼓舞的快乐中——莫言火了！

得知莫言获得诺贝尔文学奖后，莫言的家乡山东高密政府准备投资 6.7 亿元打造旅游带，包括莫言旧居周围的莫言文化体验区、红高粱文化休闲区、爱国主义教育基地等。在红高粱文化休闲区，将花千万元种植万亩红高粱，莫言老家所在辖区管委会主任范玶表示“赔本也要种”。

客观来说，高密政府借势莫言营销无可厚非，并且紧扣“红高粱”文化的贴入点，并且同时满足了“话题性”与“唯一性”的营销特点，称得上是一个很不错的城市品牌形象推广案例。所以在莫言出名之后，他的家乡高密也迅速火热起来。当然，高密之所以被提出来不只因为它是莫言的家乡那么简单，还有比如说前面的“莫言文学馆”、“东北乡”的概念、“红高粱文化节”等政府宣传攻势；更重要是的因为一个天文数字的提出——高密市政府计划要花 6.7 亿元打造红高粱文化旅游带。

一时间网上批评之声四起，舆论矛头直指莫言的家乡——高密。根据搜狐旅游最新调查统计结果，超过七成网友反对高密此次的旅游开发，同样有超过七成被调查者认为高密借莫言的名人效应开发旅游不会成功。

但是，也有人持中立意见。例如，著名旅游专家、文化学者、中国社会科学院旅游研究中心特约研究员刘思敏博士表示：“种万亩红高粱投资 6.7 亿元打造旅游带是拍脑袋想出来的，利用名人效应开发旅游是对的，但不能操之过急，需要进行专业的策划、规划、开发。”

其他不同的观点则认为，6.7 亿元不过一个豪华酒店或者三公里地铁的造价而已。高密所在的潍坊，上半年财收300多亿元，全年预计670亿元，如投资期三年，等于每年拿出一天的财收投资，以莫言和《红高粱》的品牌效应，收回投资不会很慢。农业旅游、文化旅游现在是旅游业的重要发展方向，比如美国“廊桥遗梦”每年带来的旅游效益不下5亿美元!

姑且不论这几种观点到底谁对谁错，但就现实情况来说，“莫言效应”在很长时间内都会在很大程度上影响高密的旅游、投资发展以及高密城市形象的推广建设，“红高粱文化”也会得到高于现今的定位，甚至可能成为国家形象的一部分，毕竟获得“诺贝尔文学奖”是世界级的盛事，而这也是中国文化在一定意义上开始被西方认同的开始，其结果也必将带动城市形象、国家形象的传播。

同时，我们认为不应该对经济活动进行过多的道德绑架。高密对“莫言”价值的挖掘到底会到怎样的程度、呈现怎样的结果，还得由时间来见证；同时，高密政府在做城市品牌推广之时也不会信口开河，他们也面临着巨大的压力，毕竟这不是凭一己之力就可以完成的事情，而是需要多方考虑才能够达成。

当然，我们也应该看到，在社会化媒体环境下进行城市品牌形象的推广虽然可以得到非常快速的传播，并且可以节省大笔的推广费用。但是怎样传播得好也成了我们必须要面对的问题，另外当危机公关发生时的应对处理能力也成了每一位城市形象传播者的必备素质。

5. 带着镣铐的舞者

无论怎样，我们都应该看到高密是幸福的，它本来处在潍坊与青岛两大城市圈夹缝中苦于无计脱困，忽然如同天上掉馅饼一样地掉下来一个“诺贝尔文学奖得主故乡”的美誉。当地旅游局、招商局前几天还门可罗雀现在却门庭若市，我们在感慨世事无常风云际会的同时，也相信“莫言效应”必然会给高密的现在与未来带来不可估量的效益，也会为其城市品牌形象的推广带来极大的便利。

但是，对于这种既缺乏意外惊喜资源，又没有能让人们趋之若鹜的自然胜景、历史文化资源和招商资源的城市，其在城市品牌形象推广中又该怎么做呢？有多少这样的城市在中国、在世界上？他们又该怎样完成当今城市品牌形象推广大环境下，当地人民所交给的任务？怎样推广其城市品牌，并最终带动城市经济的转型与发展？

江泽民同志曾指出："创新是一个民族进步的灵魂，是一个国家兴旺发达的不竭动力。"因此，城市品牌形象的推广只有努力创新才能够找到自己的出路。广告是城市品牌形象推广创新过程中的一种有效手段，广告本身就是一个讲究创意、靠创意吃饭的行业，所谓"无创意，不广告"。但是广告本身也是一个令人纠结的行业，因为所有广告人似乎都在"带着镣铐跳舞"，你的创意并不是简简单单地就可以传达和实施出来，这里面还有许多其他因素的影响，比如广告主的爱好、不同文化的特点、地域特点、道德的囹圄等因素都会困扰着广告创意的产生和执行。因此，怎样在这样的环境中做好一个舞者，考验着我们每一位创意人，这也关系到城市品牌形象推广的成败。

二、广告语的时代变异与文化碰撞

对于城市品牌形象的推广毕竟不是一朝一夕就能完成的，每一个城市的管理者可能都在无形中感到莫大的压力，而所谓压力产生动力，在这种环境下也产生了一些风格比较另类的城市品牌形象推广语。2010 年 3 月宜春旅游政务网打出口号"一座叫春的城市"（目前已改为"一座春的城市"），此广告语一经问世便举国哗然，争论不断。虽然派分两边，公说公有理，婆说婆有理，但我们毕竟记住了这一句不怎么"红专"的广告语，也记住了一个叫"宜春"的城市，如果不是因为这句广告语，或许到现在"宜春"是什么大家仍不知道，但至于其中的功与过或许只能留给时间去评判了。广告语一直作为广告的先头兵，并且会贯彻整个广告活动的始终，有时候一则广告语的作用可以说是"成也萧何败也萧何"，其关键地位从来有增无减，尤其是在当今信息庞杂的时代，一条鲜明的广告语似乎更为许多广告营销活动所推崇。同时，广告语作为流行文化的一种，它的产生与发展也随着文化的发展脉象而不断变化，和谐共生，也时而冲突，总之因时而异。

2012 年 6 月以来，重庆多条线路的公交车身上出现了"重庆 42℃，利川 24℃"、"我靠重庆，凉城利川"、"热！到利川凉快去！"等广告语，推介利川旅游资源。本来很正常的城市品牌形象宣传广告语，但是由于人们的不同理解而引起社会民众尤其是网民的热议，更有甚者要求叫停"我靠重庆”这条广告语。究其原因，原来出在“靠”字上。“靠”的一般含义为“倚靠、依赖或凭靠”，人们常说的靠亲戚、靠朋友、靠大家即为此意。随着后来网络语言与口语的流行，出现“靠”、“我靠”等口头禅，才使人们对“靠”的理解产生歧义。但是，就“我靠重庆”的广告语事件，冷静对待是最好的方法，利川作为重庆管辖的城市，“我靠重庆”理解为我依靠重庆、靠近重庆，似乎并无不妥，怎能因为存在理解上的歧义，说叫停就叫停？再者，正如利川市旅游局所称，此次广告投放的目的是为宣传利川旅游，并且所有的广告内容都须通过正规程序审批，才正式投放市场。既然程序合法，内容并无违法违规，完全具备投放市场的资质，绝不能因为其中存在的歧义，重庆工商局就可以要求撤换广告，如此做法不仅于法无据，对利川也是一种不公正的对待，倘若因为网络上的争议导致广告撤换，那么用于广告宣传的各项损失又该由谁承担？鲁迅先生评价《红楼梦》时曾说过：“经学家看见《易》，道学家看见淫，才子看见缠绵，革命家看见排满，流言家看见宫闱秘事。”对于“我靠重庆”的理解实际上也有异曲同工之意，角度不同自然产生歧义，而不能责怪词义本身，更何必对此耿耿于怀并当头棒杀？

此外，从营销策略来讲，有争议的广告语更能取得效果，因“我靠重庆”让名不见经传的利川走红，实际上也称得上一种广告创新，不仅内容、程序合法，还能带动当地旅游经济发展，有何不可？首先，我们要清楚完整的广告语是“我靠重庆，凉城利川”，并且配合相关的系列广告语比如“重庆42℃，利川24℃”、“热！到利川凉快去！”等，整个系列广告语设计者的核心策略在于让消费者也就是游客知道，利川的核心卖点在于比重庆同时间段的温度低，比重庆凉快，并自始至终贯彻这一策略。其次，对于使用“我靠”所产生的歧义无论是其有意为之还是偶然而成，从营销的角度来说都是可以接受和理解的。因为，就广告语所具有的时代特性与社会文化发展之间的相互关系来说，一方面，不同的时代背景下广告语的用词会因此不同，尤其是在网络语言充斥当下的大环境中更是如此；另一方面，不同时代的社会文化发展状态也会影响到所处时代广告语的创作，进一步促进语言文化的不断丰富和发展，并且这二者之间可以相互促进相互影响。从2010年在坊间流传甚广的网络词汇“给力”荣登《人民日报》这块严肃之地，再到2012年《人民日报》再次将年度热词“屌丝”

搬上台面，从中我们也许能够体味出一番不同的味道，难道还不能包容一个小地方的一句小小的广告语么？因此，对于“我靠重庆”需要的不是过多解读，而是宽容对待，上级部门尤其不该以行政手段单方面叫停，让广告宣传接受市场的检验才是最佳途径。

三、关于“姓氏歧视”的非必要争论

网络的逐渐普及与社会化媒体的风生水起使得人们在获得自我话语权的同时，开始对这一神圣的权利进行肆意地滥用，网络流言、谣言不断，网民群体相互吐着口水，“吐槽”人生与社会，而此种“吐槽”本身的技术含量很低。以前是“各人自扫门前雪，莫管他人瓦上霜”，而现在网民一个个似乎都成了“公民记者”，对他人他事的关心程度似乎已经超过对自己家人的关爱，这不可谓不可悲；而更可悲的是，网络上往往大肆流传偏激性言论，而缺少建设性对策。城市品牌形象推广在这个大环境中更是小心翼翼，甚至举步维艰，许多官员都怕惹上麻烦，因此求稳便难图变；而那些开拓者，敢为天下先的人也顶着巨大的压力，步履蹒跚。

2012 年 12 月 18 日，安徽凤阳县旅游部门推出“只要你姓朱，免费来旅游”的特惠旅游方案，只要是朱姓的游客，便可以免费到安徽凤阳来旅游，所到景点全部免费，同时还可以省亲、寻根、祈福。方案刚落定，网络上便热闹了起来，有人赞其“免费营销”做得好，但也有人质疑其“炒作”，认为这是一种“姓氏歧视”。但是何来“姓氏歧视”？退一万步讲，旅游资源作为一种商品，商家愿意卖给谁，愿意怎么卖，这都是商家自己的事情，而作为消费者，你的权利只是可以选择买与不买。再者，据凤阳县的说法，免费活动是为了弘扬明朝历史文化，搭建朱氏文化研究与交流平台，方便朱氏后裔到凤阳省亲、寻根、祈福，凤阳县也希望通过此举吸引更多的人来凤阳投资兴业，推动当地旅游产业的发展，提升凤阳旅游的品牌形象。据凤阳相关部门一周后的统计显示，“免费游”活动开展一周以来“效果较好”，前来旅游的朱氏后裔已有近千人。可见，效果还是有的，并且没有接到任何朱姓游客的投诉，所以，也不能说这是一次单纯的炒作，不过是另类一些的营销罢了，其他人又何必苦苦相逼？况且，在一个推崇“注意力经济”的年代，没有点吸引注意力的招术又怎么行呢？

同时，随着 Web2.0 技术的兴起以及新媒体的出现，营销学中“以顾客为中心”的理念得到了技术上的支持，定制化营销不再是纸上谈兵。新媒体之所以称为“新媒体”，在于其颠覆了传统媒体传播者与受众间的楚河汉界，变单向传播为个人化的双向交流，赋予传者与受者角色转换的自由，“交互性”特征显而易见。相较于传统媒体营销对所谓“覆盖量”的追寻，新媒体营销的信息发布则“既广且深”，让其受众自觉参与到具体的营销活动中，信息传播深度可观，针对性强，效果显著。随着创意经济和体验式经济逐渐成为潮流和趋势，传统的营销传播模式已经开始转型。旅游目的地必须正视这种转型，并加以调整。在旅游市场“散客化”的浪潮下，游客类型更加多种多样，需求也花样百出、层出不穷。营销的关键在于知己知彼、对症下药，因而旅游目的地开展新媒体营销迫在眉睫。交互性强的新媒体营销将使旅游目的地轻而易举地获得旅游者行为特点、喜乐偏好、具体需求等方方面面的信息，使之在打造品牌形象、提供个性化旅游产品及服务等方面更具针对性，更易一鸣惊人、引爆市场，从而进一步提升顾客的满意感和忠诚度。①

安徽凤阳县旅游部门推出的“只要你姓朱，免费来旅游”特惠旅游方案，正是适应了这一旅游推广新观念，再充分利用自身条件，一个有针对性的“话题营销”方案便自然而然地产生了。首先，针对要推广的对象——策划人员选取了“朱氏文化”作为突破点，虽然也是推广历史文化资源，但凤阳县一改其他地方进行旅游推广时针对性不强的弊端，而是选取了最具关联性的朱姓后裔作为第二个突破口，让朱姓后裔在获得实惠的同时又不忘认祖归宗，而其中不乏投资客，他们可能会在体验过后进而投资以回报家乡。当然，这个特惠旅游方案又适应了社会化媒体营销的大环境，在当今社会普遍追求“公平”、仇富心理严重的情形下，又正中舆论下怀，从营销策略与公关策略来讲，此活动也获得了一个被无限免费传播的机会，只要分寸掌握得好，未尝不是一次成功的营销。其结果也必然会给凤阳带来无限商机，进一步促进当地文化、旅游和经济的发展，也可以使当地人民和来到此地的旅游者从中获益。因此，何乐而不为呢？

---

① 张倩．旅游目的地新媒体营销及其应用研究．华中师范大学硕士学位论文，2012（5）：12.

四、虚拟人物能否能够代言城市文化

对于金庸大家可能并不陌生，虽然许多人或许并不太清楚“飞雪连天射白鹿，笑书神侠倚碧鸳”到底指的是哪几本书，甚至没有读过金庸的小说，但我们毕竟从小在金庸武侠中长大，像《射雕英雄传》、《倚天屠龙记》、《神雕侠侣》和《鹿鼎记》等脍炙人口的作品似乎已经与不少人的整个前半段人生分不开了。无论是对中国古代史的痴迷、对战争的理解、对自己的小家与国之大家的权衡，还是对古典文化的无限向往、对爱情纯美的潸然泪下，乃至在对人生的无限感慨中慢慢品味活着的意义，金庸早已作为一种文化深深地烙在了人们的心中，而不仅仅是指作为读者的“金粉”心中。那么，金庸的武侠小说影响到底有多大，我们又该以一种怎样的角度去理解金庸的武侠小说呢?

2004 年 11 月由人民教育出版社第一次出版的《全日制普通高级中学语文读本（必修)》中，首次选入了王度庐《卧虎藏龙》和金庸《天龙八部》两篇武侠小说的部分篇章，分别安排在第五课和第六课，并合为一个单元，取名为“神奇武侠”。课文节选了《天龙八部》第四十一回“燕云十八飞骑，奔腾如虎风烟举”，讲的是萧峰到少林寺救阿紫，在山上力斗丁春秋、慕容复、游坦之三大高手的情节，充分展示了他的绝世武功和英雄气概。另据新加坡《联合早报》2005 年 3 月 4 日的报道，新加坡中学华文文学课程的文学作品选读将包括《射雕英雄传》第 35 回《铁枪庙中》和第 36 回《大军西征》两个章节，而初级学院所推出的华文与文学课程将把《雪山飞狐》作为特定文学教材的作品之一。对此，新加坡的师生和公众都持欢迎态度。

世界上华语使用最广泛的地方，除了中国便属新加坡了，如果世界上这两个华语最集中的地方都把金庸的小说作为语言和文化教育的一部分，并且明文规定写入教科书中，那么金庸武侠小说的地位与影响力就可见一斑了。虽然，人们对此事的评论与态度至今仍有许多值得商榷的地方，支持与批评的观点也未统一，硝烟还在继续，但有一点值得肯定的是，金庸小说以及金庸文化、武侠文化的影响力是不可磨灭的，并且具有巨大的商业潜力，值得我们去进一步挖掘。

再次回到现实世界，回到7年之后，除了每天电视剧、电影中的金庸武侠之外，对金庸的再消费也引来了公众的再度喧哗。在2012年5月出炉的《襄阳城市雕像设计方案》中有一座叫作“射雕情缘”的雕像（如图），此雕像由郭靖黄蓉依偎像及一把张开的弓箭造型组成，含箭总高度约11米，其中底座约1.4米，人物约4米。“射雕侠侣”郭靖黄蓉从金庸武侠小说中被“请出来”，成为象征襄阳城市形象的主题雕塑，但一时间争议迭起。在一片批评和质疑声中，郭靖黄蓉雕像被暂缓建设，截止到目前工程结果已不了了之，湖北襄阳市政府官方网站也没有后续消息发出。更重要的是，社会的关切没有得到有效回应，郭黄雕像仍处于舆论重围之中，虽然随着时间的推移，人们的关注度有所减缓，但我们仍有必要对这一事件进行一番探讨。

虚拟人物作为一个城市或是一个民族的文化符号是否合适，是“射雕情缘”雕塑面对的关键问题之一。网友“混在北京”就直斥：“吃饱撑的，小说里的情节也能当真，郭靖黄蓉在历史上有没有还没考证呢，就来弄这个!”许多网友也表达了相似的观点。

不过，依然有不少网友认为，这种做法在文化认同上是可行的，例如，著名的“美人鱼”雕像——哥本哈根的城市符号，就出自安徒生的童话《海的女儿》。美人鱼也是文学作品中虚构的角色，被做成城市雕塑后，却备受推崇，还成为了整个丹麦国家的标志。再比如，位于英国伦敦贝克街（Baker St.）221b号的福尔摩斯博物馆，亦是根据文学作品，即著名的《福尔摩斯探案集》而建立，同样成为当地著名的文化旅游景点。

其实，中国也不乏这样的例子，比如湖南株洲市将炎帝作为城市的标志，河南新郑市将黄帝作为城市的符号，虽然炎黄二帝都来自于传说，不是出自文学作品，但都是虚拟的，他们与上述两座城市的关联，也并没有十足的历史证据，但他们对于这两座城市的旅游业所起的作用却是可圈可点。

虽然有网友怀疑，两年前襄樊改名为襄阳，就是为了今日的“射雕情缘”，“这是一场实施了两年的阴谋”，但从改名的战略推行，到开建郭靖黄蓉雕像，这一连串的举措，足见襄阳市是多么努力地在提升自己城市的知名度。对此，国内知名文化和旅游学者、作家裴钰表达了理解之意："城市营销本就是一个商业行为，我们不必用太神圣的标准去衡量它"，"城市营销，希冀如同西药一样时间短、见效快的效果，在短时间内迅速广为人知，便是营销的阶段目标。"在他看来，赋予这类营销行为过多的内涵，是一种不必要的、过虑的"道德绑架"。他认为，文化事业与文化产业有不同的所指。前者一般指的是政府主导的文化公共服务机构，比如学校、美术馆、博物馆等，具有延续文化传承、传播历史文化的责任。而文化产业本就是一种经济活动，主要面向的是人们的精神娱乐层面，比如商业电影、肥皂剧、偶像剧等。城市营销与宣传应属于产业范畴的性质，多带有周期性与短期性的特点。"比如为了搞一个城市活动，政府定下一个宣传口号。这个口号的有效期是很短的，一般只到活动结束后。所以，对于这个口号所代表的城市营销策略不能过分地看重，进而绑架过多的道德责任。"裴钰解释道。①

其实，把金庸武侠小说中的虚拟人物"落地"到现实世界，襄阳的郭靖黄蓉雕像并非首例。金庸先生在《射雕英雄传》和《神雕侠侣》中所描写的桃花岛，让众多武侠迷魂牵梦绕。其实，桃花岛真实存在于浙江舟山。金庸让桃花岛的名气大增后，小岛干脆根据金庸小说中的描写进行了大变样："药师精舍"、"靖哥居"、"蓉儿茶庄"，成为吸引游客的绝佳亮点。此外，早在2004年，另一个"落地"的武侠小说中虚拟场景的案例是，张艺谋到永川取景拍摄《十面埋伏》，景区借刘德华、章子怡电影造型塑像。塑像刘德华身穿捕快服装，章子怡只有半身塑像，再现沐浴那段戏。

为什么"桃花岛"从书中迁移出来就广受欢迎，而一个郭靖黄蓉的雕像却会惹来轩然大波呢？这不得不说跟社会化媒体的发展有着千丝万缕的关系，尤其是微博在这里发挥了关键作用。虽然在新浪微博诞生之前就有"饭否"等早一批微博存在，但由于运营过程中出现的一系列问题，应有的影响力并没有发挥出来，直到2009年8月新浪微博开始内测，微博的影响力便开始伴随其几何式的传播方式而一发不可收。但是，事物的两面性在微博上表现的更是淋漓尽致。一方面，一个曾经名不见经传的人或者事

---

① 参见羊城晚报，2012－08－06.

物可以不花一分钱的宣传费用就可以在一夜之间传遍大江南北，进而家喻户晓；另一方面，由于网络上存在的部分质量并不是很高的信息，以及部分心怀不轨的人存在，又会往往出现“猫在钢琴上睡着了”的传话结局。就像郭靖黄蓉雕像创建之初，网上评论的立足点也在多处，有人说雕像的成本太高，有人说雕像的模样不知道应该像谁，有人说会误导学生对真实历史的正确理解等不一而足。当然，我们必须承认这些忧虑是值得考量的，但是对于郭靖黄蓉雕像最本质的地方却很少有人讨论，雕像所带来的“城市名片”作用以及对襄阳知名度的提升作用必然是巨大的，这也必将有利于带动襄阳旅游业和服务业更好发展。其实，就像裴钰所说的那样，对于此事我们不应过多地进行“道德绑架”，因为郭靖黄蓉雕像的建立毕竟是在文化产业范畴之内，其最终的经济价值才是我们更需要关注的，更是无数襄阳人心中迫切想看到的结果。

五、广告：开在荆棘里的花

花虽美，奈何停留在万千荆棘中！好的广告离不开好的创意，而好的创意便是让无数广告人又爱又恨的那朵花。人们都想摘花，可是当这朵花藏在茂密的荆棘中时，又让无数人倍感无奈。因此，怎样既可以摘到那朵漂亮的花，又不至于伤手，便成了无数创意人奈何与无可奈何的唱词。

赵本山有句广告词说“不看广告，看疗效”，虽然这是一句好广告语，但是如果用来解释广告发展到现阶段的状况和作用却又要另作他说。当然，不是说这句话存在问题，而是随着市场经济和改革开放的不断前进，现在再也不是“酒香不怕巷子深”的年代了。中国的新式广告与新式营销已发展了30多个年头，广告与营销越来越难做，而且在创意同质化严重的状况下，没有与众不同的东西又怎么能吸引消费者的注意力呢，如果连注意力都没有的话，被埋没只不过是时间的长短问题，甚至可能会慢慢地丧失掉一个产品或者一个品牌。但是，所谓的“注意力经济”在操作的时候也要坚持一定的度，不要破坏人们审美的基本需求，要保留一定的底线，像脑白金、恒源祥之类的广告，看来确实令人生厌，不宜提倡。同时，作为消费者的广告受众也要从自身做起，不要一边口里骂着“脑白金”之类的广告，一边却又去购买这些广告商品，必须要用实际行动来促进广告创意和广告道德的不断完善；同时不要盯着一些次要的地方不放，更不要欲加之罪何患无辞。

全球的现代广告发展大致经过了三个大的发展阶段：第一阶段为原始叫卖阶段，只需对产品进行简单直接的传播即可招来大批客户，此阶段主要是以工厂为主导；第二阶段为产品阶段，由于机器化大生产的不断完善使得产品同质化的现象越来越严重，因此迫使各企业主开始放弃自身身段，进一步研究怎样提高产品的性能，此阶段也诞生了广告领域最经典的"定位"理论，这是由美国著名营销专家和大师里斯和特劳特提出来的；第三阶段为品牌阶段，品牌即超越了产品本身，以一种更抽象化的表达方式赋予某一种产品独特而难以复制的价值，并且这种价值不是一朝一夕形成的，必须经过一个长期点滴培养的过程才能达到，此理论的最早提出者为"广告教父"大卫·奥格威，时间是在20世纪60年代的美国。

中国的现代广告业虽然也经历了这三个大的阶段，但是中国的广告业发展却是站在巨人的肩膀上，相较于美英等国家广告业发展时间，中国仅仅用了三十年，如同大跃进一般的多快好省的发展方式，迅速跳跃到当今的社会化媒体营销阶段。其过程的仓促性在一定程度上可能会造成整个行业和创意方式的消化不良，不可避免地会给中国现代营销和现代广告的发展模式造成一些不好的影响，比如发展模式不规范、不协调，这些都需要我们在以后的创意工作中不断修改和完善，以期达到发达国家的广告发展水平和创意水平。

不仅如此，随着社会化媒体的火热发展势头，传统现代广告本身也面临着新的挑战，遇到了一些自身发展中的问题。传统现代广告要想求发展，必须求变革，将挑战变为机遇。

当我们从事物发展的眼光来看待整个广告行业和广告创意时，就像一切事物无法逃避的"代序"问题，广告业的发展自然也要经历自己的涅槃才能更好地生存下去，并更新换代。《公关第一，广告第二》是美国当代营销大师阿尔·里斯及其女儿劳拉·里斯在2002年的新作。这部著作体现了阿尔·里斯营销思想的一个新理念。作者认为当今的市场营销首先是要进行公共关系，只有通过公共关系才能使自己的品牌在消费者心中占有一席之地；市场营销始于公共关系，而广告则是公共关系的延续，因此是公共关系在打造品牌，广告则起到提醒消费者的作用。虽然书中所论述的观点不一定完全正确，是否适应中国特有的国情也存在疑问，但是至少给我们提供了一种社会化媒体大环境下现代广告业发展和创意的新思路。同时，从近几年公共关系的发展势头来看，公关确实是逐渐被企业所接受，“事件营销”也是被炒得越来越响，现代广告在社会化媒体条件下的创新需求与创新手段也不断提高。2011 年特劳特在《即时营销与公关》一书中，更是再次将公共关系与基于微博、论坛等社会化媒体平台的即时营销提升到一个新的高度，伴随着 2012 年伦敦奥运会的开始，社会化媒体营销在此平台上大放异彩，我们不得不承认现代广告与现代营销的变革已经迫在眉睫。变革出来的新方式也与传统的现代广告形式和营销方式大有不同，社会化媒体环境下的营销与广告更加注重时效性和传播性，因此在有些细节上难免缺乏缜密思考，会出现一些瑕疵与误差，进而招至一些批评。但从客观上来说，尤其是对于一些此前知名度不高的产品和品牌，这样做未尝不是一件好事，毕竟其知名度可以迅速得到很大的提升。

总体来说，广告是一个极度需要创意的行业，而产生好的创意又越来越难，广告人一直被视为“戴着镣铐跳舞”，无论在之前，还是在社会化媒体营销环境下的现在，创意都必须“创异”，而创异不易。一颗包容的心或许才是我们最应该做的，只有这样我们的创意和创意人才能更好地成长与发展。

六、社会化媒体时代城市品牌形象传播中的博弈

现如今，城市品牌作为一种新兴的、符合现实要求的城市发展战略，正被越来越多的城市接受与采纳。在整个城市品牌的建设过程中，如何实现城市品牌信息及时、有效、多向地传播，是整个城市品牌建设中的重要一环，关系到城市品牌的最终形成与发展。众所周知，品牌传播是在特定的媒体传播环境下进行的，受到媒体传播特性所制约，城市品牌传播同样如此。那么，随着论坛社区、维基、博客、播客、社交网等社会化网络媒体相继出现，我们的媒体传播环境不时发生着改变，社会化媒体时代已经悄然到来。在社会化媒体时代，如何看待城市品牌传播[①]，是社会化媒体

① 丁海猛．社会化媒体时代城市品牌传播的探讨．中国广告，2012（5）．

时代城市品牌形象传播必须解决的首要问题。

社会化媒体的发展经过了论坛、博客、社交网络以及当下的多元化形式等不同发展阶段。在这个发展过程中，用户生产并传播内容与用户彼此间的关系构成了社会化媒体发展的重要驱动力量。早期论坛BBS是基于用户生产的内容来吸引不同的用户产生讨论、互动，进而在讨论、互动中构建用户彼此松散的且多为匿名的关系，以此推动了论坛这种早期社会化媒体形式的发展；人人网、微博等社会化媒体形式则是以用户的关系为基础进行用户的聚合与联系，而后又围绕产生关系的这些用户所创造的内容进行转载、评论、共享等行为驱动力来维系与扩展用户关系，推动了社会媒体的发展。正是在这种媒体特点和媒体环境下，城市品牌形象在推广过程中也必须适应此种方式，这里存在的另一个问题是，怎样创作出好的传播内容，又怎样让这些内容得到广泛而正向的传播。

事物总是一分为二的，凡事有利有弊。社会化媒体时代品牌营销的一大难点在于怎样保证一条信息不被歪曲，又能与众不同并得到有效传播，这同样也是在现阶段工作中考验城市品牌形象推广者的一大难题。由于所需传播信息的爆发度与传播内容的正向度之间并非“零和博弈”，而是一种可以调整的“非零和博弈”，因此怎样调整并有效利用这两者之间的关系，便成为社会化媒体时代城市品牌形象推广的成败关键之所在。再者，正如尼尔·波兹曼在《娱乐至死》中提到，电视节目的进步反而降低了人们的思考能力，人们在逐渐丧失思考能力，成为只会对着电视傻笑的玩偶。同样，在社会化媒体时代，这样的隐忧更是越发明显，媒体对议程设置的能力与媒体的自身特点和偏好有关，因此，使信息有效地传达充满了各种坎坷，能够达到一个令所有人尽可能满意的结果也愈加困难。但是，我们无需气馁，毕竟还有一些成功的案例指明了我们前进的方向。比如，在近几年有关城市品牌形象传播的案例中，澳大利亚大堡礁“世界上最好的工作”招募活动、成都全球招募熊猫守护者等都是很具激励性的例子。

七、当艺术照进现实

“位于苏州金鸡湖畔的东方之门，最近几天成为网上的热点话题。网友调侃东方之门的造型就像一条秋裤，还有网友表示东方之门更像一条低腰牛仔裤，更有细心的网友上传了更多东方之门的照片，表示目前在建中的东方之门，更像一条英伦风格的格子背带裤，外立面上的格子和背带纹路都很明显。”（2012 年 9 月 3 日《大河报》）

继央视大楼的“裤衩门”之后，苏州“东方大门”的“秋裤楼”风波又在舆论界“独领风骚”，特立独行的建筑一面世总是要遭到各方“吐槽”，就好比一项创新、一次改革刚开始总要被质疑而不被接受。任何一个建筑、一项工程，总有人赞成，总有人反对，过多地放大那些反对的声音，恐怕会淹没了赞同之声。

建筑设计本就是“仁者见仁，智者见智”，何苦冷嘲热讽、一味批评呢？建筑业属于一种艺术，既然是艺术，有符合大众审美的，有离经叛道的，有另类新奇的，也有默默无闻的。任何一种艺术的诞生总是会受到关注，而一项伟大的建筑，必须要经得起公众挑剔的审美眼光，同时也要经得起岁月的沉淀和时间的洗礼。

不论批评还是赞美，任何声音都是“好声音”，但是就建筑本身而言，何罪之有呢？它的问世没有违反国家法律规定，没有伤害人民感情，只是所谓的“长相不过关”就要被如此调侃吗？俗话说“内行看门道，外行看热闹”，普通人对于建筑只能是“门外汉”，看建筑要关注建筑外形，但这并不意味着就可以天马行空、任意想象。当许多国人在肆意挖苦央视大楼和苏州“东方之门”，肆意践踏设计师和创作者的辛勤劳动成果时，为什么没有人骂法国的“凯旋门”呢，凯旋门不是看来更像一条“秋裤”吗？如果我们退一步讲，即使苏州“东方之门”真的就是秋裤造型，难道就真的丑吗？或者，即使“东方之门”在部分人的审美角度来说是丑的，但是我们还是要说，“秋裤”再丑，也是丑得有特色，总比遍地的水泥钢筋

“火柴盒”高楼要好。设计师追求特色的努力值得肯定——尽管最终效果可能不尽如人意。

建筑是凝固的音乐和美术，是有生命的。我们到福建永定看土楼，可以体会聚居文化；到山西祁县看乔家大院，可以体会封建商业文化；到山东曲阜看“三孔”，可以体会等级思想意识……现在我们看周围的钢铁水泥丛林能体会什么呢？除了挤、闷、烦，不会有第二种感觉，甚至没有刚进城看高楼“哇，真高”的那种惊讶。

再有，中国当前的建筑很准确地体现出当下的社会思潮和价值取向——实用主义。居民楼是用来居住的，办公楼是用来办公的。至于使用价值之外的美学、声学、光学、艺术等，统统来不及考虑或懒得思考。

古人留给我们的古建筑，使我们有幸体味到古建筑文化的精妙。这些古建筑还带热了旅游业的发展，派生出巨大的财富效应。艺术不仅有艺术价值，还有财富价值。50年或100年后，我们现在的“方格子”高楼能留给子孙什么？文化价值还是财富价值？

让我们重新回到苏州这座2004年9月奠基开工的层高69层、高301.8米、门洞高246米、跨度68米的“东方之门”上。“东方之门”现为世界最大的门形建筑，也是中国目前单体建筑面积最大的超高层建筑，因此也被称为“世界第一门”、“中国第一大高楼”。它位于苏州工业园区中央商贸区以东、星港街以西的地块上，由国际排名前列的多家著名设计单位竞标，并由英国RMJM建筑设计公司、香港奥雅纳工程顾问公司和华东建筑设计研究院合作完成，是一座双塔连体门式建筑。其设计灵感来自于苏州古城门的创意。

对于网络上“东方之门”的火爆恶搞风波，《21世纪》专门采访了“东方之门”的拥有者和开发者原南京大学教师杨休先生，杨休给予了积极的回答。杨休认为，“秋裤”话题呈现出了爆发式传播，最终可能覆盖上亿人群，这些是他真的没有想到的，因为业内人士对它的建筑形式和结构都高度赞誉。网友之所以觉得东方之门像“秋裤”，就好比一个美女被拆成了骨架。东方之门还没完工，是一个骨架，自然没有太多美感，等东方之门正式竣工后，“秋裤”的提法应该会偃旗息鼓。

对于大家一致质疑的设计方案如何出炉的问题，杨休也给出了明确的答复。东方之门所在的两个地块拍卖时，政府要求竞拍企业带着建筑设计方案，而建筑方案如果没有通过，就会失去竞拍土地的资格。这两个地块是苏州金鸡湖 CBD 的核心，当时领导希望在地块上的建筑项目能有苏州元素，于是杨休当时找了十家全球著名的设计公司，希望这个项目能够体现苏州元素。最终的中标方案由英国著名的设计公司 RMJM 设计，该方案是综合考虑了苏州市标和该建筑在金鸡湖上整体观感两个因素，按照苏州水门的概念融入现代元素。

正如杨休所说，虽然网上一片调侃声，但业内对“东方之门”的设计理念肯定多于否定。东南大学教授、国家一级注册建筑师周琦从专业的角度评价说：“作为一个门式建筑矗立在金鸡湖畔，本身象征腾飞，意义挺好。建筑的体量处理也不错，是一个曲面造型，门到最上面之后是一个柔和的、圆滑的曲线，比较适合中国人圆润、一统的感觉，门本身有些像西方的凯旋门，圆的拱顶，有点西方特色。我基本上持欣赏和肯定的态度。”苏州大学传播学教授倪祥认为，从象形解读的角度上来说“东方之门”像“秋裤”不无道理，其实说它从中国古代城门简化而来确实更为接近。“我觉得很有向世界敞开大门、迎接东方来风的意涵，很契合苏州这座历史文化名城的现代化表达。”

事实胜于雄辩。据中新社苏州 10 月 7 日电，2012 年“十一”黄金周苏州最热门的景点除了古典园林、水乡古镇外，金鸡湖美景也当仁不让位列其中。连日来，很多海内外游客选择到金鸡湖畔放松心情，金鸡湖畔独特的人文景观，不仅能让人感受到“水城”苏州的魅力，还能让人在移步换景的湖景风光中享受繁忙工作之余的慢生活。令人意想不到的是，因外观酷似“秋裤”的“东方之门”成为了新的景点。“它在网络上很红的，所以这个黄金周来苏州玩特地过来看看，感觉很宏伟，设计很新颖。”来自武汉的曹俊一家，这个长假里来苏州探亲游玩两不误，在苏州乐园疯玩过后特地乘坐苏州轨道交道一号线来到了金鸡湖游玩，一家三口骑上公共自行车，沿着金鸡湖转一圈，更不忘站在“东方之门”前合影留念。

当然，我们并不能说对于苏州“东方之门”的“秋裤”争论到此即可偃旗息鼓，就像最近网络上又在讨论“秋裤”前面的“大头皮鞋”一样，在社会化媒体时代，每个人的个性在得到极大满足的情况下，也必然会增加品牌得到大家认可和满意的难度；加上娱乐化时代每个人的“娱乐至死”精神也被无限放大，所以，在新环境下的城市品牌形象应该怎样看待，城市品牌形象之路应该怎么走，成了我们当下不得不面对的严峻问题。

八、知名度与美誉度的博弈

谈及品牌，我们首先要了解几个与品牌相关的概念。第一个是品牌的知名度。品牌知名度是指潜在购买者认识到或记起某一品牌是某类产品的能力，它涉及产品类别与品牌的联系。比如我们知道耐克是运动品牌，LV是奢侈品牌，联想是电子产品品牌等。第二个是品牌的认知度。品牌认知度（Brand Awareness）是品牌资产的重要组成部分，它是衡量消费者对品牌内涵及价值的认识和理解度的标准。比如，我们对APPLE的理解就是自身具有高价值的富有革命创新性的电子产品，是一种身份的象征；我们对“王老吉”的认识即为上火时要喝的饮料，皆因那句“怕上火，喝王老吉”的广告语。第三个是品牌的美誉度。品牌美誉度（Brand Favorite）是品牌力的组成部分之一，它是市场中人们对某一品牌的好感和信任程度，它是现代企业形象塑造的重要组成部分。举例来说，我们在选洗衣机的时候首先就会想到海尔洗衣机，在选钟表的时候会先想到瑞士的钟表，在选房子的时候如果是万科地产的也会多看几眼。第四个是品牌的忠诚度。品牌忠诚度是指消费者在购买决策中，多次表现出来对某个品牌有偏向性的（而非随意的）行为反应。它是一种行为过程，也是一种心理（决策和评估）过程。比如，喜欢喝可口可乐的人肯定就不会喝百事可乐，虽然这两种可乐之间的差别不是很大，但是由于人们的喜好或者说是偏好不同，所以人们总是执着于某一类产品的一两个品牌；另一种情况是，由于人们很难短时间内喜欢上某一个品牌的东西，但是人们去尝试不同的产品时是有一定风险的，所以当人们一旦确定了某一个品牌之后，便很难再作出改变。

一方面，虽然不同的人对品牌的认识或许不一样，但这几个方面却是大家都认可的，同时也是一个品牌从诞生到发展必不可少的阶段，当然这对城市的品牌形象也是完全适应的。另一方面，关于品牌的这几个维度其实是有一个由浅及深的过程，先要有知名度，然后才能有认知度和美誉度，最后形成忠诚度。其实当我们在探讨社会化媒体营销环境下的城市品牌形象推广的时候，主要涉及的是城市品牌形象的知名度与美誉度问题，至于其后的忠诚度问题还需经过时间和实践的检验才能够得知，故不做详细讨论。

首先，抛开知名度与美誉度之间的关系，我们应该怎样提高品牌的知名度，又怎样提高品牌的美誉度，还有怎样提高城市品牌的知名度和美誉度呢？提高知名度（知名度重在知道，有好的知名度也有坏的，但通过美誉度可以在以后的营销传播中改善），就要首先保证让消费者知道，要有一个可以广泛传播的名字或者事件，以此为基础再进行下一轮的深度传播，最终让人们知道某产品或者城市的功能和特色。提高品牌美誉度主要可以通过提供高质量的产品、提供专业良好的服务、提高社会责任在企业形象中的比重、处理好与社会的公共关系等方面。

由于品牌的知名度和美誉度有先后之分，如果有些产品或者城市连知名度都没有，甚至没人知道有这个东西，又何谈美誉度呢？“城市名片”和“地标”营销是城市品牌形象推广中常用的方法和途径，并且屡试不爽，它可以让人们在记住这个标志性事物的同时，也能记住其所属的城市或者国家，并带来无法估量的历史文化价值或者经济价值。地标是户外广告的特殊名词，是指每个城市的标志性区域或地点，或者能够充分体现该城市（地区）风貌及发展建设的区域。

对城市地标的研究由来已久。地标是由英文单词“Landmark”翻译而来，最初源于地理学，是为探险者指引航向的标志，后引申为“陆标”、“地标”。20世纪50年代中期，地标研究开始受到重视并运用到城市建设中。凯文·林奇通过研究城市市民心目中的城市意象，分析美国城市的视觉品质，提出城市意象五要素，即道路、边界、区域、节点、地标。当某个个体与周围环境有明显区别、与众不同时，或是占据特殊的空间位置时，或是含义丰富、具有一定历史价值时，它就成为地标，因而地标具有较强的识别性。林奇的研究具有划时代的意义，但他局限于对地标物理和生理上的认识，对其社会文化含义研究不足，忽视了地标所代表的政治、经济意义。克利夫·芒福汀等在《美化与装饰》一书中将地标分为两类：一类是受限制的位置才可见的局部地标，如招牌、店面等；另一类地标则具有全城范围的相关性，它是一个大量人员共享的主要参考点。他们充分肯定了城市地标在城市景观中的重要作用，并指出城市地标的装饰能增强人们对环境的印象，从而加强场所的可识别性。此外，还有很多其他学科的学者对地标进行过分析，提出了许多可行性建议。如简·雅各布斯在其经典著作《美国大城市的死与生》中肯定了地标的标识作用，支持在节点（如地区的功能中心）设立象征该地区的地标，并从社会学角度就地标的多样性和象征的局限性等提出了自己的见解。Mohammed Abdullah（2004）以沙特阿拉伯首都利雅得为例，研究地标建筑对城市形象的影响。[①] 这一切都说明，城市地标所具有的特殊作用越来越受到人们的重视，我们也应该从中得到一些借鉴和启发，以促进城市品牌形象的传播与发展。

城市都需要标志性建筑，其中一种就要求其应具有很深的历史记忆，或者有很鲜明的文化标签，典型的代表有法国的卢浮宫、凯旋门，英国的大英博物馆等，它们代表了这个城市光荣的历史和悠久的文化，包括它独特的精神气质。一般情况下，地标式建筑的规模都比较壮观，而且很容易给人以视觉的冲击，甚至能够带来一种很强的文化特质。

地标建筑在很大程度上可以反映一个城市的文化，甚至一个城市的精神。建筑的文明往往表现出公共意识的选择，甚至往往展示大众的审美情绪。所以，地标建筑在很大程度上可以反映一个城市的文化，甚至一个城市的精神。比如上海的外滩，它融汇的自然景观像黄浦江，商业景观比如商业金融中心，人文景观可以说东方明珠。地标集聚作用显现出来，甚至融入到百姓的生活当中，所以它才能成为大家公认的一种文化名片，并走入百姓的生活，甚至成为百姓提升生活质量的重要途径。

当然，地标式建筑还包括一些商业化的或政治性的标志物，像迪拜的“帆船酒店”、台北的101大楼、美国的五角大楼等，这些建筑物在使其城市获得知名度的同时，虽然并不一定也带来了美誉度，但是对于其城市旅游与投资的拉动是有目共睹的，这一点尤其可以从迪拜的“帆船酒店”上找到答案。还有针对当前发展中的城市来说，有这样的地标式建筑，也可以变成城市的名片，增强城市的吸引力和影响力。

现在当我们再次把视线重新移回到苏州的“东方之门”——被网友戏称为“秋裤”的门形建筑上来时，一种美轮美奂的景象似乎浮现在我们的眼前：左边苏州“鸟巢”，右边桃花岛，夜色中远眺李公堤，灯火阑珊处看月光码头……徐徐湖风中游轮鸣响汽笛，以夜游金鸡湖为亮点，通过金

---

① 纪花．基于城市营销的旅游地标系统研究——以苏州为例．江南大学硕士学位论文，2009（8）：6.

鸡湖时尚游艇，体现商务格调的苏州工业园区景区，正在打破苏州传统的小桥流水印象。

看着“东方之门”渐渐为大众所接受，感到欣喜的不仅是“东方之门”的设计者与投资者以及苏州市政府和人民，也包括襄阳“射雕情缘”的策划者和为这个雕像有所付出的人们，或许有一天他们也可以得到大家的理解，并且真正能够给他们带去实惠和利益。2012 年 7 月末，西安市计划在未央张家堡广场建设一座 99 米高的标志性雕塑“长安之门”，并征求市民意见，虽然到现在为止还不知结果，或许是因为害怕被网友盯着不放故意低调行事也未可知。

总之，在社会化媒体时代，用户的主导性增强，用户可以实现内容的自我制造与传播，这使得社会化媒体时代人人都是传播者成为可能。而社会化媒体上用户间关系的存在，使得用户之间很容易实现信息内容的互动与多级传播，容易产生群体共振的现象。这两点的存在就会出现这样一种情况，就是信息传播者很容易无意间成为某一话题的传播发起者，而其他接力者又会无形中为此推波助澜，并最终形成大规模传播甚至爆炸性传播。

因此，在社会化媒体时代城市品牌形象推广过程中，最大的疑问便是城市品牌的传播发起者到底是谁，是各级政府还是用户？一方面，虽然在传统媒体时代和互联网发展初期政府机构依旧扮演着城市品牌传播的主体，但是在社会化媒体时代，由于用户主动性的增强，社会化媒体提供的平台与机会，以及用户在传播发起者角色扮演上的可实现性，使得用户在扮演城市品牌传播发起者的角色方面更容易实现，使得政府作为主要城市品牌传播发起者的角色正不断受到挑战。这也迫使政府逐步放低身段，渐渐学会与用户合作，多借鉴民间智慧，从而达到政绩与民意的双丰收，并通过城市品牌形象的提升获得更多的投资机会，促进当地经济的发展。另一方面，作为用户的普罗大众，也应该不断提高自身素质，在娱乐的同时不忘坚守底线，不妄下结论，所谓没有调查就没有发言权；更不要煽风点火，传播非正向信息和流言，提高对信息的辨别能力，少一时口快的批评，多一些建设性对策。

（撰稿人　张祚勇）

电影，赋予城市符号与意义

——2012 年欧美电影中的城市形象研究

全球每年会生产上千部电影，电影以形形色色的画面将意念映入观众的脑海当中。一部成功的电影必然是基于对影像符号的成功刻画。城市，作为绝大多数电影中不可或缺的符号，指导我们去探寻符号背后的意义。电影与城市之间的相互作用，在无数影片中都清晰地表达过。本文选取 2012 年外国电影中的城市形象进行研究，探寻两者之间作用的机制。

一、电影与城市的关系

（一）电影与城市的时空关系

无论是现实题材还是魔幻题材，电影同它所涉及的城市密不可分。“空间和时间是一切实在与之相关联的构架。我们只有在空间和时间的条件下才能设想任何真实的事物。而空间和时间的经验有着各种根本不同的类型。”① 如果说城市是具有空间符号象征的，那么电影里的叙事便是时间的表现。恩斯特·卡西尔在《人论》中提到，人类对于空间的感受中有一个相对低层次“有机体的空间和时间”而言的高层次“知觉空间”。人依靠复杂的思维过程，才能获得“抽象空间”的概念。而关于时间的问题，他声称时间“不是一个物体而是一个过程——一个永不停歇的持续的时间之流”。时间在这里似乎倾向于“你不可能两次跨进同一条河流”，但事实上人类还有有别于动物的记忆形式。“符号的记忆乃是一种过程，靠着这个过程人不仅重复他以往的经验而且重建这种经验。”② 人类的高明之处正是在于可以将记忆变成思考，用于对未来的设想和指导中。时间与空间将

---

① ［德］恩斯特·卡西尔．人论．甘阳译．上海：上海译文出版社，2004. 58.

② ［德］恩斯特·卡西尔．人论．甘阳译．上海：上海译文出版社，2004. 71.

人们限制在影片所创造出来的意象当中，人们通过思考和想象，将城市形象记载在脑海中。

（二）电影与城市的计划关系

自从电影诞生以来，就与城市维持着一种密切而复杂的关系，这种现象在很早的时候就被电影评论家所探讨。从 20 世纪 20 年代开始，对“影视力量”的探讨，使人们逐渐意识到纪录片对城市的作用力。20 世纪 30 年代开始的英国纪录片运动，在 25 年间造就了一千多部纪录片。此后，纪录片对城市的作用被逐步认可。新闻影片以报道问题的角度企图解决问题，这种形式催生了“都市计划”，传统纪录片在“都市计划”中表现出强大的改造力，这种改造社会的力量在现代社会依旧受到关注。本文认为，“都市计划”在新千年中，越来越清晰地发挥功能性作用。“都市”向“城市”转变，表明电影已经不仅只对大都会发生作用，在电影展现的广袤土地上，这种力量一直都存在。电影评论者主张“电影本身已经发展成一项‘都市艺术’（Urban Art），因为它们的剧情常以大都会作为叙述的背景”①。但这种城市化的转变，是将电影力量泛化的体现。无论是苏格兰的荒野，还是伦敦的繁华，电影的力量能够为这片土地的政治、经济、文化、社会带来全方位的改变。一座城市在电影中以何种形象出现，成为所有城市都需要思量的问题。“城市计划”正反映出当下世界各地的政府和机构组织都在有意识地同电影建立关联，以一种积极的姿态支持影视工业，以求从中获得利益。同时，电影在选择拍摄地点的时候，因为“城市计划”的出现，而有了更多的考虑。电影打量着城市，城市也评判着电影，双方都有自己的主动权，也会受到对方的限制。选择适合自己的对象进行合作，是现代“城市计划”的核心议题。

（三）电影与城市的意义联结

城市在影片中可能作为背景，可能作为叙述主体。无论主次，它都会以一种形象出现，这种形象是城市符号化的表现。当这些表现城市形象的符号被烙印上特定的含义，譬如古老、奢华、犯罪等，人们会对符号表达出来的意义进行自我解读。电影作为消费品，完成了一次将形象装扮为有

---

① ［英］大卫·克拉克．电影城市．林心如，简伯如，廖勇超译．中国台北：桂冠图书股份有限公司，2004. 78.

意义的消费品的过程。这些意义在信息传递的过程中被观众所接受时，消费者便不自觉地为这里的城市形象买单。卡西尔曾说：“所有这些文化形式都是符号形式。因此，我们应当把人定义为符号的动物来取代把人定义为理性的动物。”① 人对于符号的依赖，如同城市形象同符号不可分割一般。“因为电影表意的丰富性，城市形象在电影中的出现也有着独特的意义，成为一个象征性的寓言。导演借用各种符号形式表现一座城市，表现一个国家所富含的深意。”② 这里可能包含一座建筑的意义、一段唱腔的意义、一种手工艺的意义，所有的片段集结在一切，在电影与城市之间架起了桥梁。有意义的符号，是人们印象的载体，是城市形象的必要部分。

二、外国电影中成功的城市形象分析

（一）伍迪·艾伦的《爱在罗马》

1. 罗马艺术的魅力延续

歌德曾言，游览了罗马，游览了世界。的确，比起新潮的纽约、风情的巴黎、激情的马德里，罗马帝国已不复往昔辉煌，不过古老而神圣的气息仍随着 2 700 多年的历史一起沉淀在这个城市的各个角落。罗马城建于公元前 753 年，在所有关于欧洲艺术史的书籍里，我们都能找到历代伟大艺术家有关罗马的旷世杰作。这些艺术基于一座城市的历史，用属于这里的符号阐释罗马的独特气质。

罗马，世界上最伟大的浪漫城市，以一种冷淡的态度对待自己那不去兜售便让人叹为观止的美丽。这本身，就是一种浪漫。今天，作为旅游胜地，罗马是欧盟中访问量位居第三的城市，仅次于伦敦和巴黎，平均每年约有 7 万 ~10 万的游客。难以估量的古迹和艺术珍品，以及典雅而极具风情的街道令罗马成为自然和宏伟并存的理想拍摄背景。“从 1937 年至今，已有超过 3 000 部电影在罗马拍摄。”③

1953 年威廉·惠勒在罗马拍摄了著名的《罗马假日》，影片囊括了各

---

① ［德］恩斯特·卡西尔．人论．甘阳译．上海：上海译文出版社，2004. 37.

② 袁萍，王晶．现代电影的城市书写——从伍迪·艾伦电影看城市影像符号．南昌大学学报，2012（6）.

③ ［意］法布利兹奥·阿尔蒂托等著．罗马．凌洁明译．北京：人民邮电出版社，2011. 126.

大奖项，并且一举捧红了公众心目中的公主——奥黛丽·赫本。影片情节浪漫，唯美中带着些许缺憾，当我们随着主人公走过天使桥，穿过古罗马废墟走下西班牙大阶梯，沉醉在罗马街头的许愿池时，这些影像同影片成为烙印在观众心中的经典。费里尼在拍摄影片《甜美生活》时，将罗马独特的喷泉融入戏水的片段，使得威尼托大街伴随着影片名声大噪。电影艺术家们无法抑制地将罗马搬上银幕，装点电影，也将这座城市的魅力散播在影像里，流传了许多故事，影响了一代又一代的观众。

2. 罗马城市符号里的意义

2012年，伍迪·艾伦带着他的最新喜剧《爱在罗马》，在“世界末日”之前赶到了罗马。“他似乎形成了一个习惯，就是选取世界上最美丽的一些城市，如巴塞罗那、巴黎，现在是罗马，并把它们变成他的电影核心。”① 影片湮没在罗马最有名的一些标志性建筑中，如人民广场、西班牙阶梯。

“伍迪·艾伦擅长通过一种分裂式的神经质的方式表达现代城市人精神的异化。”② 发生在这座城市里的爱情，融合了它的过去、现在和未来。电影开场中，富有喜感的罗马交通警察道出了影片的主旨：“在这个城市，一切都是故事。”故事并不联结，四个相对独立的故事都围绕着出乎意料的可能性发展。分别讲述了“一个著名美国建筑师重温青年时代，一个中产阶级突然发现自己是罗马最大的名人，一对年轻乡村夫妇各自的浪漫遭遇以及一个殡仪老板在亲家导演帮助下实现舞台梦”的四个故事。这些街头故事，串接在一起，给罗马这座城市赋予意义，将罗马的符号散布在影片情节当中。

当中年建筑师偶遇青年时代的自己，不由自主地随着他回忆往昔的浪漫情事。诱惑和自律不断地交错在青年建筑师的身上，罗马的魅力让他迷失在一段本不应爱的爱情当中。青年建筑师在夜晚和朋友们潜入恢宏的古罗马建筑，雷雨和建筑的魅力让罗马情事显得极具诱惑，自律在中年建筑师的规劝中不再起作用。这一段爱情，以诱惑开始，以缺憾告终，却同往

---

① http://www.onlocationvacations.com/2012/07/17/travel-inspiration-woody-allens-to-rome-with-love/.

② 袁萍，王晶．现代电影的城市书写——从伍迪·艾伦电影看城市影像符号．南昌大学学报，2012（6）．

日的假日情怀一般，让人浮想终生。

镜头一转，讲述了罗马一位平庸并且默默无闻的中产阶级，在某日清晨醒来，突然发现自己变成这座城市里尊贵的名人的故事。人们狂热的追逐崇拜，让主人公刚开始感到无比恐惧。渐渐地，他开始习惯这种众星捧月的独特感受，最后，他已能习以为常地面对镁光灯带来的一切。当突然有一天关注终止，这位中产阶级呼吸着自由的空气却无法忘记镁光灯的魅力，一时精神错乱。这位罗马中产阶级，代表了世界上繁华都市里的最普通的人，他们平庸而默默无闻。罗马，让平庸和荒诞也成为一种魅力。

当火车停下，一对穿着行为颇为复古的年轻夫妇来到罗马。他们要在这里工作，要感受这座美丽城市，要通过努力安居乐业。然而半天内，所有这一切想法受到了不可思议的冲击。妻子米莉走失在人民广场，广场建于15世纪末到19世纪初，过去的几个世纪，进入罗马的著名人物都会在这里受到欢迎。同几百年前初进城门的人一样，米莉受到了一直崇拜的演员的欢迎，而另一边丈夫安东尼奥则疲于应对扮作妻子同亲友会面的应召女。乡间的淳朴夫妻，在罗马的浪漫中显露出内心的叛逆。这是一座充满激情的城市，城市的魅力诱惑着每一位来到这儿的人。

影片中的罗马爱情开始于一位从美国远道而来度假的女孩海莉。正如她所言，这里的爱情就像小说里写到的“美国人来到罗马，在特莱维喷泉旁邂逅英俊的罗马人”那般浪漫而不可思议。海莉曾从事音乐和歌剧的父亲在偶然听到未来亲家在浴室中的歌声后，决定说服对方登上舞台。最终，歌剧以浴室为场景进行演出，满足了两位父亲各自的追求。舞台上殡葬馆老板一边洗澡一边唱着《图兰朵》，罗马城为之沸腾。演出虽然褒贬不一，却更显出了这座城市的包容。

影片结尾借美国女孩之口发出“这座城市太不可思议了”和“可以整晚站在这里，它太美了”的感慨。下班回家的警察在阳台上面对着喷泉边熙熙攘攘的人群，向观众发出邀请：这里有许许多多故事，下次你来再说。

诱惑、荒诞、激情、包容，这座古老的罗马城里有丰盈的艺术内涵，每一座桥，每一级台阶，每一片砖瓦都在诉说着不同的故事。《爱在罗马》与其说是在讲述爱情，不如说是在描绘罗马。如果没有这座城市的基调，或许一切都不会发生。同之前许多影片一样，《爱在罗马》唤起了观众沉积在脑海中对这座城市厚厚的故事长卷的记忆，每一页都镌刻着这座城市特有的符号。

3. 电影背后的故事

伍迪·艾伦导演的《爱在罗马》在世界首演后得到褒贬不一的评价。当被问及为何在30年后的职业生涯中，选择欧洲为作品背景而非纽约时，艾伦说："无论是伦敦、巴塞罗那、巴黎或是罗马，虽然它们和纽约有表面上的差别，但精神是同纽约非常相似的。如果我被要求拍摄农村或沙漠背景电影而非城市，寻找故事就相对困难。"艾伦又说，他是看着意大利电影长大的，但影片中如有任何场景向前辈，如维托里奥·德·西卡、罗伯托·罗西里尼和费德里科·费里尼的致敬，都是无意的。"这是一种无意识却异常强大的影响力。"①

无疑，《爱在罗马》在票房上是成功的，虽然意大利人批评影片将他们的首都描绘得"肤浅"，但首个周末的票房就超过了艾伦上一部《午夜巴黎》的同期票房。城市成为伍迪·艾伦叙述故事的语言，故事浸染在罗马的背景里，自然也沾染上它的气质。或许可以这样说，罗马的气质来源于数不清的影片，来源于镜头下的历史。"每个故事都是一部游记，一场空间之旅。"② 每一部影片，都会为这场旅行沾染上独特的城市气息。

（二）东方之旅——《少年派的奇幻漂流》

1. 轰动世界的奇幻之旅

2012年是华人导演李安丰收的一年，他带着《少年派的奇幻漂流》（以下简称《少年派》）一举获得11项奥斯卡提名，并最终赢得了最佳导演、最佳摄影、最佳视觉效果、最佳原创配乐。同时，这部影片还被提名金球奖，并获得了最佳原创配乐。截至2013年3月9日，《少年派》的票房收入在北美为117 788 152美元，在其他国家约为477 387 705美元。全球共获得了约595 175 857美元总票房。③

电影在全球都取得了很好的收益，是好莱坞少数几个在中国票房收益高于美国的影片。当然，这其中有李安导演是华人的背景因素。但不可否

---

① http://www.hollywoodreporter.com/news/woody-allen-to-rome-with-love-italian-premiere-312013.

② 转引自：[英]大卫·克拉克. 电影城市. 林心如，简伯如，廖勇超译. 台北：桂冠图书股份有限公司，2004.

③ http://www.boxofficemojo.com/movies/?id=lifeofpi.html.

认的是，无论这部电影走到世界的哪个角落，都能够引起巨大的轰动。电影上映后票房不断突破，无论是中国、印度、澳大利亚还是墨西哥，电影都成为当地最受欢迎的好莱坞大片。《少年派》一举超越之前的《卧虎藏龙》和《断背山》，成为李安所导演的最具影响力的影片。

故事情节围绕着一个16岁的印度男孩展开。影片的开始，叙述了少年派背诵"π"的小数点后的位数而成功地改掉绰号，同老虎亲近而被父亲用现实教育，以及信奉多个教派的成长背景。当派16岁时，父亲决定举家移居加拿大。然而船在海上遭遇了巨大的风暴，派醒来时发现救生艇上只有一只受伤的斑马，以及后来加入的猩猩和一只鬣狗。鬣狗杀死了斑马和猩猩，却被突然从船篷里出现的老虎杀死。自此，少年派与老虎在船上共同生存了227个日日夜夜。最后，获救的派，在保险公司理赔员询问下讲述了故事经过。但他们却始终不能相信这个关于动物的故事，于是派说出了海上另一个关于人性与生存的故事。

影片播出后，不仅获得了商业上的成功，也获得了影评人和观众的一致好评。李安讲故事的才华在影片中发挥得淋漓尽致。人们在讨论故事的同时，也关注到影片中丰富而独特的画面背景。构成这些背景符号的，正是一个个不同的城市。

2.《少年派》里的印度风情

2011年1月18日电影开始在印度的朋迪榭里拍摄。之后，影片拍摄地转移到印度喀拉拉邦和中国台湾。虽然在台湾拍摄的时间长达五个半月，但涉及的台北市立动物园、台中机场、垦丁国家公园等在影片中并没有以实际的形态出现。影片拍摄中最主要的海洋场景实际上是在一片人工建造的超大水箱中进行的，这里面设计有世界上最大的人造波浪。影片在台湾拍摄完成后，回到印度进行后续制作。

印度的本地治里成为极少数几个现实中可以访问到的电影拍摄地。李安认为在朋迪榭里拍摄的场景很重要，他说："在朋迪榭里发生的事，你根本无法在电影制片厂里仿造。"

有关朋迪榭里的最早记载可以追溯到公元2世纪。它有久远的历史，近代时多次在英法殖民中易手。直到1947年印度独立，与法国签订1948年协议，同意当地人民公决其前途。可以看到，朋迪榭里在法国的格子图案、整齐的部门和垂直的街道的基础上进行城市设计。整个镇分为两个部分：法国区（威乐布兰奇或白镇），印度区（威乐黑角或“黑城”）。许多街道仍然保留的法文名称和随处可见的法国风格别墅，是这里常见的景象。在法国区，有典型殖民地风格的建筑与长期氧化的庄严城墙，印度区则是阳台和房屋林立。两种不同风格的房屋同时扎根于这片土地，在派的成长过程中，作为背景呈现在观众眼前。在这里，法国殖民文化与印度文化高度融合，形成今天这座沿海城市中，独具特色的法国殖民时期建筑与风俗和印度教寺庙、泰米尔文化以及传统的价值观交融、碰撞的场景。

影片中，派最初是印度教徒和素食主义者。12 岁那年，当他接触基督教和伊斯兰教后，开始跟随三教一同爱他的“上帝”。这种宗教交融的桥段，是反映印度复杂宗教的一面镜子，它既体现出不可思议的融合，又反映了印度实际上矛盾的宗教文化。一座城市的形象除去物质性的符号外延，还包括“展现一座城市之内涵文化的文化事业”[①]，宗教文化对于印度而言，是其不可磨灭的印记。随处的一个镜头便显露出光怪陆离的城市，新奇而独特，熟悉而陌生。奇幻的影片风格与这座城市得到了很好的结合，东西方文化在此碰撞，将这样一座城市的独特之处运用得颇为独到。可以说，少年派的奇幻之旅，要求他必定成长于这样一座城市，也只有这样一座城市，才担得起奇幻之旅的城市背景。朋迪榭里在文化的碰撞中，产生的宗教交融和文化融合，创造了独特的宗教符号，给这座城市带来了不一样的未来。

3. 电影工业与城市产业

这部电影在全球公映后，中国票房提供了超乎以往的高贡献率。电影的主题、拍摄地、人物成为人们讨论的重点，网友们对少年派的争议将这部电影的热潮持续向前推动。上映第一周，影片票房收入毋庸置疑地排在同期大陆票房榜首。

由于影片超过 75% 的部分在台湾完成拍摄，作为李安的故乡，台湾因这部电影收获颇丰。虽然《少年派》拍摄时获得了台湾政府的大力支持，行政院与台中市政府编列 3 亿元预算辅助拍摄，但“光是剧组在台消费金额（食宿与交通），就已逾新台币 3 亿元，等同刺激当地经济。全球前五

① 金岱．城市：作为符号与表征——文化现代化视域中的文化广州论．北京：人民出版社，2011. 40.

大电影视觉特效公司 R&H 因为《少年派》，而看到台湾动画产业的潜力，决定投资台湾，并创造新台币 60 亿元投资额”[①]。因此，《少年派》也成为台湾有史以来吸收外来资金最多的电影。

同样受益的，还有印度。虽然媒体对印度在影片公映后的反应表示否定，认为它没有做好准备而错失了大量的海外旅游市场；但单从影片效果而言，中国观众对印度的关注急剧上升，关注印度旅游的比例也大幅提高。笔者用“少年派”和“印度”两个关键词在新浪微博中进行搜索（2013 年 3 月 18 日 17：28），共搜出 387 548 条相关讨论。长远而言，《少年派》以影像符号的方式，将印度城市留在镜头中，给了人们探寻奇幻旅程的冲动。这种冲动，对于旅游业的发展，将会是巨大的推动力。

无论是中国台湾还是印度，都能从《少年派》所带来的电影工业中获得丰润利益。电影以工业化的运作模式，将给城市带来难以估量的商业利益。更有甚者，形成城市的主导产业，统合了文化、旅游、实业等各方面的发展。

（三）《霍比特人》与新西兰

1. 新西兰与霍比特人的前世今生

奇幻文学是西方文学中一个独特的门类，一直以来就拥有广泛的读者群。从《哈利波特》系列丛书进入人们视线开始，全球掀起了一阵奇幻旋风。托尔金的系列著作《魔戒三部曲》被誉为“20 世纪最伟大的书”，受到读者热捧，并紧接着改编为《指环王》系列电影。其中《指环王 3：王者无敌》作为“指环王三部曲”的终结篇，荣获 2004 年第 76 届奥斯卡最佳影片、最佳导演、最佳改编剧本、最佳剪辑、最佳艺术指导、最佳服装设计、最佳化妆、最佳视觉效果、最佳音效、最佳配乐和最佳歌曲 11 项大奖。

而现实中的奇幻之旅也伴随着《指环王》系列的拍摄和上映，在风景秀丽的新西兰开始。19 世纪 50 年代，新西兰政府考虑到南岛的人口发展，同时又兼顾北岛在历史上的地位，决定选择距离南岛最近的惠灵顿作为首都，于是在 1865 年将首都游奥克兰南迁至此。惠灵顿成为新西兰的“文化之都”，国家级的蒂帕帕博物馆就坐落在这里。全年不间断的文化展演

---

① http://www.businessweekly.com.tw/webarticle2.php? id = 18135.

让这座城市散发着浓厚的文艺气息。近年来，惠灵顿又增加了一个新的身份——电影工业重镇。《指环王》的导演彼得·杰克逊的老家就在惠灵顿，他不仅借电影将新西兰的绝美风景推广到全球，而且还在惠灵顿设置了片厂，完备的设施让惠灵顿吸引了更多的人来此从事电影事业，也为惠灵顿赢得了“惠莱坞”的名号。①

因为《指环王》系列的原因，昆斯顿、瓦卡蒂波低地、格莱诺基等“指环王”行程，成为来新西兰朝圣的游客的必经之路。《指环王》的大部分场景，都是在新西兰完成的。现在，每年都有大批指环王迷来此朝圣，一睹他们心中的“中土”（Middle Earth）。

2012 年 11 月 28 号，时隔近十年的时间，改编自托尔金的同名原著《魔戒前传》（又译为《霍比特人》）的系列电影《霍比特人》，在新西兰首映。第一部《霍比特人 1：意外之旅》再次在全球掀起狂热的奇幻风暴。惠灵顿作为霍比特人的故乡，成为传说中的“中土”。电影诞生的每一个环节，都与这座城市息息相关，成为这片土地奇幻的符号代表。

2. 惠灵顿的文化产业转型

由书而延伸出的《指环王》和其后的故事，使得影片拍摄地新西兰一举成为焦点。《霍比特人 1：意外旅程》是由彼得·杰克逊执导，是托尔金《霍比特人》系列的第一部代表作。三部曲讲述了一个连续的故事：60 年前戒指在中土出现，霍比特人比尔博·巴金斯同 13 个矮人同伴，在灰袍巫师甘道夫的带领下，踏上了从恶龙那里收回矮人王国的征途。按照原计划，《霍比特人》将分为三个部分，拍摄两部电影。后来，《霍比特人》改拍为三部曲：《霍比特人 1：意外旅程》（2012 年 11 月 28 日），《霍比特人 2：史矛革荒漠》（2013 年 12 月 13 号）和《霍比特人 3：去而复返》（2014 年 7 月 18 日）。影片的拆分，无形中将电影的时间跨度拉长。作为一部深受欢迎的热门系列影片，《霍比特人》系列在商业上将持续更长时间的成功影响。截至 2013 年 3 月 14 日，《霍比特人 1：意外之旅》在美国和加拿大取得了 302 075 203 美元票房，在其他地区有 708 100 000 美元票房，带来了 1 010 175 203 美元的全球总票房。它成为 2012 年目前总票房

---

① 墨刻编辑部编著．新西兰经典之旅．北京：人民邮电出版社，2010. 83.

第四的影片，同时排名历史票房第 14 名。[1]

在新西兰，似乎每个人都认识在此部电影中付出努力的人，《指环王》三部曲招募了来自新西兰全国各地的手工艺者和演员。10 多年后，《霍比特人 1：意外旅程》的拍摄又一次唤醒了这片土地上的力量，在新西兰产生了又一轮的轰动。它对新西兰这座城市的影响，已经深入到人们日常生活当中，成为惠灵顿不可或缺的标志。

作为 2012 年最令人期待的电影，《霍比特人 1：意外之旅》将新西兰推到了世界面前，一时间，到“中土”来一睹霍比特人的旅游唤起近十年以来的又一狂潮。它唤起的既是经济低潮下世界各地的影迷来缅怀托尔金，也是对惠灵顿的巨大冲击。已经被影迷们更名为“中土”的惠灵顿在影片首映后的三周左右迎来了一股“霍比特旅游”狂潮。这是继《指环王 3：王者无敌》2003 年掀起 63 200 多名参观者来新西兰的“寻求戒指之旅”后的又一新的主题活动。从 2003 年起，平均每年 47 000 人次参观电影系列《指环王》拍摄地点，由此可见电影对旅游的巨大贡献力。[2]

虽然 2003 以来，《指环王》系列给惠灵顿以及新西兰带来的具体收益难以统计，但从这里发生的一些经济、文化现象，我们能够大胆地对《霍比特人》系列将要产生的力量进行估算和猜测。新西兰成为人们心中的旅游胜地，而惠灵顿也成为这片“中土”的灵魂。惠灵顿成功地转变为文化产业为主导的旅游城市。

3. “霍比特人”对“中土”的营销策略

影片的成功离不开恰如其分的营销，在新西兰这片“中土”大地上，人们丝毫没有忘记这座城市的潜力与未来。可以看到，与影片宣传营销同期上演的，还有成功的“中土”营销。

（1）惠灵顿独一无二的首映礼。

《霍比特人 1：意外之旅》采取了戏剧性的发行仪式。2012 年 11 月 28 日，影片选择在惠灵顿一家影院举行首映，之后再在欧洲、印度、加拿大、美国以及中国等国家一一铺开。此间，惠灵顿被命名为“中土”。机场、邮局、剧院，以及惠灵顿的主要街道被装饰成霍比特人的农场、工匠

---

① http://en.wikipedia.org/wiki/The_ Hobbit：_ An_ Unexpected_ Journey#Box_ office.

② http：//travel.cnn.com/world－prepares－hobbit－new－zealand－prepares－world－358021.

铺，约有10万人在考特尼广场排队观看影片首映礼。整个事件在新西兰电视上现场直播，在网络上广泛流传，并且被制作成100分钟以上有关《霍比特人1：意外之旅》拍摄、上映过程的纪录片，引起了广泛的关注。独特的饥渴性首映，给影片进行了很好的造势，同时也将惠灵顿展现在世界眼前，为这座城市吸引了来自全世界数以万计的影迷。

（2）新西兰航空带来的“病毒式”营销。

新西兰航空公司在空中客车A320上拍摄了一段《新西兰航空霍比特式飞行安全须知》①，以一种极为幽默的方式进行航空安全介绍。这部以微电影形式展开的影片主题花絮，借助新媒体的手段在很短的时间内，覆盖全球。无论是否是“霍比特人”影迷，这部设计精良、主题欢乐的短片，都会为新西兰航空添上一笔满意的加分。

（3）新西兰旅游局的前瞻策略。

新西兰政府同华纳兄弟建立了极为牢固的关系，华纳兄弟为营销“霍比特人”花费的1 000万新西兰元（81 500 000美元）中有120万由新西兰政府抵消。作为交易的一部分，新西兰旅游广告会出现在DVD和影院放映前。新西兰旅游局近日推出的“100%纯净新西兰”活动显示，“79%的潜在旅客以及看到它的人说，它增加了他们想来这里的愿望。三分之二的人在看到广告后有了‘新西兰是一个度假胜地的想法’”②。可以说新西兰旅游局只用了很少的成本，就完成了一件伟大的营销。旅游广告伴随着影片，在全球放射着自己的影响力。

4. 新西兰的“霍比特人”产业前景

《霍比特人》只是三部系列影片，但它所衍生出的产业价值，将远远超出人们的想象。

在《霍比特人1：意外之旅》拍摄前，影片产业已经开始显露出来：新西兰邮政发行了一组官方的霍比特人纪念邮票，惠灵顿在影片上映前举办霍比特人工匠集市进行艺术工作展，销售各种与“霍比特人”有关的工艺品。这些都是新西兰“霍比特人”产业的冰山一角。

华纳兄弟以非常包容和欢迎的态度对待“中土”主题的文化产品。

---

① 豆瓣电影．新西兰航空霍比特式飞行安全须知．http：//movie. douban. com/trailer/125260/#content，2013－03－15.

② http://movie. douban. com/trailer/125260/#content.

2011 年 10 月，华纳兄弟宣布了同美国玩具公司的合作伙伴关系。“霍比特人”电影的全球主要玩具权在影片上映前就产生了实际效益。同年，华纳兄弟与乐高公司宣布根据“霍比特人”进行游戏设计，以配合第二年电影的发布。所有这些电影的衍生品，创造了直接和间接的巨大经济价值。对于电影带来的文化产业发展，无论是新西兰的旅游、惠灵顿的影视工业、当地公司的文化产品还是新西兰人的生活，都有进一步被挖掘和受益的可能。我们得承认，这里的“霍比特人”确实很懂得经营。

（四）《007：大破天幕杀机》与城市元素

1. “007 系列”电影的全球魅力

自从 1962 年第一部“007 系列”电影上映以来，这股谍战旋风就一直刮到现在。直至今日，这个长达 50 年历史的系列电影不仅积累了大量的影迷，还依旧保持着不断创新的追求。2012 年《007：大破天幕杀机》在詹姆斯·邦德历史上的位置图中又再次多填了几颗星。城市元素是这部系列电影不可缺少的重要元素，无论是异国风情还是都市情怀，城市将美国经典大片的元素丰富化、符号化，形成一种独特的电影城市文化。

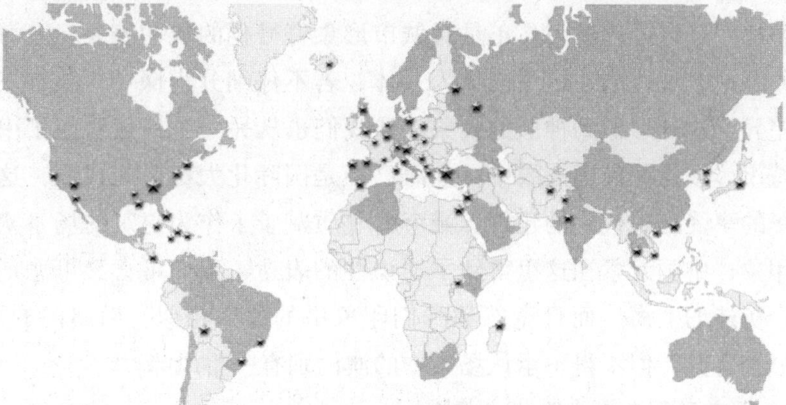

詹姆斯·邦德位置图①

2. 中国城市的符号化表现

随着改革开放后中国经济不断的繁荣，好莱坞再也无法忽视这片土地的价值，愈发地将线索和焦点同这里相联系，《007：大破天幕杀机》自然

① http://www.mi6-hq.com/sections/locations/index.php3.

也没有缺漏中国元素。《007：大破天幕杀机》分别在不同的国家、不同的城市进行过取景和实地拍摄，其中包括土耳其、中国上海和苏格兰高地，影片中出现邦德来到上海的故事场景，给观众留下了热议的话题。当直升机略过上海的天空，我们能够透过影片的镜头在这个不常见的角度欣赏这座国际大都市的风采。然而，在此之后的大部分关于上海的场景，事实上是在伦敦市中心拍摄的。例如，发生在上海办公大楼建筑中的场面，是在伦敦 Bishopsgate 和 Broadgate 塔拍摄的；邦德走过浦东国际机场的场景，实际上是在英国的阿斯科特赛马场（Ascot Racecourse）拍摄的；影片中最酷的场景之一是邦德在上海一个时髦的玻璃酒店屋顶上的天际泳池游泳，而它的实际场景也是在伦敦。

邦德来到澳门赌场的场景，仪式化地将舟、中国传统建筑、东方女性以及代表西方野蛮力量的蜥蜴杂糅在故事当中。这里的情调似乎有一丝 20 世纪香港黑帮的影子，又似乎和日本黑道擦上些雷同风格。最后，展现出来的，只是一个臆想中的澳门。赌场里的各种元素让观众既兴奋又担忧。这种现实和想象的分割，使得澳门赌场的形象并不那么深入中国观众的心。但建筑以符号化的表征，不断地提醒我们，这里同中国有关。

影片的场景处理魅力，正是对城市形象符号化的成功表现。上海的都市形象和伦敦现代的建筑风格融为一体，若不仔细分辨探寻，很难发现其中的差异。这种形似到神似的表象，让我们也从另一个视角看到了中国自己的城市。或许在外国人眼中，上海已经是国际化大都市的代表，这里有着奢华的享受和现代化的建筑。城市的气质赋予了作为建筑的场景实际的感官印象，中国元素在这里得到了通识性的表达，我们可喜又可悲地发现了一个仿造的上海，而且竟然和我们印象中的那么相似。而澳门的形象，虽然形神皆异，但不得不承认场景中的澳门别有一番风味。

3. 城市形象在票房阶梯中攀升

《007：大破天幕杀机》在中国经过审查修改后，公映时间推迟到了 2013 年年初，不过中国市场的票房让等待显得极为有价值。据票房报告显示，《007：大破天幕杀机》在中国首映当天就取得了 510 万美元票房，在之后的数周内，电影票房也表现不俗。这些票房收入从另一个侧面反映出中国观众观影人数庞大，无论是上海、土耳其、苏格兰、澳门还是伦敦，国家和城市的形象附着于电影在全球范围内传播。中国观众不仅看到了本国的城市形象，更关注到了外国城市的形象。如果说上海的形象迎合了我们基于经验的感受，那么土耳其、苏格兰和伦敦的形象，作为中国人不熟悉的部分，将会由影片在中国观众心中留下新的感官印象。

值得庆幸的是，007 系列电影中所展现的城市形象，力图照顾到全球观众的观感，没有刻意扭曲的城市形象出现在观众面前。城市在影片中作为添砖加瓦的特色背景展现，用特别的交代来吸引观众。因此，在这部系列电影中得到展现，应该是值得庆幸的。利用好这种吸引力，开拓中国城市的形象营销力，将电影留给我们的财富合理经营，是我们在以上电影和城市中获得的重大启示。

三、结语

以上几部国外电影中的城市形象实例，让我们不得不思考，当我们急于想将自己的城市传播出去的时候，应考虑到这座城市将以什么样的形象出现，需要展现何种气质。城市在电影中幻化为符号，作为消费品的电影，必须将这个符号赋予意义，整合成一组有意义的形象消费品。关于电影的研究将会不断深化，关于城市的实践亦当有计划地进行。不妨看看这些成功的电影，分析当中形象各异的城市，寻找属于我们独一无二的城市形象意义。

（撰稿人　洪　杏）

后　记

2012年9月，暨南大学新闻与传播学院计划出版一本有关传媒与城市形象传播的蓝皮书。正好，刚进校的数位硕士研究生对本课题极有兴趣，并结合自己的特长提出了课题的研究方向与计划安排。经过反复商讨，我们决定从三方面着手进行课题研究，即影视部分、舆情部分以及城市个案研究。

设想虽然美好，但在具体的写作过程中，要把2012年与城市形象有关的所有电视剧、电影、纪录片以及微电影等整理收集，并进行一定的数据统计，难度可想而知。感谢新闻与传播学院的硕士研究生尹吉洁、周亚琼、冯琼、胡抗抗、贺纯、张彩阳、高崇文、张祚勇、宁小倩、罗小伟、洪杏、孙逾文、张亚平、李靓、曹喻兰、陈欢欢，感谢他们的参与与付出。由于时间以及其他原因，有关新媒体、舆情与城市形象的研究，本课题涉及较少，在以后的研究过程中，我们将进一步加强与补充。

学术研究需要历练与智慧，同时也需要探索的勇气与信心。初次涉及传媒与城市形象传播的研究，我们难免显得年轻与幼稚。不当之处，敬请专家批评指正。

王玉玮

2013年3月